U0937841

教育部人文社会科学重点研究基地
中国政法大学法律史学研究院　主办

中华法系

第九卷

主　编：朱　勇
副主编：张中秋　林　乾
编　委：陈　煜（常务）
徐世虹　黄源盛
刘广安　单　纯

法律出版社
LAW PRESS·CHINA

目　　录

学术研究

学术聚焦

法治人物

学术新人

学术动态

学术研究

【编者按】 本卷《中华法系》“学术研究”专栏部分刊载有十三篇研究论文，前五篇论文主要讨论治法律史学的方法，以及古代法律史学材料中体现出的法律思想和原则，带有较强的历史哲学的意味。第六篇至第十一篇，则主要研究历史上的法律制度，有通史性质的法律史，也有断代性质的法律史学，侧重于法的本体的讨论。第十二、十三两篇，则离传统法律史学有一定的距离，一篇讨论民族政策的法制化，一篇讨论美国梦的意识形态问题并兼论中国梦的“中国性”，有着很强的现实意义，虽关注现实问题，但是其思想方法，都是从法律史学的角度展开的，具有较强的可读性，所以亦收入本卷。总体而言，本卷所收论文具有多样化的色彩。

为往圣继绝学*

张晋藩**

【内容摘要】 中国古代典籍中有许多法律史内容,有的篇章甚至就是法律史论文。这些法律史学精华,是我们祖先流传下来的“绝学”,我们应当为往圣继绝学,学以致用。这些绝学中有大量可供现代法治借鉴的经验,如民本主义、综合治理、人法兼治等思想和精神,这是我们的宝贵财富。

【关键词】 法律史 往圣 绝学

各位老师、各位同学,大家上午好!借这个颁奖的机会,我今天就以宋代著名哲学家张载的“为往圣继绝学”这句格言为题,来谈一谈治学的方法与价值。

张载是北宋时期主张“理在气中”的带有唯物主义倾向的哲学家、思想家,他说过四句非常有名的话,就是大家熟悉的“为天地立心,为生民立命,为往圣继绝学,为万世开太平”,他用这四句来表达治学理念和价值追求。简单讲,所谓“为天地立心”,就是说首先要树立一种高尚的精神,“为生民立命”,就是要引导人们重视自己的价值,“为往圣继绝学”,就是要传承并接续优秀的历史文化,而“为

---

* 本文为作者在第六届张晋藩法律史学基金会征文大赛颁奖活动上的讲话,由陈煜记录并整理。

** 作者系中国政法大学终身教授,中国政法大学法律史学研究院博士生导师。

万世开太平”,就是要学以致用,治学服务于社会,要为全人类造福。这气魄很大,充满着改革的精神和理想。我们来着重谈一谈“为往圣继绝学”这句话。

“为往圣继绝学”,也就是“继往圣之绝学”,在张载那个时代,“绝学”的主要内容是“六经”,“六经”所包含的信息非常丰富,在清代,章学诚就说过“六经皆史”,意思是说六经中含史学内容或者六经本身就是史学之作。这个“史”之中,也有法制史。这样看来,继绝学中也带有继古圣先贤中的法制史学问在内。

比如《尚书》,其“商书”中的“盘庚”上、中、下三篇,就可从法制史的角度来解读,从中我们可知:第一,中国古代的政治结构是“亲贵合一”;第二,盘庚的言行表明了商王至高无上的权威。而“周书”中的法制史内容就更多了,“康诰”一篇表达了“明德慎罚”的法律思想,是西周建国后的一种新的治国理政的方略;“酒诰”主要是讲周王吸取了商人的亡国教训,告诫臣下不要沉湎于酒、耽于嬉戏,但是对于殷商遗民饮酒就不一定要处罚,此篇开启了后世“因俗立法”“因族立法”之先河;“吕刑”篇则谈到了大量的立法司法措施及其原则。

至于《周礼》,因官叙事,其结构和范式被后世吸取,开启了《唐六典》、明清会典之先河,它以行政法为主,是一部诸法合体的法规大全,《周礼》所载并非全是周朝制度,但确实是很值得一提的法制史著作。

诸子百家的作品当然毫无疑问亦属绝学,里面还有丰富的法制史内容。早在公元前7世纪,管子就提出了“以法治国”的主张,这在世界法制史上是绝无仅有的,管子认为以法治国,要求做到“政不二门”,这体现出中国古代法文化的先进性。“以法治国”这种主张提出之后,“以法治世”“法为治具”的思想一直延续下去,后来结合儒家思想,形成了治理的传统,古代始终以法治世、以德化民,推行“霸王道杂之”“外儒内法”“礼法结合”的治国方略。

前若干年，山东地区的法史学者，曾经倡导开展“齐法家”研究，他们认为，除了我们通常所知道的“三晋法家”外，其实齐国也存在深厚的法家文化，虽然目前这方面的研究很不够，但我觉得很有价值。有些法家，比如慎子等，也长期被人忽略，可以说，对于先秦诸子的法律思想，还存在很大的研究空间。

而孔夫子，从某种意义上来说，也是法史学者，他说“殷因于夏礼，所损益可知也；周因于殷礼，所损益可知也。其或继周者，虽百世，可知也”。其实讲的就是法制的传承和变迁的问题。这个礼的规范与法的规范有时是重合的，故讲三代礼的传统，某些方面就等于是法的传统。孔子又说：“道之以政，齐之以刑，民免而无耻；道之以德，齐之以礼，有耻且格。”就是说一味用政令来治理百姓，用刑法来整顿他们，老百姓只求能免于犯罪受惩罚，却没有廉耻之心；而用道德加以引导，用礼义来加以教化，百姓就不仅会有羞耻之心，而且心悦诚服。这就是孔子的德化论，如果以德化民，那么百姓内在会反省，外在的表现就自然合规矩。孔子并不反对司法，但同时又提出，司法要有一个主宰，必须要用礼乐来主宰，他说：“礼乐不兴，则刑罚不中；刑罚不中，则民无所措手足。”所谓“中”，就是公平，不偏不倚。要想公平，首先得有道德，这个道德既包括法律本身是良好的，又包括司法之人是有道德的，受礼乐教化，一秉至公。此外，孔子虽然当过司法官，但是并不热衷于将所有纠纷都用司法方式来解决，他说：“为政，必也使无讼乎！”因此，孔子的法律思想倾向很明显，就是德主刑辅。

至于法家的法律思想和实践之丰富，毋庸置疑。他们不仅提出了犀利的理论，奠定了中国法理学的基础，同时又是实际的履行者，还是政治改革家。虽然关于法家的研究表面上很多，但是真正有厚度、有深度的作品，还是很缺乏。即便就韩非子一个人好好研究一下，也能写出很厚的书，这个有待于以后的努力。

以上我们只是举了些例子，我想说明的是中国古圣先贤传下来的经史子集绝学中,有大量的法制史内容等着我们去发掘,这个领域是大有可为的。

那么进行法史学研究,有什么现实的意义呢?我想治学的目的是传承中国优秀法文化,彰显中国法制文明的地位。迄今还有学者否认中国法制文明的价值,说这话的同志大多是对中国法的历史没有涉及或者涉及不多的,更多还是受“西方中心论”影响所致,他们对于祖宗传下来的优秀法文化视而不见,只知道西方提出了“法无明文规定不为罪”的法治主张,殊不知,这样的主张中国早于西方一千多年就已经提出了。就法典而言,从云梦秦简中,我们就可以看到成熟的法典形态,这比西方蛮族法典的出现也要早一千年。

张载、章学诚等并不单是坐而论道,而是主张经世致用,用学术改造社会,造福民生。我们从事法制史学的研究,也要发挥这样的作用,要发挥其历史借鉴意义。中国法制史学是一个宏大的智库,有取之不尽的有益于当代法制建设的资源,需要我们进一步发掘。

那么法制史学能为当代提供哪些借鉴呢,我简要提出以下几点:

首先是民本的思想。《尚书》中就提到“民为邦本,本固邦宁”的论述,在几千年前就能提出如此思想,这表明我们祖先很早就具备了高度的理性思维能力。民本在法律上又有诸多体现:一是得民心。《尚书》“康诰”周公谈到为什么殷商会覆灭,原因就是失去了民心。当时商朝的军队很强大,人数很多,多到无以复加的地步,但是在和周的军队打的时候,却不堪一击,且临阵倒戈,这就是民心所向。正所谓“人无于水监,当于民监”,后来历代统治者大都会吸取商亡的教训,注意得民心,得民心者得天下,说的就是这个道理。二是立民生。这是说法律要保障老百姓基本的生存和生产条件,要给老百姓创造好的环境。所以翻开古代的法典,我们可以看到大量的土地立法、赋税立法、环境立法,都是立民生的反映。三是重民命。《易经》有云“天之大德曰生”,人的生命是最宝贵的。所以法律上也特别重视死刑案件的处理,到南北朝时死刑案件的决定权已经收归朝廷。康熙皇帝曾经提到,他感到最不愉快的时刻,就是每年秋审要勾决人犯之时。乾隆皇帝在临勾之前,还要求有五复奏。这都是重民命的体现。重民命,也是为了稳定社会秩序,死刑案件的处理方式,常常影响社会的安定。这些都是古代治国理政的宝贵经验。

其次是综合治理的经验。周公在灭商之后,对于如何治理天下,曾经有过深入的思考。提出了一种综合治理的方案,后来逐渐演变为一套“礼乐政刑,综合为治”的举措,《礼记》认为这些措施终极的目标是一致的,是为了达成善治,正所谓“礼乐政刑,其极一也”。这个方案经过了后人不断完善,最终形成了“德礼为本,刑罚为用”的治理思想,成为一个传统,一直到近代。

最后是治法与治人并重,也就是法吏并重的措施。这就要求先得立善法,然后择良人来司法。王安石提到“立善法于天下者,天下治”。王夫之也全面地阐述过良法与良吏结合的重要性。至于法家,则对良法善治提出过更多系统的论述,这些到今天看来,依旧带有“警世恒言”的味道。比如慎到说:“法之患,莫大于公不行。”就是说以私害法,使法不行,比无法还危险。这是多么具有现实意义的话!商鞅说,“法之不行,自上犯之”,“法之能行,自上守之”。这也强调领导干部要带头守法,在今天同样具有现实教育意义。韩非更是总结:“国无常强无常弱,奉法者强则国强,奉法者弱则国弱。”法治兴则国兴,法治危则国危。这些结论都具有超越时空的价值。

所以,我们为往圣继绝学,既要读这些绝学,又要努力用绝学作经世之用。如果能够科学地进行分析和总结,那么完全会发挥其应有的作用。我记得印度曾经有过一句格言,大意是说山林起火,一只鸟飞到水池边,将羽毛沾湿然后去灭火,有人问片羽汲水,又有何益?那只鸟说,山林哺育了我,我这样做是回报。

那么同样,我们的祖先哺育了我们,我们中华子孙也应该有所回报。我们拿什么回报祖先呢?就用祖先传下来的知识,继往圣之绝学,为现代法治建设服务,这是对祖先最好的回报。

中国传统律典的协调适用原则

刘广安*

【内容摘要】 在中国法律传统中，特例与通例的协调适用原则、法典正文与暂行法令的协调适用原则、正条规定与比附例案的协调适用原则、新律与旧律的协调适用原则，是律典中的四项重要原则。分析总结这些原则，有助于深化学界对中国传统法典的适用方式和特点的认识。

【关键词】 律典 适用原则 适用方式

《大清律例》中，关于法律体系协调适用的原则主要有四项，联系《唐律疏议》的相关原则，进行分析总结，有助于深化学界对中国传统法典的适用方式和特点的认识。

一、特例与通例的协调适用原则

"特例"即特别规定，"通例"即普通规定。这项原则就是特别规定优先于普通规定的原则。该原则见于《大清律例》第35条"本条别有罪名"，具体内容是：

"凡本条自有罪名与名例罪不同者，依本条科断。本条虽有罪名，其(心)有所规避罪重者(又不拘泥于本条)，自从(所规避之)重(罪)论。其本应罪重而犯时不知者，依凡人论。(谓如叔侄别处生

---

* 作者系中国政法大学法律史学研究院教授，博士生导师。

长素不相识,侄打叔伤,官司推问始知是叔,止依凡人斗法。又如别处窃盗偷得大祀神御之物,如此之类,并是犯时不知,止依凡论,同常盗之律。)本应轻者听从本法。(谓如父不识子,殴打之后方始得知,止依打子之法,不可以凡殴论。)”

薛允升在《读律存疑》中指出:“此仍明律,其小注系顺治三年增修。”本条规定近仿《大明律》,远源于《唐律疏议》。对照辨析,《唐律疏议》的有关规定更为详备。《唐律疏议》第49条:“诸本条别有制,与例不同者,依本条。”疏议曰:“例云:共犯罪以造意为首,随从者减一等。斗讼律:同谋共殴伤人,各以下手重者为重罪,元谋减一等,从者又减一等。又例云:九品以上犯流以下,听赎。又断狱律:品官任流外及杂任,与本司及监临犯杖罪以下,依决罚例。如此之类,并是与例不同,各依本条科断。”

即当条虽有罪名,所为重者自从重。

疏议曰:“依诈伪律:诈自复除,徒二年。若丁多以免课、役,即从户婚律脱口法,一口徒一年,二口加一等,罪止徒三年。又诈伪律:诈增减功过年限因而得官者,徒一年。若因诈得赐,赃重,即从诈欺官私以取财物,准盗论,罪止流三千里之类。”

其本应重而犯时不知者,依凡论;本应轻者,听从本。

疏议曰:“假有叔侄,别处生长,素未相识,侄打叔伤,官司推问始知,听依凡人斗法。又如别处行盗,盗得大祀神御之物,如此之类,并是犯时不知,得依凡论,悉同常盗断。其本应轻者,或有父不识子,主不识奴,殴打之后,然始知悉,须依打子及奴本法,不可以凡斗而论,是名本应轻者,听从本。”

蒲坚先生对唐律的这项原则作了明确的定义:“唐律规定之法律适用原则。所谓‘本条别有制’是指《名例律》以外各篇的律条就某种犯罪另有具体规定,‘与例不同’即与《名例律》的原则规定不同,此时应依各该‘本条’的具体规定处断。这是因为《名例律》作为‘总则篇’不可能概括所有的具体问题。”

同时，蒲坚先生也对这项原则的具体内容作了解析：“根据律文规定，‘本条别有制’有三种情况：一是条例抵触。即本条之规定，与《名例律》之规定相矛盾。凡属此类情况，当依本条，而不得从《名例律》：‘诸本条别有制，与例不同者，依本条。’二是罪名重叠。即一个行为该当二罪，二罪名之构成要件内容重叠。易言之，同一行为，既可科以此种罪名，又可科以另一种罪名。凡属此类情况，只以其中最重之罪名科之：‘即当条虽有罪名，所为重者自从重。’三是事实错误。指因对事实认识错误而导致之犯罪行为。与过失犯不同，过失犯系主观无故意而误犯，事实错误则系主观有故意但错认客体而犯者。误认客体有两种情况，一种是误认之客体比主观所欲犯者重，另一种是误认之客体比主观所欲犯者轻。律文规定：凡属前一种情况，即依主观所欲犯者科断；凡属后一种情况即依所欲犯之客体科断：‘其本应重而犯时不知者，依凡论；本应轻者，听从本。’从上可见，唐律之这条原则，对于保持全律之协调和统一具有重要作用。”[1]解析部分引用了刘俊文的相关论述。[2]

钱大群先生对唐律的这项原则也有简明的解释：“此条是关于法律适用几个专条的第二条，中心是各篇律条的特别规定与《名例》原则内容不一的解决办法。其要点是，第一，如某罪本罪律条所作的特别规定与《名例》内容不同的，依各条之特别规定办。第二，犯罪有适用之罪名，但由于主体本身具有的不同条件而成为重罪的，依重罪处置。第三，对所犯对象身份不明时轻重的依从：其一，所犯虽应重处，但实施犯罪行为时不知情的，以一般人相犯论处；其二，所犯之罪应轻处的，依原来的轻法论处。从《律疏》本身的编写看，某些内容，《例》非但与本条所制不同，而且矛盾，这一点值得注意与

---

〔1〕 蒲坚编：《中国法制史大辞典》，北京大学出版社2015年版，第41页。

〔2〕 参见刘俊文：《唐律疏议笺解》（上），中华书局1996年版，第484～485页。

思考。"[1]

戴炎辉先生对此项原则已有过详细的论述,所著《唐律通论》第十八章即专论"法条之适用"。该章"前言"指出:"名例四九条规定法条之适用。第一项系关于名例(通则)与本条(分则)之抵触,第二项关于二罪从重,第三项关于事实之错误。"在"名例之特例"的"概说"部分指出:"名例系通例规定(通则),各本条固须依据名例,但因特殊情形,各本条自有规定者,显然不从此通例,当依本条规定。此乃特别规定优先于普通规定之原则。又各本条内,亦有适用范围较窄之通例,此时别条若有制者,亦不适用通例。"[2] 该书对唐律中特别规定与普通规定相互关系的概括论述和具体辨析,是后人认识唐清律相关原则的权威依据。

二、法典正文与暂行法令的协调适用原则

这一原则是要求法官完整引用法典条文作为定罪量刑的依据,不得引用暂行法令代替法典正文的原则,体现了帝制中国时代法典权威主义的精神。见于《大清律例》第415条"断罪引律令"。律文是:"凡(官司)断罪,皆须具引律例。违者,(如不具引)笞三十。若(律有)数事共(一)条,官司止引所犯(本)罪者,听。(所犯之罪止合一事,听其摘引一事以断之。)其特旨断罪,临时处治不为定律者,不得引比为律。若辄引(比)致(断)罪有出入者,以故失论。(故行引比者,以故出入人全罪,及所增减坐之。失于引比者,以失出入人罪,减等坐之。)"

此条律文后,有四项相关条例。依次是:"(一)督抚审拟案件,务须详核情罪,画一具题,不许轻重两引。承问各官徇私枉法,颠倒是非,故出故入,情弊显然,及将死罪人犯错拟军、流,军、流人犯错

---

〔1〕 钱大群撰:《唐律疏义新注》,南京师范大学出版社2007年版,第209页。

〔2〕 戴炎辉:《唐律通论》,元照出版有限公司2010年版,第435页。

拟死罪者，仍行指名参处。至于拟罪稍轻，引律稍有未协，遗错过失等项，察明果非徇私，及军、流以下等罪错拟者，免其参究，即行改正。（二）承问各官审明定案，务须援引一定律例。若先引一例，复云不便照此例治罪，更引重例及加情罪可恶字样，坐人罪者，以故入人罪论。（三）例载比照光棍条款，仍照例斟酌定拟外，其余情罪相仿，尚非实在光棍者，不得一概照光棍例定拟。（四）除正律正例而外，凡属成案未经通行著为定例，一概严禁，毋得混行牵引，致罪有出入。如督抚办理案件，果有与旧案相合，可援为例者，许于本内声明，刑部详加查核，附请著为定例。"

薛允升在该律文后注明："此仍明律，顺治三年，添入小注。"在"承问各官审明定案"条例后注明："此条系雍正初年例，乾隆五年改定。谨按：与断罪无正条例文及处分则例参看。不引本律定拟，妄行援引别条，见断罪不当。"在"例在比照光棍条款"例后注明："此条系乾隆二年议复兵部右侍郎吴应棼条奏定例。谨按：光棍罪名极重，而例无专条比照定拟，恐有冤滥，是以特立此条。似应改为，例内载明照光棍例定拟者，准其援照定拟外，尚非实在光棍，下添例内，亦无明文。"在"除正律正例而外"条例后注明："此条系乾隆三年刑部议复御史王柯条奏定例。谨按：此即律内特旨断罪，临时处治，不为定律者，不得辄引之意。"〔1〕

这一原则来源于《唐律疏议》第484条"断罪不具引律令格式"："诸断皆须具引律、令、格、式正文，违者笞三十。若数事共条，止引所犯者，听。"疏议曰："犯罪之人，皆有条制。断狱之法，须凭正文。若不具引，或致乖谬。违而不具引者，笞三十。'若数事共条'，谓依《名例律》：'二罪以上俱发，以重者论。即以赃致罪，频犯者并累科。'假有人虽犯二罪，并不因赃，而断事官人止引'二罪俱发以重者

〔1〕 胡星桥等：《读例存疑点注》（下册），中国人民公安大学出版社1994年版，第870页。

论'，不引'以赃致罪'之类，听。"第486条"辄引制敕断罪"："诸制敕断罪，临时处分，不为永格者，不得引为后比。若辄引，致罪有出入者，以故失论。"疏议曰："事有时宜，故人主权断制敕，量情处分。不为永格者，不得引为后比。若有辄引，致罪有出入者，'以故失论'，谓故引有出入，各得下条故出入之罪；其失引者，亦准下条失出入罪论。"

戴炎辉从罪刑法定主义的视角分析唐律的这项原则。分析了唐律中"无正条不入罪"和"罪条不溯及既往"的罪刑法定主义内容。但同时认为"近代罪刑法定主义，在其历史的演变之中，乃为抑制擅断，以保障人权而确立（即人民争取法治主义）。故所谓'法定'，指国会通过之法律，犯罪之成立及其刑，须根据成文法律，不得据习惯或法理，又不准类推解释而言。在旧律上，如此意义之罪刑法定主义，未曾存在。盖旧律系钦定者，乃是被与者也"。[1]他对唐代"权断制敕，量情处分"的规定，"违令式"和"不应得为"的相关规定，认可"习惯"的相关规定进行了细致的引证分析，本意是要说明"唐律上罪刑法定主义与现代罪刑法定主义的不同之点"，实际是否定了唐律中罪刑法定主义的成立。

后来的一些法史学者把唐律的这项原则与罪刑法定主义联系解释的观点，都没有超出戴炎辉的认识水平，都表明用现代罪刑法定主义的概念解释中国传统律典的这项原则是行不通的。

三、正条规定与比附例案的协调适用原则

这项原则是指法律没有明文规定的案件，可以比照类似法条或案例适用法律的原则。该原则见于《大清律例》第44条"断罪无正条"："凡律令该载不尽事理，若断罪无正条者，（援）引（他）律比附。应加应减，定拟罪名，（申该上司）议定奏闻。若辄断决致罪有出入，

〔1〕 戴炎辉：《唐律通论》，元照出版有限公司2010年版，第9~12页。

以故失论。"该律文下有补充条例："引用律例，如律内数事共一条，全引恐有不合者，许其止引所犯本罪。若一条止断一事，不得任意删减，以致罪有出入。其律例无可引用，援引别条比附者，刑部会同三法司公同议定罪名，于疏内声明：律无正条，今比照某律某例科断，或比照某律某例加一等、减一等科断，详细奏明，恭候谕旨遵行。若律例本有正条，承审官任意删减，以致情罪不符，及故意出入人罪，不行引用正条，比照别条以致可轻可重者，该堂官查出即将承审之司员指名题参，书吏严拿究审，各按本律治罪。其应会三法司定拟者，若刑部引例不确，许院、寺自行查明律例改正。倘院、寺驳改犹未允协，三法司堂官会同妥议。如院、寺扶同蒙混或草率疏忽，别经发觉，将院、寺官员一并交部议处。"

薛允升对该律文说明："此仍明律，雍正三年删定。其小注系顺治三年增入。"对该条例说明："此条系雍正十一年，九卿议复大学士张廷玉条奏定例。谨按：断罪引律令云，若律有数事共一条，官司止引所犯本罪。听此例前数句即系申明此律。其一条止断一事句，则补彼律之所未备也。专指刑部司官而言，似不赅括，可改为通例。"[1]

该原则源于唐律的相关规定，但有很大的改变。《唐律疏议》第50条"断罪无正条"："诸断罪而无正条，其应出罪者，则举重以明轻；其应入罪者，则举轻以明重。"疏议曰："断罪无正条者，一部律内，犯无罪名。'其应出罪者'，依《贼盗律》：'夜无故入人家，主人登时杀者，勿论。'假有折伤，灼然不坐。又条：'盗缌麻以上财物，节级减凡盗之罪。'若犯诈欺及坐赃之类，在律虽无减文，盗罪尚得减科，余犯明从减法。此并'举重明轻'之类。"疏议曰："案《贼盗律》：'谋杀期亲尊长，皆斩。'无已杀、已伤之文，如有杀、伤者，举始谋是

〔1〕胡星桥等：《读例存疑点注》（上册），中国人民公安大学出版社1994年版，第95页。

轻，尚得死罪；杀及谋而已伤是重，明从皆斩之坐。又《例》云：‘殴告大功尊长、小功尊属，不得以荫论。’若有殴告期亲尊长，举大功是轻，期亲是重，亦不得用荫。是‘举轻明重’之类。”

明清律把“轻重相举”的内容合并到了“比附”的条文中，比附成为了统一的法律适用原则。明清时期的立法者是如何看待这一改变的，已难知其详。晚清时期的律学家薛允升认为：“唐律祗言举重以明轻、举轻以明重，明律增加比附加减定拟，由是比附者日益增加。律之外有例，例之外又有比引条例，案牍安得不烦耶。”[1]从薛允升的评论看，比附扩大了“轻重相举”的范围，增加了定罪量刑的案例，造成了负面的影响。

沈家本对唐律的“轻重相举条”进行了更为深入的分析，对明清律改唐律之文也作出了详细的评论。他认为：“观《疏议》所言，其重其轻皆于本门中举之，而非取他律以相比附，故或轻或重仍不越夫本律之范围。其应出者，重者且然，轻者更无论矣。其应入者，轻者且然，重者更无论矣。”[2]“引律比附，应加应减定拟，此明改唐律之文。与唐律之举重明轻，举轻明重，其宗旨遂不同矣。而又申之曰议定奏闻，若辄断决，致罪有出入者，亦明知比附之流弊滋多，故特著此文，以为补救之法。——《大清律例》：(援)引(他)律比附。其于律字上注一‘他’字，实非原定此律之意。观于《笺释》事同方许比附之语，可知其非。自来引用，大多于本门律内上下比附，其引他律比附者并不多见。盖既为他律，其事未必相类，其义即不相通，牵就依违，狱多周内，重轻任意，冤滥难伸。此一字之误，其流弊正有不

---

〔1〕（清）薛允升：《唐明律合编》，怀效锋、李鸣点校，法律出版社1999年版，第97页。

〔2〕（清）沈家本：《历代刑法考·明律目笺一·断罪无正条》（第4册），中华书局1985年版，第1813～1814页。

可胜言者矣。"〔1〕

从沈家本的分析评论,我们可以看出以下三点:第一,唐律规定的"轻重相举条"是在本律同门之中"类举",不能超出本律"类举"。第二,明律改唐"类举"为"比附",改变了唐律制定此条的宗旨,扩大了定罪量刑的范围。第三,清律在明"引律比附"的律前加一"他"字,造成了更多的流弊。沈家本特举清初文字狱案例,证明其流弊。"自国初以来,比附之不得其平者,莫如文字之狱。——自唐以来,律无诽谤之条,用意至为深远。——若以律无正条之犯,竟与真正大逆同科,情罪既不相当,诬揑亦所难免。——如康熙中戴名世《南山集》一案,以文字之故,竟成大狱,非出特恩,则死者重矣。——是狱也,得恩旨全活者三百余人。仰见圣祖宽大之德,不以刑官之比附从重为是,故特予从轻。乃当日刑官不能曲体皇仁,原情定罪,竟以极重之典,漫为比附,五上折本,固执不移,其为党祸牵连,可以想见。而比附之未足为法,即此一狱,可推而知矣。——本朝文字之祸,大多在乾隆以前,其中出于素挟仇怨者半,出于藉端诈索者半。匪独奸人群相告讦,即大臣之中,亦有因睚眦小隙图快己私者。律例既无正条,遂不得不以他律比附,事本微细,动以大逆为言。"〔2〕

现代法律史学者对这一改变进行了许多分析,提出了不同的看法。

关于类举(轻重相举)、比附与类推的区别,戴炎辉认为:"《名例律》有'出罪举重明轻,入罪,举轻明重'之条,而无言及'比附'。举重明轻及举轻明重(轻重相举),系论理解释,非类推解释。按所谓比附者,屡见于疏议,其间亦有几乎是类推解释,即其所比附两事之

〔1〕(清)沈家本:《历代刑法考·明律目笺一·断罪无正条》(第4册),中华书局1985年版,第1816页。

〔2〕(清)沈家本:《历代刑法考·明律目笺一·断罪无正条》(第4册),中华书局1985年版,第1816～1819页。

相类性,比'轻重相举'者较远。或可谓为:广义之比附,包括狭义之'比附'及'轻重相举'。不过,律既许'比附',即'轻重相举'及'论理解释',自亦不必与'比附'强分。"[1]从"轻重相举"单个条文的规定和相关的解释,戴氏认为"轻重相举"是论理解释,不是类推解释。但从唐律的整体解释和立法精神看,戴氏认为类举(轻重相举)和比附"不必强分"。所以,在戴氏的唐律论著中,类举、比附和类推是没有绝然分开论述的。

黄源盛在《唐律轻重相举条的法理及其运用》一文中,对"轻重相举"与比附和类推的区别进行了仔细的分析,提出了他的看法:"'轻重相举条'的法理性质,其究属当今比附援引之'类推适用'?还是较倾向论理解释中之'当然解释'?"[2]"轻重相举"如"所举《疏议》中各例,大致都有一明确的律文以为轻重比拟的依据","在逻辑上均属当然之事,与'比附援引'显不相同"。"'比附援引'之律文与行为间,并无明确的连接关系,其所以解为得类推适用者,完全系基于事实上的需要,或为迁就某特定时空的条件,将律条中已有规定的犯罪类型,拿来作为对缺乏明文规定的行为作'填补漏洞'的根据,本质上,这是由司法官吏所为之'法之续造'。""'轻重相举条'是立法者有意的设计,并非为漏洞而找填补之方,它是在法律解释学方法论尚不发达年代的一种立法技术的运用,其性质显然较近于当代论理解释中的'当然解释'。"[3]黄源盛从现代法律解释学的详细分类的视角分析"轻重相举条"的法理性质,比戴炎辉的相关分析更深入了一步,但这种现代分析的深入是否已超越了唐律的整体结构和精神内涵,值得我们反思。把唐律的"轻重相举"作为现代法

[1] 戴炎辉:《唐律通论》,元照出版有限公司2010年版,第15页。

[2] 黄源盛:《汉唐法制与儒家传统》,元照出版有限公司2009年版,第328页。

[3] 黄源盛:《汉唐法制与儒家传统》,元照出版有限公司2009年版,第329~330页。

学的"当然解释"看待,在黄源盛之前已有日本法学家冈田朝太郎论证过。[1]

对"轻重相举"与比附的区别,钱大群也有专门的考察论证。他认为,唐代的"类举与比附虽有局部相通之处,却绝非同一制度"。[2] 其相通之处是:类举与比附都是为了解决法无明文断罪无正条的问题。其不同之处是:类举可以是定罪判刑,也可以是判定无罪不予处罚,或是从罪重刑重改认为罪轻刑轻。"入罪"是指判为有罪或相对地判为重罪;"出罪"是指判为无罪或相对地判为轻罪。比附只作有罪比附而不作无罪比附,是以律中已有规定的犯罪来作为没有明文规定的行为作处罚的依据。如"同居相隐"条文中,规定了子孙为父祖隐,也适用奴婢为主人隐。类举和比附的这种区别是否具有普遍性,值得进一步考察。

蒲坚先生把"类举"和"比附"都从类推原则的视角进行解释。"类举:亦称'类推'。古代对律无明文规定的犯罪,比照相似的律条定罪量刑的原则。早在西周,类推即已作为一种定罪量刑的原则。——春秋战国时期,各诸侯国的法律也有类推原则。——及至秦、汉,曾广泛适用类推。——三国、两晋、南北朝、隋、唐等朝法律也都规定类推原则。——《宋刑统》亦规定类推,其规定与《唐律疏议》同,而明、清则改称'比附'。至清末,《大清新刑律》标榜'罪刑法定',未再规定类推。"[3]"比附:古代在律无正条的情况下,引用类似律条定罪量刑的原则。西周时期已开始适用比附——战国、秦汉时期曾广泛适用比附。——继汉之后,北齐定有《别条权格》用作

〔1〕 参见黄源盛:《汉唐法制与儒家传统》,元照出版有限公司2009年版,第323~324页。

〔2〕 钱大群:《唐代与唐代法制考辨》,社会科学文献出版社2013年版,第108页。

〔3〕 蒲坚编:《中国法制史大辞典》,北京大学出版社2015年版,第664页。

比附断案。——至唐、宋、明、清诸朝则引律比附。"[1]

青年法史学者陈新宇在《帝制中国的法源与适用——以比附问题为中心的展开》一书中，进一步考察分析了比附与类推的关系问题。[2]

四、新律与旧律的协调适用原则

这项原则既包含后法优于先法的精神，又包含巩固和传承律统的精神。该原则见于《大清律例》第 43 条"断罪依新颁律"。律文是："凡律自颁降日为始，若犯在以前者，并依新律拟断。(如事犯在未经定例之先，仍依律及已行之例定拟。其定例内有限于年月者，俱以限定年月为断。若例应轻者，照新律遵行。)"附"条例"规定："律例颁布之后，凡问刑衙门敢有恣任喜怒引拟失当，或移情就例故入人罪苛刻显著者，各依故失出入律坐罪。"

薛允升《读律存疑》对该律文说明："此仍明律，原无小注数语。乾隆五年按律为百代不易之经，故犯在颁降以前者，亦应依律拟断。至于条例，有议自某年为始者，有于文到之后，限于月日然后施行者。若犯在未经定例之先，自应仍依律及已行之例定拟，不得遽引新律。至于例应轻者，则应照新例遵行，以昭钦恤之义。但律内向未注明，恐致误用，因增辑此注。"对该条例说明："此条系前明旧例，原载条例之末(按：此条乃用条例之通例。恐拟罪者比附例条，以资游移，舍例从例，以从苛刻，故特于诸卷之末而总申言之)。雍正三年移附此律，乾隆五年删定。谨按：此亦不引本律，援引他例之意，与断罪引律令各条参看。"[3]

---

〔1〕 蒲坚编：《中国法制史大辞典》，北京大学出版社 2015 年版，第 42～43 页。

〔2〕 陈新宇：《帝制中国的法源与适用——以比附问题为中心的展开》，上海人民出版社 2015 年版。

〔3〕 胡星桥等：《读例存疑点注》(上册)，中国人民公安大学出版社 1994 年版，第 95 页。

这项原则可溯源至汉代的相关法律主张"前主所是著为律,后主所是疏为令,当时为是,何古之法"[1]和汉令"犯法者,各以法时律令论之"[2]以及唐令"犯罪未发,及已发未断决,逢格改者,若格重,听依犯时格。若格轻,听从轻法"。[3] 从法律思想方面看,也可溯源至战国时代法家的相关法律思想:"圣人苟可以强国,不法其故。苟可以利民,不循其礼。"[4]"前世不同教,何古之法?帝王不相复,何礼之循?——各当时而立法,因事而制礼。礼法以时而定,制令各顺其宜。——治世不一道,便国不必法古。"[5]"治民无常,唯治为法。法与时转则治,治与世宜则有功。——故圣人之治民也,法与时移而禁与能变。"[6]

在主张"法后王"的法家思想的影响下,新律优于旧律成为历代律典的重要原则。在主张"法先王"的儒家思想的影响下,旧律是历代律典传承的重要内容,是律统形成和沿袭的重要支柱。新律与旧律的协调适用,是贯穿历代律典的基本原则。

---

〔1〕《汉书·杜周传》。

〔2〕《汉书·孔光传》。

〔3〕[日]仁井田升:《唐令拾遗》,栗劲等编译,长春出版社1989年版,第709页。

〔4〕《商君书·更法》。

〔5〕《商君书·更法》。

〔6〕《韩非子·心度》。

论传统牧令书中的行政伦理

单　纯*

【内容摘要】　郡县制度是中国社会中延续了两千多年的社会基层治理体制，其职守官吏通常被称为“牧令”。关于“官吏”和“牧令”的治理经验总结曾以“官箴书”和“牧令书”的形式流布于宋元明清诸代，形成了具有中国特色的行政管理学，其移植至韩、日等国则以“牧民学”名之。“官箴书”和“牧令书”中的行政伦理原则源于儒家为政思想中的“仁义”道德，形式则取法于《史记·循吏列传》。其创新之处俱见于“勤政爱民”“视民如伤”“视民如子”“清、慎、勤”等居官牧民的治理原则或规则，以“天理人心”彰显儒家“民贵君轻”的“民本”政治和“得民心者得天下”的生民、利民、惠民、启民的“父母官”情怀。因此，“官箴书”和“牧令书”所揭示的行政伦理既反映出具有中国特色的制度理性也表现为“亲民之官”“牧养子民”的“治家”情感。

【关键词】　牧令　郡县制　循吏列传　亲民之官　天理人心

一、引言

自“习李新政”以来，源于中国社会基层的治理经验得到了前所未有的重视和宣传。2015 年年初，中国共产党的总书记习近平和中共中央党校校长刘云山在人民大会堂与全国 200 多位县（市、区、

---

* 作者系中国政法大学教授。

旗)委书记的代表举行座谈,交流中央与基层领导之间的社会治理经验。同年6月25日,中央电视台又在“新闻联播”中以“郡县治 天下安”为题目陆续报道《县委书记风采》,6月30日在中国共产党建党94周年前夕,习近平在人民大会堂会见并表彰102名全国优秀县委书记代表,这也是近二十年来中央组织部第二次对中国社会的基层领导进行最高级别的表彰,象征着中央最高决策层和全社会对2800多个中国社会治理基层单位、治理者和全体国民的重视和关切。

中国社会治理有一个传统,即基层单位治理的成败决定着“广土众民”的福祉和“家—国—天下”的盛衰,也决定着执政者和行政者的命运。在中国传统的社会结构中,作为执政的“天子”和行政的“朝廷”,其管理空间是“天下”,“天下”本为“行省”之和,“行省”为“道府”之和,“道府”为“州县”之和。故“天下者,州县之积也”,“自古及今,天下治乱,未有不起于州县者。州县无不治而天下治矣。”[1]“州县”即“郡县”,“无不治”即“治”,故“郡县治”则“天下安”。而对于如何实现“郡县治 天下安”的思考和经验总结,作为中国社会基层治理群体的“官吏”或“牧令”撰写或辑录了大量的文献,形成了蔚为大观的“官箴书”或“牧令书”体系,它们蕴含着丰富的、具有“中国特色”的“地方行政学”或“牧民学”思想。

二、牧民学的文献:《官箴书》与《牧令书》

自秦一统天下、废弃诸侯国而设立郡县,及至明清,中国社会的治理基本以“郡县”为基础,延续两千多年未改。对于其社会治理经验,各代官员、特别是有切身基层治理经验的“牧令”多有思考和总结,其情形如王夫之所总结者:“郡县之制,垂二千年而弗能改矣,合

〔1〕(清)丁日昌:《牧令书辑要》“同治七年三月初十日内阁奉”,江苏书局1868年刊印本。

古今上下皆安之,势之所趋,岂非理而能然哉? ……世其位者习其道,法所便也;习其道者任其事,理所宜也。法备三王,道著于孔子,人得而习之。"[1]"郡县之制"的延续性生命力一定有其制度自身的理论,这就是以儒家总结"三代之治"而形成的政治伦理和社会管理思想,这些伦理和管理思想的文献整理形式也就是秦汉之后逐渐积累起来的"官箴书"和"牧令书"。

鉴于中国传统社会治理中,中央政府层面的关系通常被称为"君臣关系",社会基层的关系通常则被称为"官民关系",尽管有些文献中也说"君民关系",如荀子著名的"君者舟也,庶人者水也。水则载舟,水则覆舟"。[2]但那毕竟是就社会政治原则讲的。而就社会治理意义讲,"官民关系"中的"官"基本是指郡县或州县一级的"官吏",如"州官""郡守""州牧"及"县令"之属,[3]因此,"官箴书"和"牧令书"都属于对基层社会治理的经验总结和政治伦理探讨。加之,中国的文官制度传统,中央治理层面的将相重臣亦有不少是从基层擢升而致,所谓"临天下者以人为本,欲令百姓安乐,惟在刺史、县令……自古郡守、县令皆妙选贤德。欲有迁擢为将相,必先试以临人,或从二千石入为丞相"。[4]"临天下"是君主的政治,但必然得从"临人"的守令治理开始,所以"临人"的守令即为"亲民之官"。对这些"临人"官吏的德行政绩考察,即成为他们在文官制度中擢升的依据,也象征着对整个社会治理的经验总结。然而,在总结社会基层的治理经验时,"官箴书"于德政伦理方面多有侧重,而"牧令书"则偏重于实际治理的经验以及体现在"亲民之官"身上的人伦情感。

关于"牧令书"的撰述和编辑,中国已有久远的传统。最早的资

---

〔1〕(清)王夫之:《读通鉴论·卷一》。

〔2〕《荀子·王制》。

〔3〕注解:老百姓常讲的"只许州官放火,不许百姓点灯",或《三国演义》中乱世英雄,攻城略地,自领州牧等。

〔4〕《旧唐书·马周传》。

料见于《管子》书中的首篇“牧民”。尽管这个篇首“章节”只有1200字左右,但其重点内容并不是中国历史上见到的“牧令书”或“牧民学”,相反,它主要论述的是诸侯国中央层面的政治议题,如我们后来熟悉的“礼义廉耻,国之四维;四维不张,国乃灭亡”“政之兴废,在民心之顺逆”以及“天下不患无臣,患无君以使之;天下不患无财,患无人以分之”等,这些议题都是关乎治国理政的原则性问题,于“牧民学”关切的基层社会治理仍然具有明显的界限。而真正成为后世“官箴书”和“牧令书”滥觞的文献应为司马迁《史记》中的“循吏列传”,之后一直延续至民国的《清史稿》,皆将“循吏”列入正史之中。司马迁自己在《太史公自序》中称:“奉法循理之吏,不伐功矜能,百姓无称,亦无过行。”表明这些人就是“承上启下”的基层治理人员:君臣在上制定政策、法令,他们因循贯彻执行,既不居功自傲,也不贪赃枉法,算是兢兢业业的政策执行者。但是,“循吏列传”与后世的“官箴书”和“牧令书”仍有明显不同,即“循吏列传”为史官之作,作者没有切身的管理经验,只是对基层治理者的“嘉言懿行”加以客观记述和主观评赞,而后世“官箴书”和“牧令书”编者或作者大都有基层治理经验,对其编撰的对象和内容既有经验之谈,又多有创新总括,更有鲜活的“亲民”情感。

与“牧民”和“循吏列传”相似的“官箴书”其滥觞同样久远。《左传·襄公四年》中言西周时的“虞人之箴”和战国晚期《睡虎地秦墓竹简》中的“为吏之道”亦可视为其早期的渊源。

另外,传说中南朝时期官吏即有私自整理“牧民”经验的家传著述,《理县谱》即是当时著名的例证。传说中的傅氏家族出了四代南朝的县令,曾祖父傅僧佑、祖父傅琰、父亲傅翙以及翙子傅岐。在当时的传闻中,傅氏四代居官并著政绩,因有家传“理县谱”。此事间接被记述在后人编撰的文献之中,《南史·循吏列传第六十》“傅琰”云:“琰父子并著奇绩,时云诸傅有《理县谱》,子孙相传,不以示人。”傅琰在南朝时当过武康和山阴的县令,为官清廉,政绩突出,深得民心，被誉为一县“神明”；傅琰的儿子傅翙“为官亦有能名”，在吴县做县令，其官声远播，时建康县令孙廉曾好奇地问他，你们家族是否有当好官的秘籍，否则何以致“神明”之誉？傅翙回答：“无他也，唯勤而清。清则宪纲自行，勤则事无不理。宪纲自行则吏不能欺，事自理则物无疑滞，欲不理得乎？”此所谓秘籍者无非“勤政加清廉”，秉此二者于心，其他事情自会顺理成章，要想混乱都不可能。对此，后来山阴的县令刘玄明评价说“我有奇术，卿家谱所不载”，自以为有高过傅家的治县秘籍。傅翙的儿子是傅岐，后来任新县县令，亦勤政爱民，仁义断狱，能名冠绝一时。傅氏一家四代能官廉吏，为中国牧民学之美谈；然而其家传秘籍《理县谱》恐怕只是附会之说，当然这也可能是鼓励“循吏”“善政”的“虚言”。

至南宋“牧民之官”胡太初作“县令居官之道”——《昼帘绪论》时，《理县谱》再度被提及：“《世说新语》载傅氏有《理县谱》，其书不传，牧民者能得是编之，则此一卷书，亦足以补其阙矣。”也就是说，傅家的“为官秘籍”根本就没有流布于世，现代中国版本的《世说新语》中亦不见“理县谱”，胡太初本人作《州县提纲》也只是揣摩其精神而已：“以洁己清心，爱民勤政为急务。”[1]清人金庸斋编撰《居官必览》亦相信传说中傅僧佑一门四代为令，端赖家传理县谱。此事致韩国大儒丁若镛亦确信“《理县谱》”为中国“牧民之书”。然而，从中国目前公布的文献来看，仍没有发现此著的版本实证材料，言之、引之者皆为其他史籍中所作的提示而已。

明确有大量的“官箴书”和“牧民书”撰述的时代应当是宋代，之后代有撰述，至有清一代蔚为大观。据版本目录学专家介绍，宋代有陈襄的《州县提纲》、李元弼的《作邑自箴》、吕本中的《官箴》、胡太初的《昼帘绪论》，元代有张养浩的《牧民忠告》、徐元端的《吏学指南》，明(佚名)人的《牧民政要》，清代有李容辑录的《司牧宝鉴》

〔1〕《四库提要》(卷七九史部三五)。

以及王景贤撰写的《牧民赘语》等,此类"官箴书"和"牧民书",初步调查统计,有400余种。[1]这些书传到日本和朝鲜之后引起广泛重视,日本在宽政十一年(1799年)刊印了明朝朱逢吉撰的《牧民心鉴》,宽政十二年(1800年)刊印了明朝胡缵宗编的《薛文清公从政名言》。在中国"官箴书"和"牧民书"的影响下,1818年韩国大儒丁若镛写出了三卷本《牧民心书》,将儒家行政伦理与韩国的行政实践结合起来,成为韩国基层治理的重要经典。

涉及基层社会治理的汇编类著作,明万历年间李廷机撰述的《宋贤事汇》也值得特别提及。原本虽然不见流传,但明清之际的相关著作多有转述,特别是涉及宋儒为官吏或为知州、知县的情况,多采其录。而清雍正时,官吏陈宏谋采录前人"修齐治平"事迹和著述,编有《五种遗规》——分别为《养正遗规》《教女遗规》《训俗遗规》《从政遗规》和《在官法戒录》,则是中国古代晚期社会流传较广的类编著作,成为之后牧民书和官箴书类编的样板。多卷本类编中最有影响的要属清道光年间徐栋(字致初)辑录的《牧令书》。该类编辑录了清代州县"二百年来循绩嘉言"667篇,涉及知名和佚名作者137人,"为目十八、为卷二十三",辑录完成于道光十八年(1838年),1848年刊印,是中国古代社会总结基层治理经验的集大成之作。受此书影响,清同治年间丁日昌重新辑录了十卷本的《牧令书辑要》,删减原书,加点断句,不时加以评析,增加"勘暴"一卷,以示时代特征。丁是洋务重臣,且经历过太平天国动荡,且为有清一代三大藏书家之一,故选评"牧令书"眼光独到,议论恳切,其"采精遗粗,沿流溯源,勤求民隐,饰以经术"之用心宏阔,[2]是"牧令书"书的经典辑录。

---

〔1〕 参见张希清:《"清慎勤":为官第一箴言》,载王杰主编:《领导干部国学大讲堂》(第3册),中共中央党校出版社2011年版,第251页。

〔2〕 (清)丁日昌:《牧令书辑要》,江苏书局1868年版,"辑录者前言"。

民国年间，曾担任过晚清封疆大吏和民国总统的徐世昌编录了一套《将吏法言》，共101部，主要将清代各种官箴书和牧令书辑录其中，特别补选辑录了徐栋《牧令书》中的遗漏者，成为20世纪末中国人编辑《官箴书集成》的权威蓝本。1997年安徽黄山书社编辑了影印本的《官箴书集成》(10卷本)，该丛书除了收录之前已经编印的"官箴书"和"牧令书"之外，还选录了宋元之前的此类著作，如武则天撰的《臣轨》，以及近人的著作，如民国王守恂的《从政琐记》等。

无论是"官箴书"还是"牧令书"，其内容指向皆为"理政安民"，故经验必从"牧令"始，颁行必为"利民"之用，"天之所以立帝王者以为民也，帝王不能以一人之耳目手足遍及天下，必分立官府以治之，其实政实治在县令"。[1]因此，此类书籍之编录本质上乃是"中国特色"的行政学，亦可视为研究和理解中国社会的文官制度、科举考试制度和治国理政的重要文献资料。

三、社会治理的制度区划

中国人所谓"治理天下"或"天下大治"中的"天下"有多重含义。"天下兴亡，匹夫有责"中的"天下"是普遍伦理概念，用以辨明人兽之别；"试看今日之域中，竟是谁家之天下"中的"天下"是指国家权力；"宁教我负天下人，休教天下人负我"中的"天下"即一国的行政管辖空间，此天下就是君王施行政治权力的行政空间，而州牧或县令管辖的空间或他们的施政舞台亦即州府或郡县。

中国行政区划的最早划分是在原始社会中氏族部落联盟的尧舜时代，那时"天下"由十二个州构成，州内的行政长官就是牧。据《尚书·尧典》记载："肇十有二州，封十有二山，浚川。""咨，十有二牧！""食哉惟时！柔远能迩，惇德允元，而难任人，蛮夷率服。"这是说尧的部落联盟由十二州组成，即《史记》中讲的冀、兖、青、徐、荆、

〔1〕(清)徐栋:《牧令书》卷一，"治原"。

扬、豫、梁、雍、并、幽、营十二州；“封山”是指十二州皆各有祭祀天神的道场——筑土封山，祈求风调雨顺，便于农业生产，是人类早期神权政治的一种形态。十二州的行政长官就是“牧”，也称为“州牧”。农业生产必须按照时令进行，即“使民以时”或“不违农时”，州牧必须因地制宜，促进农业生产，使其辖地的百姓丰衣足食，进而安抚周边部族的人群。州牧以地区行政官员的身份向部落联盟首领——圣王尧述职，圣王尧亦以州牧区划的行政政绩加以考核奖励，即所谓：“既月乃日，觐四岳群牧，班瑞于群后。”此处的“四岳”是联盟中央的祭祀官，代表东南西北四个方向的州牧向天祈求保佑，是古代神权政治的一种表现形式，四方州牧的代表——“方伯”后即演变成朝廷中央的权贵重臣或与中央政府“分庭抗礼”的地方霸主。

到部落联盟解体、形成第一个“家天下”——夏朝时，中国“天下”的行政区划已经变为“九州”，它的实际管辖空间或许比唐、尧、虞、舜的“十二州”还大。据《史记·五帝本纪》记载：“唯禹之功为大，披九山，通九泽，决九河，定九州，各以其职来贡，不失其宜。”《史记·匈奴传》亦称：“尧虽贤，兴事业不成，得禹而九州宁。”可见尧舜十二州的“天下”并为“九州”，及夏禹治水后，才达到了天下大治和万民安宁。禹治理天下的贡献之大，当时的史官在《尚书》中专门以“禹贡”铭记之。战国时代，儒家的人相信中国自禹创立的“天下”就是“赤县神州”，即“中国名曰赤县神州。赤县神州内自有九州”。[1]而名家的人邹衍相信，在中国的九州之外，还有九个“九州”。周、秦朝代之后的中国就在内九州和外九州之间演变，形成各个历史朝代的行政区划。近代龚自珍在《己亥杂诗》中所谓“九州生气恃风雷，万马齐喑究可哀。我劝天公重抖擞，不拘一格降人才”中的“九州”既有行政区划的意思，亦有“政治合法性”的深意，这是中国人“天下”多重含义的又一例证。

〔1〕《史记·孟子荀卿列传》。

与夏禹定九州相应的情况是：殷商的疆域或行政区划怎样，《史记·殷本纪》并无明确记载。但是，殷商的卜辞中所见的古地名多达数百个，它们可能是夏禹九州内一些小地名。如果数百个地名都有如夏禹的“九州”或更早的“十二州”，那史书一定会大书特书的。可是，我们从出土甲骨文和文献记载来看，殷商的疆域大概不会比夏大，甚至还会小一点，[1]这是因为四边的夷狄不断发展壮大之故，以至周文武起于西戎，成为西部各部落联盟的首领，史称“西伯”，由其联合西部九州内外的部族，兼并殷商九州之内的领土，致“三分天下有其二”，最终取代了殷商政权。

周代商之后，将自己原来的部落联盟、殷商的九牧以及其他归属部落加在一起，受到周武王和周公先后两次分封的有四百多个，这些封国主要是周王的同姓——姬姓亲族如管叔、蔡叔等，其次是开国功臣如姜太公封齐，最后是先朝贵族如商纣之子武庚等，其他边缘地区的服国则更多，后来《吕氏春秋·观世》有所谓“周之所封四百余，服国八百余，今无存者矣，虽存皆尝亡矣”之叹。从《史记·殷本纪》中“周武王之东伐，至盟津，诸侯叛殷会周者八百”来看，参与中央权力争夺的大小部落或其联盟数量可观。可是，武王立国不二年即病逝，幼子成王继位，由周公辅政，诱发灭国的商纣之子武庚和周公之弟管叔、蔡叔的叛乱，待平等叛乱之后，成王亲政时中央天子实际管辖的诸侯国也就七十一个。[2]“成康之治”后西周逐渐盛极而衰，为避西戎游牧部落的侵扰，周平王向东迁都至洛邑，周天子的中央权威衰微，齐、楚、秦、晋成为新的“方伯”，操控东周的政局。至

---

〔1〕《史记·周本纪》云：“武王征九牧之君，登豳之阜，以望商邑。”这是武王灭商之后的活动，把殷商原来九州之牧召集起来训话，叫他们记住殷商是如何被消灭的，这就说明，殷商的地方行政疆域以九州为限，且后来推翻殷商的“岐周”不在九州之内，不属于“九牧之君”，至少是处于殷商管辖权力的边缘地带。

〔2〕参见《荀子·儒效篇》：“周公屏成王……兼制天下，立七十一国，姬姓独居五十三人。”

东周春秋初年,大小诸侯经传上提及的虽然有一百七十余,但是真正有影响力的、能参与春秋会盟或征战讨伐的也就是一二十个诸侯国;[1]春秋中期诸侯征伐兼并后形成的诸侯国也还有一百二十余,权力争斗也仍然在初期的那些"方伯"之间进行,最终形成了"春秋五霸",其中大部分为周天子权力辖制边缘的"夷狄"——如秦、楚、吴、越,此即"天子微,诸侯力政,五伯代兴,更为主命"[2]的"挟天子以令诸侯"的春秋"天下大乱"局面。从公元前475年到前221年秦统一中国,春秋时的一百多个诸侯国征战更为频繁、惨烈,是有名的"战国时期",征战讨伐中形成了七个大诸侯国,即"战国七雄",其中以西边的秦最为强大,最终统一了中国。

秦统一中国后,将原来周代的"天下"和自己扩展的疆域分为三十六郡,郡下设县,统为"郡县"之制,即将春秋之后诸侯的县、郡制度改铸成为新的社会治理制度:"以诸侯为郡县,人人自安乐,无战争之患,传之万世。"[3]然而,兴起于春秋后期周天子控制较弱地区的县、郡之间又有所不同。在秦、楚、晋、吴等新兴"方伯"的辖区,楚、秦的县都只属于君主,郡反而是卿大夫的采邑,而晋、吴的县则多为卿大夫的封邑,有些县下再辟郡,君主并不实际控制。由此看来,最初设置的县大于郡,所谓"千里百县,县有四郡",[4]军功者授奖"克敌者,上大夫受县,下大夫受郡"。[5]到秦国自己改制,特别是商鞅第二次变法,全境普遍设县,将原来的乡、邑、聚等悉数合并为县,有置县"四十一"之说。而春秋后期的一些文献间或又以"郡县"

[1] 参见顾炎武:"《传》称'禹会诸侯,执玉帛者万国'(左传·哀公七年),至周武王仅千八百国,春秋时见于经传者百四十余国,又并而为十二诸侯,又并为七国。"《日知录》(卷二三"郡县")(下),岳麓书社2011年版,第877页。

[2] 《史记·天官书》。

[3] 《史记·秦始皇本纪》。

[4] 《周书·作雒篇》。

[5] 《左传·哀公二年》。

概念指称秦国的政府机构，至战国时，秦的郡县制已趋稳定，此时郡已明确置于县之上，郡下设二三十个县，其他诸侯也已郡县并用，以郡统县，如赵国上党郡有二十四县、代郡三十六县以及燕国上谷郡三十六县等。至秦统一时，三十六郡下已有一千多个县。由于统一的秦帝国只存在了16年(公元前221～公元前207年)，其郡县制的衣钵几乎全盘为汉帝国所继承，这就是“汉承秦制”。

汉虽然沿用了秦的郡县制，但也在同姓子弟中实行封建制，以同姓封诸侯君王，屏藩朝廷，误以为秦帝国的崩溃是没有分封诸侯拱卫的结果，所以最初对秦的郡县制并非全部承袭，而是在郡县制之外还分封了一些异姓王和同姓王，最终导致“七国之乱”和“平乱削藩”的社会动荡。至“文景之治”后，西汉才赢得了稳定的政局，真正施行有效的郡县吏治。汉初的天下比秦时三十六郡为多，有五十余郡。西汉强盛时新郡亦有所增加，至平帝元始年间(公元1～6年)，全国已有一百零三个郡国，东汉顺帝时则为一百零五郡国，其地位犹如秦时之郡。一般的郡，其下辖的县为二十个左右，最大的郡如西汉的琅邪郡下属有五十一县之多，最小的当属东汉安帝时的玄菟郡，仅辖三个县。汉大郡的人口上百万，小郡的人口仅数千。而郡下县的面积通常为百里计，但县的置废皆以人口多寡为主。据西汉平帝时的统计，全国的县、邑、道、侯国总数一千五百余。概括地讲，汉代一百多个郡，按照每个郡十到二十的平均值计算，总数为一千二百个左右。[1]汉代的郡县制不仅构成了中国两千多年社会治理的组织结构的数量，而且郡县首长的职权也为后代所承袭，或有变更、损益，亦以汉代郡县制为其参照。汉代中央与地方的治理，分为内

〔1〕 此判断参照钱穆先生观点：“大体说，汉代有一百多个郡，一个郡管辖十个到二十个县。大概汉代县数，总在一千一百到一千四百之间。中国历史上讲到地方行政，一向推崇汉朝，所谓两汉吏治，永为后世称美。”参见钱穆：《中国历代政治得失》，生活·读书·新知三联书店2012年版，第10页。

官和外官。内官是中央政府的官,以三公、九卿为核心,外官是地方两级政府的官:郡官长为太守,县官长为县令。内外官皆由皇帝亲自任命,官员的下属则由官员自己任用,官员与其聘用人员之间的关系很微妙、灵活,官员可以辟用、推荐这些人员,他们或许因此也有迁升的机会,因此他们在政制(political constitution)上形成官吏:吏是官的准备和过渡,而官是吏可能的发展结果。内官中的三公是:丞相、太尉和御史大夫,分管行政、军事和监察。九卿是:太常、光禄勋、卫尉、太仆、廷尉、大鸿胪、宗正、大司农、少府,他们是中央政府的几个职能部门首长,与三公一道协调皇帝与地方首长之间在社会治理方面的关系。九卿和郡守的官俸都是二千石,只不过由于内外官的关系,九卿被称为"中二千石",郡守通常名为地方二千石或"二千石"。由于官俸相等,内官九卿和外官郡守可以平等调换,皇帝也借此实行行政权力制衡,官员之间亦事权分治,各司其职,提高了行政效率。

中国历史上的"汉唐盛世"在行政管理方面亦多有相互借鉴之处。汉之地方政府为郡县,而唐则略改为州县;汉之郡守,唐改为州刺史,而县令则依旧。刺史在汉代仅为中央政府派往地方的监察官,官秩六百石,属于小官。而唐之刺史,犹如汉之郡守,太宗深为看重,谓:"朕居深宫之中,视听不能及远,所委者惟都督、刺史,此辈实理乱所系,尤须得人。"[1]因此,州刺史的考绩黜陟,太宗本人皆亲自过问,县令人选则由五品以上京官推荐,但一内官只能推荐一位县令人选。在汉代郡县的基础上,唐代的州县较汉代都有所增加,特别是州增加的幅度很大。就唐玄宗时的情况看,"开元盛世"时州有三百五十八个,比汉代郡数多了两倍以上,全国县亦有一千五百七十三个,比汉多出两百余。不过,就州县所治理的人口而论,则较汉郡县人口相去很多,故刺史、县令的实际权力要小。故此,唐代的

---

〔1〕(唐)吴兢:《贞观政要·择官第七》。

州县均按照所治人口的多寡分为上中下三级:县以六千户以上为上,三千户至六千户之间为中,三千户以下为下;州以十万户以上为上,二万户以上至十万户为中,二万户以下为下。

经过唐末"五代十国"的动荡,宋代实际只掌握了中国的"半壁江山",由于西北和东北有西夏、辽、金几个政权,其实际控制疆域比汉唐都要小许多。宋初因袭唐制,分其行政疆域为"道",之后又改为"路";在"道"或"路"下设府或州,府、州虽然同级,但府的战略地位要高于州。根据北宋《元丰九域志》记载,宋代的行政区划为:"总二十三路,京府四,次府十,州二百四十二,军三十七,监四,县一千二百三十五。"从中央到地方,大的区划为三级单位,最高的是二十三路,次一级的是十四府,第三级就是一千二百三十五个县,在县与府之间,尚有二百四十二州;军、监是宋代出现的特殊军政和特许行业管辖单位。为了防范西夏、辽、金的侵扰,北宋的军镇被赋予了与府或州、县同等的某些民政权力,协助同级的府或州、县处理边防军务,协助府或州的军领县,不领县的军、监则与县同级,军的权限主要是军队和防务,监的主要职能是代表国家管理特殊的行业,如矿冶、铸钱、牧马、制盐等。总之,从宏观治理看,宋代的社会治理还是州县两级,其行政领导是知州和知县。宋代吸取唐末军阀割据的教训,宋太祖"杯酒释兵权",确立了扬文抑武的"文治"措施。与太祖一道打下大宋江山的功臣多为武将,他们只有能力"将兵",而无管理民政的知识,所以地方民政由知道民政事务的文官进行管理,故称为"知某府事""知某州事""知某县事",总之,"知事"就是文官治理,"知府""知州""知县"则是他们的行政级别,是一种新的官名。

元代是蒙古人入主中原,统治的时间不及一百年,而且原来只是游牧和战斗队伍,社会治理方式基本因袭中国旧制,只是在中央政府和地方政府之间增添了一个"派驻单位",居于中书省和路、府、州、县之上,号为"行中书省"或"行尚书省",简称"行省",即"行走于中书省和地方政府之间"的中央派驻机构,后来演变成了地方最高级别的行政单位，协助中央“分镇方面”，行使“方面之权”。至元年间（1335年），元置行省十一，为河南、江北、江浙、江西、湖广、陕西、四川、辽阳、甘肃、岭北、云南。行省首长多以平章或政事名之。行省之下的行政管理，大体延续汉唐郡县制度，“其牧民者，则曰路，曰府，曰州，曰县”。[1]这些“牧民”官吏的大体称谓为：达鲁花赤、州尹、知州、同知和判官等，其各级行政机构的总数为：“路一百八十五，府三十三，州三百五十九，军四，安抚司十五，县一千一百二十七。”[2]就州县两级情况看，大体还是延续了汉、唐、宋的格局。

明代复归于汉人统治，行政区划并无明显变化，只是取消了元“行省制”，改为“布政使司”，有时亦简称“省”。明朝大部分时期布政使司总数为十三，加上京师与南京两京，共称“十五省”。明改元制“路”为“府”，府下有州县两级。元宣德年间（1426年）统计，明“十五省”，分统领府一百一十四、州一百九十三，县数一千一百三十八，略等同于前代。[3] 明代的州有两种情况，一是直属于布政使司的，二是隶属于府的，两种隶属关系的州都可以独立领县。“省级”布政使司的行政首长称为“布政使”，掌管监察、司法的为按察使，掌管军队的则为都指挥使；府、州、县的行政长官则称为“知府”“知州”和“知县”。

清是中国郡县制的最后一个朝代，其疆域最大时是乾隆二十四年（1759年），那也是中国历史上版图最大的时期。清在明的故土上建立“内地十八省”行政郡县制，此外，在其祖籍地的满洲故土建立“盛京将军”辖区，以军事首长统领后来称为的“东北三省”，其他如西北、外蒙亦设立专门的将军辖区，青海、西藏则由中央派驻办事大臣以督领政务。嘉庆二十五年之后（1820年），清廷行政区划共28

〔1〕《元史·百官志》。

〔2〕《元史·地理志》。

〔3〕《明史·地理志》。

省区。省区之下则设有府、州、县三级。从清代地方官吏编撰的资料看，清之州县亦如汉、唐、宋、元，总数无大变化："天下之为州者凡二百二十有一，为县者凡一千一百六十有六。"[1]州、县官员亦循明代，称为"知州"和"知县"，就他们的管理职能言，一些文献也称呼他们为"州牧"和"县令"，即"古之言治道者，要在于养民而已。牧令，养民者也"。[2]也就是说，历代中央政权维持社会治理，保有其政治权力，基本上都依赖于直接与民生相关联的郡县之制，这就是王夫之所谓的垂二千年未能改的社会治理制度。

四、牧令书中的行政伦理

牧令书既然是对中国社会基层治理的切身体验和工作总结，必然会形成一套作为治理者的官吏与作为被治理者的民众之间认可的工作伦理，这种工作伦理亦可名为具有"中国特色"的地方行政伦理。正是这种特殊的行政伦理支撑着中国两千多年的事务官体系稳定而正常运转，致使中国的主权疆域没有因数十次政权更迭而萎缩甚至消失。中国古语说："一朝天子一朝臣"，从古至今大大小小的天子有几百个，而朝臣得以万计数——由他们共同构成"中国特色"的政务官系统，可是"万变不离其宗"，中国的行政疆域基本没有变——由一个牧令辖治的郡县系统维系着基层的行政，中国基层的百姓基本没有变——由儒、道、释信仰凝聚着其文化传统，而这两者的结合点就表现为中国基层社会的行政伦理，即郡县制行政环境下的"牧令伦理"。

任何一种行政伦理都分为伦理原则和伦理规则，原则是纲领性的，而规则技术性的。在中国"阳儒阴法"的政制之下，儒家的政治

〔1〕（清）陈宏谋撰：《从政遗规》，载《中华藏典·名家藏书》(23卷)，内蒙古人民出版社2003年版，第217页。

〔2〕（清）徐栋：《牧令书》李文瀚序。

伦理和法家的行政伦理分别被奉行为社会治理的原则和规则，它们之间的辩证关系见于孟子“徒善不足以为政，徒法不能以自行”的总结，[1]学术界亦以“儒法互补”概括之。[2]就政治伦理的原则方面讲，孟子提出的“民贵君轻”的思想在中国社会顶层的“君臣”政治中并不能公开、不懈地坚守，而在社会基层的“牧民”治理中则得以巧妙地宣扬和较切实地运用，否则就会出现“官逼民反”、郡县行政瘫痪的局面。这种情况在中国文学名著《水浒传》中得到了很好的展示，其主线即围绕“官逼民反”和“替天行道”两大内在关联性议题。孔孟一系儒家从“王官之学”（“儒家者流盖出于司徒之官”）中总结出“民贵君轻”的政治原则，故坚持“三代圣王之治”，君王必须以圣人之德要求自己，天子必须遵从天意而治理天下。这一点和西方“哲学——王”的政治原则不同，在西方的政治传统中，“哲学”往往制约不了“王”，最后只能“以法约权”——三权分立。而儒家则提倡“以圣人之德制约权力之王”，形成社会治理中具有持续影响力的“民贵君轻”道义原则，虽则中央政府层面的“君臣”不敢公开坚持，而地方行政的“牧令”则暗中自由裁量，以两千多年的“郡县之治”证实“民贵君轻”作为政治原则的合法性和有效性。20世纪初，中国政治家孙中山在创建亚洲第一个近代民主政治国家——中华民国时，就明确提出了“天下为公”的政治原则，它不仅辉映了西方近代以“君权民约”取代“君权神授”的政治原则，而且是中国“民贵君轻”的政治原则在当代的成功体现。孔孟儒家的“圣王”政治原则，在郡

〔1〕《孟子·离娄上》。

〔2〕见陈寅恪鸿论：“儒者在古代本为典章学术所寄托之专家。李斯受荀卿之学，佐成秦治。秦之法制实儒家一派学说之所附系。《中庸》之‘车同轨，书同文，行同伦’，（即太史公所谓：‘至始皇乃能并冠带之伦’）为儒家理想之制度，而于秦始皇之身而得以实现之也。汉承秦业，其官制法律亦袭用前朝。遗传至晋以后，法律与礼经并称，儒家《周官》之学说悉采入法典。夫政治社会一切公私行动莫不与法典相关，而法典为儒家学说具体之实现。”——“审查报告（三）”，参见冯友兰：《中国哲学史》（下册）（增订本），台湾商务印书馆1993年版，第1206页。

县制盛行的汉代亦为司马迁所标而出之，以为后世中国治理的政治楷模："尧立七十年而得舜，二十年而老，令舜摄行天子之政，荐之于天。尧辟位凡二十八年崩。百姓悲哀，如丧父母。三年，四方莫乐，以思尧。尧知子丹朱不肖，不足授天下，于是乃权授舜。授舜，则天下得其利而丹朱病；授丹朱，则天下病而丹朱得其利。尧曰：'终不以天下之病而利一人'，而卒授舜以天下。"[1]圣王治理天下，必以天下百姓之利害为原则——这就是"天下道义"，而不能以君王一人或一姓利害为依归，否则就会天下无道、交相攻伐，百姓受其害，而君王亦不能自免，暴秦二世十六年而亡的短命政治即是殷鉴，故后世守令多以儒家的"民贵君轻"政治原则贯彻于自己的地方行政之中。

司马迁在记述汉代社会历史时特别开出"循吏列传"文体，以示"民贵君轻"的政治原则之切实贯彻仅见于郡县官吏中具有儒家伦理情怀者，其他如"五帝""三代圣王"则为"民贵君轻"的思想源头，皇帝"世家"和君王"本纪"者多为嗜权逐利之属，"酷吏列传"更是徒法逐利之属，此二者基本不信奉或恪守"民贵君轻"的政治原则，反而醉心于阴谋诡计或严酷的治理规则，所谓"贤人而屈于不肖者，则权轻位卑也；不肖而能于贤者，则权重位尊也。尧为匹夫，不能治三人，而桀为天子，能乱天下。吾以此知势位之足恃，而贤智之不足慕也。"[2]儒法这种政治原则和治理规则之别，成为中国传统社会治理中的两种不同行政伦理，中央的君臣和地方的酷吏中，多以信奉法家的治理规则为主；而基层郡县之中，则以信奉儒家"民贵君轻"的治理原则者居多，这或许可以说明政务官系统的"改朝换代"动荡频繁，而事务官系统的郡县可以"垂二千年而弗能改"的局面，也可以解释诸多的"官箴书"或"牧令书"为何以儒家"民贵君轻"思想为

---

〔1〕《史记·五帝本纪》。

〔2〕《韩非子·难势篇》。

其行政伦理。

汉之后的"官箴书"或"牧令书"皆宣称以《史记·循吏传》为其楷模,其意无非是暗指儒家圣王理想所蕴含的行政伦理,所以然者,"循吏传"中的五人(孙叔敖、子产、公仪修、石奢、李离)皆春秋战国时代诸侯国官吏的道德和行政楷模,颇得儒家赞扬。而所列"酷吏"全为汉吏,不啻间接贬斥汉代朝廷政治原则——"刘汉家天下"而非"百姓公天下",后世学者以此对比,称司马迁列循吏和酷吏两传,用意则在"刺武帝""抑君权";而后世修"官箴书"或"牧令书"者亦以儒家"民贵君轻"的行政伦理约束其行政权力,其特点在于"以德约权"。与此儒家"以德约权"的行政伦理相关联,清代儒臣陈宏谋评论说:"汉刺史以六条察二千石,而循良争劝,不肖者望风引去。后世科条日繁,吏道益杂,终日薄书劳攘,而扰民则有余,惠民则不足,皆由名与实不相应也。于公《六戒》,本爱民之实心,行惠民之实政。其词曲而畅,其意婉而切,视汉世六条尤为简要矣。篇首提出天理人心四字,为牧民者痛下针砭。噫!官无良心,无天理,民有不受其殃者哉?官如存良心,循天理,民有不蒙其泽者哉?愿诸君子以此四字,悬之心目之间也。"[1]汉代监察、考核官员政绩的"六条问事"涉及内容为:一、强占民产;二、私侵百姓;三、滥施刑法;四、用人唯私;五、倚仗权势;六、损公肥私。犯此"六条",即当问责。以此六条为法戒,官吏行政伦理原则即可归结为"天理人心",是孟子"为民制产""得人心者得天下"和"民为贵,社稷次之,君为轻"的思想总括,与之相侵害者、犯戒者皆得依条纠绳。而遵循天理人心之官吏,则可为行政典范,后来儒家的人作"官箴书"亦于此特别强调:"盖天地立君,惟民是重,而承君以抚民者,莫亲于守宰之臣。汉帝有云:'与

〔1〕(清)陈宏谋撰:《从政遗规》,载《中华藏典·名家藏书》(23卷),内蒙古人民出版社2003年版,第312页。

吾共此民者，其惟良二千石乎！’”[1]“二千石”是汉郡守的官俸，喻指其官职，而“立君重民”“承君抚民”则是“守宰”的行政伦理，其契合于“民贵君轻”的政治伦理者正见于“爱民”之“实心”和“惠民”之“实政”。

“民贵君轻”的政治原则转化为郡县治理中的行政伦理就是“爱民”，即中国人习惯讲的“勤政爱民”。中国经典文献中习惯将郡县牧令或基层治理的官吏称为“亲民之官”，一方面是说他们的行政治理工作切近实际，另一方面则蕴含其治理过程中行政伦理必须表现为爱民的意义；爱民是勤政的目的，勤政是爱民的途径。落实爱民的具体内容当然不是一句口号，必须得让民众得到“实惠”，而“亲民之官”亦需投入真情实感，用现代的语言讲牧令司职必须让民众感受到“家庭的温暖”，因为中国文化坚持将“家”与“国”视为一体，“国家”不仅表示一个主权单元，而且更是一个社会生命共同体。对此特点，南宋的“亲民之官”何西畴曾有恺切的总结：“守曰牧民，令曰字民，抚养惟钧，而孳育取义尤切也。盖求牧与刍，不过使饱适而无散佚耳。凡乳儿有所俗恶，不能自言。所以察其疾痒，时其饥饱，勿违其意，是可为乳哺者责也。若保赤子，故县令于民为最亲。”[2]“牧民”是指牧养、管理和看护民众，“字民”（子民）即是将民众视为管理者的子女加以抚养，而且要做到“惟钧”（公平）并利其“孳育”（繁育）和“若保赤子”（保护婴幼），这是《伪古文尚书·大禹谟》“正德、利用、厚生惟和”中保民、利民、惠民思想的具体阐发，意在强调“牧令”的行政伦理和约权责任，要求“亲民之官”体察民情、顺从民意、观察其痛痒，以尽“地方父母官”的职责。

---

〔1〕（清）金庸斋撰，谢景芳译：《居官必览》，中国商业出版社2010年版，第175页。

〔2〕转引自（清）陈宏谋撰：《从政遗规》，载《中华藏典·名家藏书》（23卷），内蒙古人民出版社2003年版，第94页。

居于中国社会治理“阳儒阴法”传统主流的儒家思想其主要来源就是对于“礼乐制度”失序(“礼坏乐崩”)的政治反思,即孔子所谓“人而不仁如礼何?人而不仁如乐何?”[1]后世儒者入仕居官多于“礼乐制度”中深切体会“孔仁孟义”,以为其行政伦理。儒家所谓“仁义者”,在原则方面是“仁者爱人”“亲亲而仁民,仁民而爱物”和“见义勇为”“行而宜之之曰义”,而于具体的施政规则方面则表现为“视民如伤”和“视民如子”。因为“州牧”和“县令”都是具体的职守,“视民如伤”是从个体的切身体验,即“感同身受”方面体会其行政伦理,而“视民如子”则是从“家庭生命共同体”方面加以阐发。在这一点上,当代中国领导人竭力提倡的“命运共同体”“建设和谐社会”与传统儒家的“天下一家”“四海之内皆兄弟”“治国如治家”“前有召父,后有杜母”[2]的思想情感,皆可视为受一脉相承的儒家政治原则的影响至深者。宋明儒官儒吏中于此“视民如伤”或“视民如子”的行政伦理更是刻骨铭心,并以之共勉同侪。清人辑录的“官箴书”言及宋儒官吏者,曰:“明道先生作县,凡坐处皆书‘视民如伤’四字。尝曰:‘颢尝愧此四字’。”又记曰:“真西山帅长沙,宴十二邑宰于湘江亭,作诗曰:‘从来官吏与斯民,本是同胞一体亲。既以膏脂供耳禄,须知痛痒切吾身。此邦素号唐朝古,我辈当如汉吏循。今日湘亭一杯酒,便烦散作十分春’”。而记明代理学名臣薛瑄时,则慕其心性自觉(薛文清公曰):“吾居察院中,每念韦苏州‘自惭居处崇,未睹斯民康’之句,惕然有警于心。”[3]可见,“视民如伤”和“视

[1] 《论语·八佾》。

[2] 《汉书·循吏传》中言西汉南阳郡守召信臣“其治视民如子”“好为民兴利”“吏民亲爱信臣”尊其为“召父”;《后汉书·杜诗传》谓东汉南阳太守杜诗“性节俭而政治清平”“善于计略,省爱民役”“造作水排,铸为农器……百姓便之。又修治坡池,广拓土田,郡内比室殷足”,致“南阳为之语曰:‘前有召父,后有杜母’。”

[3] (清)金庸斋撰,谢景芳译:《居官必览》,中国商业出版社2010年版,第178页。

民如子"实际上是加诸"亲民之官"权力之上的一种道德责任，是儒家提倡的"官德"和当代社会治理中的行政伦理规则。这种官德和行政伦理，儒家的人以之警觉"官吏"，俾其升华为"牧民者"的政治"良心"；宋代儒官更是以"临民"应当如何作为而告诫"父母官"其行政伦理的规则条目："令为民父母，以慈爱为车，以明断为軏，而行之以公恕，斯得矣……而竭其抚字之诚者，不知九重以赤子授之令，固望其字民吾民也，而可孤所寄乎！故令视事之初，其先务有四：曰崇学校。夫士者，民之望也；乡校者，议政之地也。诸学奠谒之余，便当延见矜佩。假之以辞色，将之以礼意，询风俗之利病，咨政事之得失，廪饩必丰，课试必谨。其端厚俊秀者奖异之，其词讼蔓及者覆护之，其凌辱衣冠者惩治之，则士悦而知慕矣。曰奖孝弟……曰劝农桑……曰略势分……"[1]将"爱民"的政治原则展现为"父母官"的行政伦理实际上是对行政权力的伦理约束和激励，申明"父母官"应当履职的对象和收到的效果为何，对"子民"应尽的"牧养"义务成为考绩"父母官"的标准，行政作为和行政不作为皆以生民、利民、惠民、启民为考绩依据。特别是"启民"，这是儒家作为"司徒之官""明教化"的一项职业专属，即"开启民智""富而教之"也是"父母官"的行政义务，由学正和教谕之类的"学官"协助其履职。此外，"启民"还蕴含了一项"父母官"对"子民"承担的政治义务，在行政逻辑上它是"民贵君轻"原则的自然演绎，但顾及其对"天子"最高权力的"道德制约"，[2]"父母官"均不多讲，但却深入百姓的良心，故民间颇为流行这样的思想："皇帝轮流做，明年到我家"，"当官不为

[1] （宋）胡太初撰：《昼帘绪论》，载《中华藏典·名家藏书》（14卷），内蒙古人民出版社2003年版，第423页。

[2] 孟子的"天爵人爵之辨"将"天子"的"人爵"置于"天理人心"的"天爵"之下。参见《孟子·告子上》："有天爵者，有人爵者。仁义忠信，乐善不倦，此天爵也；公卿大夫，此人爵也。古之人修其天爵，而人爵从之。今之人修其天爵，以要人爵；既得人爵而弃其天爵。则惑之甚者也，终亦必亡而已矣。"

民做主，不如回家卖红薯”等，而这些又都是“父母官”开启民智、鼓励“子民”议政、咨政、顶门立户的题中之义。

照儒家为政的传统讲，“牧令”“勤政爱民”的行政伦理中还蕴含对官吏“反求诸己”的良知自觉，与加诸职权的外在责任一样，其特点是为政者内在的道德意识。史料记载，孔子弟子子贡欲任职信阳宰，辞行乃师，孔子告诫曰：“知为吏者，奉法以利民；不知为吏者，枉法以侵民，此怨之所由也。治官莫若平，临财莫如廉。廉平之守，不可改也。”[1]又，根据孔子谓为政者“不患寡而患不均，不患贫而患不安”的社会公平正义的原则，儒家所恪守的行政伦理也是一种主体性的道德修养，以为其外在行政责任的自觉基础，这样才能做到心境公平、守死善道、廉洁自律和奉法利民。这几条后来也被总结成“为官三字诀”，视其为“居官操持”，与当代行政伦理颇多相互发明处：“操持不外清、慎、勤三字。清者大节，慎者无误，勤者能理，昔人所谓居官三字符也。取全条而熟玩之，有贵其刚毅无私者，亦由清而致。有贵其谦抑不肆者，亦由慎而致。有贵其关防不漏者，亦由勤而致。则斯三言可以该矣。舍此三记，其亦何能为政也哉？”[2]但是，在这“居官三字符”中，“清”是内在的修养，是为政的价值信仰基础，其他二者——“慎”和“勤”则可视为“清”的外化责任，由内而外，表里如一，始能一以贯之地施行儒家的“王道仁政”，无论是位列三公还是职守牧令，儒家“仁以为己任”的思想无不彰显于行政伦理之中，因而社会上下也得以藉此伦理品评官德、褒贬吏治。

五、结语

形成于“二千年弗能改”的“郡县制”中的行政伦理不惟体现为

---

〔1〕 王盛元译注：《孔子家语》，上海三联书店2012年版，第163页。

〔2〕 （清）金庸斋撰，谢景芳译：《居官必览》，中国商业出版社2010年版，第195页。

“官箴书”或“牧民学”中的“勤政爱民”“视民如伤”或“视民如子”等思想,亦见于中国社会耳熟能详的政治格言,如诸葛亮的“鞠躬尽瘁,死而后已”、范仲淹的“先天下之忧而忧,后天下之乐而乐”、张居正的“宁为循吏,不做清流”以及毛泽东的“为人民服务”等。这些行政伦理不因吏治中的“贪官污吏”和“徇私舞弊”等案例而被遮蔽,也不因“三年清知府,十万雪花银”这样的谑句使“清廉”沦为官场腐败的“文饰”。相反,这些思想或名言警句为我们提示了儒家伦理在治国理政经验中所积累的政治智慧和民心向背议题,是值得当代中国社会倍加珍惜的精神文明资源。联系到“牧令书”中的行政伦理,“郡县制”在社会治理中将“天理良心”提炼为儒家政治理想的“民本”原则,将“清、慎、勤”归结为“父母官”的行政规则,其本质在于阐明行政权力必须受到内外两方面的约束才能合法而有效地运行;内在的方面是对“民心”的真诚关切,即《尚书·泰誓》中的“天听自我民听,天视自我民视”执政原则,外在的方面则是“六条问事”的考绩标准,这是“视民如伤”或“视民如子”的行政规则。这种立基于“牧民”传统的“实心实政”,正是中国特色的社会“实业”,它精妙地凝聚了中华民族的政治智慧和人文情感,形成了别具一格的“家—国—天下”观。笔者以为,当代社会对于“全球性治理”(global governance)的研究,可以从中国乃至韩国、日本的“牧民学”中广泛地汲取其独特的精神资源。

在“得民心者得天下”的“民本”政治中,儒家政治伦理亦蕴含了“知民心者治天下”的行政伦理,此其“牧民守令”以“知州、知府、知县”明其官职之深意者。既然是行政伦理,“勤政爱民”或“视民如子”就可以依理类推,而不受时空和权位等条件限制,以发掘出其时代价值,一如前贤格言所启示者:“为政者当体天地生万物之心,与父母保赤子之心。有一毫之惨刻,非仁也;有一毫之忿嫉,亦非仁也。平易便民,为政之本。"[1]同理,宋儒张载"为天地立心,为生民立命,为往圣继绝学,为万世开太平"的警句也并非"好高骛远"之"空言";相反,这些格言警句所揭示的正是儒家"经世济民"的"民本"政治原则,它与"郡县制"下的"牧令"行政伦理互为表里,是所谓"利在一身勿谋也,利在天下者谋之;利在一时勿谋也,利在万世者谋之"。[2]这些话虽然只出自"亲民之官"或"七品芝麻官"之口,但是以之为中国人居官理政的基本原则,上则约束君权,下则启迪民智,未尝不是"颠扑不破"的真理,又岂能以"牧令"吏治或行政伦理为之设限?

〔1〕(清)陈宏谋撰:《从政遗规》,载《中华藏典·名家藏书》(23卷),内蒙古人民出版社2003年版,第335页。

〔2〕(清)陈宏谋撰:《从政遗规》,载《中华藏典·名家藏书》(23卷),内蒙古人民出版社2003年版,第339页。

省思与重构：比较视野下中国司法文明史研究的范式与进路

顾　元*

【内容摘要】　过去对于中国的司法文明史的研究存在两种范式：一是采用西方法学及社会科学的概念、术语和方法，将中国司法文明史看作“他者”，从而进行现代意义上的解读乃至“重构”；二是不考虑西方的观念，而将中国司法文明纯粹看作一种历史上的“史实”，用历史的方法加以叙述和勾勒。这两种做法都存在弊端，不能够全面表达作为一种现代法律知识的“中国司法文明史”，故我们需要对此有着清醒的认识。那么如何重构司法文明史呢？必须既不忘输入外来文明之新知，又保持固有文化之本位，拓宽历史的视野，在比较中重构和分析中国司法文明史。

【关键词】　中国司法文明史　比较视野　范式　进路

一

世界各国司法的发展既有共同性又有特殊性，并且在各自的发展过程中形成了既联结又冲突的相互关系和不同程度的相互影响。因此，开展中国司法文明史的研究应当具有比较的视野，这样既可以了解中西司法文明在其历史发展中的不同源流、进程和趋向，把

---

* 作者系中国政法大学法律史学研究院教授，法学博士。本文是北京市社会科学基金项目(15FXA005)的阶段性研究成果。

握其各自富有特色的体系、形式、制度、演变及其内在规律性,又可开阔学术眼界,推动研究深化,从世界司法文明史的发展中广泛寻求可资借鉴的“他山之石”。

如何在前人基础上使中国司法文明史的研究更具有比较的视野?笔者认为,以中国司法文明史为主,有选择地同其他国家进行宏观和总体上的比较,结合特定制度上的微观比较,并给予综合评论,是可行和必要的研究路径。司法文明史的比较研究不仅要说明中外司法文明史发展的异同,更要以此为进路,揭示造成这种异同的社会历史、政治经济、思想文化、地理环境、民族习俗和心理状态等各种根源,而研究的终极目标仍在于准确地认识中华司法文明的特点和规律。

现代学者以西方法学观念和法律制度为标准,反观中国司法文明史上的种种问题,为认识中西司法的差异提出了新的见解。这有助于拓展思路,更新观念,促使人们对中国司法的过去、现在和未来作更深入的思考。但比较司法文明史研究是个既富有魅力又难以把握的领域,不仅需要研究者有卓越才智与敏锐目光,而且要有会通古今、融合中西的知识和语言修养。简单类比,随起宏论,难免捉襟见肘,顾此失彼。而操之过急地得出结论,轻易做出跨时代、跨文化的价值优劣评判,皆无异于刻舟求剑,于事无补。

然而,一意地以西方概念和范式为圭臬,忽视中国司法文明的本土经验和语境,淡化中国问题意识,而期冀建构具有现代性的司法制度和文化,可能只会缘木求鱼,似是而非。

必须承认的是,研究和解释中国司法文明史乃至中国法律史,所面临的最大困境正在于两种不同法律知识体系之间的冲突。[1] 我

---

〔1〕 参见徐忠明:《清代民事审判与“第三领域”及其他——黄宗智〈民事审判与民间调解〉评议》,载徐忠明:《思考与批评——解读中国法律文化》,法律出版社2000年版,第180页。

们拥有的法律知识体系来自于西方,是现代性的概念和理论,而解释的对象则是遥远的中国古代,隔着千层面纱,时空的差异几若斗转星移。用西方的话语和工具解释中国的故事,难免如隔靴搔痒,貌合神离。而以中国固有的法律知识体系诠释自身历史,虽然名正言顺,可是无法做到逻辑上的自洽和具有足够的解释力,犹如叶公好龙,甚至南辕北辙。因为我们已经回不到从前——我们的法律知识已经西方化了、现代化了。

在西方法律概念和法学理论支配下的中国法律史研究范式,乃是近代中国面临时势转移和寻求富国强兵而必须经历的阶段,它是传播新知识和新思想的重要途径,它曾经的学术贡献不可抹杀。但是中国司法文明史的研究仍需“超越西方”法律概念和法学理论的支配,彰显其学术研究的自主意识,达到回归本土之目的,从而进行批判性的学术反思和重构。

在这种力图摆脱西方中心主义的学术反思与重构的努力中,梁治平先生开创了“用法律去阐明文化,用文化去阐明法律”的法律史研究新的范式,[1]显然是值得肯定的,影响亦甚巨。梁氏认为,在这一点上,文化解释理论具有明显的优势:

> 首先,它所借取的社会科学理论本身就是破除西方中心主义(从理论上说也是任何一种种族或文化中心主义)的产物。其次,它不是一套现成的结论,而是一种可以活用和不断更新的方法。最后,也是最重要的,文化解释理论迫使我们常常回到出

〔1〕 参见梁治平:《法辨》,载《中国社会科学》1986 年第 4 期;《法律的文化解释》,载《中国社会科学季刊》(香港)1993 年第 4 卷;《清代习惯法:社会与国家》,中国政法大学出版社 1996 年版;《寻求自然秩序中的和谐》,中国政法大学出版社 1997 年版。

发点上去，检视自己的立场和前提。这样，我们就可能避免盲目搬用任何现成的概念，防止按照某一种经验去述说另一种历史。而从积极的方面看，文化解释理论为我们研究历史提供了这样一种范式，那就是时常有意识地借助于陌生的经验去了解我们"熟知"的历史。在此过程之中，各种不同类型经验的独特性在比较、对照和参证的基础上显现出来。那时，我们掌握的应当不只是一套解释的理论和技巧，而且应该有一个来源于研究对象并且与之相适应的有启发力的概念体系。我们应当就用这种方式，对于中国社会科学理论的发展和中国文化的重建做出贡献。[1]

二

以马克斯·韦伯为代表的欧洲学者对中国司法文明史提出过文化类型化的理论，具有广泛影响，在西方学界甚至成为主导中国司法史和法律史研究的权威理论和方法。近些年中国学界也几乎言必称"韦伯"。[2] 就司法审判模式而言，韦伯把帝制中国的法律视为实质非理性的法，将其司法活动视作"卡迪式"司法模式。依着这一进路，日本学者相继提出若干学说，如滋贺秀三将清代民事审判称为"教谕式的调停"模式；在此基础上，寺田浩明认为清代民事裁

---

〔1〕 梁治平：《法律的文化解释》，载《中国社会科学季刊》（香港）1993 年第 4 卷。

〔2〕 参见［德］马克斯·韦伯：《新教伦理与资本主义精神》，甘阳等译，三联书店 1987 年版；《论经济与社会中的法律》，张乃根译，中国大百科全书出版社 1998 年版；《经济与社会》（上），林荣远译，商务印书馆 1998 年版；《儒教与道教》，王容芬译，商务印书馆 2002 年版。

判具有“首唱与唱和”特征；继而高见泽磨提出“说理—心服”模式。[1] 美籍华裔学者黄宗智则鉴于传统中国法律文本与司法实践充满“悖论”的现象，提出“表达与实践”的分析模式。[2] 这些理论的“西洋镜”折射出观察中国问题的异种视角，受到关注理所当然，但亦值得深刻省思。

在比较司法文明史的研究中探讨如何对待这些西方式的流行概念和理论分析工具，显然具有重要的学术意义。这里试以韦伯的理论范式为例，进行简要分析和省思。按照韦伯的观点，现代法制是西方资本主义的独特产物，而资本主义作为一种制度结构乃是西方文化传统的必然结果；近代以来西方的法律是一种形式理性化的法律。他指出：“现代资本主义的事业主要基于算度，并以这样的一个法律和行政制度为前提，即这一制度的运作，至少原则上，可能通过其确定的一般原则加以理性地预测，就像对机器运作的预测那样。现代资本主义的事业不能接受……法官按照衡平观念或其他昔日普遍存在的，并在东方社会仍然存在的非理性的方法来决定具体案

---

〔1〕 参见[日]滋贺秀三：《清代诉讼制度之民事法源的概括性考察——情、理、法》（范愉译）；滋贺秀三：《清代诉讼制度之民事法源的考察——作为法源的习惯》；滋贺秀三：《中国法文化的考察——以诉讼的形态为素材》（王亚新译）；[日]寺田浩明：《权利与冤抑——清代听讼和民众的民事法秩序》；寺田浩明：《明清时期法秩序中“约”的性质》；[日]夫马进：《明清时代的讼师与诉讼制度》（范愉、王亚新译）。以上论文均载[日]滋贺秀三等著，王亚新、梁治平编：《明清时期的民事审判与民间契约》，法律出版社1998年版。另可参见滋贺秀三：《中国家族法原理》，张建国、李力译，法律出版社2003年版；寺田浩明：《清代民事审判与西欧近代型的法秩序》，潘健译，载《中外法学》1999年第2期；寺田浩明：《清代民事审判：性质及其意义》，载《北大法律评论》（第1卷第2期），法律出版社1999年版；寺田浩明：《中国清代的民事诉讼与“法之构筑”——以〈淡新档案〉的一个事例作为素材》，载易继明主编：《私法》（第3辑第3卷），北京大学出版社2004年版；[日]高见泽磨：《现代中国的纠纷与法》，何勤华等译，法律出版社2003年版。

〔2〕 [美]黄宗智：《民事审判与民间调解：清代的表达与实践》，中国社会科学出版社1998年版；《法典、习俗与司法实践：清代与民国的比较》，上海书店出版社2007年版。

件。"韦伯称之为"形式理性"的法,就是"重视原则和形式(法律的内在逻辑关系和整体关系),不专注于个别案件直接的实质结果,从而可以从形式上推出结果、预测结果的法律制度……他认为这种法律是与现代资本主义的市场经济的要求相一致的。"[1]

这种理性化是两种力量共同作用的结果:一方面,资本主义的生产方式需要严格的形式法律和法律程序,它需要法律依可预知的方式发生作用,就如同一部性能良好的机器——韦伯就曾经说,未来的法官将会以自动售货机的方式处理案件;另一方面,行政活动的理性化要求制度的法典化,要求由受过理性训练的官僚们运用法律实施管理。这样两种力量在中国历史上从来不曾有过,隐藏在这两种要求后面的法律观、秩序观在中国文化中更完全是陌生的。[2] 韦伯进一步认为,中国社会如同其他社会一样,都没有类似于西方社会中形式理性化的法律观和法律文化,其法律是一种"实质非理性"的法。其法律制度的特点是没有确定的成文法律,法官常常依据社会上的一般公正观念为准则,依据他个人对世态人情的洞察、个人化的知识积累断案,因此常常只注重具体个别案件的结果的是非公正,不注意总体上制度的"合理";注重解决具体纠纷,而不注意抽象的法律条文和原则;注重个别案件结果的合乎情理,而不注意通过公共化的、形式化的逻辑思辨来发展和系统化法律的原则(形式)。[3]

然而,以韦伯为代表的类型研究有其局限性,容易导致以偏概

---

〔1〕 转引自苏力:《法治及其本土资源》,中国政法大学出版社1996年版,第77～78页。

〔2〕 梁治平:《寻求自然秩序中的和谐》,中国政法大学出版社1997年版,第360页。

〔3〕 苏力:《法治及其本土资源》,中国政法大学出版社1996年版,第79页。

全,陷入绝对主义的困境。[1] 马克斯·莱因斯坦指出:"韦伯社会学的'理性类型'只是一种作为思想范畴的主观构设,便于人们在比较社会现象与'理想类型'时,可以辨别现实中的不确切含义。"[2]按照韦伯的视角和研究框架去观察和认知中国传统社会乃至其他非西方社会的司法和法律,无疑确有其独特的价值和意义。但奉之为绝对真理性的理论范式,推崇其实际上为学术研究的便利而预设的一种理想型或典型化的分类标准乃至全部研究结论,而无视一种高度成熟文明在成长过程中所表现出来的异常复杂的具体情形和特征,未免失之于简单粗陋和武断。

中国传统法律文化有其内在一贯的逻辑体系和意义结构。事实上,中国文明源远流长,绵延数千年,正是得益于一套稳定牢靠而又和谐的规范性秩序的建构和维系。古代的司法官尽管未受过系统化的职业性训练,但他们生于斯,长于斯,了解传统社会的规则和习惯,洞悉本土人情世故和社会风习,掌握着一套独特而又行之有效的解决纠纷和社会冲突的方法,从而形成了在形式和价值上根本不同于西方的法律观、秩序观及法律运行模式。这个主要由读书人组成的司法官群体,凭着读圣贤书所积淀的一套知识、态度、理念和信仰,形成并分享着群体内部关于社会公平和正义的价值体系,并在具体司法活动中身体力行,努力实践着自然和谐的社会理想。正是这个司法官群体为了实现治世的职责和使命,通过其大量的具体实践活动形成了关于"衡平"的司法传统,这个传统则是建构和维系相

[1] 相关的讨论,可参见任强:《西方法律传统的类型研究及其局限——韦伯法律思想述评》,载《中山大学学报》1998年第5期;徐忠明:《辨异与解释:中国传统法律文化的类型研究及其局限——梁治平〈寻求自然秩序中的和谐〉读后》,载《南京大学法律评论》1998年秋季号;林端:《韦伯论中国法律传统——韦伯比较社会学批判》,三民书局2003年版。

[2] [德]马克斯·韦伯:《论经济与社会中的法律》,张乃根译,中国大百科全书出版社1998年版,第13页。

对稳定和公正的社会秩序的基本因素。[1]

有学者指出,西方文化的自我认同,导致对东方文化的"幻想"建构。换言之,这一建构是西方(特别是近代以来)试图寻找一种具有不同于自身社会文化特征的"异域"文化,并且用以证明自身文化的独特个性。所谓的"东方主义"的说法,它的历史根源就在于此。[2] 因此从学术史的背景观之,研究者需要以史为鉴,关注在司法文明史研究的发展中可能存在的更深层问题。在20世纪很长时期内,中国法律史学往往与西方的政治殖民侵略和文化话语霸权有着紧密联系。学科的理论建构一定程度上反映出中国法学在殖民和文化的双重压力下走向西方化的过程,是西方意识形态遗产的中国化,而非全然中国学者自发创新的结果。在这种特定历史条件下,中国学者或亦步亦趋于西方话语之后,或有意识或无意识地抱持着对外来文化的反抗情结,构成学术研究中长期并存的两种心态:或自惭形秽,或妄自尊大,体现为中国司法史研究中的诸多牵强附会、不尽客观的解释和评价。而外国学者研究中的"客观"态度,恐怕亦源自其居高临下的优越心态。这种状况在今日理论研究范式中依然存在。目前仍为主流的事实描述式研究,一味套用西方现代法学话语体系,以现代模式排列组合史料,在心态上距离西方中心主义情结其实仅一步之遥。我们若深入反省司法文明史的研究范式,欲寻求研究理论和阐释模式获得突破性转换,就需警惕西方话语霸权和矫枉过正的本土情结。随着现实世界政经格局的变化和社科理论的发展,研究者们应在文化多元的前提下,以自信的心态进行具有本土特质的中国司法文明史理论框架的建构和阐释。

---

[1] 相关的讨论,参见顾元:《衡平司法与中国传统法律秩序——兼与英国衡平法相比较》,中国政法大学出版社2006年版。

[2] 徐忠明:《辨异与解释:中国传统法律文化的类型研究及其局限——梁治平〈寻求自然秩序中的和谐〉读后》,载《南京大学法律评论》1998年秋季号。

如此才能避免学术重蹈“西方化”甚至“殖民地化”的覆辙,也才能在维护独立品格的前提下正视自己的历史。

同时,来自他域学者的学术见解与理论构建,往往由于文化的隔膜而导致隔靴搔痒的结论。即使是毗邻的东洋学者也难以例外。如寺田浩明认为,中国古人之所以提起诉讼,是因为对方“欺人太甚”的缘故,或者民间出现争讼乃是“恶行”的结果,而非提出“权利”的主张。[1] 实际上这是雾里看花,终隔一层。[2] 在诉状中,原告固然不乏用“欺人太甚”来痛斥被告;被告也会采取同样言词反击原告,以其人之道还治其人之身。但这种具有浓烈道德意味的痛斥与控诉,其实更是一种诉讼策略和诉讼技巧。在泛道德主义的传统中国社会,司法官员崇奉“君子喻于义,小人喻于利”的儒家道德信条。在此背景下,小民百姓诉讼的理由须符合这一信条,如仅为争权夺利而诉讼,显然因不合司法官之口味而可能被拒绝。揭破诉状修辞策略表层底下隐藏的诉讼意图,依稀可见小民百姓对自身利益的诉求。事实上,这种具有格式化特征的所谓“欺人太甚”说辞,有时仅仅是对案件事实的一种虚构,与“架词设讼”密切相关。其目的在于引人注目,并占据道德高点,案件的事实真相反而被遮蔽了。

三

20 世纪以来,日本学者治中国法律史和司法史成果卓著,颇见

---

〔1〕 [日]寺田浩明:《权利与冤抑——清代听讼和民众的民事法秩序》,载王亚新、梁治平编:《明清时期的民事审判与民间契约》,法律出版社 1998 年版。

〔2〕 寺田教授承认,明清土地所有秩序中已有“权利”的内涵,甚至清代朝着“权利”化的方向走得相当远了,但是否认诉诸官府的不是“权利”的纠纷,而仅仅是因为“恶行”或“欺人太甚”,因此徐忠明教授认为寺田的解释有点“自我解构”的味道。参见寺田浩明:《清代民事审判与西欧近代型的法秩序》,潘健译,载《中外法学》1999 年第 2 期;徐忠明:《关于中国古代“民法”问题:借题发挥——张晋藩〈清代民法综论〉读后之随想》,载徐忠明:《思考与批评——解读中国法律文化》,法律出版社 2000 年版,第 129 页。

功夫。明治维新后西学东渐,深受欧风美雨之熏陶,日本的学术研究逐渐摆脱东方的传统而走向西方化。其对中国法律和司法史的观察与研究,也带有西方范式的显著痕迹。这里试以滋贺秀三的代表性观点为对象,予以具体检视和评论,并阐明中国传统司法的特性。

在日本近代以来的学者中,滋贺秀三对于中国传统审判制度及其性质与特色的研究,尤具影响力和代表性。他通过对清代民事诉讼的研究,认为清代审判制度实质上并不属于司法,而具有行政的性质,是"作为行政之一环的司法"。与西欧相比,这种司法"在中华文明这一同样具有普遍性的世界里保持了两千年以上不变的传统,在此意义上可以说正是与'竞技型诉讼'恰成对照的典型"。他还引用了另一位日本学者野田良之关于西欧法的基本性质及其与"竞技型诉讼"之间内在不可分关系的论述:"使这一斗争得以公平正大地进行,或者说是相当于竞技规则的东西,就是法。本来在这个社会里,构成社会的成员都认为自己的事应该由自己处理,更早的时期通过自力救济来解决纠纷得到广泛地承认。后来,为了使纠纷能够以和平的方式并得到更加公正的解决,当事者来到了第三者之前,在他的裁判下展开言论的对决。于是就产生了'竞技型诉讼'。而这种场合裁判者所依据的规则就是法。所以,在欧洲法圈里,法的原型也就是作为裁判规范的私法。"滋贺秀三指出,"因为农耕民族的社会本来就重视相安无事的和平,而把纠纷和斗争看作社会的病理现象",所以,是"(中国)农耕民族特有的精神素质规定了自身社会里诉讼以及法的形态"。[1]

滋贺秀三借用D.F·亨达森的用语,称清代民事审判("听讼")

〔1〕［日］滋贺秀三:《清代诉讼制度之民事法源的考察——作为法源的习惯》,载王亚新、梁治平编:《明清时期的民事审判与民间契约》,法律出版社1998年版,第86~87页。

性质为"教谕式的调停"(didactic conciliation),即一种带有强烈调解色彩的审判。他认为,在这种审判中,官府作为权威而中立的第三者介入民间纠纷,以体罚、拘禁等强制性手段,辅之以文化、道德的权威,来究明真相,摸索双方利益的平衡点,以求纠纷得到合乎情理的解决。审判的公正性保障,存在于通过多数人承认("遵依甘结")而使案件了结的程序结构之中,倘当事人事后翻悔,还可以一直上诉,不存在依法定程序在一定阶段强制性终结案件的机制。这种以当事人心服为指向,并不具有权威拘束力和严格确定性的审理过程,实际上只是一种"调停",而非近代西方法意义上的"裁判"。在滋贺秀三看来,审判和调解的本质区别就在于案件的终结是否需经当事人同意,由此可以说,在清代"听讼"中根本就没有"判决"。滋贺秀三论道:

> 如果存在一种尽管人员流动却长期保持着制度连续性的强有力的审判机关,如果该机构总能以一种无论过去还是将来只要是同一类型的争讼就给予同样处理的方式来对待眼前的争讼,如果一旦确定的判决总能作为不可更动的决定而毫不妥协地予以执行的话,那么,通过这种审判机关所积累起来的判例,将会形成一个能够与社会生活的一些局面相对应的统一完整的规范体系。于是,人们尽管有着千差万别的观点看法,只要需要总能在这样的规范体系中找到具有公共性权威的统一判断……清代的中国并不存在这样的审判机关。虽然全国各地都设置有知县、知州这样的审判者,但他们对民事纠纷进行的审判实质上是一种调解。具有"民之父母"性质的地方长官凭借自己的威信和见识,一方面调查并洞察案件的真相,另一方面又以处罚权限的行使或威吓,或者通过开导劝说来要求以至命令当事者接受某种解决。在那里,不存在严格依照某种超人格或无个性的规则以及力图形成或获得这种规则的价值取向,也不存在双方

> 当事者不同主张之间制度化的对决、斗争以及第三者对此判定胜负的结构。审判者与当事者之间所达到的最终解决只是意味着纠纷的平息。虽然存在对上诉的保障,但上诉带来的也只是具有更高权威的审判者从事的同一工作,审判的性质本身并无任何变化。[1]

滋贺秀三的研究不乏灼见。但他依然摆脱不了以西方的概念框架来观察中国问题时所易导致的结论上的可能偏差。显然,他更多地自觉或不自觉地以英国法作为考察清代诉讼审判制度的潜在背景。若以近代司法权与行政权的分离为标准和立论基础,判定中国古代诉讼审判活动是否属于"司法",那么确有疑问。但若以此去观察西欧近代以前的审判活动,同样也会对其是否属于"司法"发生怀疑。因为这个时期西欧也没有真正意义上的司法独立。

与同时代的西欧相比较,中国古代审判活动的确更多地受到君主和行政官僚权力系统的牵制。除中央的廷尉、大理寺和刑部相当于近代法院外,地方上并未形成专门的审判机关。而英国从王权外化出来的王室法官很早就建立了其封闭性的行会式组织,并在亨利二世时代以后形成的司法集中局面下,逐步排除外来干预,渐获相对独立的司法权,甚至同国王分庭抗礼。传统中国远未出现这种职业性的法官:掌理司法审判的地方行政长官,只是国家官僚系统中的一员,无论是其职业属性还是教育背景,都缺乏司法职业化的特点。这些出身科举正途的官员虽熟读儒家经典,却往往对法律一知半解,地方讼案更多依赖佐吏或刑名幕友处理,明清时代尤甚。

但是,地方官员为惩罚犯罪或处理诉讼纠纷而进行的调查、勘

---

[1] [日]滋贺秀三:《清代诉讼制度之民事法源的考察——作为法源的习惯》,载王亚新、梁治平编:《明清时期的民事审判与民间契约》,法律出版社1998年版,第73~74页。

验、缉捕、庭审和监狱管理等活动，不同于地方政府一般的行政执法和管理活动，因此无论在何种意义上都应属于司法的范畴。而且，司法与刑名向来是州县基层政府的头等大事，也是州县官考绩的主要内容。所谓“牧令所司，刑名钱谷二事为先务”，〔1〕“查州县一官与民最亲，凡词讼全审理”。〔2〕可见，司法审判权力的行使是地方州县政权的主要职能。诉讼审判是整个官僚系统行使国家权力的重要组成部分，是与行政权力紧密联系的相对专门性的活动。否认中国古代存在司法及相对独立的审判活动，不符合历史事实。

诚然，注重调解是中国法律实践的传统和特色，这显然受到儒家讲求天人和谐、仁义道德及息讼观念的深刻影响。司法官的调解活动往往贯穿于审判活动之中，审判带有一定的调解色彩。采用调解主要在于调和法律与乡土社会的逻辑冲突。司法官着力于解决纠纷保平安，微妙地以政治的、道德的规则统治代替法律规则的统治，获得更灵活自由的制度空间，以履行基层政权管理与建设的职能。但认为这种审判实质上就是一种调解，应属误解。中国传统诉讼处理方式在根本上可归为审判而非调解，因为它具有下述特征：

第一，强制性。司法官追求通过调解的方式以息事宁人，和平地解决纠纷，使社会关系的和谐不因诉讼纠纷的发生而受损，固然皆大欢喜。但这并不是、也不可能是唯一采用的方式，甚至不是必用的方式。因为在某些案件中，调解是无能为力的，司法官必须依赖强制性的判决，才能最终解决纠纷。而且，调解的得以进行是以司法的强制力量作为后盾的。无论诉讼是否以调解结案，司法官的强制性裁判权力都是案件赖以得到最后解决的潜在的，并且是决定性的力量。国家权力的介入将为纠纷或诉讼的最终解决提供权威性的手段。民事案件如此，刑事案件则更少带有调解色彩。因此，在

〔1〕《牧令须知》卷六。

〔2〕《皇朝经世文编》卷九三，“请禁原官公审覆审疏”。

中国传统的诉讼审判中,不可否认地既存在“长期保持着制度连续性的强有力的审判机关”,也存在“具有公共性权威的统一判断”。

第二,裁判依据的法定性。尽管民事裁判往往缺乏明确的法律条文依据,同时刑事案件的处理有时也未严格依国家律法进行,但并不能以此否认司法裁判的法定性。因为中国传统社会法律规范的表现形式是多元的,除国家正式立法外,大量民间习惯、家法族规、情理风俗等也具相当程度的规则指向性,其背后的价值取向一般也是鲜明的,因而毫无疑问地成为司法官判案的依据。滋贺秀三所言“不存在严格依照某种超人格或无个性的规则以及力图形成或获得这种规则的价值取向,也不存在双方当事者不同主张之间制度化的对决、斗争以及第三者对此判定胜负的结构”,难以令人信服。

第三,裁判的既判力和确定力。裁判一经作出,即发生法律效力,除依法定的情形不得撤销,这是既判力的含义。确定力是指审理后作出的裁判是对法律上权利和义务的较为明确的判定。中国传统司法裁判具有显著的既判力和确定力。以明清为例,其刑事司法审判实行逐级审转复核制。地方基层州县虽然负责受理所辖区域内发生的所有诉讼案件,并提出处理意见(“拟律”),但意见并不即时发生法律效力,而要依照各该官署所拥有的法定职权逐级上报,直至由有权的官署作出最终处理决定。这种意见往往被视为判决,因其不具有即时的法律拘束力而常被认为是司法裁判缺乏既判力的证据。这种看法偏颇之处是显而易见的:刑事司法的逐级审转复核制,实际上是通过确定各级官府实施刑罚的相应权力,来确立其审判权限和司法分工。其侧重点是确定和加重基层司法官的任务和责任。这种审判权限的划分并不等于现代的司法审级划分。实际上,州县的各上级官署一般不直接受理案件,除大奸大恶、叛逆、重大冤屈之类案件外,上级官署主要对基层上报的案件进行复审。州县对没有终审权的案件同样须侦查、预审,在查清事实的基础上,对应适用何种法条及如何进行判决提出“拟律”。这种逐级上报复审的审判活动,并非出于控(原)、被告双方当事人的意思表示,而完全是国家司法制度的固有程序规定,不同于现代的上诉复审制度。所以,只有在各级官府法定的实施刑罚的权限范围内,各该官署对于具体案件所作出的处理决定才能被视为真正的司法判决,而无权进行终局裁决的官衙提出的“拟律”意见不应被视作判决。从严格意义上讲,判词、批语和谕旨等虽带有判决的性质,但并非完整形式的司法文书,只是一种批示,一种下达给下级官府的命令,一般并不送达当事人。因此,判词、批语、谕旨等只有和有关的呈状、详文、奏章结合起来研究,才有完整的意义。至于民事案件,因属于“州县自理”,一般不需审转上报,故不存在裁判缺乏既判力的问题。

司法判决固然须有当事人的“遵依结状”,但以此便认为司法官的判断不具有形式上的确定力,恐怕也是种想当然的看法。当事人“遵依结状”,是审判中片面强调口供定案的必然结果,是司法中采用罪从供定主义证据原则的基本要求。同时由于集权司法所带来的刑讯主义,“遵依结状”多数情况下只能是一种形式,是司法文牍主义的体现,与司法裁判的效力问题无太大关系,所谓“甘结”与“心服”,不会影响审理过程的权威拘束力和裁判结论的严格确定性,因此将此种审判的实质理解为调解,无论如何都是不妥的。

黄宗智在对清代的诸多司法档案进行详尽研究后,对滋贺秀三等的观点进行了批评。他指出:

> 州县官极少从事调解。我所使用的巴县、宝坻以及淡新档案,都说明了这一点。在二百二十一件经过庭审的案子中,有一百七十件(占百分之七十七)皆经由知县依据大清律例,对当事双方中的一方或另一方作出明确的胜负判决……同样,那些“无人胜诉”的案子也大多依据律例作了判决:三十三例中占了二十二例。换言之,在所有案件中有百分之八十七都是明确通

过法律加以解决的。[1]

不能否认的是，中国从西周时就形成了一套富有特色的司法制度，并在长达两千多年的传统社会中，一直维持着司法与行政合一的体制。“司法”一词，在古代就已使用，然而近代意义上的“司法”概念，清末修律时才从日本引进，并与立法、行政相对应。显然，与西欧近代及前近代相比较，中国传统司法自身具有特殊性质。

理解传统司法的特质，也会给现代司法者以许多有益的启示和反省：法律职业者应追求的目标，是否应将司法视作平衡不同利益的机制，而不是没有缺陷的制度。现代法律家在解决诉讼纠纷问题的过程中，执著于明确地判定在具体纠纷中各方当事人的权利和义务的归属，即要在是与非之间划出一条明显的界限。但是在中国传统司法官的诉讼观念中，只是把司法过程视为纠纷平息而不是发现真理的过程。在他们看来，司法资源的稀缺性不容许当事人无休止地将案件反复地提交给司法机关。绝对的公正毕竟是人类不可企及的，一定程度的错案在所难免。而对于司法者来说，最重要的是解决现实纠纷，化解冲突，实现和谐，不需执拗于是非之争和权利义务之辨。

四

历史作为人类的遗产，其价值不是使我们回到历史中去，而是为新的历史提供资源。一切历史都是当代史。传统司法在中国社会中所发挥的重大作用，特别是其维系社会和谐秩序的功能，从一个侧面昭示着一种不同于近代以来西方文明的价值所在。毋庸置疑的是，比较视野下中国司法文明史的研究应以揭示中国传统司法文明

[1] [美]黄宗智：《民事审判与民间调解：清代的表达与实践》，中国社会科学出版社1998年版，第78页。

的特质为目标。

不同类型的社会秩序各有其面貌和命运,但都不乏其合理的因素。没有一种普遍的模式可用来说明所有社会的特征,更不可能用一种放之四海而皆准的法则或真理去度量和要求形态各异的文化。中国文化不是西方文化的注脚。中国是一个具有自身独立个性和独特价值的存在,而不是西方话语的对应物或西方发展史上的中间阶段。对中国传统司法文明进行细致的描摹,既不是为了印证中国是西方的"他者",也不是为西方司法理论框架提供零碎的注脚,而是要实现对它自身恰如其分的认识。从西方历史和经验中抽象出来的理路、范畴和分类,并不能完全解释非西方世界背后的文化价值、理性诉求,只有立足于研究对象所处的时代背景之中,以一种"同情或理解"的平和心境与之对话交流,产生共鸣,才能发掘出这一文明独具的魅力和价值。

从这个意义上说,文化类型比较的研究进路和范式,一方面要摆脱狭隘的某某中心主义的束缚,尊重比较者与被比较者在人格上的平等;另一方面,应超越功能主义的解释模式,更多是从文化的层面感受不同文明发展的丰富性和多样性,而不仅仅局限于外观或功能上的辨异。[1]苏力指出:不能仅满足于以西方的理论框架、概念、范畴和命题来研究中国问题,因为这样弄不好只会把中国人的经验装进西方的概念体系中,从而把对中国问题的研究变成一种文化殖民的工具。[2]一位从事田野调查的社会政治学者深有感触地说:

> 我们虽然生活在中国的土地上,接触中国的事务,但是,现

---

〔1〕 易平:《日美两国学者关于清代民事审判制度的论争》,载《中外法学》1999年第3期。

〔2〕 朱苏力:《法学研究的规范化、法学传统与本土化》,载《中国书评》(香港)1995年第4期。

代化中潜移默化的文化和学术殖民却已经使我们这些人不自觉地以一种西方化的眼光去看待、分析和评价中国的经验,乃至于这一经验本身也已经被西方化,然后,这种被西方化了的"中国经验"又被用来论证在实质上也是西方化了的"中国理论"。[1]

所以,我们需要具有一种将学术资源本土化的自觉,为此应深入中国社会的实际,真正了解中国自己的经验,以本土化的自觉与关怀去重新获取中国的经验,力争去西方化,然后从中提炼形成概念、架构和范式,并经过经验和理论的证实和证伪去整合架构和研究范式。

勒内·达维德写道:"在法的问题上并无真理可言,每个国家依照各自的传统自定制度与规范是适当的。但传统并非是老一套的同义语,许多改进可以在别人已有的经验中汲取源泉。"[2]因此,考察中国传统司法文明史及其与建构相应的社会秩序之间的关系,必须既注意选择运用西方的一些适合于选题的分析框架和方法,又应考察对象本身的特殊性,即中国自身的社会环境和条件对其司法成长及其表现形态的决定性影响。

近年来,关于中国司法文明和传统法律文化的研究范式发生了引人注目的转向。如一直致力于明清司法文化研究的徐忠明教授,其视野逐渐从原先的法典条例、司法档案和诉讼文书,转向地方志、谚语、传记、竹枝词甚至笑话等更为广阔的领域,以此来解读传统中国民间大众和基层司法精英的法律意识、法律心态和法律诉求。这种由"大传统"向"小传统"的转向,重视"众声喧哗"和采用"复调叙

[1] 吴毅:《村治变迁中的权威与秩序》,中国社会科学出版社2002年版,第378页。

[2] [法]勒内·达维德:《当代主要法律体系》,漆竹生译,上海译文出版社1984年版,第2页。

事”，可能更加体贴古人的情感和心态，也更加契合古人的问题。他重视挖掘和运用新史料，尤其是吸收了新社会史和新文化史的理论资源，显然更能解释中国传统法律文化和司法历史的多样性和复杂性。尽管他仍然无法避免运用西方式的理论和概念，但是在一定程度上质疑和改变了以往有关传统中国法律文化的多少有些“单调”或“扁平”的结论。不懈的努力和高效的产出使他成为传统司法史领域最具影响力的研究者之一。[1]

总之，不同法律文化之间的比较不能失之于简单的价值上的判断，尤其不能以孰优孰劣论之。那种仅以比较研究的简单、褊狭结论来满足民族虚荣心的做法，无疑是缺乏历史的眼光和智识的，只能走向故步自封。通过对司法文明的源与流的细致探究，考察其发生的具体历史背景，分析和研究其存在的差异和原因，才是得出真理性认识的正确途径。而且，司法文明史的比较究其根本应着眼于现实，即发掘历史中有价值的理念和制度，并赋予其崭新的价值和意义。诚如大木雅夫所说：

> 纯粹理论性的比较法，都是以知识欲、扩大视野的欲望和更好地认识本国法的欲求等为出发点。因此，比较法被誉为“真理的学校”，或“解决方案的仓库”。承认这一点，就意味着脱离了对本国法的赞美或法学地方主义的窠臼。比较法的精神确实正在于此，其作用恰巧是一种间接证明，可以衬托出本国法的长

[1] 参见徐忠明：《众声喧哗：明清法律文化的复调叙事》，清华大学出版社 2007 年版。徐氏近年来在司法文化领域的丰富著述还包括：《法学与文学之间》，中国政法大学出版社 2000 年版；《包公故事：一个考察中国法律文化的视角》，中国政法大学出版社 2002 年版；《案例、故事与明清时期的司法文化》，法律出版社 2006 年版；《情感、循吏与明清时期司法实践》，上海三联书店 2009 年版；《传播与阅读：明清法律知识史》（与杜金合著），北京大学出版社 2012 年版；《明镜高悬：中国法律文化的多维关照》，广西师范大学出版社 2014 年版。除此之外，还有为数众多的专门研究司法文化的学术论文。

处和缺陷……

比较法以确认各国法律间的异同为出发点。然而,现代的比较法已不再满足于单纯以认识为目的的、对本国法的注释和对各种外国法的罗列,而开始追求以法的改革为新的行动目标。也就是力图通过对外国的批判性研究所析出的共同要素发现"共同法",并以此作为改革的指针。[1]

司法的革新必须与中国内在传统文化之特质相契合,与中国特有的社会伦理相契合,才能获致生机和活力。否则,无论多么完善的法律制度形式也难以发挥其功效。它可能"振动一时之人心,而卒归于消沉歇绝"。陈寅恪论述西方思想的引入时曾说:"其真能于思想上自成系统,有所创获者,必须一方面吸收外来之学说,一方面不忘本民族之地位。"[2]司法的引入何尝不是如此。

沈家本主持修律时倡言:"参考古今,博稽中外","择善而从","我法之不善者当去之,当去而不去,是之为悖!彼法之善者当取之,当取而不取,是之为愚!""古今之见又何必存哉。"[3]诚哉斯言!这是我们今人研究比较司法史的真正意义所在。

五

百多年来,法律移植成为中国法治现代化的主要途径。西土移植而来的法律与司法作为一种"正式制度",似乎已是中国法律近代化的必然选择,而其在形式上已臻于完美。但是这种形式的美并非真正意义上的近代化,因为它缺乏一种深厚的、源于本土文化的"非正式制度"作为其支撑,这种由法律移植而导致的"制度断裂"

---

〔1〕［日］大木雅夫:《比较法》,范愉译,法律出版社1999年版,第68~69、72页。

〔2〕陈寅恪:《陈寅恪史学论文选集》,上海古籍出版社1992年版,第512页。

〔3〕(清)沈家本:《沈寄移先生遗书》,载《寄移文存》卷六。

(institutional disjunction)引发了诸多法律和社会问题,一直困扰着我们。早在20世纪30年代,吴经熊就提出了独到见解:"缺乏强有力的道德根基,被移植的制度与观念无从获得本地沃土和持续成长的养分,不管移植者技巧如何娴熟高妙,这样的法律都是不可能有效生长的——只有法律之树根植于价值观念能指明方向的沃土时,才有可能为后代结出希望之果。"[1]

林端指出,清末以来西法继受的动机,主要不是法律内部因素使然,而是中国传统社会遭遇亘古未有的外在压力,促成社会文化力求透过学习继受而迎头赶上,法律是外求废除不平等待遇、内求自立自强的手段。因此,这是个社会文化困境先对法律施压,而企图借着法律解决社会文化困境的过程。其目的取向与工具性格容易把继受简化成一次性的立法行动,忽略自己的社会文化与承继来的法律背后的社会文化的差异性,在继受过程中遭遇种种问题,甚或葬送了与自己社会文化传统息息相关的活生生的法律的生机。[2]

中国对西方司法制度的引进,在其开始阶段属回应型的政治统治范围内的应变措施,而非社会经济基础对法律制度的要求,亦非社会伦理变迁的直接之需。这种引进自始就缺乏传统和社会道德伦理根基。对社会民众而言,西方的法律制度过于概念化。美国著名大法官卡多佐称:概念的专横乃是"产生大量非正义现象的根源"。而事实上,社会公众对法律的认可不可能以概念为基准,只能通过一种他们耳熟能详的方式潜移默化地进入其生活与心理世界。而过分概念化的西方法律使社会民众感到遥远和隔膜。事实上,它给中国近代化的法律构建造成了极大的负面影响,以至于在社会民

---

〔1〕 [美]安守廉、沈远远:《法律是我的明神:吴经熊及法律与信仰在中国现代化中的作用》,季美君译,载《湘江法律评论》(第2卷),湖南人民出版社1998年版,第201~215页。

〔2〕 参见林端:《儒家伦理与法律文化》,中国政法大学出版社2002年版,第79~80页。

众中形成了不小的法律空洞。

苏力说:中国传统的法律制度“就是人们生活的一部分,保证着他们的预期的确立和实现,使他们的生活获得意义。这是不可能仅仅以一套书本上的、外来的理念化的法条所能替代的”。[1] 达玛什卡甚至指出:“中国的司法制度和司法理念与西方是如此的不同,以至于任何带有西方特殊性印记的话语都有碍于我们理解那里的司法。”[2]

中国社会对于西方法律似乎有着本能的排异性。正如韩国学者评价其本国法治近代化时所指出的:“现在所施行的法律并非本民族生活方式的产物。这个民族并没有一种‘有价值的法治遗产’值得自豪。现行的法律制度是从欧洲移植到韩国的土壤上的。它尚未在这块陌生的土地上扎下根来。很显然,它是这个世界上最为现代、最为科学的法律制度之一。但它被视为与普通民众日常生活的关系既不迫切也不重要。”[3]

法律的精神应体现社会的传统、文化的特质与民族的精神,法制变革必须关注国人的“心性”体验、感情信仰等精神价值,[4] 否则建立在概念上的法律很可能无益甚至是有害的。清末以来的法律继受过程,使中国无可挽回地进入了西方法律制度的引力场中。这个过程实质上是一种抛弃固有传统而创造新传统的过程。从历史的角度来看,单纯的司法移植由于缺乏社会文化和道德伦理的根基而效果甚微。传统的丧失,正是让我们进退失据的原因所在。

---

〔1〕 苏力:《法治及其本土资源》,中国政法大学出版社1996年版,第35页。

〔2〕 转引自徐忠明:《小事闹大与大事化小——解读一份清代民事调解的法庭记录》,载《法律与社会发展》2004年第6期。

〔3〕 Pyong-Choon Hahm, *The Korean Political Tradition and Law: Essays in Korean Law and Legal History*, Seoul: Hollym Corp., 1967, pp. 206 – 207.

〔4〕 参见许章润:《天意·人意·法意》,载《比较法研究》1998年第1期;许章润:《梁漱溟论中国人的人生态度与法律生活》,载《中外法学》1998年第6期。

黑格尔以古代雅典梭伦改革的曲折经历为例,指出制定法律是一回事,要使法律成为习惯,成为风俗,深入一个民族的生活中去,却是另一回事。[1] 半个多世纪以前,美国法学家庞德来华考察中国法律制度与法学教育后便指出,中国已经建立了自己的传统,不宜改弦易辙,另起炉灶。改习美国制度将遇到种种困难,很可能导致事倍功半、得不偿失的结果。因此引进那些在外国行之有效的司法制度,须充分考量中国社会条件和文化上的差异。

当然,作为解决社会纠纷的司法制度,中西司法传统之间的差异也不能被夸大,否则会阻碍我们吐故纳新。实际上,在传统司法观念与制度中,像司法中立、独立审判这类观念都有相当强烈的表达。只是传统的社会结构与文化格局使这种中立与独立的愿望无法获得一种职业法律家作为物质的依托罢了。

六、结语

如果我们意图进行理论上的深入思考,那么离开与西方司法文明的参照,是非常困难的。西方法律文化的支配性和普遍性话语是一种客观的存在。一个充满悖论的现象是:有时意图"消解"一种西方式的理论模式的努力,往往反而又会强化西方学术话语。[2] 正如徐忠明在评价黄宗智"第三领域"的概念时所指出的:黄宗智一方面"超越"西方范式的陷阱;而另一方面,他又不自觉地"掉入"西方范式的陷阱。因为他背后的理论预设依然是西方的,即假如没有西方

---

〔1〕 参见[德]黑格尔:《哲学史讲演录》(第1卷),贺麟译,商务印书馆1959年版,第168页。

〔2〕 譬如,本文对于相关研究"范式"的反思,其"范式"的概念亦是源于西方学术界的,或是西方化的。所谓的"范式"的理论最早来自美国科学史家和哲学家托马斯·库恩(Thomas Samual Kuhn)。参见Kuhn, *The Structure of Scientific Revolution*, Chicago,1962。

的“国家与社会”的二元模式,那么“第三领域”也就无从谈起。[1]他自己何尝不是如此呢?

梁治平也曾举例说,曾有一位治中国法律史的美国教授,主张清代的司法制度里面有所谓“正当程序”(due process),进而称中国古代法律亦以保障“人权”为它的一种职能。梁氏指出:

> 那位美国教授也许对中国文化有几分敬意,但是他的做法,终究不能脱出“西方中心主义”的窠臼。至于一般以“权利—义务”一类概念、模式来解释中国古代社会者,同样是以西洋人的偏见来说中国的历史,其以毫厘之差而失之千里,这也就不必说了。最可悲叹的是,以往许多以弘扬民族文化自诩者,一味往中国的历史里面去发掘近代由西洋输入的诸般价值,其对于中国固有的文化,褒扬乎?贬抑乎?中国文化的真面目,是在它以自己独特的方式去回应人类普遍的问题,而以人类一部分之独一无二的经验,贡献于人类的全体。真实的历史,应当由这里去寻觅;中国文化的伟大卓绝处,也应当在这里去体认。[2]

但问题似乎仍然是,过去研究的缺失就是把中国作为“他者”来对待,西方法律概念和法学理论被当作裁断中国司法文明史的准绳。根本性的改变可能是,把西方作为比较研究的对象与法学理论的资料,透过不同司法文化之间的“相互照明”,[3]才能看清彼此之间的异同,从而深化我们的认识。应当用“中西法律文化相互照明”

---

〔1〕 徐忠明:《清代民事审判与“第三领域”及其他——黄宗智〈民事审判与民间调解〉评议》,载徐忠明:《思考与批评——解读中国法律文化》,法律出版社2000年版,第163页。

〔2〕 梁治平:《法律之文化观》,载《读书》1992年第5期。

〔3〕 最早提出这种不同文化“相互照明”说的是钱钟书。参见钱钟书:《意中文学的相互照明——一个大题目,几个小例子》,载《书城》1999年第6期。

的姿态来重建中国司法文明史。也就是说,我们不仅要用内在视角来考察中国司法文明史,而且要运用外在视角来审视和"照亮"它。唯有如此,中国司法文明史和中国法律史的独特意蕴才可能得到充分彰显,也才会向世人昭示其生命力。

总之,有无独特的研究范式和研究对象是判断一个学科是否独立的标志之一,理论和方法的改进总能提高研究的质量和效率。中国司法文明史应更多地利用多学科的综合研究方法,注重中国语境的转换和核心概念的使用,打破研究范式的固有框架,重视理论的研究与创新。另外,任何研究范式都有其局限性,那种希冀寻找一种包容一切问题的范式已成为一些学者新的历史宿命论。

从方法论层面看,传统中国司法史研究更多的是孤立封闭式研究,缺乏比较的视野和意义。21 世纪中国司法文明史研究更应体现一种开放的视角,更多地运用比较分析方法。通过比较加深对中国司法文化的认识,加强解释,并不断适时地更新史料和方法,省思和重构范式和进路。这就需要既注重发掘本土文化资源,又应掌握域外司法研究动向。在比较中鉴别,在比较中选择,在比较中发展。

论“铸刑书”之争的法哲学意义*

黄宇昕**

【内容摘要】 在“铸刑书”之争中，一方主张“德治”“礼治”即贤人政治，其依据是中国文化的基点——性本善，政治直接基于道德并以其为目的，政治只是道德的附属而无独立的价值，另一方主张“法治”，其理由是实际政治不可避免的要求。两者都未能认识到，道德（精神生命、道德理性）与政治（逻辑理性）的辩证关系决定政治必须独立于道德发展。这场争论促使前者发展为儒家思想及其“内圣外王”的政治空想，后者发展为法家及其指导下的专制政治与律典法统，前者是社会主导的价值观念，后者是秘而不宣的政治实践，两者都固执片面真理，对立形成“阳儒阴法”的僵局，这决定了以后两千多年中国社会的基本面貌及其根本意义。

【关键词】 铸刑书　阳儒阴法　道德理性　逻辑理性

---

* 本文的理论基础参见《论道德与政治的辩证关系——兼论儒家思想与民主政治的结合》，载朱勇主编：《中华法系》（第七卷），法律出版社2016年版。一个经验的相关论据参见李峰的《中国古代国家形态的变迁和成文法律形成的社会基础》，载《华东政法大学学报》2016年第4期。文中凡单独出现的“理性”一词都是“逻辑理性”的简称。

** 作者系南开大学法学院讲师，法学博士。

一、问题的提出:或"德治""礼治"与"法治"对立的缘起

春秋末期郑国子产铸刑书(公元前536年)一直被认为是中国法制史上成文法公布的开端,这起事件在当时曾引发激烈的争论,一方是中国历史上杰出的政治家——子产(? ~公元前522年),另一方是中国历史上著名的贤人——叔向(? ~约公元前528年),今先录争论全文如下:

> 叔向使诒子产书,曰:"始吾有虞于子,今则已矣。昔先王议事以制,不为刑辟,惧民之有争心也。犹不可禁御,是故闲之以义,纠之以政,行之以礼,守之以信,奉之以仁,制为禄位以劝其从,严断刑罚以威其淫。惧其未也,故诲之以忠,耸之以行,教之以务,使之以和,临之以敬,莅之以强,断之以刚。犹求圣哲之上,明察之官,忠信之长,慈惠之师,民于是乎可任使也,而不生祸乱。民知有辟,则不忌于上,并有争心,以征于书,而徼幸以成之,弗可为矣。夏有乱政而作《禹刑》,商有乱政而作《汤刑》,周有乱政而作《九刑》,三辟之兴,皆叔世也。今吾子相郑国,作封洫,立谤政,制参辟,铸刑书,将以靖民,不亦难乎?《诗》曰:'仪式刑文王之德,日靖四方。'又曰:'仪刑文王,万邦作孚。'如是,何辟之有?民知争端矣,将弃礼而征于书。锥刀之末,将尽争之。乱狱滋丰,贿赂并行,终子之世,郑其败乎!肸闻之,国将亡,必多制,其此之谓乎!"复书曰:"若吾子之言,侨不才,不能及子孙,吾以救世也。既不承命,敢忘大惠!"(《左传·昭公六年》)

无独有偶,24年后另一起仿效"铸刑书"的同样性质事件——晋国铸刑鼎(公元前512年)又招致另一位圣贤——孔子(公元前551~前479年)的批评:

仲尼曰:“晋其亡乎!失其度矣。夫晋国将守唐叔之所受法度,以经纬其民,卿大夫以序守之。民是以能尊其贵,贵是以能守其业。贵贱不愆,所谓度也。文公是以作执秩之官,为被庐之法,以为盟主。今弃是度也,而为刑鼎,民在鼎矣,何以尊贵?贵何业之守?贵贱无序,何以为国?且夫宣子之刑,夷之蒐也,晋国之乱制也,若之何以为法?”(《左传·昭公三十年》)[1]

---

[1] 叔向派人送给子产一封信,说:“开始我对您有希望,现在完了。从前先王衡量事情的轻重来判罪,不制定刑法,这是害怕百姓有争夺之心的缘故。还是不能禁止,因此用道义来防范,用政令来约束,用礼仪来奉行,用信用来保持,用仁爱来奉养;制定禄位,以勉励服从的人;严厉地判罪,以威胁放纵的人。还恐怕不能收效,所以用忠诚训诫他们,根据行为奖励他们,用专业知识技艺教导他们,用和悦使用他们,用严肃面对他们,用威严接触他们,用坚决的态度判断他们的罪行;还要访求聪明叡智的卿相、明白事理的官吏、忠诚守信的乡长、慈祥和蔼的老师,百姓在这种情况下才可以使用而不发生祸乱。百姓知道有法律,就对上面不恭敬。大家都有争夺之心,征引刑法作为根据,而且徼幸得到成功,就不能治理了。夏朝有违犯政令的人,就制定禹刑;商朝有违犯政令的人,就制定汤刑;周朝有违犯政令的人,就制定九刑;三种法律的产生,都是在衰乱的时代了。现在您辅佐郑国,划定田界水沟,设置推行挨骂的政事,制定三种法律,把刑法铸在鼎上,打算用这样的办法安定百姓,不也是很难吗?《诗经》上说:‘效法文王的德行,每天抚定四方。’又说:‘效法文王,万邦信赖。’像这样,何必要有法律?百姓知道了争夺的依据,将会丢弃礼仪而征引刑书,一字一句,都要争个明白。触犯法律的案件更加繁多,贿赂到处使用。在您活着的时候,郑国恐怕要衰败吧?我听说,‘国家将要灭亡,必然多订法律’,说的就是这个吧!”子产回信答复说:“按照您所说,我没有才能,不能考虑到子孙,我是用来挽救当代的。既然不能接受您的命令,又岂敢忘了您的赐教!”(《左传·昭公六年》)

孔子说:“晋国恐怕要灭亡了吧!失掉了它的法度了。晋国应该遵守唐叔传下来的法度,作为百姓的准则,卿大夫按照他们的位次来维护它,百姓才能尊敬贵人,贵人因此能保守他们的家业。贵贱的差别没有错乱,这就是所谓法度。晋文公因此设立执掌官职位次的官员,在被庐制定法律,以作为盟主。现在废弃这个法度,而铸造了刑鼎,百姓都能看到鼎上的条文,还用什么来尊敬贵人?贵人还有什么家业可以保守?贵贱没有次序,还怎么治理国家?而且范宣子的刑书,是在夷地检阅时制定的,是晋国的乱法,怎么能把它当成法律呢?”(《左传·昭公三十年》)沈玉成:《左传译文》,中华书局2008年版。(下划线部分根据《辞源》略有改动)。

孔子对"铸刑鼎"的批评实际上也就是对"铸刑书"的批评。概括叔向、孔子的意见,他们主张德治礼治,为了严防百姓萌发争心,即争夺利益之心,也就是私心,执政者不应以法律而应以道德来治理和教化百姓,周朝的礼仪法度就是此种治理方式的成功典范。子产辩解道,虽然这是最佳的治理方式,但一方面时代不同,社会已经改变,另一方面我也没有足够的德行才能施行这种最佳治理方式,无法顾及那么长远,我只能针对目前的状况给出这样一个针对性的暂时的解决办法。

子产自称没有足够的德行才能,这显然是谦辞,事实上,子产不仅是一位杰出的政治家,而且也是名副其实的贤人,即使是反对他的叔向孔子也决不怀疑他的人格才能。孔子多次赞扬子产,说他有"君子之道"(《论语·公冶长第五》),称之为"惠人"(《论语·宪问第十四》)、"古之遗爱"(《左传·昭公二十年》),叔向也说他曾寄希望于子产,由此可见,子产的谦辞不是真正的理由。应该说,子产真正的理由只有一条,即,时过境迁,现在德治礼治已不足以维系社会,他不得不改弦更张,使用新的治理方式——以统一公开的法律来治理社会,即所谓"法治",[1]即便这只是过渡性的解决办法。双方都是圣贤,他们所提出的这两种治理方式应该都不是妄言,但这两种治理方式又分明是对立的,那么问题在哪里呢?

二、叔向与孔子主张"德治""礼治"的依据和理路

叔向与孔子代表的是典型的传统中国文化及其理想。中国文化的出发点是"性本善",人的目的就是直接实现此种善良的本性,为此,政治应当直接基于道德并为其服务,全力促进道德的实现,这样

〔1〕 这里姑且称之为"法治",但它尚是最原始的"法治",它在直接的意义上是法家"法治"的嚆矢,在根本意义上也是现代法治的前身。

的政治自然只是道德的附属而无独立的地位,反过来道德即人之善良本性不仅要求并且也可以确保政治直接实现这一目的。这种政治的必然原则是,每个人的地位、权力、名声、财富等应该与他的道德人格成正比,如此就能以内外合一的方式——外在福祉与内在人格的完全匹配——树立绝对的榜样,从而保证有德者绝对能获得所有社会成员的效仿,最终促使道德在整个社会得以实现。反之如果不能做到外在福祉尤其是权力与内在人格相匹配,那就会树立坏榜样,带坏整个社会。“惟仁者宜在高位。不仁而在高位,是播其恶於众也。”(《孟子·离娄上》)这就是所谓的“德治”,有“德”必有外在表现,此即“礼”,内在人格无法效仿,只有外在行为可供效法,于是道德直接外化成“礼”就可以成为外在的引导约束,于是“德治”衍生出“礼治”。“礼”被视为“德”的必然产物和外在表现,“德”被视为“礼”的内在根据和直接渊源,“礼”与“德”是一体的,于是根据“居高位者必有德”“有德者必有礼”就可以要求甚至推定“居高位者”必有“德”、必有“礼”。周公与西周就被当作这种理想政治的楷模。周公既是“以德配天”的提出者——把德提到前所未有至高无上的地位,又是“礼”的制定者——把德具体化、外在化、制度化,这决非偶然,他本人就是这种合一的典范与象征,这就是所谓“君子”“大人”——被认为具有道德自觉即有公心的绝对主宰者——贵族统治者。现实社会具有道德自觉的“大人”总是少数,大多数人是与之相对的“小人”——没有道德自觉的黎民百姓。日常生活中所谓的“大人”“小人”是以自然生命的成熟与否作为衡量标准,儒家的“大人”“小人”是以精神生命的自觉与否作为衡量标准,但不论哪个标准,“大人”与“小人”之间的关系是相同的,即“小人”没有能力对自己负责,只能让“大人”对自己负责,而“大人”也有义务有责任抚育管教“小人”。这是一种基于道德上的优越感而高高在上的态度——大人君子对小人百姓就如同父母对儿女、牧人对畜群一般,所谓“牧民”“爱民如子”“视民如伤”,这是一种兼养育权、教导权、惩罚权于一身的绝对的全能权力，与之相应的是无所不在的道德责任，所谓“万方有罪，在予一人”（《尚书·汤诰》）——其实这种傲慢态度本身就违反道德。对自觉的“大人”可以讲“礼”，对无知无觉的“小人”不能指望他们讲“礼”，所以就需要以“刑”来吓阻。“刑”不是“法”，“法”是裁判平等双方纠纷的根据，“刑”只是自上而下单纯的暴力吓阻，“刑”是由“大人”的意志决定给予过错者的惩罚。在这种德治礼治贤人政治下，自然不需要普遍公开的法律规范，因为“大人”被认定肯定是正确的，所以完全可以信赖其作出的任何意志决定，随其临机决策反倒可以避免成文法僵硬的缺陷，更好地适应现实个别需要，从而更好地实现政治的道德使命。既然“刑”总是公正的，那么违法犯罪就必然越来越少，“刑”的结果必然趋向于“无刑”，既然政治治理必然能教化“小人”去除“争心”即“私心”而趋向道德，那么治理结果必然趋向于“无讼”，这样的政治就会成为最少暴力的政治，或者说，暴力是存而不用的。这种治理方式是基于一种简单直接的思维，即通过严防私心的产生，使没有道德自觉的百姓也能不自觉地实现“性本善”。“《诗》曰：‘不识不知，顺帝之则。’文王之谓也。”（《左传·僖公九年》）正所谓，识古知今皆无用，反贻私心祸害大，天道尚诚贵自然，顺之而行无不宜。

周公与西周一向被当作这种理想政治的楷模。然而，西周的覆亡恰恰说明此种政治实属幻想，这当然不能仅仅归咎于西周统治者的腐化或无能，而是因为贤人政治根本违反道德本性、是绝对不可能实现的。有什么办法可以确保“有德者居高位”呢？很遗憾，没有任何办法可以保证，这种所谓根据内在品格分配政治权力等外在福祉的标准只是一个纯粹内在的道德标准，因为道德的本性就是纯粹内在性也即绝对抽象和绝对否定，从绝对的意义上来说，一个生者的人格只有他自己能知道，虽然“一个人的全部外在表现也就是他的人格”（黑格尔），但没有人能够知道他人的全部外在表现，除了他自己，所谓"周公恐惧流言后，王莽谦恭未篡时。向使当初身便死，一生真伪复谁知"（白居易）。更何况，生者的人格总是存在转变的可能，未来的自己是连他自己也无法预知的，进一步说，在社会成员普遍缺乏自觉的现实状况下，圣贤也只是偶然。所以，准确评判他人的人格，这对现实社会的生者来说是很难的，而要保证能选出圣贤那更是不可能的。政治作为外在现象，其从业者选拔标准也只能是外在的性格才能等，贤人政治的直接基础——道德之纯粹内在本性恰恰注定贤人政治的失败。康德的批评可谓一针见血：

> 一个政权可以建立在对人们仁爱的原则上，像是父亲对自己的孩子那样，这就是父权政治。因此臣民在这里就像是不成熟的孩子，他们不能区别什么对自己是真正有利或有害，他们的态度不得不是纯消极的，从而他们应该怎样才会幸福便只有待国家领袖的判断，并且国家领袖之愿意这样做便仅仅有待于自己的善心。这样一种政权乃是可能想象的最大的专制主义，（这种体制取消了臣民的一切自由，于是臣民也就根本没有任何权利）。[1]

这里的根本原因在于，道德的实现决不是像传统儒家所认为的一个由内而外的简单过程，因为这里的内外之别不是现象界中的对象——此对象是逻辑理性之固执而造成的——之表象（现象）与本质（抽象概念）并列于现象界这同一层面中的相对的内外差别，而是本体界与现象界之上下的绝对的内外差别，严格地说，后者才是真正的内外差别，现象界只是相互外在，本体界才是纯粹内在。本体

---

〔1〕［德］康德：《历史理性批判文集》，何兆武译，商务印书馆1990年版，第195页。

即道德精神或精神生命，作为起点，自在的绝对整全的精神生命也就是他在——纯粹自然，精神生命完全处于潜在或外在状态，此即原始的和谐。但精神生命必定要自知自觉、自我实现、自我确证，这注定其首先自我否定即自身分裂为绝对对立和独立的逻辑理性（现象界，简称“理性”）与道德理性（道德情感与智的直觉），这一本体的绝对分裂必然映现为现象界的相对分裂，即（逻辑）主体与（逻辑）客体的分裂。另外，原始和谐破裂，无知的自然必然发展出有知的主体与之对立，而有知的主体同时自我分裂为理性主体（逻辑理性）与道德主体（良心）的对立，自然也就相应地显为事实与意义的对立。主体的自觉从形式的自觉即逻辑理性的自觉即逻辑主体之建立开始，逻辑主体是自觉的纯粹形式之逻辑理性，逻辑客体是相互外在的纯粹内容，逻辑理性的独立发展，即逻辑理性作为精神生命在现象界的投影欲在现象界完成精神生命的绝对统一，即逻辑主体的自我实现，即纯粹形式对外在内容的统一，逻辑主体必须摄取和统一外在客体，此即理性主体的自执即“根本恶”（恶的根源），由此产生逻辑主体即理性主体的自主自治——以理性主义、个人主义为基础的民主政治。按康德所说：

> 没有人能强制我按照他的方式（按照他设想的别人的福祉）而可以幸福，而是每一个人都可以按照自己所认为是美好的途径去追求自己的幸福，只要他不伤害别人也根据可能的普遍法则而能与每个人的自由相共处的那种追求类似目的的自由（也就是别人的权利）。[1]

---

〔1〕［德］康德：《历史理性批判文集》，何兆武译，商务印书馆1990年版，第195页。

但是,这是一个无限过程,是不可能完成的统一,逻辑理性遂自觉其根本缺陷并自我否定,从而以间接的方式把主体引向道德理性,最终通过道德理性的自觉——这是真正的自觉——道德主体得以建立,(逻辑)理性被收摄于道德(理性),达到高度和谐,精神生命得以自我实现。此即道德实现之辩证的规律,即道德精神必须通过与之完全相异的逻辑理性的中介来实现自己,而这一唯一的必经的中介又不过是道德精神自我否定产生的逻辑理性之独立发展和自我否定,即道德精神的自我中介。此一道德实现之辩证的规律也即道德与政治的辩证关系:一方面,政治与道德绝对相互独立互不相干,即政治不能干预道德,不能成为道德的评判者;反言之,道德既不能直接用于构造政治制度,也不能直接变成政治实践;另一方面,政治与道德绝对相互联系不可分割,即政治必须以道德为终极根据,为道德的实现创造前提;反言之,道德则是政治的评判者,是指引政治的理想。道德与政治通过主体的自由意志即自由因果性实现此一辩证的结合。(或者用哲学话语说,本体与现象的辩证关系是不离不即,一方面是不即,即本体与现象相互对立互不相干,现象不能决定或转变为本体,本体也不能直接决定和转变为现象;另一方面是不离,即本体与现象终究相互依存,全体大用,即用见体,本体是现象的终极根据和决定者,现象最终依据本体体现本体)

原始和谐破裂导致逻辑主体的独立发展也即“私心”发生发展,每一个逻辑主体都企图以自己为核心统一现象客体,于是私心一发不可收拾,这必然使人背离道德本性,导致人与人之间不可避免的矛盾争斗甚至自相残杀,此即所谓“争心”,对此,中西方提出两种解决问题的思路。对西方而言,性本恶,理性人即理性动物,这既意味着私心的必然,也意味着理性能够抑制私心——虽然不能彻底消除私心。因为理性主体之间的无限争斗必然导致相互毁灭即理性主体的自我毁灭,这是理性不能容忍的,他们必然相互妥协,以构建一个共同自我治理的政治社会(社会契约论)。

> 建立国家这个问题不管听起来是多么艰难,即使是一个魔鬼的民族也能解决的(只要他们有此理智)。那就是这样说:“一群有理性的生物为了保存自己而在一起要求普遍的法律,但是他们每一个人又秘密地倾向于把自己除外;他们应该是这样地安排并建立他们的体制,以至于尽管他们自己私下的心愿是彼此极力相反的,却又如此之彼此互相防止了这一点,从而在他们的公开行为中其结果又恰好正像他们并没有任何这类恶劣的心愿是一样的。”[1]

这样一个实现抑恶之历史使命的政治也就完成了政治本身,如果再能配合以真正道德的思想(如儒家思想),就能把社会导向理想社会。

对中国古代的圣贤而言,性本善,所以实现道德的关键就是严防死守防止“私心”及“争心”的发生发展,而既然“私心”的发生发展是意味着逻辑理性的独立发展,那么这实际上也就等于取消逻辑理性的独立发展——理性纵然可以存在,那也只能是作为依附于道德、服务于道德的纯粹工具,理性本身甚至无法得到承认和正名,这就是叔向与孔子之论点的最终根据所在。这个思路表面上无懈可击,实质上却是完全忽视逻辑理性,他们没有认识到道德理性的实现只能是一个辩证的而非直线的发展过程,逻辑理性的独立发展或者说“私心”“争心”的发生发展从表面上看是对道德的背离,但实质上却正是道德实现的必经之路,所以窒息逻辑理性或“私心”“争心”的发展也就等于窒息道德本身的发展,道德的实现就变成一种依于

〔1〕[德]康德:《永久和平论》,载[德]康德:《历史理性评判文集》,何兆武译,商务印书馆2007年版,第129页。

天赋的纯粹的偶然——所以虽然经过主流的儒家思想两千年的说教影响,也总会时不时地出现圣贤,但中国社会整体的道德水准并不比其他传统文明社会更高。因此,孔子、叔向这种主张表面上是要求道德的和谐,但不经过理性的中介,其结果必不能进至道德自觉之高度或终极和谐而只能倒退向原始和谐,甚至以原始和谐为终极和谐。[1] 一方面(逻辑)理性的独立不可遏制,却又受到压制无法正常发展,另一方面完全退回原始和谐亦不可能,这样一来,基于理性的科学与民主固不可能,通过理性中介的道德实现也不可能,最终就变成一种吊诡的背离和低水平的和谐,一方面是社会对圣贤人格和贤人政治、对道德实现与高度和谐的普遍向往与确信;另一方面圣贤只是偶然,贤人政治只是空想,现实中社会普遍处于一种自然淳朴即不自觉的状态,任凭专制肆虐摆布直至社会崩溃重建,无论统治者还是被统治者都缺乏理性、自主和自觉,离真正的道德实现与高度和谐愈来愈远。

三、子产主张"法治"的依据和理路

因此叔向与孔子的思维方式是简单的直觉,只是固执道德是人

---

〔1〕 这在道家思想中表现得更加突出。邓晓芒在论老子的"道"时指出:"中国哲学不愿意把人个体的生存论发扬到极致,不愿意发扬人的个体冲动,要人放弃自己的自由意志,主张一种无欲、无为的人生……我们的文化背景和历史积淀就是一个这样的自然主义的生产方式……所以老子是希望人直接融化在大自然里面……你把自己所有人为的欲望放弃,那就是天道了,那就是永恒的道了……这个时候消除一切干扰和内心的冲动,跟自然界融为一体,这个时候你才能够成为真正的高人,成为圣人。"邓晓芒:《哲学史方法论十四讲》,重庆大学出版社 2008 年版,第 79 页。道家比儒家更容易坠入原始和谐的陷阱,因为儒家讲最高境界重在其客观的道德内涵,虚实结合,而道家只就个体的主观感受来讲最高境界,以虚说虚。相比之下,儒家偏重于形而下实事实理充满伦理色彩,老子重在表现观察到的最高境界的客观形态,具有较多形而上的辩证法思维,而庄子重在对达到最高境界的主体状态的体悟之艺术化描述,主要是寓言、童话、神话,禅宗重在当下指引激发如何达到最高境界,主要通过特定情境的对话机锋,所以老子最易为西方思维所理解,在西方的影响最大。

的本质因而也是政治的直接基础与目的这一片面抽象的真理，死死桎梏私心或争心的发展，以为这样就可以实现道德，却不知这等于窒息精神本身的发展，道德也随之变成泡影。这样的社会表面上也是和谐的，道德也好像得到实现，但这只是精神的自在与原始的或低水平和谐，而非精神的自觉与高度和谐，所以也就只能是道德的起始而非道德的实现。就中国历史而言，在春秋之前，整个社会的精神正自然地处于开始摆脱原始和谐，但也因此直觉到自身的道德目的及逻辑理性发展可能带来的危害这样一种状态，遂不得不采取“德治”“礼治”这样相应的治理方式，而政治社会也确实得以稳定维持了一个时期。但是，历史的发展必然要突破这一片面的真理，原始的和谐最终必然被彻底打破，这就表现为“德治”“礼治”的自我否定，这在春秋晚期出现的标志就是“礼”的自我否定。此前，作为“德”之表征的“礼”实际上已经取代“德”，所以现在“礼”的自我否定就表现为自我区分，即“礼”和“仪”的区分，即礼的功能意义与礼的外在形式的区分，如女叔齐批评不失礼的鲁昭公是只知仪不知礼，又如子大叔根据子产对“礼”的诠释而对“礼”与“仪”的分辨。〔1〕这在使人们在发掘礼的更深内涵的同时也使本来是“德”的外在表现的“礼”失去外在确定性，这是本质上作为制度规范的礼的自我否

〔1〕 公如晋，自郊劳至于赠贿，无失礼。晋侯谓女叔齐曰：“鲁侯不亦善于礼乎？”对曰：“鲁侯焉知礼？”公曰：“何为？自郊劳至于赠贿，礼无违者，何故不知？”对曰：“是仪也，不可谓礼。礼所以守其国，行其政令，无失其民者也。今政令在家，不能取也。有子家羁，弗能用也。奸大国之盟，陵虐小国。利人之难，不知其私。公室四分，民食于他。思莫在公，不图其终。为国君，难将及身，不恤其所。礼之本末，将于此乎在，而屑屑焉习仪以亟。言善于礼，不亦远乎？”君子谓：“叔侯于是乎知礼。”（《左传·昭公五年》）

子大叔见赵简子，简子问揖让周旋之礼焉。对曰：“是仪也，非礼也。”简子曰：“敢问何谓礼？”对曰：“吉也闻诸先大夫子产曰：‘夫礼，天之经也。地之义也，民之行也。’天地之经，而民实则之……”简子曰：“甚哉，礼之大也！”对曰：“礼，上下之纪，天地之经纬也，民之所以生也，是以先王尚之。故人之能自曲直以赴礼者，谓之成人。大，不亦宜乎？”简子曰：“鞅也请终身守此言也。”（《左传·昭公二十五年》）

定,即所谓“礼崩乐坏”。

作为贤人,子产注意到,代表传统政治理想的“德治”“礼治”正在失去维系社会的能力,而作为政治家——这是非常重要甚至关键的一点,与叔向、孔子不同,子产是实际负有一国最高政治职责的执政者——他不能只顾传统理想,更要正视社会现实,尤其是在两者明显背离断裂之时。历史正在进入一个新阶段,原始和谐的破裂已不可避免,自我意识的蓬勃发展,即私心、争心的发展已成为历史潮流,谁也无法阻挡,在这种情况下,唯一的选择是,以成文法的形式制定公布具有普遍效力的行为规则,一面承认私心的存在发展,一面防止私欲泛滥损害他人与社会。所以,与叔向孔子对传统理想的固执不同,同样熟谙信奉传统的子产却表现出实践对理想的背离,即一方面承认传统理想根本上是正确的,另一方面却认定选择背离传统的道路以挽救时代危机。子产并没有提出足够的理由来使人信服他的抉择,也许他自己也觉得这只是权宜之计,因为他当然不可能自觉认识到道德之辩证发展的真理,然而,“救世”一语亦足以振聋发聩,这是高度的政治智慧和惊人的道德勇气的统一,是贤人政治家(可惜当然只是偶然的)最好例证,是道德理性与逻辑理性之辩证关系最生动的写照,即道德理性的辩证发展一方面是逻辑理性脱离道德理性相对独立发展,另一方面却是逻辑理性仍需以道德理性为依据和归宿。在社会面临重大危机的紧要关头,只有像子产这样的贤人政治家才能认清并敢于承担自己的职责,才能开辟新的发展方向为社会找到出路,这在中国和世界历史中一再得到印证。遗憾的是,由于文化与时代的局限,子产并不能对此有真正的自觉,以“救世”为由,就只看到新治理方式的暂时性过渡性,却看不到其永恒的意义,与之相应的是,子产仍然承认传统理想是根本的最高的,这不是子产个人的问题,而是整个中国文化传统的道德偏好所决定的。然而,没有自觉的“救世”终究救不了世,单纯地把政治剥离道德最后导致另一个极端——

政治不但不再以道德为基础，甚至反而凌驾于道德之上，把道德当作自己的附庸，此即法家出现的必然性。法家纯然基于现实，以性本恶为立足点——但与西方不同法家只承认君主有理性而不承认人人都有理性，此即表现为法家集大成者韩非以道家之“道”为政治的绝对标准和原则，欲使君主与“道”合体，但道家之“道”只是道德形式而无道德之内容，从另一方面来看，此一辩证之“道”实即为逻辑理性的最高表现，结果此一合体的内容必为君主的私心私意所填补，此合体即成为“魔道”，绝对的光明遂转为绝对的黑暗，[1]但君主又不能让人看穿自己简单的利己心理而为他人所制所用，因此外表上君主必须经常地制造一些假象来掩饰自己和愚弄他人，此一合体就成为无真实内容之“术”，此“术”本质是绝对反道德的，所以必须与君主的权势相结合，否则一刻都无法存在，而一旦附于至高无上的“势”，则由“术”而出的反道德的意志与决断就会摇身一变作为绝对的道德标准强制推行于整个社会，“术”“势”结合保证君主权为己用而非为人所用，君主高高在上，其下是绝对卑微的臣民，与君主和臣民的绝对差距相比，臣民之间的差异就显得微不足道一律平等了，君主遂通过对臣民一视同仁的“法”以贯彻个人意志，一方面压制他人的私心而维持统治秩序，另一方面又利用他人的“私心”以“赏”“罚”二柄驱使天下，把自己的意志贯彻于每一个人，而道德也就彻底失去独立地位而变成政治的工具，只为专制统治者服务。最典型的例证就是，在道德支配政治的儒家这里君臣、父子、夫妻之间

---

〔1〕 关于道家和法家关系可参见牟宗三:《中国哲学十九讲》，上海古籍出版社2005年版，第134～138页。

原本双向的伦理关系,[1]被以政治主宰道德的法家改造为单向权利义务关系,即“三纲”,所谓“臣事君,子事父,妻事夫,三者顺则天下治,三者逆则天下乱,此天下之常道也,明王贤臣而弗易也”(《韩非子·忠孝第五十一》)。法家是不自觉地看到了逻辑理性独立发展的必然性,但正是因为只是不自觉地看到这种必然性,所以一方面以为人性本恶——每个人的理性都只是恶,另一方面却自相矛盾地以为只要君主理想地发挥其个人理性就可以压制所有人的恶,却不知道理性只有通过主体之间的共同发展与相互限制才能得以实现,法家治下的臣民作为被愚弄和奴役的对象固然不可能有什么理性的发展,但其君主亦因缺乏外在限制而不会有真正的理性,所以,与儒家一样,法家最终同样无助于理性的发展。法家理想的专制君主一方面亦依于天赋而为偶然,另一方面越接近法家理想的专制君主越能贯彻其私意,而其私意的贯彻则必将彻底破坏政治之超越的道德基础,使此种政治全赖暴力维持,从而危及每个人,这样的政治绝对不能持久,秦、隋武力皆空前强大却都二世而亡即为明证。即使没有此种理想的专制君主,世袭的各个专制君主总是多多少少能实现一部分法家的理想,最终积累的效果仍然会破坏超越的道德基础而走向灭亡,至多只是延长一些寿命而已。

就这场争论而言,不久之后随着周礼的彻底崩溃进入战国时代,整个社会急转直下,政治上野心肆虐,干戈四起,烽火连天,生灵涂炭,思想上百家争鸣,社会价值基础分崩离析,最后晚出的、以虚无主义为本的法家理所当然地脱颖而出独占鳌头,直至始皇统一,全面贯彻法家思想,乃以愚民政策、严刑酷法荼毒天下,焚书坑

---

〔1〕 孔子所说的“君君、臣臣、父父、子子”(《论语·颜渊》),应解为“君要尽君道,臣要尽臣道,父要尽父道,子要尽子道”(钱穆《论语新解》),“父子有亲,君臣有义,夫妇有别,长幼有序,朋友有信”(《孟子·滕文公上》),以及“遇君则修臣下之义;出乡则修长幼之义;遇长老则修弟子之义;遇等夷则修朋友之义;遇少而贱者则修告道宽裕之义”(《荀子·非十二子第六》),也都是交互性的。

儒,以法为教,以吏为师,毁灭文化,毁灭传统,毁灭道德,终至于桎梏一切思想、桎梏道德精神本身。无论在政治上还是精神上,中国历史都陷入最黑暗的低谷,这又在另一个极端的意义上验证了叔向孔子的担忧和正确。因此,子产之“法治”的出现虽有其理性的也即历史的必然性和重大意义,但缺乏理性自觉、缺失理性主体的“法治”最终必然会走向反道德的极端,即法家指导下专制之“法治”,“法治”走上彻底否定道德的歧途,最终也就只能自我毁灭。

四、“阳儒阴法”的形成与本质

虽然没有在政治上取得胜利,但这场争论在思想上却促进叔向一方的重大发展,不久之后,在苦苦反思中孔子终于有“仁”的发现,这把“民之秉彝,好是懿德”(《诗经·大雅·荡之什·烝民》)这样一种模糊的道德直觉提高到人之本性之自觉的绝对高度,从此,“性本善”完全成为中国人自觉的意识,成为中国文化不可动摇的根本基点。孔子及其后学即儒家据此将传统的“以德配天”“德治”“礼治”“圣王”进一步发展为“内圣外王”“仁政”的政治理想。“为政以德,譬如北辰,居其所而众星共之”(《论语·为政第二》),“道之以政,齐之以刑,民免而无耻。道之以德,齐之以礼,有耻且格”(《论语·为政第二》),由于“仁”的发现“礼”才真正获得绝对的基础和生命,“一日克己复礼,天下归仁矣”(孔子)。“不以仁政,不能平治天下”(《孟子·(卷七)离娄上》)。无论“德治”“礼治”还是“仁政”,都强调政治直接基于并为了道德,要求的是统治者以身垂范不用暴力的政治,“子为政,焉用杀”(《论语·颜渊第十二》),“政者,正也。子帅以正,孰敢不正?”(《论语·颜渊第十二》)如此就能使民无争心,即防止私心的萌发,“听讼,吾犹人也,必也使无讼乎”(《论语·颜渊第十二》)。与之相反,法律允许纵容私心的发展,不利于政治的目的即道德的实现,所以是不可行的,像《论语》中仅有“法言”“法度”,而无作为普遍公开平等的强制性规则的“法”。

但这只是儒家的良好的愿望,对于整个社会实际政治来说,良好的愿望代替不了冷酷的现实,(逻辑)理性发展的历史潮流不可阻挡,“德治”“礼治”“仁政”虽然在观念上还被普遍推崇,但实际上作为道德化身的“礼”已不再是支柱性的制度规范,秦以后各朝各代表面上对“礼”的强调和“礼”相对“法”的优先地位一如既往,但实际上在国家整个制度规范体系中“礼”的地位却是每况愈下,但另一方面“礼”却逐渐被儒家思想吸收改造为社会主导性价值理念,与“天理”合一,进而变成常常被统治者利用的“以理杀人”的僵死的道德教条。反之,“法”虽然在理念上被认为是不值得推崇而只是不得已的必要工具,但在政治实践中却大行其道,法不仅发展成为律,而且最终上升为与王朝合法性正统地位息息相关的律典、法统,政治的本质,即权力这一唯一合法的最高暴力,及其相对于道德的独立性于此尽显无遗,所谓“法律儒家化”只是在无力扭转法的地位上升这一根本趋势的情况下所作的无奈的努力,这是政治实践对儒家理想的根本背离。应该说,正是在以子产为代表的另一面真理的刺激推动下,孔子才得以彻底提升澄清传统文化理念,但此种提升澄清仍然仅仅是在道德方面,因此在道德与政治必定分道扬镳的历史大趋势下就不能对政治发生决定性的影响,即不可能把自己的政治理想变为现实,儒家政治理想实不过是彻头彻尾的空想,所以不仅孔子本人没能挽回当时中国社会加速下滑的趋势,甚至直至对手(法家)实践(秦政)失败,儒家思想成为社会的主导观念,儒家仍然不能实现自己的政治理想。所以,叔向孔子并没有获得最终的胜利,相反子产的贡献却仍是无法抹杀的,从此以后,中国法由临机决定的、只是单纯暴力的刑演进为普遍公开的法以至于律,由“刑书”发展为《法经》再发展成律典,成为国家的正统与法统所系,“德治”“礼治”最终被“法治”所取代,大经大法不再是礼而是律,法家及秦政的失败并没有取消法或“法治”的这一胜利，这意味着政治独立于道德有了实质性的突破，但这种突破仍然受到传统文化的局限和儒家思想的否定，所以这种实质性的突破仍然是有限的、很不彻底的，仅仅体现为法家对儒家、政治对道德的单纯否定，体现为政治实践中秘而不宣的潜规则，即名义上“法”依据“礼”而制定（“礼法合一”）、实际上却只是帝王专制意志的体现，虽然如此，但儒家政治理想又仍然是整个社会在政治上的共识和努力方向，结果是双方都走向对立的极端与失败。

因此，这场争论并没有随着那个时代的逝去而终结，而是换了一种形式继续下去，即“阳儒阴法”或“外儒内法”，这既是儒法对立，又是儒法合流。儒家在思想价值观念上占据主导与法家在实际政治法律中占据主导并存，两者相互对立，都继续固执真理的片面。儒家要求以道德支配政治，法家要以政治支配道德，两者都是混淆政治与道德，但儒家是否认政治的独立性，法家是否认道德的独立性。儒家要求贯彻贤人政治的理想，以道德为主导来实现道德与政治的合一，而如前所述这终究只能是流于空想，逻辑理性（政治）走向独立的历史趋势不可逆转，儒家的故步自封只是为法家乘虚而入创造前提；法家强调政治彻底独立，以至于完全否定道德是政治根本，甚至反过来否定道德的独立性并企图主宰道德，这样的政治也就被野心和私欲所篡夺，走向不断强化专制独裁的歧途，特别是严酷的思想专制和严禁社会自发的组织尤其是政治组织，这不仅导致政治社会本身不断地毁灭，而且也严重地阻碍社会个体的普遍自觉，为贤人政治的幻想大行其道提供有利条件。

因此，儒家与法家是表面对立内里互补，两者理念上好像相互矛盾，实质上却具有共同思维方式与出发点。首先，双方都建立在一种绝对人性观的共同基础上，只不过儒家是绝对的善、法家是绝对的恶，[1]双方都同样认定理性就是恶，只不过儒家视之为对性本善的遮蔽与阻碍———一种虚幻的存在，而法家视之为人之本性———

〔1〕 东方的人性观是一种绝对的人性观，非善即恶，只是善性或恶性直接的实现，无需任何中介与发展。东方文化的特异性就体现在很早就对道德理性有成熟的领悟，东方文化一开始就建立在人性本善的基点上。但是，随着原始和谐的不断破裂，逻辑理性欲脱离道德理性而不得、只能以一种变态畸形的方式表现为纯粹的现实的客观的恶，这样就出现与性本善极端对立的人性本恶的主张。但是，绝对地主张人性本恶实是对人直接的否定，无异于自杀，所以性本善最终必然压倒性本恶成为社会主导的思想观念。逻辑理性的发展不可抗拒，恶的存在与发展也不可阻挡，性本善无法解释无法解决问题，所以性本恶的观念必然在私底下暗流涌动滔滔不绝，广为流传的习语，如“二人不看井，三人不同行”“逢人只说三分话，不可全抛一片心”“害人之心不可有，防人之心不可无”“画虎画皮难画骨，知人知面不知心”“各人自扫门前雪，莫管他家瓦上霜”，都是对此生动的写照。两者的对立与并存就是基于同样极端、绝对的人性观，这彻底地将真理撕裂为二，从根本上自我断绝任何发展的可能性，只能永远停留在传统社会中。相比之下，西方文化是一种相对的人性观，“理性动物”“政治动物”“社会动物”等说法、理性主义与直觉主义等对立都建立这种观念基础上——人性既有善的一面也有恶的一面，但这归根结底又不过是因为西方文化以逻辑理性为出发点，逻辑理性即根本恶，根本恶本身不是恶，但却是一切恶的根源，因为逻辑理性意味着是形式主体的建立——这是（道德）主体建立过程中必经的一环，但形式主体只有主体的形式并非真正的自觉的主体，形式主体仍然只是一念之执，此一“我”执就是产生一切恶的根源。但是，既有了形式主体，道德理性作为真实的生命必然会表现自己，事实上，在西方历史上，理性与道德一直以来就是相互缠绕剪不断理还乱，一方面主流的思想是通过理性去认识把握道德（如自然法，道德哲学，伦理学、黑格尔辩证法），另一方面将理性与道德对立的思潮也潮起潮落（如康德哲学、意志哲学、浪漫主义，直觉主义），当然，这些代表道德与理性对抗的思想也常常采用理性的形式，这是世俗方面的思想，而在基督教成为西方主导信仰之后，宗教方面的思想是反过来以信仰与理性的对立为主流（如新教“理性是上帝最坏的敌人”），但同时通过理性去认识把握信仰的思想也是不绝如缕（经院哲学、基督教自然法），而基督教教义在强调人性本恶（原罪、知善恶——体现为理性自觉的人的自觉）、神性与人性有绝对差距的同时也说人性有类似于神性之处可以将人导向神，当然，即使是通过理性去认识把握信仰也是将理性置于信仰之下为信仰服务。总结以上所述，一般来说，世俗方面的思想是以理性为主，宗教方面的思想是以信仰为主——信仰就代表道德——所以西方人总是以为没有信仰就没有道德，两者表面对立，但最终同样基于相对主义的人性观，这也就是基于人性本恶。因为不管如何，在人性本善还是本恶的问题上采取相对主义、实用主义或骑墙的态度，最终必然倒向、必然归结于性本恶，所以，西方文化最终是以人性本恶为基点的。而这种人性的相对主义观虽然也没有把握到真理即善恶的辩证法规律，但在客观实践中却不自觉地较为贴近这一规律，因此西方文化能在众多文化中脱颖而出率先完成从传统社会向近代社会的转型绝非偶然。

种真实的存在。先有儒家之绝对的性本善,这就是孔子的"仁"、孟子的"本心",人的目的就是回归回复这一善的本性,即"归仁""复本心",孔子的伟大处就在于通过对周礼的反思和自反把"民之秉彝,好是懿德""惟精唯一"这样模糊的道德直觉加以彻底澄明,将之提升到绝对的高度,道德的绝对内在性决定这一通过自我"仁心"的发现达到道德理性自觉的路径是最终实现道德的唯一路径,显然,这种路径对直觉具有高度依赖性,因此,孔子不仅最终奠定中华文化"性本善"的理念基础,也最终奠定中华文化极度偏重于直觉,就思维方式而言,直觉是一种最直接也就是最简单的思维方式,这也就意味着忽视逻辑(理性),当然它不可能绝对排除逻辑(理性),但它将逻辑思维的运用限制在紧密依附于直觉的范围内,极度抑制逻辑理性的独立与自觉,这突出表现在老子的充满辩证意味的诡词——一个最近于西方哲学的、中国的形式化论说。但现实的人并不能必然实现善的本性,恶绝对不可避免——即使圣人恐怕也不敢说自己绝对没有错事,同时又有高度定型的直觉式思维的路径依赖,法家的性本恶也就必然会产生,但这种性本恶同样依赖于直觉,所以,法家对"恶"的强调也终究不可能转变为对"理性"的自觉与肯定,而恶终究是现实现象也就是虚空,只是精神本体的假象,所以韩非必将法家理论归结于老子的形式化的"道"。

其次,双方同样认为,现实的人是有质的差别的、是不可能平等的——不过儒家是从现实的人实现其超越本性的程度必然不同(现实之恶不可避免)出发,而法家是从现实权位的必然差别出发——因为人性本恶所以一个社会中必须且只能有一个最高权力。所以双方都同样强调上下秩序,不自觉的民众必须靠自觉的统治者去治理他们——只不过对儒家来说是善的自觉(道德自觉),而对法家来说是恶的自觉(理性自觉、形式自觉),而在社会普遍缺乏自觉的前提下,这两种自觉的统治者都只能是空想与偶然,结果政治要么是英雄奸雄挥洒天才野心肆虐的场所,要么是庸人宵小任意妄行胡作非为的所在,而绝大多数民众只是被这个别人玩弄于股掌之中,从上至下生死皆无知无着。

这样,一方面是儒家强调道德为本,一方面是法家强调权力为本,一方面是精神生命无法彻底摆脱原始和谐缺乏实质进展,一方面是现实政治无法摆脱"家天下"权力私有化愈演愈烈的歧途,越来越背离政治的根本——道德,表面上儒法相互矛盾势不两立,实质上却有共同的基础,两者相互耦合相互强化,最后演变成恶性循环。真理总是要求完整展现自己辩证的两面,如果不能完整地即辩证地把握真理,那就必然陷入两方片面真理固执自己互相对立的僵局,这种僵局突出地表现在中国历史上,就是以暴易暴专制王朝的循环轮回。它表现在法制上是特有的中华法系与历代变法。

中华法系的四个基本特点——以儒家思想为指导、受到专制政治的支配、以唐律疏议为代表的律典传统与礼法合一的特点——都是由此决定的,即儒家最终接受作为法家"法治"和暴力象征的律典之法统作为儒家强调的政权合法性之象征的正统,表面上承认儒家思想的指导地位(强调圣贤与常人的实质差距,礼),实际上根本无损于法家的内容(强调君主与臣民的绝对差距,法),所以,中华法系,包括律典在内的整个政治法律制度,虽然也有很多合理的成分——这当然是儒家思想的影响——但都是次要的,在政治的根本问题上是完全被法家支配、专为专制君主家天下服务的——当然这又是由于儒家思想的根本缺陷所造成的机会,所以中华法系这整个政治法律制度是注定要走向毁灭的。[1]

历代变法可以分为三类,第一类是秦以前春秋战国时期公开推

---

〔1〕 本文依据的理论可以解释中国历史文化的各种特异性,比如对复仇的争议,结果只能是于"法"否定而于"礼"肯定的自相矛盾,如对废"封建"或"方镇"的争议,结果只能是要么像汉唐亡于割据,要么像宋明亡于异族,如被视为儒家政治家典范的诸葛亮执政的特点却是执法严格公正,又如法制中严格依法与罪刑擅断并存,还有所谓的"情理法"等。

行法家之变革，管仲、晋文公、子产、李悝、吴起、申不害、赵武灵王等，最典型、最成功的是商鞅变法。这一类变法完全顺应当时三代之原始和谐破裂、理性发展的时代潮流，故而促成中国历史上最大的一次变局——周秦之变，此类前期变法充分展示理性发展的必然性，其成就大体是正面的，即实行齐晋之霸业以维持华夏安全与和平，但周制亦被渐渐破坏从而变得有名无实。其后期的变法在展示理性发展必然性的同时，逐渐显露出危害，即没有理性的自觉，理性发展的成果只是被君主窃为野心扩张的工具，战国时期大战频发，死伤不计其数，最终贯彻法家思想最彻底的秦国统一天下，但正是因为贯彻法家思想最彻底，所以不久就遭到天下人的背弃，秦二世而亡。惩此之变，此后的变法者无论如何不敢再打出法家的旗号。

第二类是西汉时期改制。西汉初期改制行黄老之道，与民休息，是为扭转数百年来以法家思想为指导的大势转向儒家思想的过渡，因为老子思想本是一种形式化的论说，并无确定不变的主张，所以在某种程度上可以说是以黄老之道之名行儒家思想之实，于是有"文景之治"。因此，汉武帝改制提出"独尊儒术"也就是必然的，其内在的道理是，理性、政治权威不足恃，道德、精神权威更重要。显然，对专制君主来说，尤其是对于汉武帝这样雄才大略的专制君主来说，依凭政治权威而谋求和维持精神权威才是统治的终极之道，不过，汉武帝在实际施政上却一改即往，好大喜功，四处出击，以矜夸满足其帝王野心，以至到其统治末期又天下困顿，汉昭帝即位不得不在一定程度上回复汉初"与民休息"的政策。所谓"陛下内多欲而外施仁义，奈何欲效唐虞之治乎"[1]和"汉家自有制度，本以霸王道杂之，奈何纯任德教，用周政乎"[2]正可以相互发明帝王"独尊儒术"的真意所在。不过，虽然帝王们用心不纯，但从汉武帝到汉宣帝

〔1〕《史记·汲郑列传第六十》。

〔2〕《汉书·元帝纪第九》。

"霸王道杂之"毕竟还能维持着一种相对稳定有序的统治。但儒家思想既已证明自己的政治效用,那么其声誉鹊起进一步谋求制度的根本变革就不可避免。王莽改制是中国历史上唯一企图以儒家经典《周礼》等为蓝图进行的改革,甚至连王莽以接受禅位的方式上台都是儒家思想影响的结果——西汉中叶以后鼓吹帝位禅让的呼声不绝如缕,至王莽终得以实现,王莽改制真正是一次实践儒家理想中的周制的改革,但结果却是只过了十五年就自焚而死身败名裂,成为食古不化的千古笑柄。西汉的改制是在理性因为不自觉的单方面的畸形发展(法家,帝王野心)而惨败后,与之对立的儒家思想自然崛起首次成为政治的指导思想,从而有了实践其理想的机会,但结果却令人大失所望。不过与法家主要作为一种政治论说因为秦政的失败而无法翻身相反,儒家思想本来是一种合乎人之本性的道德论说,所以并不会因为政治实践的失败而彻底破灭,但是儒家毕竟受到一次沉重的打击,以禅让、周礼为依托的制度理想实际上已经破产,从此儒家再也不可能从根本制度上谋求变革,而只能在承认现有专制政治的前提下,谋求具体施政的合理性,为此,谏诤、"格君心之非"成为此后儒者关注的焦点,既然没有权利选择统治者,那么改造统治者就成了退而求其次的选择,这倒也是合乎儒家思想之道德本质的必然选择。

第三类变法就是此后历代的变法,最著名的是王安石变法,还有杨炎的两税法、张居正变法、雍正改制等。既然不可能从根本上改变专制政治"家天下",那么此类变法的目的也就只能是"富国强兵",一心想要富国强兵的说法总能耸动人心,更何况作为最大受益者的专制君主,但这正是不折不扣的法家宗旨,只为专制统治者服务,最终不但无益、而且肯定有害于民众。道理很简单,一个一心追求财富权力的人不可能是一个讲求道德的人,同样一个民族一个国家也是如此,不同之处在于,人的寿命有限,因此一个不讲道德一心追求财富权力的人很可能大获成功并安然而逝,但一个民族一个国家却可以无限延续因此也就必然能看到自己背离道德后最终的悲惨结局。王安石变法就是最佳例证(纳粹德国、大日本帝国、苏联等也都如此)。王安石本人是标准的儒者、唐宋八大家之一,人格无可挑剔,但其变法为什么同样是走法家的老路呢?原因是,变法的关键是宋神宗,而他的着眼点就是富国强兵,所谓“当今理财最为急务,备边府库不可不丰”,[1]“一般儒士已把它当作法家宗旨”[2]是并无大错,苏轼批评说“陛下求治太急,听言太广,进人太锐”,[3]元老富弼说得更严厉,“陛下临御未久,当布德惠,愿二十年口不言兵”。[4] 针对王安石的“因天下之利,以生天下之财;取天下之财,以供天下之费”[5]“善于理财之人,不加赋而国用足”,司马光反驳道“天下安有此理?天地所生财货百物,不在民,则在官,彼设法夺民,其害乃甚于加赋”,[6]这也是当时信奉儒家思想的士大夫们的共同看法。当然,宋神宗王安石毕竟不是昏君奸相,他们不仅想要富国强兵,而且想要在富国强兵的同时不损害民众利益甚至也有利于民众,但是事与愿违,他们最终还是陷入自相矛盾的困境。而更糟糕的是,他们的做法大大削弱宋初以来强调君主“克己”的儒家影响,此消彼长,法家思想暗中回潮,极大助长后代君主的骄奢之心,最终断送北宋王朝。王安石变法的失败再次说明,个别的不自觉的理性是没有用的,甚至只会坏事,只有整个社会普遍的理性自觉,即理性主义个人主义的普遍确立,以及由此必然带来的民主政治与人权保障,才能真正促进社会发展,国家富强只是理性、民主与人权发

---

[1] 《续资治通鉴》卷六十六。

[2] 黄仁宇:《赫逊河畔谈中国历史》之“27 王安石变法”,三联出版社 2003 年版。

[3] 《宋史》“列传第九十七”。

[4] 《宋史》“列传第九十二”。

[5] 《宋史》“列传第八十六”。

[6] 《宋史》“列传第九十五”。

展的副产品。一个一心追求富强的国家必然是专制国家,采取的办法必然是与民争利,因为一个社会一定时期内生产的财富总是有限的,只有通过克扣民众分配份额的办法才能迅速实现所谓的国家富强,而这只有在专制政治下才可能,民主国家中政府是不可能肆无忌惮掠夺民众财富的。这第三阶段的王朝及其变法总的来说是在阳儒阴法的大格局之下,或长或短不断地重复这一历程——从王朝之初的偏重于儒家之治到中期以后通过变法转向法家之治最后走向灭亡,王朝之初惩于前代的教训,从上至下励精图治"与民休息",但没有制度的约束,世袭的一代代君主必然逐渐懈怠,人治渐渐颓废,财政与军事渐渐废弛,于是中后期就不得不变法转向法治,因为尚有前期"与民休息"的积累,所以变法开始总是有一定效果的,但其代价是抛弃"与民休息"的国策、削弱儒家思想对政治中枢的实际影响,这从根本上破坏政治之超越的道德基础,所以变法总是走向下坡的起点,经过一段长短不一的缓慢下降时期后迅速走向覆亡。

所以,历代的变法始于儒法争论,从法家单方面变法到儒家单方面变法,两者均以失败告终,再到阳儒阴法,假儒家之名行法家(变法)之实,最终凝固成一个持续两千多年的停滞,王朝取代王朝是大循环,王朝内的变法是小循环,中国最终陷入以暴易暴原地踏步的历史怪圈,文化精神日被戕害,社会思想止步不前,民族生气日渐衰弱,人格状态每况愈下,道德理想无法实现,最终被异族轻而易举地征服。理想与实践的背离莫此为甚,这都是因为割裂道德理性与逻辑理性即道德与政治的辩证关系而造成的恶果啊!

五、结论

子产与叔向、孔子这场争论的意义远远超出一般所谓的关于"成文法公布"的争论,它的必然性是由从"性本善"出发的社会文化所决定的,即此种文化必然在道德上单刀突进、却因此完全忽略甚至否定被视为"恶"的(逻辑)理性,然而,作为道德发展之辩证规律及道德与政治之辩证关系的体现，理性必然要发展自己，只不过在这种特殊文化背景下它不能正常地发展表现为科学与民主，而只能扭曲地表现为单纯的实用技术、绝对的专制与法家“法治”，既然理性不能正常发展，那么它也就不能起到正常的中介作用，而得不到中介的道德理性本身也必然不能实现自己而只能沦于偶然和空想。因此，“铸刑书”之争集中体现了传统中国文化内在的根本缺陷，其嬗变不仅决定中国此后两千多年基本政治面貌——陷入以暴易暴的历史怪圈，而且也塑造了此后两千多年中国人的基本精神面貌——不能彻底摆脱原始和谐，缺乏理性自觉，道德的实现更是无从谈起。有什么样的政治文化就有什么样的人民，有什么样的人民就有什么样的政治文化，两者相互配合形成恶性循环，由此造成帝制中国整个的基本面貌，造成整个中国社会长达两千多年的停滞，虽然在此过程中，不乏道德的光辉和理性的成就，但理性终不能摆脱道德而独立发展，此种光辉与成就也始终只能是天赋的历史的偶然，而不是本性的必然的普遍的实现，这也就注定传统中国只能停滞于古代社会，不可能彻底摆脱原始和谐，不可能通过自己的发展达到现代化的临界点，一句话，没有自由的形式（理性主义与个人主义）就没有自由的本质（道德自觉）。儒法的极端偏执对抗对整个文化、社会造成的影响当然是不幸的，而对于儒家与法家自身而言也绝非幸事，这决定它们各自都只能以悲剧收场。法家不管在实际政治中如何得势——“百代都行秦政法”绝非虚言，但却始终被认定为刻薄寡恩而臭名昭著——君不见秦以后法家在两千多年漫长的历史岁月中犹如“过街老鼠、鲍鱼之肆”，人人避而远之；而对儒家来说，企图直接实现道德的结果也只能是理性、道德两头落空，始终只能是粘牙嚼舌、空谈戏论，对根本问题却束手无策，最终无论坐以待毙还是慷慨赴死都无补于事，“平时袖手谈心性，临难一死报君王”，清谈误国的嘲讽既非刻薄戏言也非无稽之谈，而是由于传统儒家之天生的致命缺陷而早已注定的悲剧命运！

中国传统司法机构述论

陈　煜*

【内容摘要】　中国传统司法机构源远流长，最早的机构已不可考，但是至少在西周时期，就已经有了非常完备的司法系统。在隋唐之前，中央主要以丞相之下的廷尉以及类似官府为司法机构的核心。隋唐之后，则以"三法司"为核心。地方司法机构县和郡两级自古至今，一直司法行政合一，变化绝少。但是在郡以上，中央以下，每有巡查类型的司法机构，一开始作为中央对地方监察的机关，但常常由内而外，坐实了权力，构成中级的司法机构。此外，历朝历代，还有特定的司法机构。司法机构的变迁，其背后的实质是中央集权的增强和专制主义的加深。

【关键词】　司法机构　廷尉　三法司　特务司法

有论者曾经指出："法自君出，权力支配法律，法律维护君权；君权凌驾于法律之上，是中国古代法律的传统之一。"[1]这一论断作为一种理想类型的分析，确为至论。传统中国的一切制度设计，根本上都是为了维护君权，司法机构的创设也没有例外，司法机构始终

---

* 作者系中国政法大学法律史学研究院副教授，法学博士。本文系作者主持的教育部人文社会科学重点研究基地重大项目"中华传统法律学术研究——以清代对此前学术的继承和发展为线索"（项目编号：15JJD820013）的阶段性研究成果。

〔1〕 张晋藩：《中国法律的传统与近代转型》（第3版），法律出版社2009年版，第139页。

受到以皇帝为核心的行政权力的主导。当然,客观上,皇帝也无法独自完成庞大的司法任务,所以,为了皇权的巩固,为了帝国的有效统治,历代王朝无不重视司法机构的建设和完善,在长期的实践过程中,终于创设出一套系统、严密且卓有效率的司法机构。其中最堪代表传统司法机构的精华的是汉代以后逐渐形成的中央司法"三法司"系统——刑部、大理寺、御史台(明代后改为都察院),除此之外,历代还有一些特设的司法机构,也颇具特色。

一、"三法司"确立之前的中央司法机构(隋唐以前)

隋唐以前,中央司法机构代有变化。夏商周的王、秦之后的皇帝作为最高统治者,无一例外自然享有最高的司法权。除此之外,最高统治者也设立专门的官员或者机构来处理司法事务,这在夏朝就已经开始。史料记载,"夏后氏百官",〔1〕说明夏代已经有专职官员的设置。夏朝的司法官称作"士",或称作"理",他们既处理军政事务,又处理狱讼事务。中央的司法官又特称作"大理",这可能是"大理"最早的出处。到商朝,商王之下最高司法长官名为"司寇",下设"正""史"等司法官吏辅助。同时掌管卜筮事务的所谓"贞人""巫""史"也常常参与司法活动,享有司法权力。大致而言,据目前所见的史料来看,夏商司法机构突出的是"人",至于"机构"的层次,并不清晰,这也意味着现代常见的科层制官僚系统,在当时还没有建立起来,司法机构自然是至为简陋的。

到了西周,中国的制度文化狂飙突进,如同著名史家许倬云论述的那样:"西周以蕞尔小国取代商崛起渭上,开八百年基业,肇华夏意识端倪,创华夏文化本体,成华夏社会基石,是中国古代史上一个重要的历史阶段。"〔2〕它的机构建设规模宏大,影响深远,从

〔1〕《礼记·明堂位》。

〔2〕许倬云:《西周史》(增补本),三联书店2001年版,封底。

《周礼·秋官》一篇中,可览西周司法机构的全貌。[1] 西周的中央司法机构主要有大司寇、小司寇、士师,其佐官有司刑、司刺、司约、司盟、职金、司厉、司圜、掌囚、掌戮、司隶、布宪、禁杀戮、禁暴氏等。大司寇乃周天子之下的最高司法机关,职责为"掌建邦之三典",即"轻典、中典、重典",根据社会实际和治安状况来决定刑之轻重。还负责宣布法律,并监督行刑。小司寇主要辅佐大司寇处理事务,掌外朝的刑罚。士师也是大司寇的属官,掌理大司寇官府中的政令、审察狱讼言辞,诏告司寇断决狱讼。在他们之下,还有专门官员负责某一项具体的司法事务。司刑"掌五刑之法,以丽万民之罪";司刺"掌三刺三宥三赦之法,以赞司寇听狱讼";司约"掌邦国及万民之约剂";司盟"掌盟载之法";职金"掌凡金玉锡石丹青之戒令";司厉"掌盗贼之任器货贿";司圜"掌收教罢民";掌戮"掌斩杀贼谍而博之";掌囚"掌守盗贼";司隶"掌五隶之法,辨其物而掌其政令";布宪"掌宪邦之刑禁";等等,虽然这些官职未必能一一到位,但从中反映了到西周时期,司法机构已经扩大,且内部已经细化分层。

春秋时期各诸侯国的司法机构基本上沿袭西周的名称,但因各国文化不同,所以名称有所区别,对于各国中央司法机构,鲁国称"司寇",齐国称"士",晋国称"理",楚、陈称"司败"等。到了战国,各诸侯国司法机构名称起了变化,秦国的中央司法官员称为廷尉,其后秦汉时期其官府即为我们所熟悉的"廷尉府"。后来秦国一统天下,建立帝国之后,中央司法就称为"廷尉"。"廷,平也,诏狱贵

---

〔1〕《周礼》一书的成书年代究竟何时?所述制度是否确为西周制度?历来聚讼纷纭,传统上较有影响力的一说以钱穆为代表,认为此乃战国时期一些儒生面对兵连祸结的现状,思考社会的出路,强烈主张建立一个秩序井然的天下,于是参考周代以来各种制度,杂以自身对秩序的憧憬,创设了一套完备的官制,整个书呈现出一种制度"乌托邦"的色彩。但近年经过多地考古发现,许多制度确实在西周实行过。至少在理念上,我们可以将《周礼》当成是西周人一种治国理政的智慧的体现。

平，故以为号。”[1]从商周“司寇”到秦汉“廷尉”的名称变化中，我们可以发现，古代司法从军事领域到朝廷狱讼领域的转化，同时也预示着上古兵刑同源到后来兵刑分化，文官政治的发展态势越来越清晰，司法机构的专门化演变轨迹日益明显。

秦朝廷尉是战国时期秦国制度的延续，属下有“左右正”“左右监”“櫞史”等，廷尉是秦朝宫廷专司审判的司法机构，其职能是审理皇帝下令交办的“诏狱”。汉承秦制，也设廷尉一职，作为中央司法机关的长官，作为“九卿”之一，除审理诏狱之外，还审理全国各地上报的重大疑难案件。这为以后刑部取得一定的案件复核权奠下基础。在汉代，中央司法机构除廷尉及其属官之外，还有总理行政事务的丞相，作为“一人之下，万人之上”的行政官员，他负责方方面面的政府事务，理论上廷尉都受他管辖，所以丞相自然有权力过问乃至亲自参与司法事务。需要指出的是，在整个帝制时代，虽然司法机关的分化越来越细，职权越来越专门化，但始终没有能独立于行政机构。理论上，司法总有专官，然而在实践上，几乎各个中央衙门都有一定的司法权，如果按照皇帝的指令，则本来与司法事务毫不相干的衙门，譬如钦天监、太医院等，都可能会参与司法审判。这最终的原因乃是皇权专制，一切机构、职位的设置本身不是目的，为皇权、为专制服务乃是根本的目的，设置机构只是变换工具而已。在这样的情况下，司法机构也只是体制中的一颗螺丝钉，本身并不拥有任何超然的、特殊的地位，这造成古代对于司法事务的看法，并不与其他具体行政事务有多少区别。

回过头来再来看汉代的中央司法机构，除了丞相、廷尉之外，还有负责监察事务的御史大夫。御史大夫作为专门的监督官吏，理所当然地行使着监督司法审判的职权。同时在一些重大案件中，他们还直接参与审判。在汉代，由丞相、御史大夫、廷尉等共同审理案件

[1] 《汉书·百官公卿表》，颜师古注。

的行为,称之为"杂治",这可能是后来"会审"制度的先声。至隋唐之后,御史制度日益成熟,其与其他法司司法事务的划分也更加明确,关于御史专门的司法权限,我们将在三法司以及司法监察部分详细叙述。此外,汉代从内廷中又分化出一部分官僚机构,也拥有司法权限。这就是"尚书台"中的"三公曹",开始参与司法审判;到东汉,在尚书令、仆射以下分设六曹,其中二千石曹"主辞讼事",为隋唐创设刑部提供了前提。"历代皇帝总是疑心朝臣搞鬼,宰相弄权,因而用身边的亲信秘书(内朝)分外朝之权,乃至架空外朝而取代之。然而这些原先的近侍奴才一旦权重事繁,又演变为新的'外朝',引起皇帝的疑心。于是皇帝又另建一个秘书班子来架空之",这就是所谓的"内外朝循环"。[1] 如汉之丞相统公卿而主朝政,皇帝便培植"尚书台"(原仅为官吏文牍的秘书)而分其权,演变为以后至隋唐的尚书省,秘书已经成了新的宰相,于是皇帝又重用"同中书门下"的近臣,使其架空尚书省。到宋朝"同中书省门下平章事"又演变为新的宰相并出现以他为首的外朝"中书省",于是明代皇帝又用身边的一些"大学士"组成"内阁"来架空中书省,到明代后期,内阁俨然变成实际上的宰相,于是清朝又出现南书房、军机处之类的秘书班子,以架空内阁。在这样的"内外朝循环"中,会出现很多具有司法权限的机构,即使是隋唐三法司确立之后,司法机构也因为这"内外朝循环",而无法最终获得其独立地位,必得受制于这样的循环。

三国两晋南北朝时期,司法机构有了全面的发展。这一时期掌握中央司法审判工作的主要官吏是廷尉,曹魏时又称"大理",西晋初,曾以吏部尚书、三公尚书郎等职与廷尉共领狱讼之事。东晋、南朝大体沿用西晋旧制,廷尉权限有所扩大。南陈时将前代临时设立

---

〔1〕 秦晖:《西儒会融,解构"道法互补"》,载哈佛燕京学社编:《儒家传统与启蒙心态》,江苏教育出版社2005年版,第136页。

的朝臣会审制度进一步制度化,规定:“每年三月,朝廷各主要职能部门的长官共赴京城诸狱及治署,联合审理囚犯,清查冤狱。”[1]北朝北魏入主中原后,开始仿照魏晋官制,设置廷尉来主持司法审判工作。廷尉寺以廷尉卿为长官,增置少卿为副职。永安三年,在正、监、平三官基础上,加设司直十人,掌理复审御史弹劾诸案。北齐正式将廷尉定名为大理寺,此后,我国历代帝制王朝中央最高司法审判机关基本上都沿用这一名称。北齐大理寺长官称为“大理寺卿”,大理寺卿后来都成为“九卿”之一,地位较高。大理寺卿掌“决正刑狱”,置少卿、丞各一人,为其辅佐。主要属官有:正、监、平各一人,律博士四人,明法掾二十四人,槛车督二人,掾十人,狱丞、掾各二人,司直、明法各十人。此外,还加强了尚书省兼管司法工作的职能,其中的都官尚书到了隋唐之后改为刑部尚书,其官署都官曹改为刑部,成为著名的三法司中的一个重要司法行政部门。

总的来看,隋唐之前,司法机构虽无后世“三法司”之名,但总体上朝着专门化、分权化、职能化方向上发展,主要的中央审判机关虽然各代名称有异同,但廷尉占据着主流。秦统一天下之后,设御史大夫为副丞相。御史大夫之下设御史,作为监察专官,但对特殊案件具有审判权。西汉成帝时置三公曹尚书“主断狱事”,东汉时期尚书台由内而外,政治权力逐渐扩大,成为行政总汇,尚书台之下的两千石曹尚书“主词讼事”,尚书台的三公曹及两千石曹先后成为专门的司法审判机关。两者后来发展成为隋唐时期的尚书省刑部。[2]

二、传统专门中央司法机构——三法司(隋唐至清末)

如前所述,三法司至隋唐确立,并非一朝一夕,空穴来风,而是已

---

〔1〕《隋书·刑法志》。

〔2〕有关论述参见那思陆:《中国审判制度史》,上海三联书店2009年版,第36~37页。

经过了千余年的发展历程了,至隋唐正式形成,亦不过是“水到渠成”之事。此后直至清末,三法司尽管职能上发生过一定的变化,名称也在明代发生了重大改变,但三法司整体的功效,其内部的分权及制衡,始终是一脉相承的。

(一)刑部

隋代周禅,废除原先北周官制,但仍循其天、地、春、夏、秋、冬六官体制,将尚书省依六官之法,分为吏部、礼部、兵部、都官、度支、工部六曹。开皇三年,改度支为民部,都官为刑部,从此六曹改为六部。刑部之称一直沿用,直到清末光绪丙午改制(1906年),始将刑部改为法部。

刑部以刑部尚书为长官,侍郎为次长,其所辖刑部、都官、比部、司门四司,先以侍郎为长官,隋炀帝时径以“郎”称之,如比部郎等,其副职则以员外郎称之。唐仍隋旧,只是各司职务的划分更为明确:

刑部司:郎中、员外郎,各二人,掌律法,按覆大理及天下奏谳。

都官司:郎中、员外郎,各一人,掌俘隶簿录,给衣粮医药,理其诉免。

比部司:郎中、员外郎各一人,掌勾会内外赋敛、经费、俸禄、赃赎等物资,及军械和籴所入。

司门司:郎中、员外郎各一人,掌门禁出入之籍及阑遗之物。[1]

宋代一度设宫中审刑院,侵夺刑部的职权。神宗元丰三年之后,刑部恢复唐代旧制,机构设置仍是四司,但刑部司分成左右两厅,左掌详覆,右掌叙雪。都官司掌徒流、配隶。比部司掌勾覆中外账籍。司门司仍掌门关、津梁、道路之禁令等。[2]

元代在中书省下设置刑部,为中央审判机构和最高司法行政机

〔1〕 根据《唐六典》卷六。

〔2〕 参见《宋史·职官三》。

构。以尚书为长官,侍郎副之。司法权有所扩大,但是在实践中,刑部的审判权常常被大宗正府、宣政院、枢密院等侵夺和限制。

明代三法司制度有着重要的发展,洪武十三年(1380 年),朱元璋废除丞相,直接统领六部,部权因之升高。起初仍旧实行类似于此前刑部、都官等四司的"四部制",分总部、比部、都官部、司门部。洪武二十三年废除四部,改为河南、北平等十二部,洪武二十九年改为十二清吏司。宣德十年(1435 年),定为十三清吏司。以唐宋两代的刑部四司,到明代的刑部十三司,设立的标准由以任务为区分到以省份为区分,这是一项重大的改革。其最完备阶段当属继承明代的清代。清代刑部可谓部务綦繁,因此其下设的机构也最为完备,堪称传统三法司之一刑部的典型。清代刑部主要设有下述内部机构:

(1)十七清吏司

顺治元年(1644 年),设江南、浙江、福建、四川、湖广、广西、陕西、云南、贵州、河南、广东、山西、山东、江西十四司。[1] 雍正元年(1723 年),增设现审左右二司,办理在京八旗命盗及皇帝特交各衙门案件。雍正十一年(1733 年),分江南司为二,一曰江苏司,二曰安徽司。[2] 乾隆六年(1741 年),改现审左司为奉天司,改现审右司为直隶司。[3] 自此,刑部始定十七清吏司,分掌各该省刑名案件。各省刑名案件题、咨到部,分由各司复核原审,具稿呈堂,以定准驳。同时兼管部内各项司法行政事务及其他事务。

(2)督捕清吏司

初隶兵部。康熙三十八年(1699 年),始在刑部设督捕前后二司及督捕厅。雍正十二年(1734 年)罢督捕前司及督捕厅,并入后司,

[1] 《大清会典事例》卷二零,《吏部·官制·刑部》。

[2] 《大清会典事例》卷二零,《吏部·官制·刑部》。

[3] 《大清会典事例》卷二零,《吏部·官制·刑部》。

并省“后”字为督捕司。[1] 掌督捕旗人逃亡之事。

(3)律例馆

顺治二年(1645 年)设律例馆,特简王大臣为总裁,以各部院通习法律考,为提调、纂修等官。乾隆七年(1742 年)始隶刑部,总裁无定员,以刑部尚书、侍郎兼充。掌修法令,刊定条式颁行。每经五年汇辑编排,叫作小修。到十年,重编新格,或补充,或删减,定为宪典,颁行全国,叫作“大修”。[2] 除纂修律例之外,并有稽核律例的任务,凡各司案件有应驳者及应更正者,都交律例馆稽核。[3]

此外,尚有秋审处、减等处、提牢厅、赃罚库、赎罪处、饭银处及清档房、汉档房、司务厅、督催所、当月处等机构,分掌刑部各项事务。

从刑部机构的由小到大,由其职能部门的由简到繁,我们可以发现刑部的部权由轻到重,亦可看出司法专门化、独立化的趋势。

至于刑部的职权,各代因整个官僚体制的不同,权力也有大小之分。唐代刑部属于尚书省的一个部门,其执掌并非全属司法事务,如上文所述的比部司和司门司,执掌的就是一般性行政事务,而非司法事务。刑部代表尚书省处理有关司法审判事务,此时大理寺为中央第一审,而刑部是复审性质的中央第二审机关。刑部在司法中的主要作用乃是主管司法行政方面的事务,掌管法律、法令及制定各级司法机关在诉讼审判中的个中行为规范,更多带有行政事务机关的色彩。宋元刑部执掌大体与唐相似。只是相比较而言,刑部的权力因被其他中央机关的侵夺(如审刑院、大宗正府等),而呈现弱化的趋势。

到了明代,刑部才真正成为一个司法专门机构。关于刑部的执

[1] 《历代职官表》卷一三。

[2] 《历代职官表》卷一三。

[3] 《大清会典》卷五七。

掌,《明史》中说:“三法司曰刑部、都察院、大理寺。刑部受天下刑名,都察院纠察,大理寺驳正。”[1]可见,此时刑部的部权已经跃升,它取代了大理寺,成为中央第一审。

据《大明会典》所载,明代刑部所掌司法事务大致分成刑名、徒隶、勾覆、关禁四事。刑名指直隶及各省徒罪以上案件之复审,徒隶指徒流充军等刑罚之执行及监督,勾覆指死罪重囚之处决。关禁指监狱之管理与监督。[2]

到了清代,刑部更有“刑名总汇”之称,其职掌兼有司法审判及司法行政,《大清会典》规定,刑部“掌天下刑罚之政令,以赞上正万民。凡律例轻重之适,听断出入之孚,决宥缓速之宜,赃罚追贷之数,各司以达于部,尚书侍郎率其属以定议,大事上之,小事则行。以肃邦纪”。[3] 刑部所掌司法审判事务,具体如下:

(1)复核各省徒罪以上案件

《大清律例》规定:“军流人犯解司审转,督抚专案咨部复核复,仍年终汇题。”[4]无关人命徒罪案件,督抚批结后按季汇齐,咨报刑部查核。有关人命徒罪案件,督抚审结后,专案咨部核复,年终汇题(以题本奏闻皇帝)。遣军流罪案件,督抚审结后,专案咨部核复,年终汇题。至于死罪案件,嘉庆十三年定例,罪应凌迟、斩枭、斩决案件“俱专折具奏”(以奏折专案奏闻皇帝),“其余寻常罪应凌迟、斩枭之案,仍循例具题”(以题本专案奏闻皇帝),[5]奉旨“刑部核拟具奏”之案件,由刑部单独复核。奉旨“三法司核拟具奏”之案件,虽由三法司会同复核,亦由刑部主稿。法司定拟判决意见具题,俟皇帝

〔1〕《明史·刑法志二》。

〔2〕参见那思陆:《中国审判制度史》,上海三联书店2009年版,第32页。

〔3〕《大清会典》卷五三。

〔4〕《大清律例·断狱·有司决囚等第》条例。

〔5〕胡星桥、邓又天:《读例存疑点注》卷四九,“有司决囚等第”条例,中国人民公安大学出版社1994年版,第861页。

裁决。

(2)办理现审案件

即京师徒罪以上案件。《大清律例》规定:"五城及步军统领衙门审理案件……如应得罪名在徒流以上者,方准送部审办。"[1]京师案件除笞杖罪案件由步军统领衙门、五城察院自行审结外,徒罪以上案件均由刑部审理,称为"现审"(意指实审,现审为事实审)。除督捕司现审案件由刑部17司轮流签分。寻常徒流军遣罪案件,刑部审结后,按季汇题。死罪案件,刑部各司审讯取供后,"大理寺委寺丞或评事,都察院委御史,赴本司会审,谓之会小法。狱成呈堂,都察院左都御史或左副都御史,大理寺卿或少卿,拿同属员赴刑部会审,谓之会大法"。[2] 法司定拟判决意见具题,俟皇帝裁决。

(3)办理秋审、朝审案件

秋审是对各省斩绞监候案件的复核程序。朝审是对京师斩绞监候案件的复核程序。刑部现监重犯,每年一次朝审。

除司法审判事务外,刑部还职掌办理各种造册汇题、考核各省命盗案件、管理狱政、管理刑具考核本部司员以下官员等司法行政事务,同时主持修订律例。

(二)大理寺

隋采北齐之制,改廷尉寺为大理寺,此后直到清末光绪丙午改制(1906年),方将大理寺改为大理院,为全国最高审判机关。大理寺以卿为长官,少卿为次官,仿北齐制置正、监、平各一人,又置司直十人,律博士八人,明法二十人,狱掾八人。开皇三年,又罢大理寺监、平及律博士,加置大理寺正为四人。唐代除设卿一人、少卿二人之外,另设大理寺正二人,大理丞六人、司直六人及评事十二人。依据《唐六典》记载,大理正掌参议刑狱,详正科条之事,大理丞掌分判,

[1] 《大清律例·断狱·有司决囚等第》条例。

[2] 《清史稿》卷一四四,《刑法三》。

司直掌承制出使推覆，而评事掌出使推按。[1]

宋代前期，大理寺审判权限有所削弱，仅作为慎刑机关，不能直接受理和审断案件，只负责对各地上报的案件进行书面审，然后上交审刑院复审，并与审刑院同署上报。不惟如此，宋初大理寺长官都不设专职，而由朝臣兼任。置判寺事一人，兼少卿事一人。神宗改制以后，恢复大理寺原有的审判职能，独自审断流罪以下的案件。死罪断决后再报御史台复核，重大案件，奏上裁决。恢复后的大理寺较之唐朝有一大变化，即大理寺少卿设二人，分掌左断刑和右治狱两个系统，其下设有正、推丞、断丞、司直、评事、主簿等官职。可见，宋代司法系统内部又有了进一步分化，审理和断罪分开。其具体分工则为"天下奏命官、将校及大辟囚以下以疑请谳者，隶左断刑，则司直、断事详断，丞议之，正审之；若在京百司事当推治，或特旨委勘及系官之物应追究者，隶右治狱，则丞专委推鞫。该少卿分领其事，而丞总焉"。[2]

金、元时期并没有设置大理寺，有学者对此的解释是女真民族和蒙古民族对于汉民族所建立的三法司制度较难了解，对于刑部与大理寺职责的划分，更是难以理解。"依女真民族与蒙古民族的认知，刑部与大理寺的职掌互相重叠，大理寺是无需设置的审判机关。"[3]事实是否如此，姑且存疑。不过异族入主中原，汉化需要一个过程，在原先法制简陋的基础上陡然要设置三法司，大概是比较困难的事；但是更为重要的原因是，其原先的一些机构，可能分化了本应由大理寺处理的司法事务，比如元朝的大宗正府、宣政院等，使统治者认为没有必要再设大理寺。

明代大理寺名称和设置在明初多次变化，至永乐年间才成为定

---

〔1〕 根据《唐六典》卷一八归纳之。

〔2〕 《宋史·职官五》。

〔3〕 那思陆：《中国审判制度史》，上海三联书店2009年版，第30页。

制,大理寺设卿一人,左右少卿各一人,左右丞各一人,左右二寺各寺正一人,寺副二人,评事四人。明代的大理寺职掌与唐宋有很大的不同,大理寺不再是京师案件初审机关,而转化为复审机关。据《明史》记载,明代大理寺卿的职掌为"掌审谳平反刑狱之政令,少卿、寺丞赞之;左右寺分理京畿十三布政司刑名之事。凡刑部、都察院、五军断事官所推问狱讼,皆移案牍、引囚徒,诣寺详谳。左右寺寺正,各随其所辖而复审之"。[1]

清代大理寺机构设置基本沿袭明代。但是地位较之明代更低。大理寺分左、右二寺,各设寺丞三人,满、汉、汉军各一人,满洲、汉军寺丞初为"寺正",顺治元年改为寺丞,与汉员同,[2]评事一人,经承四人,分掌核办京内外刑名案件。左、右二寺,初各有寺副一人,康熙三十八年(1699年)裁撤。[3]

大理寺官员,初为十六人。顺治十五年(1658年)上谕曰:"大理寺衙门所管事务无多,不过三法司会议时少有事耳,此等事,堂上官三人办理足矣。"[4]这时裁减了一部分。乾隆年间才有了一定额数,总人数是三十一人。光绪三十四年(1898年)曾一度并入刑部,旋又恢复。光绪三十二年(1906年)改革官制,改为大理院。

清代大理寺司法审判上之职掌,主要有三点:

(1)会谳死罪案件

大理寺会同复核京师及外省死罪案件,《大清会典》规定:凡重辟,在京者,左、右寺各会其刑司与其道而听之,以质成于卿、少卿。(左、右寺官暨各道御史过部,与承办之司官会审,曰:小三法司,各以供词呈堂,大理寺复与部院堂官会审。无疑义者,俟刑部定稿送

---

〔1〕《明史·职官制二》。

〔2〕《大清会典事例》卷一零四十三,《大理寺·官制》。

〔3〕《历代职官表》卷二二。

〔4〕《清文献通考》卷七七。

寺,堂属一体画题)在外者,寺受揭帖。(各省总督、巡抚具题重辟,皆以随本揭帖投寺,各按其应分应轮,发左、右寺。)各定谳以质成于卿、少卿,而参合于部谳。左、右寺先据揭帖,详推案情,与所拟罪名、所引律例是否符合,预定谳语呈堂,俟刑部定稿送寺,谳语相合无疑义者,堂属一体画题。凡重辟,必三法司之议协于一而后狱成。

(2)会同复核朝审、秋审案件

(3)会同参与热审

纵观大理寺的整个发展历程,从最初的三公之一的"廷尉"演变到清代的复核机构,大理寺总体的司法权限在逐渐萎缩,从作为最高司法机关的一级单位,主管中央审判到最终仅仅局限在复核领域,可见司法权逐渐被行政权所挤压和侵吞,这也是帝制中国官僚系统发展的必然结果。

(三)御史台—都察院

相比于刑部与大理寺,御史或者御史台这一称谓出现得最早,御史之名,在《周礼》中即曾出现,"御史掌邦国都鄙及万民之治令以赞冢宰"。[1] 春秋战国时御史作为史官出现,与后世作为风宪之官有很大不同。

秦汉中央政权形成之后,皇帝为监察百僚,提高御史的地位,从此,御史成为君人之耳目。秦时,御史大夫位列三公,处于国家中枢的地位。汉承秦制,以御史大夫为副丞相,且以官名为署名,监察机构称御史大夫府或御史府,也称宪台。西汉末年,宰相由三公(丞相、廷尉、御史大夫)改为三司制(司徒、司马、司空),为适应此种官制变化,专设了御史台。所以御史台最早出现在西汉末年,到东汉,御史台又称为兰台寺。御史中丞作为御史台最高长官,到东汉时权势日隆,"与司隶校尉、尚书令会同,专席而坐,故京师号曰三独

[1] 《周礼·春官》。

坐”。[1] 当然御史最主要的职责是进行各类监察活动,比如在司法领域内进行司法监察。但是就诉讼审判而言,御史仍可参与。在汉代,御史台官员握有审判权,御史中丞属官侍御史中,有两名治书御史,专司审判,“凡天下诸谳疑事,掌以法律,当其是非”。[2]

魏晋南北朝因袭汉制,以御史中丞为御史台主。但基本上,此时的御史台仍然是特别审判机关,主要职责是纠弹监察,司法只是它的一项特别任务。在审判上,御史台的权力低于廷尉。

御史台真正在司法领域形成气候,并与大理寺、刑部并驾齐驱为三法司之一的,是在隋唐时期,唐代御史台设大夫一人,中丞二人。“大夫掌以刑法典章纠正百官之罪恶,中丞为止贰。其属有三院:一曰台院,侍御史隶焉;二曰殿院,殿中侍御史隶焉;三曰察院,监察御史隶焉。”[3]

其中台、殿、察三院分工井然,台院侍御史四人,“掌纠察百僚,推鞫狱讼,其职有六:一曰奏弹,二曰三司,三曰西推,四曰东推,五曰赃赎,六曰理匦。凡有制敕付台推者,则按其实状以奏,若寻常之狱,推讫断于大理”。殿院殿中侍御史六人,“凡两京城内,则分知左右巡各察其所巡之内有不法之事”。察院监察御史十人,“掌分察百僚,巡按郡县,纠视刑狱,肃整朝仪”。[4]

此时的御史台,仍是特别审判机关,审理皇帝交议的特别案件,以贵族和官员犯罪案件居多。它并非初审和复审机关,而是类似于终审机关性质的单位。

宋代御史台基本延续唐代制度,但是它不设御史大夫,设御史中丞一人为御史台长官,其副职为侍御史一人。就组织而言,此时的

[1] 《后汉书·宣秉传》。

[2] 《后汉书·职官制二》。

[3] 《新唐书》卷四八,《百官三》。

[4] 《唐六典》卷一三。

御史台较之唐代大为精简。就职责而言,有关审判之权力也较唐代为小,只是遇到大案、要案、疑难案件之时,奉皇帝敕令与刑部、大理寺会审。

元代御史台权力有所加强,设殿中司,职掌朝廷礼仪制度;设察院,为天子耳目;设肃政廉访司,分驻各地,督查地方官府违法行为。

明代初年置御史台,洪武十三年(1380 年)罢之,十五年设都察院,设监察都御史八人,分监察御史为十二道,各道置御史或五人、或三四人,十六年设左右都御史各一人,左右副都御史各一人,左右佥都御史各二人。明代都察院权力特重,亦可行使独立审判权。清承明制,但更为细化。入关之前,原设有都察院,但其主官为承政。顺治元年,改都察院承政为左都御史,参政为左副都御史,无定员。右都御史、右副都御史皆非专员,俱为总督、巡抚、河道总督、漕运总督兼衔。三年,定左副都御史满汉各二人。五年,定左都御史满汉各一人。[1] 都察院堂设经承二十五人,门吏一人,分设堂印房、本房,吏、户、礼、兵、刑、工六房及火房、架阁库等单位,分办堂上各事。[2]

御史制度发展到清代到达了帝制时代的巅峰,亦可视为传统御史制度的典型。清代都察院所述机构主要有六科、十五道及五城察院。六科,即吏、户、礼、兵、刑、工六科,顺、康时期,沿袭明制,为独立的监察机关,主要监督六部政务。雍正元年(1723 年)合并入都察院。六科设掌印给事中、给事中,掌印给事中、给事中,定制均为正五品,一般以资深者为掌印。与司法审判事务较密切的是刑科给事中。

十五道,顺治初年即设河南、江南、浙江、山东、山西、陕西、湖广、江西、福建、四川、广东、广西、云南、贵州、京畿十五道。十五道

---

〔1〕《大清会典事例》卷二零,《吏部·官制·都察院》。

〔2〕《大清会典事例》卷一四七。

设监察御史若干人,乾隆二十年(1755年)定制,设御史宗室四人、满二十二人、蒙古二人、汉二十八人(兼用汉军),共五十六人。各道御史人数不等。[1]

十五道分掌有关省刑名,但京畿道管顺天府、直隶省,兼管盛京;陕西道管陕西,兼管甘肃、新疆;江南道管江苏、安徽;湖广道管湖南、湖北等二三个省区。此外,十五道还分别稽察京内各衙门事务,如京畿道稽察内阁,河南道稽察吏部、詹事府、步军统领衙门等。

掌印御史,御史,定制均为从五品,惟掌印御史以资深者任之。

都察院号风宪衙门,"掌司风纪,察中外百司之职,辨其治之得失,与其人之邪正,率科道官而各矢其言责,以饬官常,以秉国宪。率京畿道以治其考察处分辩诉之事,大政事下九卿议者则与焉。凡重辟,则会刑部、大理寺以定谳,与秋审、朝审。大祭祀则侍仪,朝会亦如之,皇帝御经筵亦如之,临雍亦如之"。[2] 其主要的司法职掌为:

(1)会谳死刑案件

清代,凡奉旨"三法司核拟具奏"之各省死罪案件,刑部须会同都察院、大理寺复核。经刑部定拟判决意见后,其题稿须送都察院画题,由十五道依其职掌分别办理。都察院如无异议,画题后,题稿送刑部,由刑部办理会题,奏闻裁决。京师死罪案件审理程序与各省死罪案件审理程序不同。顺治十年题准:"刑部审拟人犯,有犯罪至死者,有犯罪不至死者,若概经三法司拟议,恐于典例不合。嗣后凡犯罪至死者,刑部会同院寺复核。又定:凡审拟死罪者议同者,合具看语,不同者各具看语奏闻。"[3] 自此,京师死罪案件须由三法司会审。

---

〔1〕《清史稿·职官志二》。

〔2〕《大清会典》卷六九。

〔3〕《大清会典事例》卷一零二一,《都察院·各道》。

(2)会同复核秋审、朝审案件

但是御史台尽管司法权限有增大的趋势,然而与其说它的设立是专门为了从事司法事务,不如说是为了代天子监察司法事务,它的司法权限,实际上在监察之外的一个特别附加的权力。这同样体现了传统司法的行政主导性。

三、传统地方司法机构

中国古代自春秋战国之交逐步完成了从封建邦国制向郡县制的过渡,相应地建立了地方行政体制。各级地方长官作为中央集权的皇帝委派在地方的代表,既是该地方的最高行政长官,自然也是当地最高司法长官,事实上在地方,行政与司法是合一的,或者说司法事务其实亦是行政事务的一环。

秦朝统一天下之后,分全国地方为三十六郡,后增设至四十多郡,均设郡守,为一郡之长,其下有郡守丞,协助郡守处理行政事务,边疆之郡,另有长史,掌管兵马,郡守有缺,丞或长史代行其职。郡守的属吏有卒史、主簿、牧师令。其中与司法事务密切相关的有卒史与主簿,卒史负责协助郡守审断案件,而主簿则负责管理郡中文册部书,包括司法文件。此外,郡中还有郡尉,主管逮捕郡中的盗贼,有一定的侦查职能。

郡以下设县,县设令、长,其区别在于人口在万户以上设令,不足万户设长,县令下有县丞和县尉,县丞佐令、长办事,县尉负责一县治安及缉捕之事。此外,县的属吏尚有功曹、狱掾等。其中功曹主管选用县之吏卒与考绩,狱掾主管监狱事务。

县以下的行政组织为乡,乡以下是亭,亭以下是里。《汉书·百官公卿表》云:“大率十里一亭,亭有长;十亭一乡,乡有三老、有秩、有啬夫、游徼。”[1]这些都是基层司法的组织。

〔1〕《汉书·百官公卿表》。

汉代因袭了秦代地方制度,郡县二级的地方司法机构,在西汉年间,并无变动。但东汉之后,设立了州(部)作为各郡的监察区。州(部)刺史的权力越来越大,州的性质与地位起了变化,由监察区变成了行政区。

自秦郡县制度确立之后,一直到明代,郡县基本就成为地方行政单位,尤其是县,在基层行政单位中最为稳定。但是地方行政区划各朝各代都有所变化,主要表现在中央巡视官员与地方"诸侯"的循环。

因为有这样的"巡环",导致了地方政权的层级数发生了变化,大致说来,有几级地方政权,司法审判相应就有多少级审级。为简便故,我们仅以循环的最后一个阶段——清代为例,来考察地方司法机构的组成情况,它可以看作整个帝制时代地方司法机构的缩影,因为它作为循环的最终级,自然也最为完备。[1]

《大清会典》载:"总督巡抚分其治于布政司,于按察司,于分守、分巡道;司、道分其治于府,于直隶厅,于直隶州;府分其治于厅、州、县;直隶厅、直隶州复分其治于县。"[2]按照审级的次序,依次为:

(1)县、州、厅

县为基层政权,在一些冲要地方设州,一些边远少数民族聚居、杂居地方设厅,其地位大致与县相等。清代全国共设有县及厅、州1500个左右。

《大清律例》规定:"军民人等遇有冤抑之事,应先赴州县衙门具控。如审断不公,再赴该管上司呈明,若再屈抑,方准来京呈诉。"[3]

凡是境内发生的人命、强盗、窃盗、棍骗、邪教、私盐、光棍、窝

---

〔1〕 清代地方司法机构部分主要参见张伟仁:《清代法制研究》,台湾"中央研究院历史语言研究所"专刊之七十六,该所刊印,第143~210页。

〔2〕《大清会典》卷四,《吏部》。

〔3〕《大清律例·诉讼·越诉》。

赌、衙蠹等应判处徒刑和徒刑以上的刑事案件,特别是人命、强盗两大类,清朝将其视为最为严重的犯罪,州县都有其责。州县管辖刑事案件,有两方面的职责:

侦查,州县对刑事案件的侦查职责,包括缉捕、查赃、勘验现场、检验尸伤、采取强制措施等。

初审,州县对捕获的人犯经行审理,称为“初审”。州县初审刑案,要根据和引用《大清律例》的条款来定罪量刑,称为“拟罪”或“拟律”。但是,拟罪不是发生法律效力的判决,州县初审完毕,应按期(如命案是四个月)将案卷、拟罪意见和案犯一起解送上司复审。

(2)府、直隶州、直隶厅

清朝在全国设有府80余个,直隶厅,州100余个。府一般辖有五六个至八九个州县,直隶州一般辖有二三个县,直隶厅一般不辖县。

府有“决讼检奸”的职责,[1]是州县的上一审级。直隶厅州既辖县又亲民,所以既是所辖县的上一审级,又是本州民、刑案件的直接受理者。

《大清律例》规定,军民词讼“须本管官司不受理,或受理而亏枉者,方赴上司陈告”。[2] 府、直隶厅、直隶州既受理辖区内一审刑事、民事案件,又复核州县上报之刑事案件。雍正帝谓:“刑名案件,知府尤为上下关键,务期明允公当,地方始无冤民。”[3]但刑事案件,府、直隶厅、直隶州同样只能对处刑枷杖以下案件作出裁决。

知府主要职责为复核州县上报之刑事案件。对于州县解来人犯进行审理,查验人证、物证,审查州县拟罪意见。如无异议,知府即作“看语”,亦即拟罪意见。之后上报按察使。如有异议,则一面详

---

[1] 《清史稿·职官志三》。

[2] 《大清律例·诉讼·越诉》。

[3] 阮元拓:《广东通志》卷一,《训典一》,雍正八年上谕。

报臬司、督抚,一面驳回重审或遴派他员复审,改正后上报按察使。

府级还接受军民百姓不服州县审判的上诉和申诉。就司法职能而言,知府既负责受理和审理本管辖区内一审刑、民事案件,也要复核州县上报之刑事案件,对于州县解来人犯进行审理,查验人证、物证,审查州县拟罪意见等。

由于清代严越诉之禁,一般来说,知府是为所有上控案件之必经审级,因此相对其他上控审级而言,知府一级最为重要,其审理上控案件的数量最多,事务也最繁。

(3)守道、巡道

清代守巡两道实为布、按二司之佐贰官。时人谓:"守巡两道非止为理词讼之际设也。一省之内,凡户婚田土、赋役、农桑悉总之布政司;凡劫窃斗杀、贪酷奸暴悉总之按察司。两司堂上官,势难出巡,力难兼得,故每省计远近设分守、分巡道,令之督察料理;所分者总司之事,所专者一路之责。"[1]

道的主要司法职能有二:一为查核所属府州县自理词讼,二为审转直隶州及遥远府州县招解、秋审案件。清代府属州县案件,由府审转至按察使司。

(4)按察使司

按察使司又称臬司,为一省"刑名之总汇,事务繁多"。[2] 雍正帝谓:"朕惟直省大小狱讼民命所关,国家各设按察司以专掌,一切州县申详,至尔司而狱成,凡督抚达部题奏事件皆由尔司定案,任岂不重。"

审理自理案件,是按察使司法职能之一。雍正五年议准"按察使自理事件,限一月完结"。[3] 惟自理案件内容,一为守训上报案

〔1〕 陈宏谋:《从政遗规》卷上,《明职》。

〔2〕《清会典事例》卷一二二,《吏部》。

〔3〕《大清会典事例》卷一二二,《吏部·处分例·外省承审事件》。

件，二为自理案件。

按察使的主要职能是覆审全省刑事案件。《大清会典》规定：州县：“狱成，则解上司以审转”。[1] 案件经知府、守道、巡道审转后送至按察使司，“向来各府州县承审案件，斩绞重罪，由司转解巡抚审理。军流则将案情详报，其人犯止解按察司，而不解巡抚衙门。徒罪以下人犯，则归各府州县自行审理，不过将案情详报核批，其人犯即臬司衙门亦不解审。此向来办法也”。[2] 按察使对于上报的徒刑案件进行复核，对招解来的军流、斩绞案犯进行复审。如无异议，便可加上“审供无异”的看语，上报督抚。如发现上报的案情有疏漏，供词、证据不符，可以驳回原审衙门重审，或者改发别的州县（常常是发省城的首县）“更审”。军、流人犯，按察司复审后，就可将人犯发回原审州县关押待罪。而死刑人犯，按察司审后，尚不能发回，要报督抚复审。

按察司还主办全省秋审事务，管理狱政。

(5)总督、巡抚

总督、巡抚既是省级军政长官，又是地方最高审级，按察司虽综理全省刑名事务，仍须报呈督、抚。

《大清律例》规定：外省徒罪案件，如有关系人命者，均照军流人犯解司审转，督抚专案咨部核复，仍令年终汇题。寻常徒罪，各督抚批结后，即详叙供招，按季报部查核。[3] 拟律为徒刑的案件，如无关人命，督抚即可批结，按季汇报刑部。关系人命徒罪案件及军流案件，督抚专案咨送刑部复核，年终汇题。至于死刑案件，“在外听督抚审录无冤，依律拟议（斩绞情罪），法司复勘，定议奏闻。（候有）回

[1] 《大清会典》卷五五。

[2] 胡星桥、邓又天：《读例存疑点注》卷四八，“鞫狱停囚待对”条例，中国人民公安大学出版社1994年版，第835页。

[3] 《大清律例·断狱·有司决囚等第》条例。

报,(应立决者)委官处决"。[1] 如罪应凌迟、斩枭、斩决之重大案件,由督抚专折具奏,其余寻常罪应凌迟、斩枭之案件,仍由督抚循例具题。

徒流军罪案件审结后,督抚咨部复核,刑部如认为事实认定合乎情理,适用法律并无不当,则可定拟依议之判决,以题本奏闻皇帝。如认为督抚适用律例有不当之处,可依律例径行改正。如果刑部认为督抚认定事实不合情理或者引用律例不当时,得驳令再审。各省死刑案件,由三法司复核。如认为督抚认定情罪不协、引用律例失当,则驳令再审。

四、传统特别司法机构

如上所述,传统帝制中国,司法权是附属于行政权的,司法事务在统治者看来,与行政事务并无本质上的区别。因此,实践中各个衙门都有可能插手司法事务。大案要案更是经常采用会审的形式,最为规范的自然属三法司会审,此外,尚有朝廷六部加上大理寺、都察院及通政司在内的"九卿会审",有内廷宦官在大理寺监审的"大审",有集合百官公卿的"廷议"等。所以,中国帝制时代并无严格意义上的独立的司法机构,即使是大理寺、刑部、御史台,其司法性质也并不纯粹。事实上,正因为不仅仅是司法机构,刑部、御史台才获得了更大的权力,而相对更为纯粹的大理寺,却在行政事务的挤压下日益萎缩,这也显示出了传统司法的"类行政化"的属性。当然,相比于其他行政机构,三法司作为常设中央司法机构,其司法特性毕竟是居于首位的,也一直存在。但是,因为皇权专制的本性,又因为上述所论的"内外朝循环""中央巡视员与地方'诸侯'的循环"等专制时代难以解决的固陋难题,导致了在正常的三法司之外,历朝历代还创设过一些特别的司法机构,这些机构是林林总总,难以尽

[1] 《大清律例·断狱·有司决囚等第》。

述，我们仅举三法司确定之后、在中央层次上影响深远的、较有代表性的数个特别司法机构来述之，其余如五城察院、步军统领衙门、内务府慎行司、清代宗人府等，就暂时从略了。

(1)审刑院(或称宫中审刑院，宋初至宋神宗元丰改制前)

北宋初期，宋太宗为了防止大理寺和官员营私舞弊，于是在皇宫中又设了一个特别的审判机构——审刑院，以朝官一人或者二人为其长官，下设有详议官。审刑院由皇帝亲自管理，不隶于外廷任何机构，作为宰相的平章政事也无权过问审刑院事。审刑院设立之后，所有上奏案件必须先报送该院，由其再发给大理寺和刑部。原本大理寺决断后再由刑部复核的案件，还要经审刑院详议，实际上审刑院又成为刑部以上的又一级复审机关。审刑院创设两年之后，大理寺所断案件干脆不再经过刑部的详复，而直接由审刑院处理。这事实上就架空了刑部的权力，刑部只保留了对官员进行行政处分的职权。所以审刑院之设，实际上是皇帝绕过刑部，直接插手司法事务，为"御笔断罪"开绿灯，体现了皇帝生杀予夺，至高无上的权力。这是皇权专制的突出表现。虽然到元丰三年，审刑院因为机构重叠故被并入刑部，然而皇帝御笔断罪的情形仍旧没有终止，一直到帝制时代结束。

(2)大宗正府与宣政院(元朝)

元朝建立之后，撤销了大理寺，将管理贵族事务的大宗正府，作为重要中央审判机构，以亲王为府长，府长由蒙古贵族担任。设断事官受理蒙古人、色目人，尤其是蒙古上层人士的诉讼案件。有时也全面掌握国家刑狱，兼理汉人轻重罪囚。"凡诸王驸马投下蒙古、色目人等，应犯一切公事，及汉人奸盗诈伪、蛊毒魇魅、诱掠逃驱，轻重罪囚……皆掌之。"[1]

而宣政院是元朝的最高宗教审判机关，由佛教国师兼领，负责审

---

〔1〕《元史》卷八七，《百官制三》。

理僧侣的狱讼。最初，世祖忽必烈任八思巴为帝师、大宝法王，统领全国佛教，朝廷立总制院，管领佛教僧徒及吐蕃境内事务，包括司法事务。《元史·百官志三》载："至元二十五年（1288 年），因唐制吐蕃来朝见于宣正殿之故，更名为宣政院。置院使二员，同知二员，副使二员，经历二员，都事四员，管勾一员，照磨一员。"但到 1311 年时，宣政院就不再审理僧人诉讼，而归于专门法司。

（3）厂卫特务机构（明朝）

厂卫指的是东厂、西厂、内行厂及锦衣卫，它们都是明代的特务机构，负责的事务繁多，原不限于司法一端。其中对司法的操纵和控制最为厉害的机构为东厂和锦衣卫镇抚司。锦衣卫创设于洪武十五年，为皇帝的亲军，负责皇宫护卫，其镇抚司负责重大案件的巡察、缉捕，并理问诏狱，具有很大的司法权力。锦衣卫办理司法事务，仅对皇帝负责，其余任何人都不得加以干涉，是以其凌驾于一般司法机构之上。"凡问刑，悉照旧例，径自奏请，不经本卫。或本卫有事送问，问毕，仍自具奏，俱不呈堂。凡鞫问奸恶重情得实，俱奏，请旨发落。内外官员有送问，亦如之。"[1]是可见锦衣卫镇抚司司法职权之大了。

东厂创设于明成祖永乐十八年，为主要侦察政治犯的特务组织，由提督太监统领。东厂刺探重大刑案，也参与审判。案件首先由东厂审理，定罪后，再交刑部量刑。各地王公大臣的犯罪，也往往由东厂太监组织专案组前往查察，常常是一审终审。东厂对司法领域的干预和操纵是全面的，甚至在地方司法中，也进行干预。"每月旦，厂役数百人，掣签庭中，分瞰官府。其视中府诸处会审大狱、北镇抚司拷讯重犯者听记；他官府及各城门访缉坐记；某官行某事，某城门得某奸，胥吏疏白坐记者上之厂曰打事件……以放事无打小，天子

〔1〕《明会典》卷二二八。

皆得闻之。"[1]因为厂卫有"大内密探"的身份,所以在外界看来,它们直接代表着皇帝的司法权,故而通常的司法事务及司法程序要受制于厂卫的行动。

厂卫司法组织对司法活动的全面干预和操纵,充分表明了专制制度发展到了君主对本是其附属物的官僚组织的不信任程度,也从侧面显示出了专制程度的进一步加深。

(4)盛京刑部(清朝)

清代崛起于关外,在关外时期,盛京(今沈阳)乃其国都。入关之后,盛京保留了除吏部以外的五部,这与明代都城由南京北迁北京之后体制一样。但是与明代南京五部为闲职不同,盛京刑部发挥着重要的作用,主要在是处理与边外蒙古的关系上,是一个处理民族关系的桥头堡。

盛京刑部职掌审办盛京旗人及边外蒙古的案件,每年秋审会同盛京户、礼、兵、工四部侍郎及奉天府尹审议汇题。奉天府重犯秋审,也会同盛京刑部酌定具题。

盛京刑部的内部组织,有肃纪前司、肃纪左司、肃纪右司、肃纪后司。肃纪前、左二司分掌盛京十五城旗人狱讼及旗、民交涉案件。案在盛京所属六十里以内者,由部员审讯,逾六十里以外者,由该厅、州、县审拟完结,按月造册送部,重案则解部审拟。肃纪右司掌边外蒙古狱讼案件。凡窃盗命案与旗、民交涉之案,都解犯到部审讯。应验视者,行奉天府尹酌派附近州县往验,录供报部。肃纪后司掌讯办私刨私贩人参案件。凡私刨私贩案件,俱会同盛京将军、奉天府尹等官审议定拟。

综上,在传统专门法司之外,历代因为各自不同的具体情形,还创设过一些特别的司法机构,总结起来有两个方面的原因,第一是由于民族和宗教的原因,一般体现为少数民族进入中原,成为新的

---

〔1〕《明史·刑法志三》。

统治者之后，在司法中如何处理复杂的民族和宗教问题，不至于激起民族矛盾，于是因俗因地制宜，设立一些特别的司法机构；第二个更为根本的原因，则是皇权专制的日益深化，如何更为有效地巩固自己的皇权，如何不被外官蒙蔽，如何利用司法控制臣下，于是在专门司法机构之外，更是设计了特别司法机构，这是传统司法制度演变的必然，因此，第二个原因才是最终的原因，因为因俗因地制宜，最终的目的还是维护皇权专制统治。

中国古代刑事庭审证据调查相关问题探讨

张　杰*

【内容摘要】　刑事审判过程离不开与案件有关的证据调查，而刑事庭审证据调查的过程是对案件事实真相发现的过程。中国古代刑事庭审证据调查集中体现了纠问式诉讼模式的特征，但在审判阶段并没有形成独立、专门的证据调查程序，其内容分散记载于相关法典、判例中。中国古代证据调查具体程序主要体现在审讯和刑讯两个环节，即查证需要遵循一定的审讯程式，刑讯作为合法的获取口供的方式，实则是审讯的补充和重要措施。证据调查程序需要依据口供裁判、判官亲自审案的调查原则，辅之据众证定罪和据状断之的证据规则，达到"情""实""理不可疑""赃证明白"的证明标准，以求案件的真相大白。

【关键词】　审讯　刑讯　调查原则　证据规则　证明标准

中国古代没有严格意义上的民事审判和刑事审判的区别，且实体与程序不分，案件的受理、侦查、审讯到宣判，全部由各级判官职掌，可以说，古代判官的断狱职能非常宽泛。而古代刑事庭审中的证据调查也涵盖着证据的调查、核实和认定等内容，并包括证据的取得。因此，鉴于中国古代刑事庭审证据调查的特殊性，本文通过历代法典、判例等古代文献中的记载，详细阐述古代判官刑事庭审

---

* 作者系中国政法大学刑事司法学院博士研究生，江苏师范大学法政学院讲师。

调查遵循的程式、要求及原则，归纳证据调查中有关证据运用的规则，概括阐述案件证据调查所应达到的标准，勾勒出中国古代刑事庭审证据调查的基本样态。

一、中国古代刑事庭审证据调查的方式

中国古代庭审证据调查主要通过审讯和讯问的方式进行的，有些学者也将整个刑事庭审称为“审讯”，即“审讯”和“讯问”的简称。而审讯和询问在证据的取得、审查与核实，在查明案件事实方面起着决定性的作用。在此，笔者将分别阐述古代审讯和讯问程序方面的相关内容。

（一）审讯

审讯是判官查明案件事实真相的关键环节。提到审讯，首先呈现在脑海中的场景是：官老爷坐在公堂之上，旁边有书吏作审讯记录，两边皂隶手持讯杖站立，随时准备按老爷的吩咐拷讯人犯。古代对审讯的称呼规定不一，如周代称作“讯”、[1]秦代称作“讯狱”、[2]汉代称作“鞫”或“讯鞫”，[3]宋代称作“鞫讯”。[4]那么，公堂与审讯有何关系呢？大概是因为审讯需要在公堂上且判官通过坐堂的方式审查案件，故在晋代称为“讯堂”、[5]唐代有过“过案”[6]的叫法，而在清代以后则将这种当堂点名听审称之为“过堂”。现在所提的过堂或坐堂，实际上就是审讯的意思。古代审讯，不同于我们现在刑事庭审中单指的讯问被告人，当时的讯问对象包括原告、被告、证人及其与案件有关的人，以讯问被告人为主，可以

---

〔1〕《周礼·秋官·小司寇》。

〔2〕《封诊式》。

〔3〕《后汉书·邓骘传》。

〔4〕《宋书·谢庄传》。

〔5〕《晋书·五行志》。

〔6〕《敦煌变文集·燕子赋》。

说包含现代刑事庭审讯问被告人和询问证人、鉴定人及其他诉讼参与人之意。由于古代庭审制度的特殊性,以下详述有关审讯的具体内容。

1. 古代刑事庭审的要素与样态。"两造"是古代审判程序的结构要素,如《尚书·吕刑》记载了"两造具备"[1]"听狱之两辞"[2]"察辞于差"[3]等内容,表明要有原被告均需出现在公堂之上,进行对质,审判才能进行。另据《周礼·秋官·小司寇》贾公彦疏曰:"古者取囚要辞,皆对坐",即"席地而坐"是当事人受审时的情形。但据后来的史料记载,受讯人是跪着受审,即后世所谓的"狱讼不席"。[4] 如《汉书·赵广志传》载:"广汉知事迫切,遂自将吏卒突入丞相府,召其夫人跪庭下受辞,收奴婢十余人去,责以杀婢事"。[5] 但跪着受审究竟始于何时,有待考证,但直至清末变法方才结束。据清末的《大清刑事民事诉讼法》草案第15条的规定:"凡审讯原告或被告及诉讼关系人,均准其站立陈述,不得逼令跪供。"[6]

2. 审讯的程式。西周时期,"以五刑听万民之狱讼,附于刑,用情讯之,至于旬乃弊之,读书则用法"。[7] 秦朝以后,各代对审讯程式有了较为一致的做法,具体规定如下:

据秦简《封诊式》的记载,秦代审讯规定如下:首先,对审讯进行整体定位,即用情取辞,不进行拷打是最佳的审讯方式,而拷打则为下策。"治狱,能以书从迹其言,毋笞掠而得人情为上;笞掠为下;有恐为败。"(译文:审理案件,能根据记录的口供,进行追查,不用拷打

---

〔1〕《尚书·吕刑》。

〔2〕《尚书·吕刑》。

〔3〕《尚书·吕刑》。

〔4〕 张纯一:《晏子春秋校注·内篇谏下》,载《诸子集成》,上海书店出版社1986年影印版。

〔5〕《汉书·赵广志传》。

〔6〕《大清新法令》附录法典草案一,诉讼法。

〔7〕《周礼·秋官·小司寇》。

而察得犯人的真情,是最好的;施行拷打,不好;恐吓犯人,是失败。)[1]其次,对审讯的顺序及讯问的要求作了规定。“凡讯狱,必先尽听其言而书之,各展其辞,虽知其訑,毋庸辄诘。其辞已尽书而无解,乃以诘者诘之。诘之又尽听书其解辞,乃以诘者诘之。诘之有解者以复诘之。诘之极而数訑,更言不服,其律当笞掠者,乃笞掠。笞掠之必书曰:爰书:以某数更言,无解辞,笞讯某。”(译文:凡审讯案件,必须先听完口供并加以记录,使受讯者各自陈述,虽然明知是欺骗,也不要马上诘问。供辞已记录完毕而问题没有交代清楚,于是对应诘问的问题进行诘问。诘问的时候,又把其辩解的话记录下来,再看看还有没有其他没有清楚的问题,继续进行诘问。诘问到犯人辞穷,多次欺骗,还改变口供,拒不服罪,依法应当拷打的,就施行拷打。拷打犯人必须记下:爰书:因某多次改变口供,无从辩解,对某拷打讯问。)[2]

唐代律文规定:“诸应讯囚者,必先以情,审察辞理,反复参验。”[3]而且规定凡是了解案件真相的人,都有作证的义务,若拒不作证则要受到刑讯,具有特殊作证义务的人除外。《大明令》载:“凡鞫问罪囚,必须依法详情推理,毋得非法苦楚,锻炼成狱。”[4]《明会典》对审讯过程也有详细记载:其引问一干人证,先审原告词明白,然后放起原告,拘唤被告审问,如被告不服,则审干证人,如干证人供与原告同词,却问被告,如各执一词,则唤原被告干证人一同对问,观看颜色,察听词情,其词语抗厉颜色不动者,事即必真;若转换支吾,则必理亏,略见真伪,然后用笞决勘;如不服,用杖决勘,仔细

〔1〕《封诊式》,《睡虎地秦墓竹简》整理小组,文物出版社1977年版,第245～246页。

〔2〕《封诊式》,《睡虎地秦墓竹简》整理小组,文物出版社1977年版,第246～247页。

〔3〕《唐律疏议·断狱》。宋刑统同于唐律。

〔4〕《大明令·刑令》“狱具”条。

磨问,求其真情。[1]《大清律例》载:“凡狱囚,鞫问明白,追勘完备……”[2]

3. 审讯的范围。古代审讯需要按照“状告”的范围进行,一般不得于“状外求情”。“依告状鞫狱”,便是审讯的范围要求。据汉代史料记载:“鞫:平智(知)种无名数,舍匿之,审。”[3]说明鞫狱一般要审查包括案件的事由、犯罪事实等内容,判官要在“告劾”的范围内“治狱”,即“治狱者,各以其告劾治之”。[4] 唐律规定:“诸鞫狱者,皆须依所告状鞫之。若于本状之外,别求他罪者,以故入人罪论。”[5]明朝规定:“凡鞫狱须依所告本状推问、若于状外别求他事、摭拾人罪者、以故入人罪论。同僚不署文案者、不坐。”[6]

4. 审讯的方法。据《周礼·秋官·司盟》记载:“有狱讼者,则使之盟诅。”[7]即宣誓,便是最早的带有神明裁判的审讯方法,而且“可以说,从案件的审理前直到案件的判决、结案,盟誓贯彻于审判工作的全过程,而且是各个审判阶段的重要证据”。[8] 因此可以说,宣誓是中国古代早期刑事庭审中取得证据的重要方式,也是古代审讯案件查明事实真相的一种方法,并以此来确保证据的真实性。此外,《周礼》记载“以五声听狱讼,求民情:一曰辞听,二曰色听,三曰气听,四曰耳听,五曰目听”。[9] 即“以五声听狱讼”使历朝历代法

---

〔1〕《明会典》。

〔2〕《大清律例·刑律·断狱》“有司决囚等第”条。

〔3〕江陵张家山汉简整理小组:《江陵张家山汉简〈奏谳书〉释文(一)》,载《文物》1993年第8期。

〔4〕彭浩、陈伟、工藤元男主编:《二年律令与奏谳书——张家山二四七号汉墓出土法律文献释读》,上海世纪出版股份有限公司、上海古籍出版社2007年版,第138页。

〔5〕《唐律疏议·断狱》。宋刑统同于唐律。

〔6〕《明律·刑律·断律》。

〔7〕《周礼·秋官·司盟》。

〔8〕李文玲:《中国古代刑事诉讼法史》,法律出版社2011年版,第20~21页。

〔9〕《周礼·秋官·小司寇》。

官对于犯罪人之说词语表情,向来均相当重视。[1] 西周时期的"五听"制度一直延续到唐、宋各代,《唐律疏议》《宋刑统》对此均有记载:"依狱官令,察狱之官,先备五听,又验诸证信……"[2]"五听"的方法基本上适用于中国古代的各个时期,其综合运用心理学、生理学等知识审理案件,以求得案件真相,辨明言辞真伪。

(二)刑讯

1. 刑讯产生的基础

在古代审讯中,定案必须要有口供,若无被告人的口供,判官一般是不能定罪结案的。而且,就被告人的供辞而言,其自身的证明力要远远高于其他物证、书证和证人证言。由于我国古代的刑事庭审中杂糅着证据取得的过程,且允许依法对被告人进行讯问,并可以依据供辞定罪。因此,获得"供辞"才是庭审证据调查的主要目的。而"供辞"中,最有证明力的证据便是被告人供述自己罪行的"供辞",也就是让被告人"辞服"。而获取被告人口供,并非是我国古代刑事庭审制度所特有,英美法系国家也早已适用。早在17世纪中期,由于"不得强迫自证其罪"的特权规则在普通法院适用欠缺一定的有效性,即普通法院不允许被告人获得律师帮助,直至18世纪晚期"被告人开口"的审判方式在英美国家予以盛行,其要求被告人必须开口回答法官的提问才得到推广。被告人开口,意味着对自己罪行的辩护,否则,若被告人拒绝回答问题且不宣誓,法官就可以从中推导出对其不利的结论。虽然我国古代对被告人口供重视的视角不同于十七八世纪英美法系国家的让"被告人开口"的审判初衷,但均在一定程度上体现了被告人供述的重要性。

在中国古代,刑讯是刑事庭审中获得口供的有效途径,也是审讯不能获得口供时的补充措施,是公堂之上的独立环节,且在古代的

---

〔1〕 林咏荣:《中国法制史》,荣泰印书馆1961年版,第182~183页。

〔2〕《宋刑统》。

律文中，刑讯是有法律依据的。我国古代刑讯始于何时，已不可考。西周时期，就已有记载，如《周礼》中记载了"仲春三月……毋肆掠，止狱讼。"[1]虽是规定农忙时节禁止刑讯的内容，但可推知周代案件审理中是允许刑讯的。随后，秦汉律文及唐、宋、元、明、清的律文都将刑讯规定为一种合法的审讯手段，并随着刑讯手段的大量运用，在中国古代逐渐形成了完备的刑讯制度。对于刑讯的对象、工具、如何实施刑讯各朝代规定不一，刑讯的对象在唐朝的规定是最为详细的，明清时期将其进行完善；刑讯的工具历朝历代法律都有规定，如"箠（笞）""杖""棍棒""夹棍"等，而且不乏大量的法外刑讯工具；如何施行刑讯，在秦汉时期并没有明确规定，而到南北朝和隋朝时期，才形成一定的制度。由于现代司法已将讯问措施纳入侦查环节作为取证的方式，且严格禁止刑讯逼供，因此，笔者在本文中有关刑讯的工具、对象及如何实施不做介绍，仅对刑讯条件予以阐述。

2. 刑讯的条件

从古代各朝规定可以看出，公堂之上，尽管获取口供非常重要，但并非一开始就进行刑讯，刑讯的适用是有一定条件的，大体上分为实体和程序两个方面。

（1）刑讯的实体条件。实体条件基本上包含两种情形：一是"事状疑似，犹不首实"或抗拒，二是被告所犯罪行较为严重。据《封诊式》记载：诘问到犯人辞穷，多次欺骗，还改变口供，拒不服罪，依法应当拷打的，就施行拷打。拷打犯人必须记下：爰书：因某多次改变口供，无从辩解，对某拷打讯问。[2] 唐律规定："依狱官令，察狱之官，先备五听，又验诸证言，事状疑似，犹不首实者，然后拷掠。"[3]宋代法规规定："……或支证分明，及赃验见在，公然抗拒、不招情款

[1]《礼记·月令》。

[2]《封诊式》，《睡虎地秦墓竹简》整理小组，文物出版社1977年版，第247页。

[3]《唐律·断狱》"讯囚察辞理"条。

者,方得依法拷掠……"[1]明律规定:"犯重罪,赃证明白,故意恃顽不招者,则用讯拷问。"[2]随后又规定:"凡内外问刑官、惟死罪并窃盗重犯始用拷讯。"[3]元代规定:"诸鞫狱辄议私怨暴怒,去衣鞭背者,禁之。诸鞫问囚徒,重事须加拷讯者……"[4]《大明律》规定:"内外问刑衙门,一应该问死罪,并偷盗、枪夺重犯,须用严刑拷问。"[5]《大清律例》规定得更为细致:"强窃盗、人命及情罪重大案件正犯及干连有罪人犯,或证据已经再三祥究不吐实情,或先已招认明白后竟改供者,准夹讯外;其别项小事概不许滥用夹棍。"[6]

(2)刑讯的程序条件。程序上的条件即为"立案同判"。唐律规定:"事须讯问者,立案同判,然后拷讯,违者杖六十"[疏议:"事须讯问者,立案,取见(现)在长官同判,然后拷讯。若充使推勘及无官同判者,得自别拷]。"[7]也就是说,若判官在审讯中要施加刑讯,则需先立案,再由所在长官共同审察刑讯。《宋刑统》规定与唐律基本一致,但宋代讯囚还有新规定。宋建隆三年十二月六日敕节文:地方推司官吏对于盗贼刑狱,"或支证分明,及赃验见在,公然抗拒、不招情款者,方得依法拷掠,仍须先申取本处长吏指挥"。[8] 元朝《大元通制》规定:"诸鞫问囚徒,重事须加拷讯者,长僚佐会议立案,然后行之,违者重加其罪。"[9]如果案件严重,必须进行刑讯的,须有相关司法官员召开会议决定后才能实施。[10] 明清的法律则没有关于立

[1] 《宋刑统》。
[2] 《明会典》。
[3] 《明史·刑法志二》。
[4] 《元史·志第五十一·刑法二》。
[5] 《大明律·断狱》凌虐罪犯条例。
[6] 《大清律例·刑律·断狱上》"故禁故勘平人"。
[7] 《唐律·断狱》"讯囚察辞理"条。
[8] 《宋刑统》。
[9] 《元史·刑法志》。
[10] 陈顾远:《中国法制史》,商务印书馆1935年版,第257页。

案拷讯的规定。据考察，“立案同判”始于唐代，但自宋、元代规定有所变化，其目的均在于防止酷刑的滥用，是对判官用刑的一种约束。

二、中国古代刑事庭审证据调查原则

中国古代刑事庭审证据调查原则，主要是指贯穿于庭审过程中，具有指导意义的行为准则。由于各朝代生产力水平、文化背景、司法环境等的不同，证据调查的相关原则也有所差异，具有代表性的两个原则是据口供裁判原则和判官亲自审案原则。

第一，据口供裁判原则。据口供裁判该原则体现了两个方面的含义：一是庭审过程要切实获得且供查明案情的言词证据，以被告人供述为主；二是证据调查过程中所查明的口供可以直接作为定案的依据，该原则实际上主要是对口供证据调查结果的适用准则。

“辞”，〔1〕在《奏谳书》中的注释为：“犯罪嫌疑人的口供。”〔2〕中国古代各朝代刑事案件的审讯基本上是采取“无供不定案”的原则，“供辞”是结案的重要依据。中国古代时期的刑事诉讼庭审中尽管也采用证人证言、物证等证据，但对口供极为重视，查明案件事实基本上是通过合法刑讯获取口供方式来指导证据调查程序。如有的学者曾指出：“供辞证据是轴心，其他证据的采用是用来验证供辞的真伪。”〔3〕具体而言，口供的获取与检验遵循一定的程序。首先，“治狱，能以书从迹其言，毋笞掠而得人情为上”，〔4〕“必先以情，审

〔1〕 辞与词在言语这个意义上同义的，较早时期一般只说“辞”，不说“词”，汉代以后逐渐以“词”代“辞”。将“供”与“辞”连用，“证”与“词”连用。载祖伟：《中国古代证据制度及其理据研究》，法律出版社2013年版，第7页。

〔2〕 转引自《张家山汉简载奏谳书》，载杨一凡、徐立志主编，俞鹿年等整理：《历代判例判牍》（第一册），中国社会科学出版社2005年版，第15页。

〔3〕 祖伟：《中国古代证据制度及其理据研究》，法律出版社2013年版，第97页。

〔4〕 《封诊式》，《睡虎地秦墓竹简》整理小组，文物出版社1977年版，第245～246页。

察辞理",〔1〕判官获得供辞的方式首先应是动之"以情";其次,要"反复参验",反复诘问或其他作证以核查供辞的真伪,防止冤案发生;最后,若供辞仍真伪不明,则可以使用公堂上刑讯的方式,如"诘之极而数訑,更言不服,其律当笞掠者,乃笞掠",直至被讯问者"毋解"或"辞服"。一般说来,判官应先获取原告的陈述,再诘问被告获得被告的供辞,若针对被告的供辞有矛盾的地方,再进行诘问,或通过调查取得的其他证据,予以佐证,供辞;若被告仍不交代或供辞有疑问,则可使用拷打的方式,获取真实的口供,即"断罪必须输服供词"。〔2〕

商周时期的审判就已经呈现出据口供裁判的雏形,在秦汉时期予以确立,唐宋以后发展成熟、完备。早在西周时期,《尚书·周书·吕刑》记载:"两造具备,师听五辞。五辞简孚,正于五刑。"注云:"两,谓囚,证。造,至也。两至具备,则众狱官共听其入五刑之辞。五辞简核,信有罪验,则正之于五刑。"秦代《告子》爰书中父亲对儿子的控告:"甲亲子同里士伍丙不孝,谒杀,敢告。"儿子的供述:"甲亲子,诚不孝甲所,无它坐罪。"可知,通过双方的言词证据,来查明案件事实,以便科刑。唐代刑事案件必须"鞫实"后才能予以裁判,"武三思构五王,而侍御史郑愔请诛之,(大理丞李朝隐)独以'不经鞫实,不宜轻用法'忤旨"。〔3〕宋代的据口供裁判比较有特色,判官需要将庭审中被告人的口供整理,具结成书状,由被告人确认画押,最终作为裁判的根据。"辞已穷尽,即官典同以辞状合成款。唯具要切事情,不得漫录出语。仍示囚,祥认书字,能书者,亲书结款。"〔4〕明清时期的法律更加明确规定了据口供裁判的原则,如明律

〔1〕《唐律疏议·断狱》。

〔2〕《清史稿·刑法志》。

〔3〕《新唐书》列传第五十四,李朝隐传。

〔4〕《宋会要辑稿》职官5之59。

规定："吏典代写招草"条王肯堂笺释说："鞫问刑名等项，必据犯人之招草，以定其情。"[1]清律同条夹住也指出："必据犯者招草以定其罪。"

第二，判官亲自审案原则。从唐代开始，法律明文规定了审讯需要判官亲自审理，而且对不亲自审理的县官要予以惩罚，可以说是直接审理原则的雏形。唐代开元二十五年（737 年），《狱官令》规定："诸问囚，皆判官亲问，辞定令自书款，若不解书，主典依口写讫，对判官读示。"[2]宋代在其律文中，准用了唐代的规定。而且，仁宗乾兴元年（1022 年）十一月诏："纠察在京刑狱并诸路转运使副、提点刑狱及州县长吏，凡勘断公案，并须躬亲阅实，无令枉滥淹延。"[3]徽宗宣和二年（1120 年）进一步规定："县不亲听囚而使吏鞫审者，徒二年。"[4]《元典章・台纲卷之二》规定："京府州县凡遇鞫勘罪囚，须管公座圆问，并不得委公吏人等推勘。据捕盗人员如是获贼，依理亲问得实，即便碟发本县一同审问。"[5]

三、中国古代刑事庭审证据调查相关的证据规则

证据规则，是指"在诉讼中收集、审查、判断证据应当遵循的规则"，[6]中国古代法律并没有明确规定何为证据规则，也没有"证据规则"的叫法。但从唐律开始，明确规定了"据众证定罪"与"据状断之"的内容，规范了刑事案件证据调查中有关证人证言及物证适用规则。可以说，该两项规则是据口供裁判原则外有关证据的特殊运

---

〔1〕《唐明律合编》（五），第 699 页。

〔2〕《狱官令第三十》"问囚皆判官亲问"条。

〔3〕李焘：《续资治通鉴长编》，卷九九，中华书局 1992 年版。

〔4〕马端临：《文献通考》卷一六九，中华书局 1986 年版。

〔5〕《元典章》，陈高华、张帆、刘晓、党宝海点校，中华书局、天津古籍出版社 2011 年版，第 156 页。

〔6〕陈光中：《证据法学》，法律出版社 2011 年版，第 226 页。

用规则,是证据调查之证据(尤指证人证言及物证)的确认与评判,其在弱化被告人口供和案件真相的发现方面起着积极的作用。

1."据众证定罪"规则

古代审讯的过程基本上是沿着讯问(询问)——审查——疑难求助——拷讯的途径进行的。然而,唐代儒家礼教精神深入贯彻于律文中,"据众证定罪"在断狱的相关规定中便是极好的体现。《唐律疏议·断狱》规定:"诸应议、请、减,若年七十以上,十五以下及废疾者,并不合拷讯,皆据众证定罪,违者以故失论。若证不足,告者不反坐。"[1]《大明律》载:"凡应八议之人、及年七十以上、十五以下、若废疾者、并不合拷讯、皆据众证定罪。违者、以故失入人罪论。其于律得兼容隐之人、及年八十以上、十岁以下、若(上口下马)疾、皆不得令其为证。违者、笞五十。"[2]

所谓"据众证定罪"是指一定范围的案件,由于涉案当事人身份的特殊性,不适合拷讯,依靠证人证言且必须是三人以上明证其实的证据适用规则。[3] 与其说"据众证定罪"是一种证据适用规则,笔者更倾向于其所指向的特殊审讯规则。"据众证定罪"的适用对象为具有特殊身份的人,即属于应议、请、减、老、小、疾六类人员。据众证定罪,实则是对不能施行拷打的讯问对象的一种定罪证据取得方式。在刑讯已是古代审讯过程中合法取得供辞的方式的前提下,若无拷打,对于"理不可疑"的案件,判官无法获得真实供辞,便无法结案。而对该六类人的审讯,在无法取得证词有不能进行刑讯的情况下,"据众证定罪"就是最后断案的依据,并非"据供辞定罪"的例外。同时也可以看出,在有此六类人成为审讯对象时,"据众证

〔1〕《唐律疏议·断狱》。宋刑统同与唐律。

〔2〕《大明律》。大清律例同与大明律。

〔3〕祖伟:《中国古代证据制度及其理据研究》,法律出版社2013年版,第112~113页。

定罪”规则是特权、恤刑原则在司法裁判中的具体体现。

2.“据状断之”规则

状、赃,在古代审判中均属于物的证据。其中,状证是“指加害人所使用的作案工具、被害人伤或死的形状,一般以由专门的死伤鉴定人员的现场勘验笔录的形式呈现,所谓的‘杀人见伤’等”。[1]赃证,在古代刑律中常指盗窃所获得的财物,也可以是贪污、受贿案件中的赃款赃物。《法经》中将盗、贼列为首篇,其认定罪刑必须要有赃、状等证据。唐代以前没有关于“据状断之”的记载,仅将获得的状证、赃证作为鉴别供辞真伪的证据而已。唐律规定:“若赃状露验,理不可疑,虽不承引,即据状断之。(疏议曰:‘若赃状露验’,谓计赃者见获真赃,杀人者检得实状,赃状明白,理不可疑,问虽不承认,听据状科断。)”[2]宋代沿袭唐代,在《宋刑统》中规定:“犯罪事发,有赃状露验者,虽徒伴未见获者,先依状断之,自后从后追究。”[3]可知,唐宋对“据状断之”已作为证据规则予以适用,但前提条件有三:一是要获得真正的赃证、状证;二是要达到“理不可疑”的证明程度;三是要被告人不承认(用情或刑讯)犯罪或共同犯罪中没有抓到其余被告人且已抓的被告人也不承认犯罪。清朝提倡慎刑恤狱,反对刑讯逼供,重“赃、状”,虽然没有明文规定“据状断之”,但其精神已在审讯中体现。

四、中国古代刑事庭审证据调查的标准

证据调查的标准,如果从证明角度看,就是现代司法中的证明标准,但本文侧重于从程序角度阐述,故仍将其称为证据调查的标准。

---

〔1〕 祖伟:《中国古代证据制度及其理据研究》,法律出版社2013年版,第63~64页。

〔2〕《唐律疏议·断狱》卷二九,刘俊文点校,法律出版社1999年版,第592页。

〔3〕《宋刑统·断罪引律令格式》。

尽管中国古代各朝代法律有关证据调查的规定不一，但其对案件真相的追求是唯一的，也就是说，判官必须严格遵循刑事庭审证据调查的原则和具体程序，将收集、查明的证据予以适用，力求达到查明案件事实的要求，才能最终对案件作出裁决。具体规定如下：

西周时期，案件有关的证据调查需要达到一定的“度”。如《周礼》所载，“云‘赞司寇听狱讼者’，专欲以成，恐不获实，众人共证，乃可得真，故谓赞之也”。[1] 其中“实”和“真”则是对案件事实认定所要达到的要求。秦代《睡虎地秦墓竹简·封诊式》载：“治狱，能以书从迹其言，毋治（笞）谅（掠）而得人请（情）为上，治（笞）谅（掠）为下，有恐为败。”其后注曰：“情，真情，《周礼·小宰》注：‘情，争讼之辞。’疏：情，谓情实。”情，则体现了判官审理案件需要查明案件的真实情况。汉代则用“审”或“皆审”来表达案件证明标准之意，如“淮阳守行县掾新郪狱”条记载了一桩杀人案：“鞫之：苍贼杀人，信与谋，丙、赘捕苍而纵之，审。”[2]唐代以前的证据调查的标准界定比较粗简、模糊，但从“情”“实”“审”等字中，均反映出中国古代早期刑事庭审程序对案件审理力求达到真实的追求。

唐代以后，证据调查的标准规定趋于明确、具体。唐律《断狱》“讯囚察辞理”条载：“若赃状露验，理不可疑，虽不承引，即据状断之。”宋代《宋史·刑法三》记载：“夫情理巨蠹，罪状明白，奏裁以幸宽贷，固在所戒。”[3]《元史·刑法三》载：“诸杖罪以下，府州追勘明白，即听断决。徒罪，总管府决配，仍申合干上司照验。流罪以上，须牒廉访司官，审覆无冤，方得结案，依例待报。其徒伴有未获，追会有不完者，如复审既定，赃验明白，理无可疑，亦听依上归结。”[4]

---

〔1〕《周礼·秋官·司刺》。

〔2〕彭浩、陈伟、[日]工藤元男：《二年律令与奏谳书——张家山二四七号汉墓出土法律文献释读》，上海古籍出版社2007年版，第355页。

〔3〕脱脱：《宋史·刑法三》，中华书局1977年版，第5013页。

〔4〕宋濂：《元史·刑法三》，中华书局1976年版，第2657页。

《大明律·刑律·断狱》“故禁故勘平人”条载:“罪人赃仗证佐明白,不服招承,明立文案,依法拷讯。”清代《刑律·断狱》“鞫狱停囚待对”条载:“各省军流等犯,臬司审解之日,将人犯暂停发回,听候督抚查核。如有应行复讯者即行提讯,其或情罪本轻,供证明确,毫无疑窦者,亦不必概行解送致滋稽延拖累。”[1]可以说,从唐代的“赃状露验,理不可疑”,到明清律例规定的“证佐明白”“明白”“无疑”,都是在追求通过案件证据调查的程序,获得可以定罪的证据,以实现证据调查的结果(标准)——案件真相。

中国古代证据调查程序由粗到简的发展过程,敦促着证据调查标准由概括到具体、模糊到明确的形成,“情”“审”“理不可疑”“明白”等均体现了各朝各代判案法官查明案件事实真相的夙愿,而我国目前“案件事实清楚,证据确实充分”的证明标准与其是一脉相承的。

五、结语

虽然我国古代刑事司法实体与程序不分,甚至凸显着“重实体、轻程序”的现象,并没有形成具体、系统的庭审证据调查制度。但是,从历史文献资料梳理和归纳不难看出,与刑事庭审证据调查相关的记载愈加丰富、翔实,纵向来看,历代的刑事庭审均涉及证据调查的内容,只是繁简、多少之差异;横向来看,各朝代的刑事庭审证据调查因其文化背景、风俗习惯的不同,各有特色。可以说,中国古代司法官员收集、检验证据正是通过这种较为粗简的刑事庭审证据调查过程进行的,其对案件客观真相的发现贯穿于整个证据调查过程始末,与现代刑事庭审证据调查的目的与任务一致。

---

〔1〕 薛允升:《读例存疑·刑律·断狱》,胡星桥、邓又天:《读例存疑点注》,中国人民公安大学出版社1994年版,第835页。

出土简牍所见秦代刑徒减免刑的种类及其立法意图

孙晓丹*

【内容摘要】 秦时刑徒终身服刑无刑期，简牍多见刑徒减、免刑的律文和案例，体现刑罚减免在秦法实施过程中起到了润滑的作用。秦代的减免刑主要分为两大类：第一，以刑徒原有特殊身份来减免刑罚，比如上造、大夫等有爵者，葆子、葆子以上，君公、君长等臣邦首领等；第二，以刑徒服刑积极行为来减免刑罚，比如自告和自出，劳减和劳免等。从这些减刑的律文背后，尝试分析秦政府在当时社会历史背景下稳定军心、鼓励建功、安抚臣邦、自首减刑等一系列立法的意图和原则。

【关键词】 秦简 刑徒 减免刑 立法意图

秦代刑罚体系庞大而严密，刑徒没有刑期终身服役，不同的刑徒因获罪不同，被放置于刑罚体系的不同位置，刑徒与刑罚体系相互对应、相互作用。那么，在无刑期的情况下，这一群体在合法的情况下，在刑罚体系当中，如何改变既定位置？如何脱离既定位置？这些法律折射了制定者怎样的心理和意图？这些正是本文所要考察的问题，即秦代刑徒减免刑的种类和立法意图。本文将刑徒减刑的种类分为两大类，第一类是刑徒以原来特殊身份减刑，第二类是刑

---

* 作者系中国政法大学法律史学博士研究生。

徒以自身积极行为减刑。秦代刑徒减免刑的记载散见于睡虎地秦墓竹简、岳麓书院藏秦简等简牍以及传世古籍当中,本文以此为资料试论上述问题。

一、刑徒原有特殊身份

战国时期秦国和以后建立大一统的秦朝,打乱了自西周以来世卿世禄制度下以宗法血缘关系为基础的等级身份秩序,建立起以爵位决定身份高低的等级身份体系。战国时期诸侯争雄,秦国以强大的军事实力脱颖而出,正是与其法律倾斜军事密切相关。秦国统一前后,军事上打击各地诸侯,政策上拉拢臣邦、外臣邦,为统一争取支持、减小阻力。在上述的历史背景下,具有特殊身份的刑徒,获得了合法的减刑特权。以下从三个方面具体论述。

(一)上造、大夫等有爵者

根据西嶋定生先生的研究成果,二十等爵制是秦汉政治结构的基石,是皇帝与广大庶民沟通的重要工具,并将爵制引入秦汉刑罚的层面考虑,认为爵制对于汉代民爵所有者的特权只有刑罚减免一项;有爵者刑罚减免的特权贯穿于二十等爵制,被看成爵的机能。[1]这一结论为理解秦代的爵制与刑徒减刑提供了理论基础,即有爵者具有刑罚减免的机能。相关简文条列如下:

1. 游士在,亡符,居县赀一甲;卒岁,责之。·有为故秦人出,削籍,上造以上为鬼薪,公士以下刑为城旦。·游士律。(《睡虎地秦墓竹简·秦律杂抄》4~5简)

2. 上造甲盗一羊,狱未断,诬人曰盗一猪,论可(何)殹(也)?当完城旦。(《睡虎地秦墓竹简·法律答问》29简)

---

〔1〕 参见[日]西嶋定生:《中国古代帝国的形成与结构——二十等爵制》,中华书局2004年版,第320~332页。

3. 上造、上造妻以上，及内公孙、外公孙、内公耳玄孙有罪，其当刑及当为城旦舂者，耐以为鬼薪白粲。（《张家山汉墓竹简·具律》82简）

4. 吕宣王内孙、外孙、内耳孙玄孙，诸侯王子、内孙耳孙，彻侯子、内孙有罪，如上造、上造妻以上。（《具律》85简）

5. 公士、公士妻及□□行年七十以上，若年不盈十七岁，有罪当刑者，皆完之。（《具律》83简）

简1，“上造以上”和“公士以下”同是“为故秦人出”，前者处以鬼薪，后者处以刑为城旦。《岳麓简3》案例3亦有此类论断：猩（士五）、敞（上造）受份，臧（赃）过六百六十钱，得。猩当黥城旦，敞耐鬼薪。[1] 同为“受份”，上造耐为鬼薪，士五黥为城旦。

简2，上造甲盗羊与诬人，二罪并罚为完城旦。一般情况下盗牛当黥为城旦舂，[2]诬人反其罪，推测盗羊罪加诬人盗猪罪至少黥城旦以上，但简2二罪完为城旦，上造之爵位发挥了减刑的作用。据此，可见普通的黥罪，上造免于肉刑，劳役刑由城旦舂减至鬼薪白粲；黥以上罪，免于肉刑，劳役刑不变。这一点，我们可以从张家山汉简得到进一步证实，简3，“当刑及当为城旦舂”，刑当为黥之意，指黥城旦减为耐鬼薪，上造免于肉刑，劳役刑由城旦刑减至鬼薪白粲。简4则说明上造的妻子和其他家属也具有法律优待。附带一笔，简1，公士以下刑为城旦，据简5“公士有罪当刑完之”，公士以下应该不包括公士本身。综上，当刑者，公士完城旦舂，上造耐鬼薪白粲，公士以下刑城旦，即秦律针对当刑者中的上造、公士及家人都有特权，

---

〔1〕 朱汉民、陈松长主编：《岳麓书院所藏秦简（叁）》，上海辞书出版社2013年版，第119～124页。

〔2〕 参考《奏谳书》黥城旦讲乞鞫案。张家山二四七号汉墓竹简整理小组：《张家山汉墓竹简》（释文修订本），文物出版社2006年版。

上造免于肉刑和城旦劳役刑,公士免于肉刑。

此外,出土秦简还可见爵"大夫"在法律上的优待,简文条列如下:

6. 大夫甲坚鬼薪,鬼薪亡,问甲可(何)论?当从事官府,须亡者得。·今甲从事,有(又)去亡,一月得,可(何)论?当赀一盾,复从事。从事有(又)亡,卒岁得,可(何)论?当耐。(《法律答问》127~128简)

7. 大夫寡,当伍及人不当?不当。(《法律答问》156简)

简6,大夫甲因导致鬼薪亡而"从事官府",如果甲逃跑离开一个月被抓,赀一盾继续从事,再次逃跑满一年被抓,耐为隶臣。一般情况,从普通吏民逃亡两次,当完城旦舂,[1]从中可见大夫再犯罪的量刑优待。《岳麓简3》案例7也显示"大夫"爵位对于审判案件的影响,案件虽然是对"识"判决,但是另一当事人是大夫"妻"还是"庶人"的身份影响了的判决结果,说明大夫的爵位不仅对于自身而且对于家人起到了法律保护作用。秦时连坐制度波及范围广,同居、典、伍都有可能被连坐,简7说明大夫具有豁免连坐的特殊权利。综上,虽然难以看出"大夫"甲具体的减刑层次,但是相比上造免刑,大夫具有更优惠的法律优待。

秦代将二十等爵制度纳入刑罚体系当中,上造以上有爵者无特殊犯罪的情况下应该免于肉刑,大夫在肉刑和劳役刑上都得到了更多的优惠,即使最低等的公士也会受到照顾。以上无疑体现了秦代在法律上优待有爵者的原则,秦朝是在连续兼并战中完成了大一统,这一原则旨在鼓励将士积极获取爵位,提高军队战斗力。

---

〔1〕《张家山汉简·二年律令》:"隶臣妾、收人亡,盈卒岁,系城旦舂六岁;不盈卒岁,系三岁。自出殴,□□。其去系三岁亡,系六岁;去系六岁亡,完为城旦舂。"

(二)葆子和葆子以上

关于"葆子""葆子以上",与守城将士以家人做质保的收葆制度相关。[1] 葆子,应该就是收葆的儿子;葆子以上,本文采用张政烺先生的观点,"葆子以上,或许就是收葆的父母妻等"。[2] 法律对于此类群体有所优待,《法律答问》记载如下:

1.(a)有收当耐未断,以当刑隶臣罪诬告人,是谓"当刑隶臣"。(b)·"葆子□□未断而诬告人,其罪当刑城旦,耐以为鬼薪鋈足。"耤葆子之谓殹(也)。(《法律答问》108~109简)

2.(c)"葆子狱未断而诬告人,其罪当刑为隶臣,勿刑,行其耐,有(又)毄(系)城旦六岁。"·可(何)谓"当刑为隶臣"?(d)·"葆子□□未断而诬告人,其罪当刑城旦,耐以为鬼薪而鋈足"。耤葆子之谓殹(也)。(e)有收当耐未断,以当刑隶臣罪诬告人,是谓当刑隶臣。(《法律答问》109~111简)

3.(f)"葆子狱未断而诬告人,其罪当刑鬼薪,勿刑,行其耐,有(又)毄(系)城旦六岁。"可(何)谓"当刑为鬼薪"?(g)·当耐为鬼薪未断,以当刑隶臣及完城旦诬告人,是谓"当刑鬼薪"。(《法律答问》111~112简)

笔者将简1~3分成若干部分,其中b、c、d、f部分制成表一,再将a、e、g部分(见括号内小字)带入,其中a与e意思相同取其一,如下:

---

〔1〕 张兆凯先生认为:战国时期,各国之间在争城夺地的不惜施展各种外交和间谍手段,采取招降纳叛的方式来攻破对方的城防,而且这一做法比较容易得手。因而各国都规定定守城将吏及勇士必须以父母昆弟妻子作人质,以防其投降或反叛。参见张兆凯:《任子制新探》,载《中国史研究》1996年第1期。

〔2〕 张政烺:《秦律"葆子"释义》,载《文史》1980年第9辑。

表一

	前罪	诬人罪	当	减刑
c	狱未断 a(收、耐为隶臣未断)	诬人 a(诬人刑隶臣)	刑隶臣	耐隶臣 + 系城旦六岁
f	狱未断 g(耐为鬼薪未断)	诬人 g(诬人刑隶臣、完城旦)	刑鬼薪	耐鬼薪 + 系城旦六岁
b			刑城旦	耐为鬼薪而鋈足

从表格第一行来看:葆子当耐隶臣,诬人以刑城旦诬人,当以诬人罪论为刑隶臣,但减去肉刑加系城旦六岁;第二行来看,葆子当耐为鬼薪,诬人以刑隶臣或是完城旦,当以前罪的劳役刑 + 诬人罪的肉刑结合论为刑鬼薪,但减去肉刑加系城旦六岁;第三行,当刑城旦,是指包括黥城旦以上的刑罚,减去肉刑耐为鬼薪而鋈足。

葆子作为特殊群体犯罪后在量刑上有法律优待,可以与普通吏民犯罪后的量刑做比较,《法律答问》相关简文条列如下,并制成表二:

4. 当耐司寇而以耐隶臣诬人,可(何)论?当耐为隶臣。■当耐为侯(候)罪诬人,可(何)论?当耐为司寇。(《法律答问》117 简)

5. 当耐为隶臣,以司寇诬人,可(何)论?当耐为隶臣,有(又)毄(系)城旦六岁。(《法律答问》118 简)

6. 完城旦,以黥城旦诬人。可(何)论?当黥。甲贼伤人,吏论以为斗伤人,吏当论不当?当谇。(《法律答问》119 简)

7. 当黥城旦而以完城旦诬人,可(何)论?当黥劓(劓)。(《法律答问》120 简)

从简4～7可以归纳出一般情况，"前罪+诬人罪"的量刑基本规律。简4、6显示，前罪为轻，诬人罪为重，结果反其诬人罪，体现了诬人反其罪的原则。简5、简7显示，前罪为重，诬人罪为轻，结果以前罪量刑，诬人加刑。

表二

前罪	诬人罪	
耐司寇	耐隶臣诬人	耐为隶臣
耐为隶臣	耐司寇诬人	耐为隶臣+系城旦六岁
完城旦	黥城旦诬人	黥为城旦
黥城旦	完城旦诬人	黥+劓

对比两表可知，葆子的"前罪+诬人罪"的量刑原则，与普通吏民有所不同：其一，葆子免于肉刑，以"刑+劳役刑"转化成"耐+劳役刑+系城旦六岁"。其二，刑城旦作为肉刑加劳役刑的最高刑罚群，统一论为鬼薪而鋈足，推测其可能是葆子一般性犯罪的最高处罚，或者说葆子免于肉刑和城旦劳役刑的处罚。

又，"葆子以上"作为其亲属也有法定的优待条文：

8. 葆子以上，未狱而死若已葬，而浦（甫）告之，亦不当听治，勿收，皆如家罪。（《法律答问》107简）

9. 葆子以上居赎刑以上到赎死，居于官府，皆勿将司。（《睡虎地秦墓竹简·司空律》135～136简）

据简8"葆子以上"犯罪以家罪来定性质，"未狱"死后在司法上"不当听治""勿收"，可以推测如果葆子以上被告的罪名是完城旦以上罪，不同于常人当收，说明其家人、财产在法律上的保护。此外，"葆子以上"犯刑以下的罪名也有法律优待，简9说明葆子以上赎刑的劳役场所是在官府,劳作时不被看管,这不但优于刑徒也优于公士。

综上,葆子犯罪不遵循有罪加诬人的原则,免于肉刑和城旦劳役刑,葆子以上死后在司法权和财产权上受到法律的优待。张政烺先生有言"葆子以上是守护对象,国家赖以维系将士人心",[1]道出了上述律条的立法意图,葆子和葆子以上在法律上的优待,真正意义上体现了秦国笼络人心,稳定军心的意图。

(三)臣邦非秦血统首领

秦简所见"真臣邦君公"与"臣邦真戎君长"较为特殊。关于二者具体含义,高敏先生认为:前者,大约是臣属于秦的属国的贵族子弟之质居在秦者,后者可能指臣属于秦的少数民族的豪酋。[2]

1."真臣邦君公有罪,致耐罪以上,令赎。"可(何)谓"真"?臣邦父母产子及产它邦而是谓"真"。·可(何)谓"夏子"?·臣邦父、秦母谓殹(也)。(《法律答问》178 简)

2.可(何)谓"赎鬼薪鋈足"?可(何)谓"赎宫"?·臣邦真戎君长,爵当上造以上,有罪当赎者,其为羣盗,令赎鬼薪鋈足;其有府(腐)罪,赎宫。其他罪比羣盗者亦如此。(《法律答问》113~114 简)

3."擅杀、刑、髡其后子,谳之。"·可(何)谓"后子"?·官其男为爵后,及臣邦君长所置为后大(太)子,皆为"后子"。(《法律答问》72 简)

简1真,整理小组指纯属少数民族血统,"臣邦父母产子及产它邦而是谓'真'",此句强调真的特征:(1)"子"父母臣邦身份血统,

〔1〕 张政烺:《秦律"葆子"释义》,载《文史》1980 年第 9 辑。
〔2〕 高敏:《云梦秦简初探》(增订本),河南人民出版社 1981 年版,第 343 页。

其实在强调真臣邦君公的血统性；(2)出生在臣邦或它邦，说明出生地并无限制。可见“真臣邦君公”与简3“臣邦君长”的区别就在于血统是否纯正。“真臣邦君公”是“父母都为臣邦人”之子，则“臣邦君长”是夏子。《汉书》云：“秦已并天下，皆废为君长，以其地为闽中郡”，[1]君长是秦国灭掉诸侯国等地区后对首领的称呼。据此，“真”是强调臣属于秦国的首领的身份血统的纯正性，将可能具有秦国血统的臣邦君长排除在外。

简2，“戎”一般指西部少数民族，《史记》多处记载秦与戎的关系，下列两条：

> “……夫蜀，西僻之国也，而戎翟之长也，有桀纣之乱。”[2]
> “及太后玺，以发县卒。及卫卒、官骑、戎翟君公、舍人，将欲攻蕲年宫为乱。”[3]

史书记载的这两件事情的背景秦惠王和秦王嬴政时期，戎翟是位于秦国西部的少数民族，秦王嬴政时期，戎翟已经归属秦国，首领在秦国参与了一场著名的政治动变。据上述简1可推，简2“臣邦真戎君长”是臣属于秦国且父母身份血统为戎的首领。

出土秦简所见臣邦、它邦、外臣邦，三者内涵不同，但是关系密切。刘瑞先生认为：臣邦、外臣邦实际上首先是一个地理概念，是与秦本土相比较而言的，并不是一级组织……外臣邦可能离秦国本土较远……对它的管理是由使去完成，进行的是间接的统治。[4]

关于臣邦，《说文解字》：臣，牵也，杨树达解释为：臣谓俘虏，即

[1] 司马迁：《史记》卷一一四，《东越列传》，中华书局1959年版，第2979页。
[2] 司马迁：《史记》卷七零，《张仪列传》，中华书局1959年版，第2283页。
[3] 司马迁：《史记》卷六，《秦始皇本纪》，中华书局1959年版，第227页。
[4] 刘瑞：《秦“属邦”“臣邦”与“典属国”》，载《民族研究》1999年第4期。

受牵者。由此来看,臣邦为臣服于秦国的属国。关于"它邦",《岳麓三》案例2[1]发生在秦灭楚之际,秦国嫌疑犯自述"秦人,邦亡荆",楚国嫌疑犯自称"荆邦人",他们从楚国京州来到秦国州陵,[2]审理机构称他们"来入秦地",案件审理援引的法条分别是秦人用秦法,荆邦人用"它邦人盗……"据此"它邦"当指非秦地,包括未被秦国征服的地区,属于地理范畴,而诸侯国和少数民族则属于政治概念,不可混用。同理,关于"外臣邦",即是除秦国、臣邦、他邦以外的地区。

综上,笔者同意刘瑞先生所言,进而认为他邦、包括秦人"邦亡",都应该是地理上的概念和划分。从这点来讲,简1更像是对已经臣服地区且非秦血统的首领们的法律优待,简2当是对臣属秦国的西部戎族非秦血统的首领的优待,得以在政治上得到他们的支持。简1,"耐罪以上",科以相对应的赎刑;简2,"有罪当赎者"据简1"耐罪以上,令赎"理解为"有耐罪以上当赎者"。"其为群盗"是斩止城旦以上的重罪[3],以此为上限,说明即使群盗的重罪也是科以赎鬼薪鋈足。再者,简1、2的"令赎"从性质上讲是附属赎刑。[4]作为有能力缴纳赎金的群体,君公、君长处以附属赎刑,说明他们不但免于肉刑,而且免于劳役刑。简1、2是针对臣服地区非秦血统的君公、西部戎族非秦血统的君长的法律优待,实则体现了秦国对于臣属地区的法律优待,也体现了秦国对待臣属地区的政治策略。

二、刑徒的自身行为

秦时刑徒因为原身份可以获得刑罚的减免,而通过自身的积极

[1] 朱汉民、陈松长主编:《岳麓书院所藏秦简(叁)》,上海辞书出版社2013年版,第113~117页。

[2] 案发时京州已经归属秦国,此处引述嫌疑犯的供述。

[3] 参见《法律答问》:五人盗,臧(赃)一钱以上,斩左止,有(又)黥以为城旦。睡虎地秦墓竹简整理小组编:《睡虎地秦墓竹简》,文物出版社1990年版。

[4] 韩树峰:《汉魏法律与社会——以简牍、文书为中心的考察》,社会科学文献出版社2011年版,第27页。

行为亦有减刑的可能,或是案发前或是服刑期间。诸如自告、积极改造这些类似量刑原则持续至今仍然存在,在大一统的早期——秦,依据刑徒自身积极行为的减刑问题值得进一步具体阐述。

(一)自告与自出

1. 司寇盗百一十钱,先自告,可(何)论?当耐为隶臣,或曰赀二甲。(《法律答问》8简)

2. 里人令军人得爵受赐者出钱酒肉□(饮)食之,及予钱酒肉者,皆赀戍各一岁。其先自告,赀典、老□各一甲,弗智(知),赀各一盾,有不从令者而丞、令、令史弗得,赀各一盾,以为恒。(《岳麓书院藏秦简(肆)》379~380简)

3. 当□(迁),其妻先自告,当包。(《法律答问》62简)

4. 盗自告□□□爰书:某里公士甲自告曰:"以五月晦与同里士五(伍)丙盗某里士五(伍)丁千钱,毋(无)它坐,来自告,告丙。"即令令史某往执丙。(《睡虎地秦墓竹简·封诊式》15~16简)

5. 当耐司寇而以耐隶臣诬人,可(何)论?当耐为隶臣。(《法律答问》117简)

简文1~3所列自告者身份为:刑徒"司寇",里人,人妻,公士甲。自告者与犯罪者关系分三种:司寇、里人"先自告",本身是罪犯;人妻"先自告",罪犯为夫,本身不是罪犯;公士甲"自告",本身是罪犯之一。

简1"司寇+耐隶臣"(盗百一十)为耐隶臣,依据二罪取其重的原则当耐为隶臣,但是司寇自告理应减刑,导致了两种处罚意见"耐隶臣""赀二甲",说明司寇加耐隶臣罪自告的减刑不具确定性。同时,《岳麓3》案例7,文书开头即见"先自告,告识劫"则说明"先自告"作为论罪的重要指标之一。简2里人先自告,赀典、老各一甲,一般在里中发生犯罪，里典、老要连坐受罚，[1]所以我们可以理解为"先自告"将先前的里人各赀戍各一岁，免为只赀里典、老各一甲。简3"夫当迁"，推测是以夫妻二人"同罪"，[2]妻子也当迁，但先自告减刑为当包。《法律答问》"廷行事有罪当□（迁），已断已令，未行而死若亡，其所包当诣□（迁）所"说明"迁者、迁者所包"[3]必须去迁所，据此推测由"迁"减为"包"是身份性质的变化。

又，我们从秦简当中看出"自出"的律文，条列简文如下：

6. 城旦舂司寇亡而得，黥为城旦舂，不得，命之，其狱未鞫而自出殹（也），治（笞）五十，复为司寇。（《岳麓书院藏秦简（肆）》50简）

7. 隶臣妾毄（系）城旦舂，去亡，已奔，未论而自出，当治（笞）五十，备毄（系）日。（《法律答问》132简）

8. 城旦舂亡而得，黥，复为城旦舂；不得，命之，自出殹（也），笞百。其怀子者大枸椟及杕之，勿笞。（《岳麓书院藏秦简（肆）》47～48简）

9. 把其叚（假）以亡，得及自出，当为盗不当？自出，以亡论。其得，坐臧（赃）为盗；盗罪轻于亡，以亡论。（《法律答问》131简）

10. 有罪去亡，弗会，已狱及已劾未论而自出者，为会，鞫，罪不得减。（《岳麓书院藏秦简（肆）》15简）

11. 子杀伤、殴詈、投（殳）杀父母，父母告子不孝；及奴婢杀

---

[1] 《岳麓书院藏秦简（肆）》……其匿□□归里中，赀典、田典一甲，伍一盾……陈松长主编：《岳麓书院藏秦简（肆）》，上海辞书出版社2015年版。

[2] 《法律答问》：削（宵）盗，臧（赃）直（值）百五十，告甲，甲与其妻、子智（知），共食肉，甲妻、子与甲同罪。

[3] 《岳麓书院藏秦简（肆）》有四见"迁者、迁者所包……"表明当迁和当包性质不同。

伤、殴、投(殳)杀主、主子父母,及告杀,其奴婢及子亡,已命而自出者,不得为自出。(《岳麓书院藏秦简(肆)》13~14简)

从上列简文当中可以看出"亡"的司法程序:亡—不得/得—命—狱—劾—论—鞫。简6~8分别是:将城旦舂的司寇、城旦舂、系城旦舂的隶臣妾等刑徒逃亡"自出"的律条。简6"命,狱未鞫而自出",简7"未论而自出",简8"命,自出",说明至少未鞫的情况下,刑徒自出有效。简9~10是关于"有罪亡"自出的规定,简9"自出",二罪取重罪,没有涉及盗罪,简10是说"未论"以前自出"为会","鞫,罪不得减"说明如果"未鞫罪减"。简11是自出无效的特殊情况。据此,我们可以看到无论是刑徒还是有罪者"亡",只要"未鞫"或是在"鞫"的环节之前自出,一般情况下在刑徒故罪基础上处以笞刑,有罪亡者获得罪减。说明秦政府对于"亡自出"比较宽容,意在争取更多的逃亡者,《岳麓书院藏秦简(叁)》案例2记载有荆人"亡,来入秦代,欲归义"说明秦政府接受外邦人的归附,遑论自己国家的人,人力是秦政府在兼并战中的根基,刑徒如果逃亡到他邦,会强大敌对的力量,而保存更多的人力正是上述律条"自告和自出减刑"的立法意图。

关于自告与自出关系,鲁家亮先生认为:在秦汉法律文献中,"自告"和"自出"的含义和用法不尽相同,"自告"可以理解为现代汉语中的自首,但是"自出"不行,它在秦汉法律文献中均有特殊意义,和"自告"不可混用。不过,需要承认的是,尽管"自出"不能等同于"自告",也不能直接理解为自首。但是"自出"这个行为所带来的实际法律后果和影以及法律制定者使用它来防治犯罪、感化罪犯的初衷,和"自告"是几乎完全相同的。[1] 笔者基本同意此观点,另外

〔1〕 鲁家亮:《张家山汉简〈具律〉中所见影响"减刑"的几个要素》,载《社会科学》2008年第3期。

认为:秦代不是所有的自出法定减刑,但是自出减罪的原则已经确立。

(二)劳免、劳减

汉文帝肉刑改革主要内容载于《汉书·刑法志》:

丞相张仓、御史大夫冯谨议请定律曰:诸当完者,完为城旦舂当黥者,髡钳为城旦舂;当劓者,笞三百;当斩左止者,笞五百;当斩右止,及杀人先自告,及吏坐受赇枉法,守县官财物而即盗之,已论命复有籍笞罪者,皆弃市。罪人狱已决,完为城旦舂,满三岁为鬼薪白粲。鬼薪白粲一岁,为隶臣妾。隶臣妾一岁,免为庶人。隶臣妾满二岁,为司寇。司寇一岁,及作如司寇二岁,皆免为庶人。其亡逃及有耐罪以上,不用此令。[1]

引文是关于汉文帝改革的记载,包括两项重要改革,一是除肉刑,以髡钳、笞代之;二是“有年而免”,刑徒刑期从无期改为有期,确定了各类刑徒减免刑期的年限。一般来说,某一重大历史事件的发生,不是一蹴而就,而是慢慢积累变化的过程。在出土秦简当中我们发现了刑徒免、劳免的记载,简文条列如下:

1. 居赀赎责(债)当与城旦舂作者,及城旦傅坚、城旦舂当将司者,廿人,城旦司寇一人将。司寇不践,免城旦劳三岁以上者,以为城旦司寇。(《睡虎地秦墓竹简·秦律十八种》145～146 简)

2. 佐弋隶臣、汤家臣,免为士五,属佐弋而亡者,论之,比寺车府。内官、中官隶臣妾、白粲以巧及劳免为士五、庶人、工、工隶隐官而复属内官、中官者,其或亡。(《岳麓书院藏秦简(肆)》

〔1〕 班固:《汉书》卷二三,《刑法志》,中华书局 1962 年版,第 1099 页。

7～8 简）

3. 寺车府、少府、中府、中车府、泰官、御府、特府、私官隶臣，免为士五、隐官，及隶妾以巧及劳免为庶人，复属其官者，其或亡盈三月以上而得及自出，耐以为隶臣妾，亡……（《岳麓书院藏秦简（肆）》33～34 简）

4. 城旦舂当将司者廿人，城旦司寇一人将，毋令居赀赎责（债）将城旦舂。城旦司寇不足以将，令隶臣妾将。（《岳麓书院藏秦简（肆）》273～274 简）

5. 隶臣有巧可以为工者，勿以为人仆、养。（《睡虎地秦墓竹简·秦律十八种》113 简）

6. 欲归爵二级以免亲父母为隶臣妾者一人，及隶臣斩首为公士，谒归公士而免故妻隶妾一人者，许之，免以为庶人。工隶臣斩首及人为斩首以免者，皆令为工。其不完者，以为隐官工。（《睡虎地秦墓竹简·秦律十八种》155～156 简）

秦代刑徒的劳役刑主要有城旦、鬼薪白粲、隶臣妾和司寇，笔者认同秦代刑徒无刑期的说法，这里对出土秦简散见刑徒通过劳动获得减免的情况做一论述：

据简 1，在有些情况下，城旦劳三岁可以免为城旦司寇。简 4 和简 1 可以对读，隶臣、司寇可以将城旦，居赀赎债不可，当司寇人数不够时，一是令隶臣妾将，[1] 二是免城旦劳三岁以上者为司寇将。简 2、3，隶臣、妾、白粲以巧及劳免为士五、庶人、工、工隶隐官，与简 5、6 有所照应，隶臣（巧为工者）以“巧”“劳”或“斩首及人为斩”免为工，隶臣不完者免为工隶隐官，如此说明工隶臣即使获免依然继续服务政府，一般的隶臣、妾则免为士五、庶人。

上述获得减免刑徒是：城旦劳免为城旦司寇，隶臣劳免为士五、

---

〔1〕《法律答问》：隶臣将城旦，亡之，完为城旦，收其外妻、子。

庶人、工、隐官，隶妾、白粲劳免为庶人。日本学者富谷至先生论述过秦汉劳役刑的变异，认为："西汉到东汉，随着时代的推移，各种刑罚的实际内容与其本身固有的刑役逐渐发生了分离。"即"表示劳役刑内容的名称向表示刑期的名称的转变，就是原来刑役与实际意义的分离"。[1] 如此说来，秦代的劳免不是劳役内容的变化，与《汉书》记载的减免不同；秦代劳免为士五、庶人也与汉代不同，参见秦进才先生关于秦汉士五异同的考辨，分析了士五在两个时期的不同，并且指出：秦汉士五的异同又反映了阶级结构的变动。[2]

综上所述，简牍所见秦代刑徒当处刑罚的减免，映射出当时社会历史背景下法律制定者的意图和原则。

---

〔1〕［日］富谷至：《秦汉刑罚制度研究》，柴生芳等译，广西师范大学出版社2006年版，第82~84页。

〔2〕秦进才：《秦汉士伍的异同考》，载《中华文化史论丛》1984年第2辑。

唐宋告身的法律规制

李　萌*

【内容摘要】 新史料的出现往往推动研究的发展，自2012年南宋武义徐谓礼墓诸多文书出土以来，学界对告身的研究逐渐由唐向宋拓展。但相关研究多集中于政务运行、文书学、档案学等方面，[1]从法律角度对这一授官文书如何规制的角度来加以探讨者则寥寥，笔者不揣浅漏，试触及这一官凭文书相关的法律规制问题，探讨告身的录白与存档、收缴的规则、丢失之后的处罚、补授的程序要求，以及告身的滥用与处罚等，并试析为何告身制度不再见于明清律。

【关键词】 告身收缴　告身补授　法律规制

---

* 作者系中国政法大学法律史学博士研究生。

〔1〕 浙江武义县出土的南宋徐谓礼文书及《武义南宋徐谓礼文书》的整理出版后，告身的研究时段由以唐为主逐渐转向宋，2013年4月中国人民大学进行了"徐谓礼文书与宋代政务运行研究学术研讨会"，产生了与此直接相关的十余篇论文。研究重点主要集中在如下方面：一是对告身文书类型的考释，如刘江的《〈武义南宋徐谓礼文书〉中"录白告身"的类型考释》，王杨梅的《徐谓礼告身文书形式探析》，张祎的《徐谓礼〈淳佑七年十月四日转朝请郎告〉考释》，小林隆道的《宋代告身的原件和录白》；二是以文书签押为进路探索宋代政务运行，如刘后滨的《论宋代政务文书中"三省制"程式的特点及其意义——以徐谓礼告身文书为中心》，曹家齐的《略谈南宋州府文书的签押问题——以〈武义南宋徐谓礼文书〉为中心之考察》，李全德的《从〈武义南宋徐谓礼文书〉看南宋时的给舍封驳——兼论录白告身第八道的复原》；三是以告身文书为中心研究宋朝的官文书制度，如陈文龙的《从徐谓礼文书看南宋告身和敕黄制度》，曹杰的《两宋授官文书格局的变迁：以告、敕、札为对象的讨论》。

一、前言：告身授予相关问题

对于唐代告身的授予，《通典》记载：

> 凡诸王及职事正三品以上，若文武散官二品以上及都督、都护、上州刺史之在京师者，册授。五品以上皆制授。六品以下、守五品以上及视五品以上，皆敕授。凡制、敕授及册拜，皆宰司进拟。自六品以下旨授。其视品及流外官，皆判补之。凡旨授官悉由于尚书，文官属吏部，武官属兵部，谓之铨选。[1]

据此可大体知晓唐前期品官的任命，分册授、制授、敕授、旨授四种，旨授又称奏授，相应的委任文书即册书、制授告身、敕授告身与奏授告身。[2] 宋人叶梦得曾记述："国初循唐旧制，凡命官迁除磨勘、移易差遣，中书皆命词给告，不胜其烦。"可见，唐代告身的授予范围十分广泛。而宋代告身的授予，则在承唐制的基础上，因职官制度几经改革而更为繁杂。元丰五年（1082 年），详定官制所曾追溯唐时给告制度，以重定本朝告身授予制度：

> 唐制，内外职事官有品者皆给告身，其州其州镇辟置僚佐止给使牒。本朝亦以品官给告身，其无品及一时差遣，不以职任轻重，皆中书门下结黄牒、枢密院降宣……今若尽如唐制，例给告身，则职卑而事微，恐不胜尽给也。今拟阶官、职事官选人凡入品者，皆给告身，其无品者，若被敕除授，则给中书黄牒；吏部奏

---

〔1〕（唐）杜佑撰，王文锦等点校：《通典》卷一五，《选举三》，中华书局 1988 年版，第 359 页。

〔2〕更为详细的分析，可参见张祎：《制诏敕札与北宋的政令颁行》，北京大学 2009 年博士学位论文。

授,则给门下黄牒;枢密院差,则仍旧降宣,于事简便。[1]

元丰改制在唐制基础上缩小了告身的授予范围,确立了告身与敕牒并行的制度,即绍圣元年(1094年)吏部所言“元丰五年条制,阶官及职事官及选人,凡入品者皆给告身,其无品者皆给黄牒”。[2]而自绍圣元年始至建炎年间宋代的告身与敕牒的授予几经变化,[3]直到绍兴四年(1134年),方有所定型,见于《宋会要辑稿》:

(绍兴)四年六月二十一日,诏:“除授馆职、职事官及帅臣、监司,并依旧法给告,惟计议官依编修官出敕。”先是。臣僚言五品以下命以敕札,殊损国体。送部检会,言:“旧法编修官出敕;馆职、寺监丞、博士,御史台检法、主簿,命词给告;承务郎以上磨勘转官出告。特恩转官仍命词外,任差遣出敕,监司并合命词给告。旧无计议官,未审是何付身。”故有是诏。[4]

《建炎以来系年要录》亦有所载,与此处记载相应:

(绍兴四年六月)己亥,诏今后除授馆职、寺监丞、博士、御史台检法官、主簿、在外监司、帅司,并命词给告,承务郎以上差遣给敕命,惟选人用札子……而计议、编修官如旧法,止出敕焉。[5]

---

〔1〕(清)徐松:《宋会要辑稿》,中华书局1957年版,第3629页。

〔2〕(清)徐松:《宋会要辑稿》,中华书局1957年版,第2656页。

〔3〕参见王杨梅:《徐谓礼告身的类型与文书形式——浙江武义新出土南宋文书研究》,载《浙江社会科学》2013年第11期。

〔4〕(清)徐松:《宋会要辑稿》,中华书局1957年版,第2657页。

〔5〕(宋)李心传:《建炎以来系年要录》卷77“绍兴四年六月己亥”条,中华书局1956年版,第1267页。

有学者结合上述史料与已出土的徐谓礼告身推测，其时，制授告身当只用于少数高级官吏的除授，而阶官的除授则使用奏授与敕授告身，至于差遣，则除少数特殊任职者授予敕授告身外，多只授予敕牒。[1]

从此类记载看来，由唐至宋几百年间，告身的授予几经调整，其间涉及三省与相权的转变。告身具体由何部门授予，授予对象为谁，授予流程如何，需要具备何种条件方才授予告身，告身与敕牒、付身以及札子的关系等诸多问题十分复杂，笔者学力所及，仅指出大概，具体可参考前辈学者们对告身授予的诸多相关问题进行的可观且可信的探讨。[2] 尽管告身的授予十分复杂且几经调整，但告身授予官员之后对告身的诸多法律规制在唐宋基本律典中却可寻得相对清晰的记录，而尚未引起更多注意，故而以下笔者试对告身授

---

〔1〕 参见王杨梅：《徐谓礼告身的类型与文书形式——浙江武义新出土南宋文书研究》，载《浙江社会科学》2013 年第 11 期。

〔2〕 关于唐代告身的研究成果，可参见徐畅：《存世唐代告身及其相关研究述略》，载《中国史研究动态》2012 年第 3 期。徐谓礼诸文书出土以后的告身研究，见中国人民大学历史学院：《“徐渭礼文书与宋代政务运行研究学术研讨会”论文集》，北京，2013 年 4 月 20 ~ 21 日。此外，另有王宇：《〈武义南宋徐谓礼文书〉与南宋地方官员管理制度的再认识——以知州的荐举和考课为例》，载《文史》2014 年第 3 期；王杨梅：《徐谓礼告身的类型与文书形式——浙江武义新出土南宋文书研究》，载《浙江社会科学》2013 年第 11 期；刘后滨：《唐代告身的抄写与给付——〈天圣令 · 杂令〉唐 13 条释读》，载《唐研究》（第 14 卷）2008 年；刘后滨：《任官文书的颁给与唐代地方政务运行机制》，载《文史》2010 年第 3 期；朱瑞熙：《宋朝“敕命”的书行和书读》，载《中华文史论丛》2008 年第 1 期；张东光：《唐五代选人文书研究》，载《档案管理》2013 年第 3 期；吴丽娱：《光宗耀祖：试论唐代官员的父祖封赠》，载《文史》2009 年第 1 期；何忠礼：《介绍一件现存日本的宋代告身》，载《绍兴师专学报》（社会科学版）1988 年第 1 期；周佳：《南宋基层文官履历文书考释——以浙江武义县南宋徐谓礼墓出土文书为例》，载《文史》2014 年第 3 期；赖瑞和：《再论唐代的使职和职事官——李建墓碑的启示》，载《中华文史论丛》2011 年第 4 期；魏峰：《宋代印纸批书试论——以新发现“徐谓礼文书”为例》，载《文史》2014 年第 3 期；张东光：《唐代官凭文书告身若干问题研究（上）》，载《档案学通讯》2014 年第 2 期；《唐代官凭文书告身若干问题研究（下）》，载《档案学通讯》2014 年第 3 期。

予官员之后的诸多法律问题作一探索。

二、告身的录白保存

告身存续期间将因诸多原因而存有多份录白,即告身的抄写件。其首要者为官方的存档录白。《宋会要辑稿》载“官员出身历任并载印纸,不可伪冒,系与告札相为表里”,[1]官员任内考核记录考牒、历子等的录白存档也与告身一起。《册府元龟》中记载后唐明宗天成元年(926年):

如在任之时州府及本司向来元不曾较给牒,只于牒由、历子内批出考数者,欲与简勘,解由、历子内不竖过犯,称在任日内并无公事遗缺,证验分明,亦据在官年月日给与牒知。如简勘无凭者,不在给牒之限。[2]

官员被授予告身后,会由专门负责告身的机构录白并保存,类似今日档案库,方便日后查验,即所谓“简勘”。至于专门负责录白机构,不同时期似有差异,史料所载宋代告身的录白多在“部”。如宋《吏部条法》:

诸参选者,录白出身以来应用文书,(曾经参选已录白在部者,止录前一任付身印纸,内关升人止录差札印纸。)并同真本,于书铺对读,审验无伪冒,书铺系书其真本,令本官收掌,候参部日,尽赍赴本选,当官照验。[3]

---

[1] (清)徐松:《宋会要辑稿》,中华书局1957年版,第2563页。

[2] (宋)王钦若、杨亿:《册府元龟》,中华书局1982年版,第7633~7634页。

[3] (宋)谢深甫等撰,戴建国点校:《吏部条法》,载杨一凡、田涛主编:《中国珍稀法律典籍续编》(第2册),黑龙江人民出版社2002年版,第230页。

所谓“出身以来应用”文书，告身当在其中；所谓“付身”“告敕”与“差札”，当与“入品者给告身，其无品者给黄牒”之“告身”与“黄牒”类同。另如《宋会要辑稿》载：“文武官曾经到部已曾录出身以来文字在部，任满止令录白参部后所授付身印纸，批书同真本。”〔1〕一方面强调了告身的抄写务求真本与录白的一致，另一方面，其所载负责告身录白者皆为“部”，考虑到负责官员特别是文官的磨勘注授者通常为吏部，此“部”很可能指吏部。然从唐至宋，曾逐渐发展出专门负责告身事宜的机构——官告院，何以少见录白在“院”之称？推测缘于官告院与吏部之间职能密切相连，甚至有重合。据张东光先生考证，官告院始于唐末，而其时其职掌有限，只负责告身的书写材料与装裱材料，至五代也只逐渐增加收取朱胶纸轴钱的职责。〔2〕至宋太宗淳化五年（994 年）：

> 始专制官局于省内，凡官告各以本司印印之，文臣用吏部，武臣用兵部，王公命妇用司封，加勋用司勋。掌文武官将校告身及封赠。以朝官一员主判中书舍人一员提举。余绫纸库入内侍一员管勾。〔3〕

唐末至五代官告院的原本职责由其下属机构绫纸库承接，而原四司告身印则统一由官告院管理，负责告身的出给，尽管如此，官告院执掌的实际执行者仍是吏部官员。元丰五年（1802 年）改制后分析官告院职掌于四部，即吏部司、兵部司、司封司、司勋司分管不同告身，此时的告身录白或由四部分别收档，考虑到四部分档的不便，

〔1〕（清）徐松：《宋会要辑稿》，中华书局 1957 年版，第 2752 页。

〔2〕相关论证参见张东光、郤凤琳：《唐代官凭文书告身的管理机构官告院》，载《档案管理》2014 年第 1 期。

〔3〕（清）徐松：《宋会要辑稿》，中华书局 1957 年版，第 2655 页。

其录白与归档可能仍由一部统管。元丰七年(1084 年)又"并司封、司勋告身案入吏部预书库收掌,司封、司勋告身即依旧逐部郎中主管",[1]尽管司勋、司封依旧负责本司告身的出给,其告身案管理仍在吏部预书库。大观三年(1109 年)六月,"尚书省官告院复罢归吏部"。政和三年(1113 年)"依旧置官告院,仍于吏部置局,差官二员主管"。"崇宁、大观间或置或不,大抵废则归吏部右选。"[2]几经废置,直到南宋绍兴年间方才重建并被沿用:"近将官告院地步展修六部,权移本院于望山桥置司。今来六部修盖毕工,乞将官告(院)依旧迁归六部……在尚书吏部中门。"[3]

从上引史料来看,官告院经历了相当长的阶段,方才稳定成为定制,期间几经置废调整,废置之时,其职权多回归吏部,即便在其存续期间,或其职能分属吏部,或其掌职之人属吏部,或办公场所在于吏部,故而总体看来,官员告身的录白及存档管理一般由吏部掌管。而一旦吏部官司失火,所保存的录白档案被毁,则需要向官员征收真本补救 ,详见《庆元条法事类》:

> 缴到真本告敕、札子、印纸、公据等在部被火不存者,欲许元陈乞人结罪具元授下文字名件及历任家状、功过、请假、事故等赴部审验诣实,关送逐选给据。[4]

如若官员无法提供其真本官职,则很可能有丢失官职之忧,正如"简勘无凭者,不在给牒之限"[5]所指。

---

〔1〕(清)徐松:《宋会要辑稿》,中华书局 1957 年版,第 2656 页。
〔2〕(清)徐松:《宋会要辑稿》,中华书局 1957 年版,第 2655 页。
〔3〕(清)徐松:《宋会要辑稿》,中华书局 1957 年版,第 2652 页。
〔4〕(清)徐松:《宋会要辑稿》,中华书局 1957 年版,第 2611 页。
〔5〕(宋)王钦若、杨亿:《册府元龟》,中华书局 1982 年版,第 7633 ~ 7634 页。

除官方录白外，官员墓葬中的多有其身前历任官文书的抄写件，《武义县南宋徐谓礼文书》所保存的徐氏后人所作录白告身多则，以徐谓礼初注官时吏部发放的告身为始，其后接续不断，直到徐氏去世前所受的最后职任，其间迁转、政绩、保举等事迹记录详细，皆可与印纸、敕黄参照互证。墓葬中的保存的录白文书，对于成为告身研究的主要史料。除徐谓礼墓中的宋代告身外，现存的唐代告身相当一部分出自墓葬的录白文书。[1] 之所以官员墓葬所见多为录白文书而非告身真本，很大程度上是因为告身所附带的政治与经济特权，在官员去世之后仍得以延续至其子孙，官员后代可以告身真本获得恩荫并享受一定的赋役优免与刑罚减免。[2] 因此，官员在世时对告身真本极为珍视，《夷坚志》有："绍兴初，莆田人林迪功为江西尉。时临安多火，士大夫寓邸中者，每出必挟敕告之属自随。林性尤谨畏，纳告袖中，时时视之。"[3] 又"贾说从义，绍兴中为歙县王于寨巡检，官廨在岭下，众卒所居据其上。是夜寨内火起，到屋一空，延及官舍。说仅救得出身以来告札而已，所焚失甚多"。[4] 因害怕火灾而出门随时"挟敕告"、失火后首先抢救的只是"出身以来告札"，虽为故事，也生动地反映了官员对告身这一纸文书的爱惜有加。

---

〔1〕 关于唐墓所葬告身可参见王静、沈睿文:《唐墓埋葬告身的等级问题》，载《北京大学学报》(哲学社会学版)2013 年第 4 期。

〔2〕 关于祖先告身真本对子孙的意义，可参见小林隆道《宋代告身的原件和录白》。

〔3〕 洪迈撰、何卓点校，《夷坚志》(第 1 册)，中华书局 2006 年版，第 43 ~ 44 页。

〔4〕 洪迈撰、何卓点校，《夷坚志》(第 4 册)，中华书局 2006 年版，第 1514 页。

三、告身的收缴[1]

告身的收缴在唐宋基本律典中可见相对细致的规范,主要体现在除、免、官当的执行,由唐至宋,除、免、官当与其说是伴随着告身的追毁,毋宁说是通过追毁告身这一文书来实现的。自唐律"本犯应合官当者,追毁告身。"[2]至北宋仁宗时的《天圣令》:"诸犯罪应除、免及官当者,计所除、免、官当给降至告身赎追纳库。""若告身失落或在远者,皆验案,无案,听据保为实。其告身在远,从后追验。"[3]再到南宋《庆元条法事类》:"诸除名者,出身补授以来文书皆毁,当、免者,计所当、免之官毁之。"[4]告身作为官员身份的证明文书,失去告身则失去为官的身份及附着于这一身份之上的特权。无论是官员后代的恩荫,还是赋役的优免,以及刑罚的减免,都是通过告身这一纸文书来完成的,或作为凭证享受特权,或上缴则失去特权。《天圣令·狱官令》有:

> 诸犯罪应除、免及官当者,计所除、免、官当给降至告身,赎追纳库。奏报之日,除名者官、爵告身悉毁(妇人有邑号者,亦准此)。官当及免官、免所居官者,唯毁见当、免及降至者告身,降所不至者,不在追限。应毁者,并送省,连案,注"毁"字纳库。

---

〔1〕 论者曾在拙作《唐宋告身略论》(厦门大学 2013 年硕士学位论文)中论及"告身的追毁",但其时史料解读有误,幸得戴建国先生在《宋代官员告身的收缴——从徐谓礼文书谈起》(载《浙江学刊》2016 年第 4 期)提出指点,得以重写此稿,在此诚致感恩。

〔2〕 (唐)长孙无忌等撰:《唐律疏议》卷四,《名例律》,中华书局 1983 年版,第 46 页。

〔3〕 《天圣令》卷二七,《狱官令》,天一阁博物馆、中国社科院历史研究所天圣令整理课题组:《天一阁藏明抄本〈天圣令〉校证》,中华书局 2006 年版,第 416 页。

〔4〕 (宋)谢深甫等撰,戴建国点校:《庆元条法事类》,载杨一凡、田涛主编:《中国珍稀法律典籍续编》(第 1 册),黑龙江人民出版社 2002 年版,第 813 页。

> 不应毁者，断处案呈付。若推检和复者，皆勘所毁告身，状同，然后申奏。[1]

《宋刑统》承《唐律疏议》规定：

> 诸除名者官爵悉除，课役从本色，六载之后听叙，依出身法……免官者，三载之后，降先品二等叙。免所居官及官当者，周年之后降先品一等叙。[2]

将此两条与除唐宋基本律典中对除免官当的细致规定相结合，可大体知晓告身追缴的具体执行情况。宋承唐制，对于“犯十恶、故杀人、反逆缘坐”及监临主守官于所监守内犯奸、盗、略人，或受财而枉法等重罪者，除按律应受相应流、死刑外，并收缴其告身，因此类罪行而缘坐家属，若“有男夫年八十及笃疾，妇人年六十及废疾”者，可以免缘坐之罪，但若身有官品者，亦各除名收缴告身。若是已经身亡的官员，因其族人犯此类重罪而缘坐者，无须收缴告身，但其告身不得再用于后代恩荫。这类告身追缴是永久性的，追缴之后将被标记为无效告身，不再有返回的可能性。即所谓“除名者官、爵告身悉毁”，“应毁者，并送省，连案，注‘毁’字纳库”。即使经过较长期限并满足其他条件得以“叙复”，也仅依“出身法”，其之前的官品无法再恢复。

对于犯“奸、盗、略人及受财而不枉法”等当并断徒以上罪及犯流、徒罪逃亡；祖父母、父母犯死罪被囚禁而作乐及婚娶的官员当免官，而府号、官称犯父祖名讳而冒荣居之及祖父母、父母老疾无侍，

---

〔1〕《天圣令》卷二七，《狱官令》，天一阁博物馆、中国社科院历史研究所天圣令整理课题组：《天一阁藏明抄本〈天圣令〉校证》，中华书局 2006 年版，第 416 页。

〔2〕（宋）窦仪：《宋刑统》卷二，《名例律》，中华书局 1984 年版，第 36 页。

不予照料而去做官等官员则当免所居官。免官官员在处本刑之外,“二官并免”,其相应告身将被收缴。与除名不同者,免官及免所居官官员的此类告身的收缴并非永久性的,即所谓“不应毁者,断处案呈付”,被收缴的告身并不一定完全失去效力,在经过一定年限后满足条件的官员得以“叙复”,而官员得以叙复之时,或将参照其已收缴告身,按相应规则降品为官,甚至在合法的条件下为节约成本考虑而直接发回曾收缴告身。[1] 至于“免官”及“免所居官”的区别与具体计算,前辈学者已有可观且可信的成果可供参考,不再赘述。[2]

官当与除、免、免所居官,在告身的收缴规则上有所一致,但除、免、免所居官是在本刑不变的条件下,同时收缴官员的告身。而官当则是以告身收缴免除了本刑的处罚,当然,若官品不够抵免,尚有余罪者仍要执行刑罚。但官当用现代的观点看来,有些以行政处罚替代刑事处罚的意味,而除免免所居官则在刑事处罚之外并有行政处罚。《宋刑统》承唐制中关于“以官当徒不尽”“除免比徒”等规定,官吏犯当处徒、流之罪时,直接以官职抵当刑罚,削除官职后,若其官品足以抵消刑罚,则不再实行实刑,否则,余罪仍须执行,其相应抵免规则为:

> 诸犯私罪以官当徒者,五品以上一官当徒二年,九品以上一官当徒一年……议曰:九品以上官卑,故一官当徒一年;五品以上官贵,故一官当徒二年。若犯公罪者,各加一年当。[3]

---

〔1〕 参见(宋)谢深甫等撰,戴建国点校:《庆元条法事类》,载杨一凡、田涛主编:《中国珍稀法律典籍续编》(第1册),黑龙江人民出版社2002年版,第813页。

〔2〕 可参见(宋)谢深甫等撰,戴建国点校:《庆元条法事类》,载杨一凡、田涛主编:《中国珍稀法律典籍续编》(第1册),黑龙江人民出版社2002年版,第813页;刘涛、赵晓耕:《浅析免与官当》,载《河南省政法管理干部学院学报》2006年第3期。

〔3〕 (宋)窦仪:《宋刑统》卷二,《名例律》,中华书局1984年版,第28页。

南宋规定以官当徒，官品标准比照《宋刑统》有所调整：

《庆元敕·名例敕》："诸以官品定罪者，令四品依律三品，六品依五品，八品依七品（原注：谓议、请、减及官当若相殴之类）。"[1]

在追缴官员的告身时或官员被免官时，将有部分告身得免于追缴。一是"官当及免官、免所居官者，唯毁见当、免及降至者告身，降所不至者，不在追限"。若官员有不同等级的告身，而其所犯罪行以最高等级告身或最高等级与次高等级告身足以折抵刑罚，那么，该官员的其他告身得以保留而无须追毁。须指出，若此种情况下"降所不至"告身中有不应任官而任官或其他"冒荣告身"者，除已追缴告身外，此冒荣告身也须追回。二是犯流罪以下官员，按律应当除名、免官或以官抵罪时，如果尚未向上级奏报，犯罪者便已身亡，此官员的告身则无须再追毁。但若"即奏时不知身死，奏后去先死者"，仍维持奏时追毁的结果。[2] 三是若官员子孙犯"十恶"罪行，按律，本人应该缘坐，官爵也须解除，但如果官员本人是在子孙犯反、逆之前身亡，则其告身无须追毁；但在此种情况下，告身也不得再作为恩荫的依据。《唐律疏议》卷二《名例律》"除名"条疏议并加解释："缘坐之法，惟据生存。出养入道，尚不缘坐，无宜先死，到遣除名。理务弘通，告身不合追毁。告身虽不合追毁，亦不得以为荫。"[3]四是若官员离任的原因并非犯罪，如因精简机构裁检人员或

[1]（宋）谢深甫等撰，戴建国点校：《庆元条法事类》，载杨一凡、田涛主编：《中国珍稀法律典籍续编》（第1册），黑龙江人民出版社2002年版，第811页。

[2]《天圣令》卷二七，《狱官令》，天一阁博物馆、中国社科院历史研究所天圣令整理课题组：《天一阁藏明抄本〈天圣令〉校证》，中华书局2006年版，第415页。

[3]（唐）长孙无忌等撰：《唐律疏议》卷二，《名例律》，中华书局1983年版，第48页。

致仕、得替等“以理去官者”,则告身无须追毁,仍可用于官当与恩荫。

以官职抵罪后,官员便失去了相应的身份,须在指定时间内将官告缴送官府处理。不按期缴交官告者,要处以笞刑或者杖刑。唐律,“若除、免、官当,谓犯罪断除名、免官、免所居官,及官当应追告身不送者,亦一日笞十,五日加一等,罪止杖一百”。此律文规定了应追毁告身必须按时上交,虽未明确规定上交期限,当却对违时上交者加罚。上引《天圣令·狱官令》宋25条则规定对犯罪官员确定罪刑后,应除免官者上交历任告身。以官抵罪者,先按照律文所规定的官当规则计算应降官职,将已经抵罪的官职证明即相应的告身追回官库。收缴的告身需向上奏报,应除名者以及应免官者的官爵告身均需注毁,而以官当罪者的告身则会暂时保存。显然,所收缴者为官员告身真本,至于其保存地点,《宋史·慎知礼传》记载真宗景德初年,“(慎知礼之子慎从吉)上言求令事务,判刑部,颇留意法律,条上便宜,天下所奏成案率多纠驳,取本司所负犯人告身鬻之,以市什器”。〔1〕据戴建国先生分析,慎从吉此处售卖者当为注毁字的告身真本,〔2〕若此记载无误,那么当时官员犯罪案件上奏刑部后,所追缴官员告身除除官与免官者告身当注毁以外,未注毁的告身真本当是存留在刑部。

四、告身的丢失与补授

(一)告身的丢失

告身的丢失是否将受处罚,以官员本人还是他人丢失而区分处理。见《庆元条法事类》:“诸弃毁交钞、递牒、便钱、公据、请给券、历

〔1〕(元)脱脱等:《宋史》卷一五,中华书局1985年版,第446页。

〔2〕参见戴建国:《宋代官员告身的收缴——从徐谓礼文书谈起》,载《浙江学刊》2016年第4期。

者，论如重害文书律。（主自弃毁交钞、便钱、公据者不坐。）即弃毁及亡失付身、制书、官文书，止坐弃毁及亡失之人。”“诸因水火、盗贼毁失印记、制书、官文书者，勿论。”[1]若他人丢失官员告身，按重害文书律处罚；若官员自己丢失，则“不坐”；若因水火等自然灾害或因盗贼而导致的丢失毁损，则“勿论”。除此条原则性规定外，似乎未见对丢失告身的官员规定更为具体的刑事惩罚。《续资治通鉴长编》卷四八零记载：“司勋员外郎何洵直特展二年磨勘，以亡失司勋印及告身故也。初，议重责洵直，吕公著曰：‘洵直失本部印诚有罪，若加重责，则自今猾吏皆有以制主司矣。’乃因赦宥，量展叙迁岁月而已。”[2]何洵直因为丢失司勋印及告身而受到处罚，但吕公著所言仅提及“失本部印诚有罪”，此罪当指上述“重害文书”，未提及亡失告身的情节，记载中亦未见按律应当对此告失丢失行为予以处罚的条例，仅有“初，议重责洵直”，又考虑到不法之吏可能以此行为掣肘官员的正常职责履行，于是以“赦宥”减轻处罚，只是处以延迟两年磨勘的类似行政处分的处理。或许，官员丢失告身的处罚具有相对的灵活性，且不一定会处以刑罚。

官员丢失告身后虽然不一定处以刑罚，但对于官员在告身补授申请过程中的不实行为，却有明确的处刑规定。《庆元条法事类》：“诸弃毁、亡失付身补授文书，（谓告、敕、宣札、贴、牒之属。）官司保明不实者，杖一百。”又：“诸命官司陈乞封赠、叙复若去失之类，州不依条式保明，故为漏落不圆致行取会者，杖一百，吏人仍勒停。若不取索保官印纸批书，及已批书不于申状声说，或申奏状内不填实日者，当行吏人杖八十，职级减一等，签书官罚俸一月。”[3]告身丢失后

[1] （宋）谢深甫等撰，戴建国点校：《庆元条法事类》，载杨一凡、田涛主编：《中国珍稀法律典籍续编》（第1册），黑龙江人民出版社2002年版，第366～367页。

[2] 李焘：《续资治通鉴长编》卷八四零，中华书局2004年版，第9818页。

[3] （宋）谢深甫等撰，戴建国点校：《庆元条法事类》，载杨一凡、田涛主编：《中国珍稀法律典籍续编》（第1册），黑龙江人民出版社2002年版，第366页。

的补授需要在所在官司自陈并申请保状，若在保状当中有虚假陈述，将被处以杖刑，不仅申请补授者，为申请者签署保状的官司也同样要受罚。若未按照法律规定使用的保状规格书写，或者因时限问题而在保状内故意填写不实日期，则负责办理的吏人、签书官都要受到杖刑并减职的处罚。而如果保官所保内容不合事实，甚至会被“科徒二年”。

（二）告身的补授

告身丢失之后得以补授。官员本人申请的要求详见于《庆元条法事类·文书门》之“州军保奏官员去失状”：

准令，诸弃毁，亡失付身，补授文书，（谓告敕、宣、劄、印纸、帖、牒、请受文历之类）限十日经所在官司自陈，（若身在他所即除豁程限，仍于保状声说）召本色二人保……昨在某州县，任是何差遣或寄居待阙于某年月日因是何事去失是何告、敕、宣、劄之类……今召到委识保官二员，开具职位姓名（内曾经兵火州军去失之人，仍称并责某州或某县给到去失公据或干照文字）。粘连在前，乞行勘验，缴连保奏施行。前连保官某官位姓名状，各称年未七十，历任无赃罪及私罪徒，与某人非缌麻以上亲并相容隐人，不系分司、致仕、不理选限、进纳，归明徭人若流外官，亦不系全去失付身止给到公据之人。（使臣云不系未经任人）今复保某人出身授改转官资，开具年月日因依，昨在某州县，任某差遣或寄居待阙，于某年月日因是何事，去失是何告、敕、宣、劄（如系全去失及去失初补或末后及改官付身，即声说不系承代他人及阑遗告敕、付身便作正身冒名祇授，亦不系借补空名改易书填，非泛恩赏补授改易出身）印纸。（如有去失印纸，也声说有无隐匿过犯）……录白所存干照文字，粘连在前，取到保官付身或印纸，照验得系今年第几次作保，已批凿讫，保明并是谓实。谨录奏闻,伏候敕旨。[1]

首先,补授的时间有限制。官员需在十天之内向所在官司申请官告丢失情况及原委、时间等,如果丢失时官员身在外地,则可除去在从外地赶到所在官司的时间,但需要在保状里面说明除豁程限。如果在二十日以后才申请的,官司不得受理。

其次,需要保官作保,且作保官员的人数、官品、官职性质及与申请补授者的关系等都有限制。一是需"召本色二人保",如果是文官,则需要两位升朝官即在常朝日能朝见皇帝的高级官员作保;如果是武臣,则需要两位大使臣以上级别的武官作保;如果在丢失后十天至二十天之内申请的,还需要再增加一名保官。但如果官员因为水火灾害等丢失官告并经所在官司勘断属实,则可以不用召保官。二是保官需未届七十的致仕年龄,身家清白历任均无赃罪及徒以上私罪,与所保人非缌麻以上亲也不是可以相容隐之人。

最后,需公据或干照文字。公据,也称公凭,这里指文官向所在州县官司或武臣向所在军属申请而获得的,证明自己官阶等级及告身去失的文书。干照文字,指已丢失告身的抄件,或官员其他的告、敕、宣、札、印纸等,需要用来作为重新书写告身文字时的参照。保官的告身(证明保官官阶)与印纸(证明保官历任清白)以及公据或干照文字(证明申请被授者官职)都需经勘验抄写后粘贴在保状前。可见,告身补授需提交的材料包括公凭及保官保状,但实际中却常

〔1〕(宋)谢深甫等撰,戴建国点校:《庆元条法事类》,载杨一凡、田涛主编:《中国珍稀法律典籍续编》(第1册),黑龙江人民出版社2002年版,第370~372页。

有制度外的运行状态。[1]

此外,如果是丢失了历任告身,或者是丢失了证明官员出身的初任告身,保官还需在保状内申明自己所保官员非承袭他人告身,也非拾得他人告身据为己用,不是冒名抵授也不是借空名告身改变出身。然后保官须申明所保"并是诣实"并有"如后异同,甘伏朝典。"而随后的申明里面则是"如所保不实,科徒二年之罪"。[2] 可见,在告身补授的程序性要求里面,朝廷意欲防止伪冒,而又无力鉴别所有官员,让保官承担了极大的责任与风险,以至于两位朝官担保和干照文字的提交这两个看上去容易的补授条件难以具备。这虽然客观上有利于防止伪冒,然而对于确实丢失告身而求保无门官员而言,无疑是难为的规定。[3]

至于官员后代的申请,尚未见官员后代申请告身程序的特别规定,《宋会要辑稿》中有一则事例,可作分析。

> (绍兴)三年十二月十日,临安府言:"武翼郎王倾,遭居民遗火,烧毁高祖父超故任建雄军节度使告一道、曾祖父德用皇佑四年授河阳三城节度使同中书门下平章事告一轴,并嘉佑元年任忠武军节度使告一轴。今录白曾祖德用神道碑一本干照。"

---

〔1〕 如《宋会要辑稿·刑法七》记载,时枢密院言:"诸军自来弃毁、亡失付身、宣帖之类,依条诏本色保官二人。如系将校,所在州保奏,余人并报元给官司出给公凭。近年以来,诸军亡失宣帖等,并不遵依条令,经由所在州保奏,亦不报元给官司出给公凭,止于本军等处陈乞,一面出给公据,照验批勘请受。遇有功赏转补,便作付身拟身转资级。兼日近诸军换受前班都虞候,亦止凭本军给到亡失公凭收使换官。似此不唯有违条令,兼无以验实,隔绝奸弊,有害军制。"

〔2〕 (宋)谢深甫等撰,戴建国点校:《庆元条法事类》,载杨一凡、田涛主编:《中国珍稀法律典籍续编》(第1册),黑龙江人民出版社2002年版,第370~372页。

〔3〕 故有《宋会要辑稿·刑法一》所载:"臣寮言:'《绍兴保状式》:若系毁失付身之类,并结除名编置之罪,所以深防欺诈,重示诫惩,使人知法之不可犯,不可轻任此责也。然稽之见行条法,则罪不至于是,使无辜去失之人益艰于求保。望诏有司,今后保状结罪之文止称甘伏朝典,一从抵罪之法。'诏令吏部改定状式以闻。"

诏:"令王倾召升朝官二员委保,是实王德用本家亲的之孙,即依条出给。"〔1〕

此例中,王倾因高祖王超与曾祖王德用的三份告身被烧毁,而向临安府申请补授告身,并将王德用神道碑的录白作为干照文字提交,神道碑的做成须经官方允许因而可作为有证明力的干照文字。朝廷据此下诏要求王倾召升朝官两名作保,便予以告身补授。这样看来,或许后代申请告身的补授,与官员本人申请,除时间上的要求外,其他两项条件相同,即干照文字的提交和两位升朝官的担保。

五、告身制度实际运行之弊

告身作为任官的凭证,对于官僚机制的运行起着举足轻重的作用,因此朝廷在制度上对其管理不断予以完善。除正面规范告身的收缴与补授外,也注意防制因告身附带的特殊利益而导致的违法行为。自唐律始便以"诈假官、假与人官及受假者"予以规范:"诈假官者,身实无官,假为职任。流内、流外,得罪虽别,诈假之义并同。或自造告身,或雇请人作,或得他人告身而自行用,但于身不合为官,诈将告身行用,皆是。其假与人官者,谓所司假授人官,或伪奏拟,或假作曹司判补。'及受假者',谓知假而受之。"〔2〕宋律沿袭此条为"诈假官、诈承袭、诈称官捕人"并规定了具体的惩罚,依照具体情节分别判处流二千里或徒两年。〔3〕 至南宋,律令中规定若以父祖告身卖与他人,则处徒一年,且告身将不能再用作恩荫依据,买者与卖者同罪。不仅不能买卖,也不能质当财物,若以告身质当财物,则处

---

〔1〕 (清)徐松辑:《宋会要辑稿》,中华书局1957年版,第2657页。

〔2〕 (唐)长孙无忌等撰:《唐律疏议》卷四,《名例律》,中华书局1983年版,第94页。

〔3〕 (宋)窦仪等:《宋刑统》卷二五,《诈伪律》,中华书局1984年版,第391页。

徒两年,接受告身质当者也要受同样的处罚。告身补办程序虽然复杂,但毕竟是允许补授的,为防止官员以告身质卖后又诈称毁失而要求补办,规定了对此类行为以徒二年的处罚,对知情或不知情的保官也予以相应的处罚。除惩罚伪冒者外,并以赏金鼓励他人告发此类行为:"告获以父祖告、敕、宣、札卖与人及买者,钱三十贯。""告获以宣、敕、告身、出身文书之类寄附质卖而诈称毁失者,钱五十贯。"[1]

除了法律的明令禁止与事后惩罚外,历代朝廷在曾告身的制作与发放上也颇费心力,极力防止告身的滥用。如对于拆分告身或使用已故官员告身的行为,规定在已故官员告身上批书死亡日期,然后再交付子孙。"自今以后,仰所在身死之后,并经申报本州,令录事参军于告赤上分明书身死月日,却分付子孙。"[2]另外,在告身给付时把历任文书与告身粘在一起,令吏部南曹"逐缝使印",类似于现在的盖骑缝章。"其判成选人,黄甲下后,将历任文书与告身连粘,宜令吏部南曹逐缝使印,都于后面粘纸,具前后历任文书,都记多少纸数,并具年月,判成授官去处,缴尾讫,给付本人。"[3]对"公然折破印缝,不计与人不与人,将来求事,并令焚毁,其人当行极典"。[4]

然而,制度上的精密完善并不必然能转化为实际运行中的积极力量。事实上,告身存续期间在实际运行过程中产生诸多问题。告身所附带的政治经济特权,诱发伪冒与质卖告身等违反告身制度的行为,而屡禁不止。如史籍所载"分见官者,谓之擘名,承已死者,谓

---

〔1〕 (宋)谢深甫等撰,戴建国点校:《庆元条法事类》,载杨一凡、田涛主编:《中国珍稀法律典籍续编》(第1册),黑龙江人民出版社2002年版,第366页。

〔2〕 (宋)王钦若、杨亿:《册府元龟》,中华书局1982年版,第7579页。

〔3〕 (宋)王溥:《唐会要》,上海古籍出版社1991年版,第353页。

〔4〕 (宋)王溥:《唐会要》,上海古籍出版社1991年版,第353页。

之接脚”，[1]另如，“应见注官等内，有自无出身入仕，买觅鬼名告赤，及将骨肉文书楷改名姓，或历任不足，妄称失坠”。[2] 后唐时有：“磨勘南郊行事官，前守濮州范县主簿李范，是同光三年不纳告身人数，准敕终身不齿。今又冒名於四方馆行事。前河南府长水县主簿赵知远，使兄为父荫行事者。”[3]《册府元龟》载五代后唐时，鸿胪卿柳英将斋郎告身卖与同姓人柳居则伏罪，大理寺断当大辟，因遇赦免死夺官，终身不齿。[4]

另如空名告身，其最初用于边疆地区官员，以应付边远战事需要，并收简便快捷之效，避免因程序繁杂耗时而妨碍军政要务。而后却发展为朝廷财政困难之时的临时聚财手段。据《资治通鉴·肃宗纪中之上》：

> 是时府库无蓄积，朝廷专以官爵赏功，诸将出征，皆给空名告身，自开府、特进、列卿、大将军，下至中郎、郎将，听临事注名。其后又听以信牒授人官爵，有至异姓王者。诸军但以职任相统摄，不复计官爵高下。及清渠之败，复以官爵收散卒。由是官爵轻而货重，大将军告身一通，才易一醉。[5]

空名告身乃朝廷自上而下破坏告身制度的行为，多发生于战乱等特定时期，批量制作的告词，其所载功劳、授任的理由等，与具体被授任者个人的实际情形不相吻合，若事后需要辨伪、审查、建档、管理等工作，则会引起诸多不便。且空名告身的授予隐含着授任的

---

〔1〕（宋）王溥：《唐会要》，上海古籍出版社1991年版，第1587页。

〔2〕（宋）王钦若、杨亿：《册府元龟》，中华书局1982年版，第7579页。

〔3〕（宋）王钦若、杨亿：《册府元龟》，中华书局1982年版，第7587页。

〔4〕（宋）王钦若、杨亿：《册府元龟》，中华书局1982年版，第7592页。

〔5〕（宋）司马光编著：《资治通鉴》卷二一九，中华书局1956年版，第7023～7024页。

实际决定权下移,破坏制度上规定,甚至会进一步造成不良影响:被授任者效忠的对象可能会潜易为代授的上位者;或告身的公信力下降与告身规制的失效。

六、余论:告身的消亡

目前出土文献所见告身多为唐宋告身,又传世史料对告身的记载集中于唐宋时期的文人笔记、司法案例集、墓志汇编、方志丛刊、金石资料当中,对告身的法律规制也多见于唐宋时期的国家基本律典,这一方面是本文论述集中于唐宋时段的原因,另一方面,也是问题所在:为何告身盛行于唐宋而渐次消失于历史舞台?唐宋承继前朝各代对官凭文书的规制,不仅形成了完整稳定的告身文书格式,设立了专门的告身管理机关,并在国家律典中建立了完备的告身制度。诸多在唐宋时期完善的制度为后朝所承,为何告身为在明清律中不再存续呢。笔者认为,如下三点或可考虑。

首先,尽管法律对告身的规范在唐宋已相对完善,却始终表现出对除、免、官当、恩荫等内容的侧重,法律对告身制度的规制亦主要集中于告身的保存、收缴与补授事宜,使之成为告身规制中最为完善与稳定的部分。而事实上,告身除官员身份的凭证作用外,其附带的如赋役优免、职田申请等经济特权更容易引发告身的滥用,从而导致告身制度本身的运行弊端渐生,空名告身、伪冒告身、质卖告身等未能得以有效预防与规制,成为告身盛行于唐宋之后却逐渐消亡的内在原因。

其次,自唐末五代以来,直接以敕牒授官的情况日益普遍。《新五代史·刘岳传》载,“故事,吏部文武官告身,皆输朱胶纸轴钱然后给,其品高者则赐之,贫者不能输钱,往往但得敕牒而无告身”。[1]

---

〔1〕 (宋)欧阳修等撰:《新五代史》卷五五,中华书局2002年版,第631~632页。

官员的任命不再需要领取告身，而是只须持敕牒即可赴任。因而，除告身制度本身运行弊端渐生之外，敕牒对于告身授官职能的分割也是告身日益衰落的原因。现实运作中有时宰臣还有意违背制度或惯例，不用官告，只以敕牒颁行任命的情况。[1] 敕牒的使用比官告更具有效率，而告身的制作与颁行相对而言成本更高，耗时也更久。同时，由于本官与差遣官的分离日趋成型，三省六部的官名成为身份与级别的标志，告身中三省、吏部官员的签署实际上与诏命颁行的程序无关，告身仅作为正式的委任凭证存在，更多的是象征意义。而敕牒中有现任宰臣的集体签押，同时与实际政务运作息息相关，也是具有实际效力的任命文书。[2] 某种程度上可以说，告身的消亡实际上是被替代了。

最后，从唐宋法律对告身规制的主要内容来看，主要集中于除、免、官当等内容，而以告身的收缴为具体执行方式的除、免、官当，也在明清刑律中退出，其中关联自然紧密。故而对于告身消失的缘由自然也能从除、免、官当的存废之中寻得线索。艾永明先生对此问题的解释颇具启发性，他指出官当实质具有的是行政处分的性质，而其存废则反映了中国古代法律发展历史进程中的一个重要成果，即"由唐宋至明清，刑事责任与行政责任、刑事处罚与行政处分之间已完成和实现了从交融混同到分离独立的演变"。[3] 在唐宋时期，除、免、官当与告身的收缴与补授等内容，之所以被规定在刑律《唐律疏仪》和《宋刑统》之中，正是由于其时刑事责任与

---

〔1〕 关于唐宋时期告身与敕牒的发展，可参见赖亮郡：《唐宋律令法制考释：法令实施与制度变迁》，元照出版有限公司2010年版。

〔2〕 关于告身文书体式与三省制的关联，可参见刘后滨：《唐代告身的抄写与给付——〈天圣令·杂令〉唐13条释读》，载《唐研究》（第14卷）2008年第1期；《任官文书的颁给与唐代地方政务运行机制》，载《文史》2010年第3期。

〔3〕 参见艾永明：《官当新论——回归法律史解释的考察》，载《比较法研究》2012年第6期。

行政责任、刑事处罚与行政处分依然交融混合，而至明清，较为完备的行政处分制度已经形成。从这一角度来看，唐宋告身制度消失于历史，便如艾永明先生所言之官当，具有了“功成身退”的意味。

清末民国人口买卖法律规制研究

苗春刚*

【内容摘要】 清末民国时期是法律大变革时期，这一时期人口买卖在法律上得到了遏制，彰显了法律的人性化色彩。从某种意义上讲，对人口买卖的立法、司法规制，展示了法律近代化进程中对人格独立与人格尊严的尊重。这一时期社会立法指导思想活跃，传统儒家思想、西方天赋人权思想、三民主义思想相继登台，多元指导思想影响下的人口买卖立法呈现价值导向上的差异性。《现行刑律》更多的偏重现实，大清《新刑律》则带有较多的理想化色彩；民国南京政府制定的《三五刑法》则较好地兼顾了理想和现实的双重目标，在立法技术上相对成熟、完备。这一时期司法实践中对人口买卖的法律规制在法律适用上不断调整。北洋时期大理院适用前清《现行刑律》《禁革买卖人口条例》使人口买卖在法律上不合法；民国南京政府时期则适用民法公序良俗原则宣告人口买卖的无效，进而从人格自由权视角规制人口买卖。人口买卖作为传统中国的顽疾，虽然近代立法、司法实践中一直不断调控，但由于近代民众教育水平低、经济贫困、社会保障不健全等因素，立法的预期目标在社会现实中并未得以真正贯彻。

【关键词】 人口买卖　现行刑律　新刑律　三五刑法　人格保护

* 作者系中国政法大学法律史学专业博士研究生。

人口买卖,系以人作为交易对象,在人类社会早期是常见的社会现象。不平等的等级制度、抹杀人格和人性的政治和法律制度以及社会习俗,成为人类历史上人口买卖的相同背景。[1] 近代以来,伴随着欧洲文艺复兴的兴起,人的价值、人的尊严逐渐得到强调。近代社会对人的尊严的尊重是禁止人口买卖的根本。人作为独立民事主体,所享有的独立人格、固有的人格尊严,决定了人不论性别、年龄、健康状态、身份、财产状态等如何,都不可以作为商品或者工具来对待,不可以成为人口买卖的对象。

传统中国与人类社会早期一样,以人为标的的买卖作为一种合法性交易长期存在。买卖人口从形态上讲丈夫卖妻者有之,父母卖子女者有之,尊亲卖卑幼者有之,更有专门从事人口买卖渔利者;其动因有可能是因贫困等情事被迫、有可能是因单纯的金钱利益诱惑,抑或两者兼而有之。传统中国的人口买卖在清末中西文明的碰撞中面临合法性的危机,清廷主动抑或被动地进行了调整,其调整的路径和实际效果值得反思。本文以清末民国人口买卖的法律调控为切入点,以人格尊严保护为视角,从静态的立法和动态的司法实践两个维度,反思清末民国时期禁止买卖人口方面的得失。

一、清末变法修律时人口买卖的立法规制与实践

清光绪三十二年(1906 年)二月,两江总督周馥因上海黎王氏一案上奏禁革买卖人口。

> "黎王氏者,粤东人,其夫系府经历,在蜀服官,病故,该氏扶柩回里,道出上海,因携有婢女十余名,为关吏所究诘,致涉讼案。西人晤周督,颇以此为言,周督始有禁革之议。"[2]

---

〔1〕 柳华文:《论禁止人口贩运的基础》,载《江海学刊》2016 年第 2 期。

〔2〕 沈家本:《寄簃文存》,商务印书馆 2015 年版,第 23 页。

周馥认为买卖人口有伤天地之和、未洽文明之化，在奏折中称：

“中国三代盛时无买卖人口之事，惟罪人乃为奴隶。周衰，始有鬻身之说。秦汉以后，变而加厉，以奴婢与财物同论，不以人类视之，生死悉凭主命。我朝定例，逐渐从宽，白契所买奴婢，与雇工同论，奴婢有罪不告官司而殴杀者治罪。叠次推恩，有加无已，然仍准立契买卖。本源未塞，徒挽末流，补救终属有限。贫家子女，一经卖入人手，虐使等于犬马，苛待甚于罪囚，呼吁无门，束手待毙，惨酷有不忍言者。泰西欧美各邦，近年治化日进，深知从前竞相蓄奴为野蛮陋习……我朝振兴政治，改定法律，百度维新，独买卖人口一端，既为古昔所本无，又为环球所不韪，拟请特沛殊恩。革除旧习。嗣后无论满汉官员军民人等，永禁买卖人口。如违，买者卖者均照违制律治罪……”〔1〕

1909年2月6日陕西道监察御史吴炜炳继两江总督周馥之后也上书请求严禁人口买卖。在奏折中，其指出：

“天地有好生之心，帝王以仁民为本，方今预备立宪，全国人民其优秀者固宜随时培养，其微贱者亦须一视同仁。若以穷苦无告之民，听其互相买卖，沦于贱役，致令虐使苛待，惨无人理，非仁政所宜有也。”〔2〕

修律大臣沈家本据两江总督周馥奏折，从宪政角度论证严禁人口买卖的合理性，其指出：

---

〔1〕《江督周请禁买卖人口折》，载《万国公报》1906年第207期。

〔2〕苏建新、陶敏编选：《宣统元年禁革人口买卖史料》，载《历史档案》1995年第1期。

“方今朝廷颁行宪法，叠奉谕旨，不啻三令五申。凡与宪法有密切之关系者，尤不可不及时通变。买卖人口一事久为西国所非笑。律例内奴婢各条，与买卖人口，事实相因。此而不早图禁革，与颁行宪法之宗旨，显相违背，自应由宪政编查馆速议施行。”〔1〕

沈家本后覆刑部谓：

“本大臣奉命纂修新律，参酌中外，择善而从。现在欧美各国均无买卖人口之事，系用尊重人格之主义，其法实可采取。惟律例内条目繁多，诚如政务处所称，更改动关全体，自应通筹参考，核定办法。”〔2〕

为此，修律大臣沈家本酌拟了十条建议，于1909年奏请办理，1910年1月31日由宪政编查馆会同修律大臣上奏的“禁革买卖人口事奏折”获得清廷批准。在奏折中，再次重申了禁革买卖人口与宪政的关系，指出：

“窃维立宪政体，首重人权。凡属圆颅方趾之俦，皆有特立独行之性。偌互相买卖夺其自由，视同犬马，与朝廷颁行宪法之宗旨显相违背，非所以广皇仁示列帮也。是买卖人口一事，自应禁革毫无疑义。”〔3〕

〔1〕 沈家本：《寄簃文存》，商务印书馆2015年版，第20～21页。

〔2〕 沈家本：《寄簃文存》，商务印书馆2015年版，第17页。

〔3〕 苏建新、陶敏编选：《宣统元年禁革人口买卖史料》，载《历史档案》1995年第1期。

同时宪政编查馆拟定了十条禁革买卖人口条款，即所谓的《禁革买卖人口条例》。1910 年 2 月 2 日宪政编查馆上奏朝廷的《现行刑律》吸收了《禁革买卖人口条例》的基本内容，在人口买卖的法律控制有较鲜明的看似与时代特征不相吻合的内容。清末修订刑律在立法趋势上整体学习欧洲近代轻刑主义主张，以彰显与过去为西方所诟病的“严苛刑罚”割裂，但在“买卖人口罪”上却坚持重刑态度，扩大对买者的处罚、增加对父母因贫卖子女的处罚。

二、民国初期人口买卖立法规制与司法实践

1911 年辛亥革命成功后建立的南京临时政府，成立伊始便发文严禁人口买卖。其宣称：

> “自法兰西人权宣言书出后，自由平等博爱之义昭若日星。各国法律凡属人类一律平等，无有阶级。其有他国逃奴入国者待以平民不问其属于何国。中国政治待主开放自由，贵族、自由民之阶级铲除最早。此历史之已事足以夸示万国者……”[1]

（一）民国初年刑事法对人口买卖的规制

1911 年年初清廷颁行的大清《新刑律》未及施行，清廷便已覆亡。但《新刑律》在民国初年经临时大总统令删除与民国国体相抵触部分后剩余部分继续有效，是整个北洋时期基本的刑事法规范，被称为《暂行新刑律》。

在人口买卖的刑法控制上，《暂行新刑律》废止了《现行刑律》对贩卖人口罪的规定，仿日本刑法，另定略诱及和诱罪，以犯罪手段之强弱与当事人完全丧失自由意思与否为区别标准，规定：(1) 凡用暴

〔1〕《令示：大总统令内务部禁止买卖人口文》，载《临时政府公报》1912 年第 27 期。

行胁迫或伪计拐取未满二十岁男女者为略诱罪,处二等或三等有期徒刑,和诱罪则处三等以下有期徒刑;(2)强化对幼童的保护,规定和诱未满十六岁之男女者,仍以略诱论;(3)确定略诱及和诱之罪的特殊诉权主体,规定略诱、和诱之罪及其收受藏匿被买卖人口罪为亲告罪,如果罪犯人与被买卖人成立婚姻关系,在婚姻存续期内,被买卖人的告诉为无效。

《新刑律》实行近代刑法通行的罪刑法定原则,对买卖人口罪名缩小的调整,造成了司法实践中买卖人口案件层出不穷,刑律无以应付,因而有补充条例第九条之规定。同时在法律规范适用上,北洋时期的司法官根据沿用前清法律的大总统令,将清末的《禁革买卖人口条例》作为单行刑法适用,用以弥补《新刑律》对人口买卖犯罪调整行为的不足。民国元年十二月三日大理院针对四川高等审、检厅关于夫因贫卖妻,新《刑律》无规定情况下的定罪问题,答复称:

> “买卖人口,早经前清禁革,该条款自应继续有效。惟于卖妻无专条,只能以不为罪论。至买卖契约,当然无效。如有强迫情形,仍应照《刑律》第三百五十八条处断。”[1]

民国二年六月十八日大理院复芜湖地方审判厅函,针对“买卖妇女为娼应否适用前清《现行刑律》买良为娼条例”的问题,答复:

> “查娼妓既许营业,则前清现行律买良为娼之特别规定,当然不能适用。《暂行新刑律》虽无专条,然其买卖原因之出于略诱、合诱者,自可适用各本条处断。其合乎《新刑律》第二百八十条者,则适用该条。若与因贫卖子女之条例相符者,亦可适用

〔1〕 郭卫编著:《民国大理院解释例全文》,吴宏耀、郭恒点校,中国政法大学出版社2014年版,第301页。

该条例。要之,买卖人口者,不问是否为娼,在法律上当然不能生效力。至于能构成犯罪与否,则视其有无触犯刑律律文为准。"[1]

北洋时期司法裁判中把前清《禁革买卖人口条例》作为单行刑法继续有效使用,在实践中也不断遭到地方司法机关的质疑。江西高等检察厅曾电称:

"查买卖人口条款中,因贫卖子女者,于略卖子孙处八等罚上减一等,处七等罚,买者处八等罚,身价入官,人口交亲属领回一项,经前宪政编查馆,纂入《现行刑律》。今《现行刑律》既已全部废止,则此项即为废止一部分,在根本上当然无解释适用余地,曾经钧部院往复驳辩在案,似无庸专电请示。惟同级审厅,现又发见适用该条款事实,究竟应何依据?"[2]

大理院在答复此案件时饶有兴趣的在公文中用了带有情绪化的话语,再次重申大理院裁判的权威性,答复称:

"查本院关于买卖人口罪解释,前清《现行刑律》买卖人口条例为有效,叠次答复各级审、检厅函电,载在公报。又审理上告案件,已屡有判决例,该厅明知顾昧,分电本院及司法部请求解释,实属意存尝试。应请贵厅令行该厅,并通行京外高等以下各级检察厅,嗣后关于解释法律,本院已有判例或已有答复他处

---

〔1〕 郭卫编著:《民国大理院解释例全文》,吴宏耀、郭恒点校,中国政法大学出版社2014年版,第277页。

〔2〕 郭卫编著:《民国大理院解释例全文》,吴宏耀、郭恒点校,中国政法大学出版社2014年版,第312页。

> 函电登载公报者,毋庸再行渎陈,否则概不答复。”〔1〕

通过该答复,大理院再次重申买卖人口条款应认有效。至审理上告案件,亦应有判例可循。

北洋时期,伴随着《现行刑律补充条例》的颁行,在司法实践中其与曾经作为有效法律规范继续适用的《禁革买卖人口条例》发生了法律冲突。高等检察厅向大理院呈送广西高等检察厅函请示,请求大理院对法律适用进行解释。据广西高等检察厅详称:

> “查大理院关于买卖人口罪,解释前清现行刑律买卖人口各条为有效,并审理上告案件,屡有判例。又大理院统字第七十三号,复四川高等审、检厅电开:查买卖人口早经前清禁革,该条款自应继续有效。至于卖妻无专条,只能以不为罪论,至买卖契约当然无效等语。依此解释,则因贫而卖子女,应适用前清《买卖人口条例》处断。因贫而卖妻,应不为罪。而现颁《暂行新刑律补充条例》第九条规定,依法令契约担负扶助养育保护义务,而强卖和卖其被扶助养育保护之人者,依《刑律》第三百四十九条、第三百五十一条、第三百五十二条及第三百五十五条处断等语,依此规定,则无论卖妻卖子女,均难免刑律之制裁。究竟前清《买卖人口条例》及统字第七十三号解释,是否因《刑律补充条例》第九条之颁布,而失效力?此请解释者一。买卖人口,法所必惩,若父母因贫而当子女,双方约定期限取赎,此种行为,既与买卖人口有别,亦不能为略诱和诱罪。但人非至贫,万不至于当子女,既当之后,至期能否赎回,又当视日后之生计如何。若期满而无力取赎,则被当者永为他人子女,名虽曰当,而实与卖

〔1〕 郭卫编著:《民国大理院解释例全文》,吴宏耀、郭恒点校,中国政法大学出版社2014年版,第312页。

无异。甚至甲以女当乙,乙复当之丙,辗转相当,几不知为何人之女,此种违背人道之行为,尤甚于买卖人口,广西境内,此风尤甚。如遇此类案件发生,是否依照刑律略诱和诱各条处断,抑以律无正条不为罪论?此请解释者二。大理院有统一解释法律之权,理合详情转咨解释,俾资遵循等情。"[1]

大理院答复称:

"查《刑律补充条例》业已施行,前清《买卖人口条例》当然失效。关于卖妻及子女均应依该条例第九条处罪。若出当子女,即辗转相当,其以慈善养育之目的,代为收养,应予不论。如若托名为当而为买卖之变相,或为略取之方法者。自得依法科断。"[2]

北洋政府时期,在人口买卖法律规制上法律呈现多元化特点;其基本法是体现轻刑主义特点的《新刑律》;但由于《新刑律》对人口买卖的法律规制定罪范围较《现行刑律》为窄,导致实践中出现了对人口买卖漏罪的问题,因而司法机关另辟蹊径,把前清《禁革买卖人口条例》继续适用,作为《新刑律》人口买卖规制的补充。随着形势的发展,伴随着《现行刑律补充条例》的颁行,《禁革买卖人口条例》相关条款逐渐退出了历史舞台。整体而言,《新刑律》在人口买卖定罪量刑上过于西方化,盲目地对日本法律的移植,过多的轻刑主义理想化的价值追求,使其在规制人口买卖犯罪问题上出现打击不力及

〔1〕 郭卫编著:《民国大理院解释例全文》,吴宏耀、郭恒点校,中国政法大学出版社 2014 年版,第 408 页。

〔2〕 郭卫编著:《民国大理院解释例全文》,吴宏耀、郭恒点校,中国政法大学出版社 2014 年版,第 408 页。

漏罪等问题,只好求助于其他刑事法律弥补不足。

(二)大理院对人口买卖契约效力的裁判

民国初年,大理院在司法实践中如何认定人口买卖契约的效力有多重法律规范的选择,其既可以选择适用民事法规范,又可选择适用刑事法规范。

其一,《大清民律草案》虽未颁行,但其价值理念已逐渐为社会所接受,在大理院裁判实践中也曾经作为"条理"加以应用。从人口买卖的契约属性来看,民法中有公序良俗条款调整契约效力。《大清民律草案》第一百七十五条规定:

> "以违公共秩序之事项为标的者,其法律行为无效。
>
> 理由:
>
> 谨按:以违公共秩序之事项为标的之法律行为,虽不为犯罪,然有使国民道德日趋卑下之弊,当然使其法律行为无效,此本条所由设也。"[1]

从人格权保护角度来看,以人身作为交易对象的人口买卖侵害了民事主体的人格自由权。《大清民律草案》第五十条规定:

> "自由不得抛弃。不得违背公共秩序或善良风俗而限制自由。
>
> 理由:
>
> 谨按:法治国尊重人格,均许人享受法律中之自由权。人若抛弃其自由,则人格受缺损,又背乎公共秩序或善良风俗,而限制自由则有害于公益,均当然在所不许。故设本条,以防强者迫

〔1〕 黄源盛:《晚清民国民法史料辑注》(第1卷),犁齋社有限公司2014年版,第93页。

弱者抛弃其自由,或限制其自由之弊也。”[1]

在以人为标的的买卖契约中,作为权利主体具有独立人格的人,变成了交易对象,与民事立法精神完全不符。从自由权保护角度看,完全可以以此为裁判理由宣告买卖契约的无效。但从大理院司法实践看,其并没有选择运用民法的公序良俗原则或者人格自由权保护确认人口买卖契约的无效。

其二,刑事法律的选择。

《大清民律草案》未来得及颁行,清廷便已覆亡。民国初年,大清《现行刑律》“民事部分”作为主要的民事规范调整着社会的民事关系。“在人口买卖方面,经过《现行刑律》的革新,首先完全否定了‘贱民’‘奴婢’等名目的合法性,只要是人,都属于‘(准)良民’这个等级,从而间接确认了所有人在人格方面的大致平等。因此,《现行刑律》绝不承认有合法的人口买卖。”[2]

这一时期,大理院巧妙地运用前清《禁革买卖人口条例》和《现行刑律》,使人口买卖成为“非法”。

1. 五年上字第六五六号[3]

判例要旨:

用财买休卖休和娶人妻,原为现行律例所禁止,若其夫别无卖休之意,而买休人用计逼勒本夫休弃者,则尤法所严禁,自难认其买休之契约为有效。(现行律犯奸门纵容妻妾犯奸条例)

---

[1] 黄源盛:《晚清民国民法史料辑注》(第1卷),犁齋社有限公司2014年版,第57页。

[2] 李启成:《清末民初刑法变革之历史考察——以人口买卖为中心的分析》,载《北大法律评论》2011年第1期。

[3] 黄源盛:《大理院民事判例辑存》(债权),元照出版有限公司2012年版,第872页。

2. 七年上字第四二七号[1]

买卖人口为妻妾,现行法令本有禁止明文。则凡以此等禁止事项为标的之契约,依法当然无效。(《禁革买卖人口条例》)

3. 九年上字第八四六号[2]

以为娼为标的买受良家子女者,依现行律例及禁革买卖人口条例,其买卖契约当然无效,即或原系为娼复行转买为娼者,亦同。(现行律犯奸门买良为娼条例、禁革买卖人口条例)

4. 七年上字七七六号[3]

查现行有效之禁革买卖人口条例,内载嗣后贫民子女不能存活者,准其议定年限立据作为雇工,先给雇值多少彼此面订,雇定之时不问男女长幼总以扣至本人二十五岁为限,其限满后,女子如母家无人并无至近亲属者,由主家为之择配等语,是雇女限满择配,除其母家有人或有至近亲族外,应由主家为之。(《禁革买卖人口条例》四)

三、民国南京政府时期人口买卖立法规制与司法实践

(一)民国南京政府对人口买卖的刑事法规制

1926 年 1 月国民党第二次全国代表大会通过的《妇女运动决议案》督促国民政府制定法律:从严禁止买卖人口。[4] 其后,内务部发文咨告严禁买卖人口,指出:

---

〔1〕 黄源盛:《大理院民事判例辑存》(债权),元照出版有限公司 2012 年版,第 881 页。

〔2〕 黄源盛:《大理院民事判例辑存》(总则),元照出版有限公司 2012 年版,第 514 页。

〔3〕 黄源盛:《大理院民事判例辑存》(债权),元照出版有限公司 2012 年版,第 1334 页。

〔4〕《增订国民政府司法例规》第 70 页,转引自黄源盛:《晚清民国民法史料辑注》(四),犁齋社有限公司 2014 年版,第 1871 页。

"本党革命之目的,为求人类之自由平等。故对于买卖人口,久已应为厉禁。现刑律对于和诱略诱,定有专章,立法已甚严。乃近查各地对于此项违背人道之恶习,迄今犹为革除尽净,根本固由于奸民之牟利,要亦官厅查禁不力,有一致之,言之至堪痛心!兹值全国即将统一,训政开始之时,此项恶习,亟应严行禁止,以重人道……"[1]

内务部的公告在中华民国即将完成形式统一的大势下,得到了各级省政府的积极响应。浙江省民政厅训令:(第一四五八号),要求严禁买卖人口以重女权。[2]

民国南京政府建立后,鉴于"《暂行新刑律》施行以来,颇多疑义,而最滋口实者,则刑名用等级制,而法定刑期又极广漠,法院援用无一定标准,遂得自由裁量,任意出入,致有畸轻畸重之嫌"。[3]因而着手起草刑律,1928年9月1日施行的《中华民国刑法》(《二八刑法》)以北洋政府1919年的《刑法》第二次修正案为基础,在内容上大量沿袭北洋政府刑法的规定。《二八刑法》关于人口买卖的规定主要表现在:以和诱略诱未满二十岁之男女,为侵害亲权和监督权(刑法二五七条),规定于妨害婚姻和家庭罪中;以略诱成年妇女(三一五条)为侵害妇女之自由,于使人为奴隶(三一三条)及贩卖人口出国(三一四条)并定为妨害自由罪。该规定在当时引起了很多学者的批评,如学者马存坤在《买卖人口之刑法观》中指出:

"父母卖子女与监护人卖被监护人依刑法二五七条【和诱略诱未满二十岁之男女】一项【意图营利或意图使被诱人为猥

〔1〕《民政:内政部咨告严禁买卖人口》,载《江苏省政府公报》1928年第41期。

〔2〕《浙江民政月刊》1929年第22期。

〔3〕谢振民:《中华民国立法史》,中国政法大学出版社2000年版,第903页。

亵之行为或奸淫】而和略未满二十岁之男女（二项）规定，本罪之构成既以脱离享有亲权之人与监护人为基本条件……比照妨害自由罪章观之，立法本意，似与未成年人之自由无关，然如父母自愿抛弃其亲权而卖其子女（其抛弃原因姑不论），监护人自愿抛弃监督权而鬻卖被监护人，则就该条（三五七）之文理或论理解释，均不能构成犯罪，实不能谓非遗漏也……（一）买卖成年妇女：我国乡村今日犹有古代掠夺婚及买卖婚之遗俗，故鬻卖妻孥之事不一而足，依刑法三一五条之规定，构成犯罪之手段为略诱，而买卖系有金钱的对价关系，二者根本既异，则被卖人之归宿若何？毋庸诘论，此种怪俗，实属野蛮，亟应严加禁止，实无可疑。（二）以贩卖人口为业者，我刑法亦无相当规定，尤为疏漏。"[1]

《二八刑法》明显存在与民国政权大量不相适宜的规定，迫使民国南京政府只能通过制定刑事法律的特别法来弥补，从而促使民国立法院在1931年12月成立刑法起草委员会，着手新的刑法典的制定，于1935年1月1日正式公布了《三五刑法》。该部刑法宣称受"三民主义"指导，在人口买卖的法律规制上有了很大改变。《三五刑法》[2]第十七章规定了妨害婚姻和家庭罪，其进步性主要有以下几方面：(1)旧刑法对于和诱、略诱，同样处罚，似嫌轻重失衡，且仅以脱离享有亲权之人、监护人或保佐人为限，范围亦觉太狭。《新刑法》处罚略诱较和诱为重，并扩充其范围为脱离一切有监督权之人，较为得当（第240条、第241条）。[3] (2)贯彻男女平等原则。和诱有夫之妇与和诱有妇之夫，均破坏家庭组成。旧刑法无处罚明文新

[1] 马存坤：《买卖人口之刑法观》，载《法律评论（北京）》1932年第2期。

[2] 《山东民政公报》1935年第222期。

[3] 谢振民：《中华民国立法史》，中国政法大学出版社2000年版，第941页。

刑法特增定之(第240条)。(3)加强对未成年人的保护,未成年人由于年龄幼小,缺乏足够的意思能力,因而《新刑法》规定和诱未满16岁之男女,以略诱论(第241条)。(4)注意法律适用的现实效果,发挥法律规范对当事人的引导作用,为鼓励犯罪当事人悔过间接保护受害人利益,规定犯和诱、略诱罪,于裁判宣告前,送回被诱人或指明被诱人之所在地因而寻获者,《新刑法》特增设减轻其刑之规定(第244条、第301条)。

(二)民国南京政府对人口买卖契约的民事裁判

民国南京政府时期,伴随着民众人格意识的觉醒,司法机关主动地运用近代民法原则规范人口买卖契约,解决契约效力与契约无效后的法律后果问题。这一时期的法院在人口买卖契约效力的判断上已经运用公序良俗原则进行价值判断。

民国十八年,山东高等法院受理了一起民事第三审案件,因在法律适用上产生了疑义,特向最高法院请求解释,最高法院采纳了第二种学说。

> "有某甲以某乙违反押妻(未婚妻年十六岁)为娼之契约请求判令返还押金。查某甲以人身体供抵押使为娼妓营业一次给付押金若干以作报酬,此种契约违反公共秩序善良风俗法律上当然不生效力。惟某乙应否返还押金现有两说(甲)不当利得说谓押妻为娼妓之契约,既经认为无效,某乙收受某甲之押金即无法律上之原因应负返还之责(乙)不法给付说。谓某乙所订押妻为娼契约系违反现行法令,其押金为一种不法之给付不得请求返还。"[1]

研读该案例,首先明确押妻为娼契约在法律上是无效的,但认定

[1] 《司法公报》(第三十九号),第23页。

其无效的根据与大理院时期有了很大差别,法院主动适用公序良俗原则认定契约的无效。对于法律行为无效后的法律后果,采取了不法给付说,认为押妻契约中的押金违反了现行法的强制性规定,是通过不法行为获取的利益,应予以返还。

民国南京政府时期,民众人格权利意识进一步具体化,对强卖人口罪侵害的权利内涵有了进一步的认识,自由权作为独立的人格权已进入了法官的视野。民国十七年浙江义乌发生了一起刑事案件,浙江高等法院以强卖人口罪及诱拐罪、和卖罪等于法律苦无依据请予解释。据查:

> "知县受理甲生有女儿乙,于未行满月之前给丙抚养成年,不得乙女同意主许与丁为妻。甲以丙违法强卖等情告诉到院。经知县侦查终结认丙之行为不成犯罪,纵系强卖刑律补充条例亦已明令废止,又无犯罪之可言,依法宣告不起诉之处分。"

浙江高等法院审理认为:

> "查刑律虽无强卖罪规定,实已包括于第三百五十一条之内。概诱拐罪系对于(一)被拐人之自由权(二)夫权或家长权(三)尊亲属之监督权。三者侵害其一即可成立,惟行使主婚权过当者——能否即构成略诱罪自应就具体事实审认。"[1]

这一时期,对人格尊严的保护使司法机关更娴熟地处理民法和刑法的衔接问题。民国十九年湖南常德地方法院请湖南高等法院解释押女为娼擅自带回是否构成罪刑由,湖南高等法院向最高法院

---

〔1〕《司法公报》(第五十四号),第32页。

请示,最高法院答复称:

> “押女为娼之契约在法律上不能生效。设有母因贫立约将其幼女押与他人学习为娼,在约定期限前自将其女带回不能成立刑法第二百五十七条之罪。”〔1〕

四、结语

清末民国时期人口买卖立法,在不同阶段各有其立法价值目标。大清《现行刑律》关于人口买卖罪的概括性规定、推行的重刑主义更多的考虑两个因素:迎合西方近代文明对人口买卖的禁止态度和打击社会转型时期人口买卖泛滥的现实要求。而大清《新刑律》整体上作为一部近代意义上的新刑法,更多地带有轻刑主义的理想化的价值要求,因而在人口买卖犯罪行为的制裁上较《现行刑律》有所弱化。如同学者评述:以保障个体权利为指导思想所制定的适用于宪政的《新刑律》,在对“人”权的实际保障上,反不如集晚清旧律改革之大成的《现行刑律》。〔2〕民国南京政府制定的《三五刑法》则较好地兼顾了理想和现实的需求。其指导思想上的从严禁止人口买卖摆脱了北洋时期《暂行新刑律》打击人口买卖不力的法律疏漏,立法技术上罪名相对成熟的类型化则摆脱了大清《现行刑律》立法过于概括的弊端。

清末民国时期对人口买卖的法律禁止虽然一开始就以保障人权为价值目标,但在司法实践中民众与司法官人格意识的觉醒却非一蹴而就。从刑事法律上规制人口买卖是清末民国历届政府的现实

---

〔1〕《司法公报》(第六十七号),第120页。

〔2〕李启成:《清末民初刑法变革之历史考察——以人口买卖为中心的分析》,载《北大法律评论》2011年第1期。

选择,但从人格保护角度来看,人口买卖是对人格自由权的直接侵害,其作为民事契约无效的直接依据应是违反了公序良俗原则。但综观清末民国人口买卖的司法实践,民国南京政府时期才真正运用上述规则审查人口买卖契约的效力。

近代中国,虽然立法努力对人口买卖进行法律规制,但在现实中人口买卖依旧频繁。正如瞿同祖先生指出的:“条文的规定是一回事,法律的实施又是一回事。某一法律不一定能执行,成为具文。社会现实与法律条文之间,往往存在一定的差距。”[1]

从经济上讲,清末民国时期战争、自然灾害频繁发生,社会底层民众因家庭贫困无奈卖妻、卖子女,其解决从根源上讲需要建立符合近代化要求的社会保障制度,保障底层民众最低程度的生活要求。从文化、思想上讲,近代中国社会国民教育尚未得以完全普及,百姓民智未开,传统思想中长期的重男轻女使民众漠视女性地位,对人的独立人格缺乏必要的尊重,无视人作为民事主体应有的人身自由和意思自由,因而有必要加强国民教育、开启民智,对民众进行人格独立、人格尊严方面的思想启蒙。从近代现实执法环境看,要发现被买卖的人口、打击犯罪需要近代化的户籍管理制度、警察制度。上述种种因素决定了近代人口买卖的法律规制条文与现实的巨大鸿沟。

[1] 瞿同祖:《中国法律与中国社会》,商务印书馆2010年版,第XIII页。

战后中国与斯里兰卡调解制度比较研究

杨怡悦*

【内容摘要】 中国与斯里兰卡的传统固有法之中皆存在调解这一纠纷解决方式，"二战"后两国又在参酌本国固有法的基础上开创性地建立了官方的调解制度。然而十余年后，中国的人民调解制度逐步完善而斯里兰卡的调解委员会制度却渐趋消亡。究其原因，是两国固有法调解传统的构成，在全国范围内实施制度之前的准备，以及司法系统对于调解制度的支持力度这三大主要因素的差异，导致了两国战后调解制度呈现出了不同的发展样态。

【关键词】 教谕式调解 噶姆萨巴瓦 人民调解制度调解委员会制度

"二战"后，亚洲各国普遍摆脱了战争与殖民统治，各自发展成为独立主权国家。这些国家在建立之初面临的一个重要问题就是如何通过法律改革，将近代法同自身固有的法律传统结合起来，形成本国独立的法体系。作为司法改革的一部分，一些在历史上有过调解传统的亚洲国家都曾尝试将调解这种固有法中的纠纷解决方式引入近代司法体系。在此之中，多数亚洲国家采取了对传统固有法中的调解机关和调解规则直接予以官方承认的方式，譬如印度对

---

* 作者系西北大学法学院讲师，法学博士。

于潘查亚特村落法庭调解的认可,以及部分伊斯兰国家对于沙里亚法院调解民事纠纷的认可。然而与这种走捷径的做法不同的是,战后中国与斯里兰卡先后于1954年和1958年颁布了《人民调解委员会暂行组织通则》和《调解委员会法》——这两部法律的出台意味着中国与斯里兰卡在借鉴固有法的基础之上、根据战后国内形势尝试设立了新的调解制度,这在当时无疑是令人瞩目的举措。

然而在中国与斯里兰卡开创性地实施新调解制度后的十余年,该制度在两国的发展却呈现出了完全不同的走势——在中国发展势头良好而斯里兰卡则渐趋没落,在此之中显然有很多问题值得去探究。而其中最为重要的课题不外乎客观分析两国制度的产生背景,探寻其发展差异的根本原因。这一研究不仅仅对于我国调解制度的进一步完善,甚至对于亚洲国家寻求自身调解传统与当代非诉讼纠纷调解机制之间的平衡来说,都有一定的借鉴意义。

一、战后中国与斯里兰卡实施调解制度的传统法律渊源

中国与斯里兰卡两国在战后的建国初期先后颁布相关法律,设立了人民调解委员会和调解委员会。这种做法并非偶然,追根溯源,中斯两国在历史上皆长期存在调解传统,可以说调解是作为一种纠纷解决方式在两国古代社会之中发挥着不容忽视的作用。

1. 中国古代的调解传统

在当代中国发挥着重要作用的人民调解制度并不完全是新中国成立后的新兴产物,这一当代制度的理念与实践难免与中国自古以来的纠纷调解传统相关联。从观念上来看,这种传统至少可以追溯到春秋时期。正如孔子所言"听讼,吾犹人也,必也使无讼乎!"早期的儒家思想之中即包含了追求无讼的价值导向。在儒家看来导之以德、齐之以礼,通过教化育人的作用胜于施以刑罚;另外,在公堂之上当众质证、申辩、审判、受刑,都是有违中庸且有失体面的事。而到了汉代以后,儒家思想与法律制度逐渐融合,"无讼"思想也就逐渐波及法律本

身，成为中国传统法律文化始终追求的理想或者说是价值取向。[1]

这种"无讼"的价值观无疑对中国古代的纠纷解决方式乃至法律制度产生了极大的影响。根据现有的资料，到了明清时期调解制度在地方上已经非常盛行。如果进一步探究的话，明清时期的调解主要分为官方调解和非官方调解这两种形式。官方的调解主要是指兼任司法官的地方官员（主要是指知县、知州）在听取原告与被告两方面的主张以及证人和关系人的陈述之后，依据情理——也就是充分尊重各地不同风俗习惯的常识性的价值判断标准，提出一种妥善的、能够令双方当事人心服的解决方案，并通过说服使得双方当事人接受这种解决方案，最后由知州或知县作出裁定（堂谕），双方当事人写下表示服从该裁定，愿意不再行争议的文书（遵依结状），最终达到停止争执和平息纠纷的效果。而依据这种调解方式解决的案件则仅限于不可能被判处徒刑以上刑罚的、内容上涉及户婚田土等被称为"细故"的民事纠纷或者轻微的刑事案件。[2] 这样一种纠纷解决方式虽然也是由官方主持，但是其无论是从程序还是从内容上来看都与正式的审判有很大的区别，又因为这种方式主要依赖于地方官员对双方当事人的不断劝导、晓之以大义，因此被后世学者称为"教谕式调解"。[3]

非官方调解主要指的是乡里调解和宗族调解。中国早在秦汉以前就有推举乡里德高望重的老人来主持乡间事务的做法，这些乡村自治模式中的管理人员虽非政府正式官员，但在地方上独具权威。到了明朝初年，乡村上设立里老一职，明确赋予其理断纠纷的职责，

---

〔1〕 张中秋：《中西法律文化比较研究》（第4版），法律出版社2009年版，第336页。

〔2〕 参见［日］滋贺秀三：《中国法文化的考察——以诉讼的形态为素材》，范愉译，载《比较法研究》1988年第3期。

〔3〕 ［日］滋贺秀三：《清代诉讼制度之民事法源的概括性考察——作为法源的习惯》，王亚新译，载《明清时期的民事审判与民间契约》，法律出版社1998年版。

同时在乡里设置"申明亭"供里老调处案件。明太祖发布的《教民榜文》中规定"今出令昭示天下,民间户婚、田土、斗殴、相争,一切小事,须要经由本里老人、里甲断决。"其中大多数民事案件必须交由里老调处,而对于刑事案件,只要不涉及十恶等重罪,且"本乡本里内自能含忍省事不愿告官"的,亦可以由里老进行调解。到了清代,雍正帝开始在乡间推行保甲制度,里老的调解职责也逐渐转移至保甲,但其调处案件的方式和内容仍与之前大同小异。除了乡里调解以外,各宗族的族长也通常依据其家法族规对其宗族内部事务进行调解,这也是由于各个宗族内部存在不同的规则与意识形态,官府将一定的纠纷解决权力下放至宗族,也能够起到更有效地解决矛盾以及节约诉讼成本的作用。

2. 斯里兰卡的传统村落法庭"噶姆萨巴瓦"

1956年,斯里兰卡的僧伽罗佛教势力与社会主义势力联合组成了班达拉奈克内阁,内阁成立之后,其法务大臣很快提出了调解委员会法并于1958年成立了调解委员会。虽说斯里兰卡在相当长的时间内受到了荷兰和英国的殖民统治,然而在此之前,其固有法传统之中却长期存在这调解这一纠纷解决方式,这也就是斯里兰卡1958年设立调解委员会的历史渊源。

斯里兰卡调解制度的传统渊源之中,最主要就是僧伽罗族村落之中自古以来就有的传统村落法庭——噶姆萨巴瓦(gamsabhawa)。噶姆萨巴瓦之名,是意为"村"的"gama"和意为"集会"的"sabhwa"结合而成的合成词。[1] 在一村之中通过村民集会上形成的意见而促使纠纷双方达成共识,这就是村落中的纠纷调解机构。关于噶姆萨巴瓦的起源,有说法认为其始于公元前5世纪,然而这种说法并未有充足的证据支持,更多学者依据公元10世纪马欣达碑文的记载,

[1] 奥山甚一,「伝統的紛争処理方式」,千葉正士編著『スリランカの多元的法体制:西欧法の移植と固有法の対応』(アジア法叢書,9),成文堂,1988,p.217。

认为至少在公元10世纪,噶姆萨巴瓦这种纠纷解决方式就已经在社会中普遍发挥作用。马欣达碑文中载有,凡杀人、强奸、盗窃、强盗等等针对共同体的侵害行为,都属于噶姆萨巴瓦的管辖范围。[1] 到了康提王朝(15~19世纪)时期,其管辖的权限在刑事领域有所限缩,仅包括了偷盗家畜、强盗一类刑事案件;但在民事领域却有了扩张,包括土地纠纷、地界纠纷、债务纠纷等诸多民事案件。这一时期噶姆萨巴瓦虽然隶属于康提王朝的法律制度,但却相对独立于其他的王朝官方司法体系,从性质上来看可以说是一种习惯法,它的权威来源于村落共同体的合意。

关于噶姆萨巴瓦的构成人员有诸多说法,归纳起来包括村长、长老、村土地的所有者以及邻人、农民阶层的首领等。斯里兰卡法学者泰鲁切瓦姆(Neelan Tiruchelvam)认为,噶姆萨巴瓦的构成人员不仅仅包括村长和村的管理人员,还有一些其他的村民。然而在此组成人员之中还应该进一步细分为出席人员和从事实质性的纠纷调解人员,也就是说,村管理人员和村民都可以出席和旁听噶姆萨巴瓦,但真正作出实质性调解的还是村的主要管理者。同中国古代的调解制度相类似,噶姆萨巴瓦这种调解方式最为注重的也是双方当事人的和解。

17世纪英国开始了殖民统治,这一时期康提王朝虽然从属于英国的支配之下,噶姆萨巴瓦却并未因此被废止,而是作为康提王朝的固有习惯法并受到了英政府的默许承认。

二、战后中国的人民调解制度与斯里兰卡的调解委员会制度

1. 战后中国的人民调解制度

如上文所述,中国古代就有以调解方式解决纠纷的传统,然而就

---

[1] Neelan Tiruchelvam, "Competing Ideologies of Conflict Resolution in Sri Lanka: A Multi Religious Society", edited by Masaji Chiba, *Law and culture in Sri Lanka: a research report on Asian indigenous law*, 1984, p. 43.

中华人民共和国成立之后的调解制度来讲,最为直接的建立经验还是革命根据地时期的调解法律实践。

随着抗日战争的爆发,中国共产党所领导的八路军、新四军在全国各敌后抗日根据地先后设立了多个抗日民主政权。与此同时,在第一个抗日民主政权晋察冀边区政府建立之后,调解工作就开始在政府的倡导下普遍展开。一些有关调解问题的单行条例也相继颁布,1941年4月18日,山东抗日人民政府通过并公布施行了《调解委员会暂行组织条例》;紧接着晋西北行政公署于1942年3月1日公布了《晋西北村调解暂行办法》;陕甘宁边区政府于1943年6月11日颁布了《陕甘宁边区民刑事件调解条例》;等等。[1] 这些条例的颁布,意味着抗日革命根据地调解工作的进一步制度化和法律化。

就调解方式来看,边区政府及其法律所承认的调解形式有几种,它们既与古代固有法中的调解有着一定联系,却又发生了很大的变化。第一种是法院调解,边区立法规定法院可对民事和轻微刑事案件做出调解。第二种是政府调解,其中包括由基层政府直接进行的调解和由基层政府内设置的负责调解的专门机构——调解委员会或民政委员会所做出的调解;[2] 从法院与政府这两种调解方式中可以看到明清时期审判与行政合一制度下的官方调解的影响。第三种是民间调解,包括争议双方当事人邀请亲邻、德高望重之人当众做出调解,[3] 以及各群众组织的调解等。在陕甘宁边区调解实践的过程中,政府调解与民间调解开始呈现出了交叉和融合的趋势,如《陕甘宁边区民刑事件调解条例》规定:“乡、区、县(市)各级政府接受调

〔1〕 韩延龙:《试论抗日根据地的调解制度》,载《法学研究》1980年第5期。

〔2〕 韩延龙:《人民调解制度的形成和发展》,载《中国法学》1987年第3期。

〔3〕 《陕甘宁边区民刑事件调解条例》(1943年6月11日公布),载《陕甘宁边区重要政策法令汇编》,陕甘宁边区政府秘书处1949年版。

解事件,必要时,得邀请当地各机关人员及民众团体公正士绅,从场协助调解。”这一融合趋势为新中国成立后人民调解制度的建立奠定了基础。

革命根据地时期的调解法律实践直接影响战后相关制度的建立。新中国成立初期最为重要的举措就是在吸收根据地时期的基层政府调解委员会以及各群众团体的调解经验之后,形成了中国所特有的调解制度——人民调解制度。1954 年 2 月,政务院发布了《人民调解委员会暂行组织通则》(以下简称《通则》),这标志着人民调解委员会制度的确立。第一,从委员会的性质上来看,《通则》的第二条规定“调解委员会是群众性的调解组织,在基层人民政府与基层人民法院指导下进行工作”,这表明了新中国成立之后的人民调解委员会虽然脱胎于边区时期的“调解委员会”或“民众委员会”,但与此两者的政府属性不同,人民调解委员会已被界定为了一种群众自治性的组织。第二,在调解委员会的人员构成方面:“调解委员会的建立,城市一般以派出所辖区或街道为单位,农村以乡为单位。调解委员会由委员三人至十一人组成。”“调解委员会委员,城市一般在基层人民政府主持下由居民代表推选;农村由乡人民代表大会推选。调解委员会设主任委员一人,并得设副主任委员一人至二人,由调解委员会委员中互选。每年选举一次,连选得连任。”第三,从委员会调解案件的范围上来看,依然沿袭了革命根据地时期的做法,即“一般民事纠纷与轻微刑事案件”,并在此基础上做出了更为详细的规定。第四,关于调解的效力及其与诉讼的关系问题,规定了“调解不是起诉必经的程序,不得因未经调解或调解不成而阻止当事人向人民法院起诉”。[1]

自此,人民调解制度在中国正式确立,并且以较快的速度蓬勃发

---

〔1〕《人民调解委员会暂行组织通则》,一九五四年三月二十二日政务院发布,载 http://www.law-lib.com/lawhtm/1949-1979/43248.htm。

展。据统计，直至1954年年底这不到十个月时间，全国各地已有调解委员会十五万五千一百多个。[1] 1954年9月，《人民法院组织法》紧随宪法之后出台，其中第十九条规定了基层法院除需审判案件外，还应当“指导人民调解委员会的工作”。在此之后的很长一段时间，人民调解制度的发展都可谓顺利，仅在1958年曾在人民公社化运动之下由“调解委员会”一度更名为“调处委员会”。到了“文化大革命”时期，大多数司法机关受重创，人民调解亦被废止。然而随着“文化大革命”结束，有关调解委员会的各项法律又先后出台，人民调解制度再度复苏。尤其是1989年颁布的《人民调解委员会组织条例》，是对1954年的《通则》做出了进一步的调整和更为具体的规定，使人民调解制度更加完善。2010年8月，全国人大常委会通过了《中华人民共和国人民调解法》，其中对于人民调解的性质、程序、委员会组成人员、效力等问题做出了详细规定，标志着这一制度的日臻完善。直至今日，人民调解制度仍然在我国基层社会广泛发挥着纠纷解决的功能。

2. 战后斯里兰卡的调解委员会制度

第二次世界大战结束之后，斯里兰卡以较为和平的方式由殖民地过渡到了独立国家，并于1948年正式宣布独立，但在独立后的很长一段时间内斯里兰卡仍属于英联邦国家，并由原总督就任了第一任总统。然而在此期间，受西方思想和经济、社会变革的影响，斯里兰卡民众的政治意识开始觉醒。1951年，所罗门·班达拉奈克创建了以僧伽罗民族主义为主张的自由党。1956年4月，以自由党为首的人民联合阵线在大选中获胜，这成为斯里兰卡历史上的转折点。自此，班达拉奈克政权开始在僧伽罗佛教徒的支持下发起了以“宗教、语言、民族”为口号，旨在逐渐脱离英联邦的一系列改革，而司法改革即是其中的重点部分。

---

〔1〕《各地人民调解工作在发展中》，载《人民日报》1954年2月17日。

1948年独立之后，斯里兰卡虽然已经不再是英国殖民地，但英国法律仍然维持着形式上的效力，司法官员也仍以受英国法律教育者居多。这就使当地案件的裁判仍然以英国殖民地时期的程序和法律理念为准，这在斯里兰卡社会尤其是受西欧法影响较小的乡村社会之中引起了民众的较大不满。[1] 在这一背景下，作为战后司法改革的一部分，斯里兰卡于1958年通过了《调解委员会法》(Conciliation Boards Act)，这意味着国家公开承认了调解这一司法制度外的纠纷解决方式。下面就简单介绍一下1958年调解委员会法所规定的重点内容。

第一，从管辖区域来看，调解委员会所调解的纷争仅限于地方上的乡村之中所发生的纠纷，而科伦坡、贾夫纳、康提、加勒这些城市中所发生的纠纷则不受调解委员会管辖；第二，从委员会的人员构成上来看，调解委员会的委员长、委员在形式上需要由法务大臣任命，然而候选人名单却是由地方上的社会团体所提供的，因此在实际操作之中选出的委员长和委员往往都是对于地方事务非常熟悉甚至是精通的人士；第三，从程序上来看，该调解与司法制度不同，不必要严格遵循诉讼法上的程序，只需参照与该当纠纷密切相关的证据、证人、证言即可作出判断，其中，证人一般来讲需要是在锡兰(斯里兰卡旧称)居住的公民；第四，从调解案件的范围上来看，可以交由调解委员会处理的案件主要指的是民事纠纷，包括任何有关动产的争议以及有关不动产的整体或部分的纠纷、任何有可能会引起民事诉讼的纠纷，以及所有涉及合同的纠纷，这些纠纷只要是发生在该调解委员会所管辖的区域之内即可提交委员会处理。[2] 斯里

---

〔1〕 鈴木輝二,「社会主義法——バンダラナイケ政権下の法改革、一九五八年調停委員会法を中心として」,千葉正士『アジア固有法の研究スリランカ調査中間報告』,公開日 2009.01.15。

〔2〕 Sri Lanka Conciliation Boards Act(No. 10 of 1958), http://www.commonlii.org/lk/legis/num_act/cba10o1958232/.

兰卡战后所确立的这种调解制度最大的特征在于,这一制度试图由社会权威来取代以国家权力为后盾的司法来处理一些民事争议。

班达拉奈克政权的司法改革主要是一场以司法民主化、社会化为目标的革新。从内容上来看,改革还包括将法庭上所用的语言由原先殖民地时期的英语改为僧伽罗语(之后亦认可了少数派的泰米尔语);司法工作也试图打破由与殖民地时代的文化、利益集团密切联系的、受英语教育的精英法曹们独占的局面。而在此之中,最为引人注目的举措无疑就是该调解委员会制度的设立。

在斯里兰卡法学者泰鲁切瓦姆看来,调解委员会制度建立的目的"在于将花费金钱与时间的审判替换为在全国各地设置依靠民众力量的花费少且处理时间短的纠纷处理机构"。此外从渊源上来看,他认为斯里兰卡的调解委员会制度是从三种思想中产生的:其一,在当时世界中的新兴社会主义国家所推广的由民众参与的简易法庭等制度,其中最重要的就是中国的人民陪审制度以及人民调解制度;其二,印度的传统村落法庭、也就是1957年在西孟加拉州被官方化的潘查亚特法庭;其三,也是最直接的渊源,即斯里兰卡僧伽罗村落自古以来就有的自主调解机关噶姆萨巴瓦。[1] 结合1958年《调解委员会法》通过的背景,泰鲁切瓦姆所说的调解委员会的直接来源是僧伽罗族传统村落法庭噶姆萨巴瓦的这一事实,从侧面印证了僧伽罗佛教势力对调解委员会制度的产生与后续发展的巨大影响。

调解委员会制度实施最初的不到十年时间,各个地方的委员会数量不断增加,与此同时为了促进该制度的推广,1963年议会又重新修订和增补了调解委员会法。然而在此期间这一制度的运行方面又产生了新的问题:其一,立法者建立制度的初衷虽然是好的,也

---

〔1〕 千葉正士,『アジア法の多元的構造』(アジア法叢書,23),成文堂,1998,pp. 217-219。翻译并收录了斯里兰卡律师兼法学者 Neelan Tiruchelvam 的研究报告。

尊重地方上对这一制度进行活用，然而其委员的任命与制度的运用却逐渐沦为地方政治斗争的工具；其二，由于这一制度从本质上讲脱胎于僧伽罗族的传统调解机关噶姆萨巴瓦、其建立又受到僧伽罗势力的支持，因而在发展过程中难免在政治上被僧伽罗佛教徒中排斥其他民族宗教的复古论者所利用；其三，从学理角度来看，该制度建立之初，很多法学者认为其不成气候因此对它持无视态度，然而随着各地调解委员会数量的不断增加，学界之中认为调解委员会制度阻碍了法治原则的这种反对论也呼声渐高。

基于上述原因，在较为顺利地运行了近十年之后，斯里兰卡的调解委员会制度开始走下坡路，设置和运行逐渐陷于停滞状态。1978 年，受到保守派势力支持的统一国民党在大选中获得了绝对优势，与班达拉奈克政权的司法社会化口号不同，新政权倡导的是司法职业化。基于此，贾亚瓦尔德纳总统很快以政治腐败为由解聘了全体调解委员会委员，同时又没有作出新的任命，不久之后相关法律亦被废止，斯里兰卡战后尝试建立的调解委员会制度就此告终。[1]

三、对战后中国与斯里兰卡调解制度不同发展结果的分析

中国与斯里兰卡在历史上皆有过悠久的调解传统，在近代也都曾或多或少受到过西方法的影响，战后中国在吸取传统经验之后建立了人民调解制度，不久之后斯里兰卡亦在中国的影响之下建立了调解委员会制度，然而两者的后续发展却大相径庭——中国的人民调解制度至今仍在顺利运行并且渐趋完善，而斯里兰卡的调解委员会制度却如昙花一现，产生不久即陷入停滞。笔者在此将主要从以下三个角度对两者走势不同的原因做出初步的分析。

---

〔1〕 参见千葉正士,『アジア法の多元的構造』(アジア法叢書,23),成文堂,1998,p.219。

1. 固有法调解传统的构成不同

从固有法中的调解传统角度来看,中国古代的不同地域之间的调解习惯虽然有着或多或少的差别,但是由于大部分地区都处于儒家文化的背景之下,其固有法亦受儒家法文化的支配,地区之间的调解习惯可以说是大同小异,并无实质性冲突。因此中国古代的调解主要是由官方的州、县官员,以及非官方的里老、族长等地方上的权威进行调解这两种形式。到了近代革命根据地时期,边区政府将固有法中的这两种调解形式相结合,在作为政府部门的调解委员会或民政委员会开展调解工作时,邀请地方上的士绅、长者、人民团体代表,共同做出调解。而在新中国成立之后,从边区的这种调解实践中直接发展出了人民调解委员会制度。因此,人民调解委员会可以说是充分吸收和融合了儒家文化背景中的固有法调解传统,这就使这一制度在国民当中的整体认同度较高。另外,对于一些固有调解传统较为特殊的少数民族地区,新中国在成立之后很快确立了少数民族地区享有自治权的方针,并且将其落实到了法律层面。新中国成立后的五四宪法即设"民族自治"专章,允许少数民族地区行使自治权。在实践之中,少数民族地区的调解制度也是根据其地方政治、经济、文化特点而充分发挥其作用的。

然而与中国相比,斯里兰卡的民族状况和文化认同问题却复杂得多,这也就造成了斯里兰卡拥有着多种固有法上的调解传统。首先,斯里兰卡拥有僧伽罗族、泰米尔族和摩尔族(穆斯林)这三大民族,虽然其中人口最多的僧伽罗族占比约74%,但另外两民族的势力亦不可小觑,20世纪70年代以来持续数十年的猛虎组织与政府军之间的武装冲突即源于泰米尔族与僧伽罗族之间的民族冲突。这在法律层面上的表现就是三大民族在历史上形成了各自的固有习惯法,因而说起斯里兰卡现存固有法,主要包括了公元前由印度移居至斯里兰卡中部与南部之后形成的僧伽罗族的康提法、移居至东北部形成的泰米尔族的泰米尔法,以及散落在东部的摩尔族穆斯林的伊斯兰法这三种法。进一步来讲,就固有法中的调解部分来看,僧伽罗族固然有其传统村落调解法庭噶姆萨巴瓦,泰米尔族却遵循着其自古以来的以村长为中心的纠纷调解方式,而斯里兰卡的穆斯林则是在婚姻、继承等民事纠纷领域服从卡迪法院或是瓦合甫法院所做出的调解。[1] 如此一来,独立后的斯里兰卡1958年调解委员会制度主要沿用了僧伽罗族的噶姆萨巴瓦调解方式,并且不分民族地将这一制度同时实施于斯里兰卡的全部乡村地区,这对于有着不同调解传统的泰米尔族和斯里兰卡穆斯林来说无疑是难以接受的。

2. 在全国范围内实施制度之前的准备不同

与审判相比,调解是一种与地方习惯、社会风俗联系更为紧密的纠纷解决方式,也就意味着实践经验对于调解制度的重要性。新中国在正式实施人民调解制度之前,已经有了各敌后革命根据地的长期调解经验。在陕甘宁、晋察冀、山东等根据地开展的调解实践,是古代固有调解传统与新中国成立后人民调解制度之间的过渡阶段,一些实施顺利的固有调解传统中的做法在这一时期被保留了下来,譬如调解案件的范围被确定为"民事纠纷和轻微刑事案件";而另一些传统调解规则却在实践中随着社会环境的变化被不断改良,譬如在调解机构改革方面,政府调解和民间调解的逐渐融合。正是有了这些在各地长时间积累的调解经验,才能形成新中国成立后的人民调解制度,也正是在各根据地多年实践的基础上,人民调解制度才得以顺利实施至今。

而斯里兰卡的1958年调解委员会制度在实施之前,完全不曾有过调解制度的官方化实践。这一制度纯粹是在参考了僧伽罗族固

---

〔1〕 奥山甚一,「スリランカのイスラム村落における紛争処理」,千葉正士編『アジアにおけるイスラーム法の移植:湯浅道男教授還暦記念』(アジア法叢書,21),成文堂,1997。

有调解传统的基础上制定法律,并且很快就在全国范围内实施,这种未经检验的做法也就导致了调解委员会制度颁布数年之后,在各地都出现了理论与实践方面的种种问题。从调解委员会法之中所规定的“由地方上的社会团体提供调解委员会成员候选人名单”这一做法就可以看出,立法者的初衷是好的,旨在由地方团体自身推选出熟悉本地社会实情的优秀人才。然而在实践中却暴露出了乡村地区社会关系复杂、政治不清明的现象,原本理想化的规定反而沦为了地方势力争夺权力的手段,这就使调解委员会成员最终难以秉持中立立场来解决纠纷。而这些问题凸显之后的结果就是各界反对声迭起,官方无法应对这些大量涌现的问题,只得任其衰落。而与此相类似的一些欠考虑的规定原本可以在很大程度上通过制度的局部试行,发现问题并予以纠正。因此,在制度颁布之前准备不足也是斯里兰卡调解委员会制度在短时期内消亡的又一原因。

3. 司法系统对于调解制度的支持力度不同

新中国成立之后确立的人民调解制度之所以能够顺利实施的另一重要原因,在于其发展在各个层面都得到了整个法院系统的支持。法院对于调解制度的指导和促进甚至作为一项法律责任在法条之中被确立下来。1954 年《人民调解委员会暂行组织通则》第十条规定“基层人民政府及基层人民法院,应加强对调解委员会的指导和监督,并帮助其工作”。同年颁布的《人民法院组织法》第十九条则重申了基层法院应当“指导人民调解委员会的工作”。在法律和政策的促进下,法院很快开始对人民调解工作进行指导:各地基层法院通过召开调解工作会议,组织调解人员培训班,协助调解委员会建立各项规章制度等方式,逐渐在各地培养出了一批既懂法律法规,又了解当地习惯民情的调解委员会成员,从而确保了调解工作的展开。

斯里兰卡战后的调解委员会制度在其整个司法系统之中却相对脱节。这主要是由于斯里兰卡近代以来受到殖民统治,先是继受了来自荷兰的罗马荷兰法、此后又从整体上继受了英国普通法，因此其法律体系和法律人才的培养模式均受到了西方的很大影响。这种影响甚至持续到独立之后——直到1978年之前，斯里兰卡司法的最终审一直是由英国的枢密院司法委员会作出的。在《调解委员会法》颁布之时，无论是斯里兰卡司法界还是法学界人士受到的基本上都是英联邦的法学教育，他们严格遵守着英式的诉讼体制，倡导的亦是司法职业化。[1] 而在全国范围内，英国移植法的影响力在各大城市表现得更为显著，也正因为西方以司法裁判为主的纠纷解决体系在城市之中已经根深蒂固，1958年《调解委员会法》即明确排除了对斯里兰卡城市地区的管辖。然而即便将管辖范围限缩到了乡村地区，调解委员会制度仍然没有获得司法界与法学界的支持，其主要原因就在于调解委员会制度是一种从传统固有法之中脱胎而出的，由非法律专业人士参与的社会化、大众化的非诉讼纠纷解决方式，与近代以来斯里兰卡司法界与法学界所接受的正统西方法原理恰恰相悖。在缺少司法系统支持的情况下，非专业的调解人难免会由于缺乏基本法律素养而导致无视甚至践踏一些调解之中应当注重的基本价值。此外，随着各地调解工作过程中一些问题的暴露，司法界与法学界对于这一制度的反感更是与日俱增，以至于最终公开发声表示反对，这也就是调解委员会制度消亡最重要的外部原因。

四、结论

战后中国与斯里兰卡的人民调解制度和调解委员会制度，是两国在结束战争和摆脱殖民统治、建立独立国家之后对于非诉讼纠纷

[1] 鈴木輝二，「社会主義法——バンダラナイケ政権下の法改革、一九五八年調停委員会法を中心として」，千葉正士『アジア固有法の研究スリランカ調査中間報告』，公開日 2009.01.15。

解决机制做出的自主的探索。这两种调解制度的建立并未受到西方非诉讼解决机制的影响,它们都是在以本国固有调解传统为蓝本的基础上,一定程度上结合当时的社会、法律发展状况而创设的。人民调解制度和调解委员会制度推行之初,都在两国战后历史上发挥了节省审判资源、化解社会矛盾的重要作用。然而就在两国调解制度颁布十几年后,却呈现出了不同的发展趋势:中国人民调解制度顺利发展至今并且不断完善;而斯里兰卡调解委员会制度却逐渐消亡,两者发展的明显对比再一次引起了我们对于调解的本质问题的思考。

在当代,包括亚洲国家在内的许多国家都已经开始寻求诉讼外的纠纷解决机制,其中源于美国的替代性纠纷解决方式 ADR (Alternation Dispute Resolution)在实践中已经产生巨大影响力,ADR中的调解机制更是被诸多国家所借鉴。但值得一提的是,当代美国的 ADR 调解制度与东亚国家的传统调解在基本原理上有显著差别:前者注重的是当事双方在掌握各自利弊基础上的博弈;而后者则注重居中调解人对于当事双方的说服和当事人的心服。虽然从目前看来亚洲各国的非诉讼纠纷解决机制整体上有朝着 ADR 方向发展的趋势,但在逐步借鉴先进制度的过程中,各国更应当优先考虑到当前自身的法律发展现状和相关社会规则。

与诉讼不同,调解更加依赖于当时当地的社会状况、语境,以及当事人的心理,因此在某一地区开展调解制度之前,对于当地的民族构成、社会环境、情感的沟通与表达方式、人群普遍对调解结果抱有何种期待,都需要进行深入的调查与研究,而不应出于政治或是实用角度的一时需求,无视当地社会构成的复杂性与多元性,在大范围内直接、笼统地适用唯一调解方式。另外,调解这一纠纷解决方式亦不应当彻底脱离法律的制约:尤其是对于调解人来说,他们应当同时具备职业道德素养和专业知识素养,这样才能避免突破法律这一底线。斯里兰卡战后调解委员会制度的逐步消亡,即反映出了斯里兰卡在做出深入社会调查、实践以及司法系统对于调解人专业法律素质的培养这两个方面的缺失。对于我国来说,人民调解制度可以说是发展较为顺利的,当前在纠纷解决领域也承担着十分重要的作用。但是随着社会与法律的不断发展和外来制度的引进,人民调解制度也将面临着考验与变革。而在应对这一挑战的过程中,上述两个方面的要求应当始终是制度建立者纳入考量的首要因素。

法律政策学视角下的民族政策法制化研究

殷秀峰[*]

【内容摘要】 中国的民族政策和民族法制在价值、内容、目标等方面密切联系、相互交融，但又存在自身的特性。民族政策灵活易变、调整方式多样化，而民族法制则稳定、恒久、程序性强。调整民族关系、处理民族问题，应重视民族政策的“法制化”，即将基本性、长期性的政策纳入立法调整。民族政策的法制化大多遵循从政策调整到政策成熟再到形成立法的过程，并非所有政策都应转化为立法，而需对政策的内容加以甄别。应“为政策立法”，即以法律手段保障政策的正当性和有效性，制定程序性规则，确保政策制定的规范化、民主化。

【关键词】 民族政策　民族法制　法律政策学　法制化

一、民族政策与民族法制的关系辨析

完善和发展中国特色社会主义民族法制，必须处理好民族政策与民族法制之间的关系。我国的民族政策和民族法制在价值、内容、目标等方面均存在交叉融合之处，民族政策是民族法制的基础，它指明了民族立法的根本方向和基本原则；而为政策立法，逐步实现民族政策的法制化，则是依法开展民族工作、建设社会主义法治

[*] 作者系中国政法大学法律史学博士后。

国家的内在需求。在国内外民族问题与民族关系的新形势下，脱离民族法制的民族政策，或者脱离民族政策的民族法制，都不足以担当调整民族关系、化解民族问题、促进民族发展的重任。只有将二者视为既相互区别又相互补充、相互联系的有机整体，进行综合性的分析，才有可能获得相关问题研究的重大突破。本文借鉴法律政策学的视角和观点，将民族政策与民族法制视为相互区别、各有特点，同时又相互联系、有机统一的整体进行研究。

民族法制与民族政策密切相关，处理民族问题、协调民族关系需要制定相应的政策和法律。民族政策，是指国家机关或政党机关为解决民族问题而制定并要求有关组织和个人遵循的行为规范；民族法制，则是指国家制定的、依靠国家强制力保证执行的关于民族问题的法律法规和规章的总和。民族政策和民族法律，既有一致性，又有明显区别。协调国内民族关系，不仅需要正确的民族政策，而且必须要有健全的民族法制，才能保障少数民族的平等权利不受侵犯，同时也才能保证国家机关各项民族工作的正常开展。

在二者的一致性方面，民族政策和民族法制在价值基础、内容、目标上都有许多共同和交叉的地方，它们都是为解决民族问题、调整民族关系而制定的行为规范，几乎所有的民族法规都表达了一定的民族政策要求，民族政策有时也以民族法规的形式表现出来。二者相互补充、相得益彰，都能够有效地发挥政策和法规在国家政治生活中的优势和作用。此外，在中国法治建设的实践过程中，以政策作为立法的基础，这是多年来的重要手段和实践经验。

民族政策与民族法制具有本质上的一致性，但在其制定机关、具体内容、表现形式、实施手段等方面都有所不同。具体而言，其一，民族政策在内容上涉及的范围更宽泛，具体可能包括宏观指导、调控、利益分配等内容，而民族法制的内容更集中，更有系统性，主要涉及权利义务的分配，或者权力、职责的赋予。其二，民族政策的表现形式较灵活多样，指示、命令、倡议各种形式都可，而民族法制的表现形式相对单一,必须符合法律的规范性要求。其三,在时间效力方面,一些民族政策是短期性、暂时性的,而民族法律法规则普遍具有长期性和稳定性。其四,民族政策的约束力主要针对政党或国家行政体系本身,对于普通的社会主体仅有引导力和号召力,不具有必然的约束力。因此,政策实现的方式在于政党或国家机构的贯彻实施以及民众的响应。与政策不同,民族立法通常不仅能够约束国家机关,还能够约束一般的社会主体(法人、社团、公民等)。同时,法律的实现以强制力为后盾,其效力强于政策。由此可见,民族政策与民族法制各有特点、各有侧重,不能把二者对立或等同起来,也不可过度强调一方面而忽略另一方面。

基于上述差异,在调整民族关系、处理民族问题时,应注重民族法制与民族政策的特点,合理发挥二者的作用。从历史实践来看,民族政策的优势在于重政治指导,原则性强,具有灵活、易变的特点,适合应对短期或突发的关系和事件。但由于不具备法律的稳定性和恒久性,民族政策不适宜用于规范和调整具有长期性、根本性的民族关系和民族问题。尤其当执政党出现路线错误时,政策的制定和贯彻便会出现偏差,这不利于少数民族各项权利的保障。长期的或者成熟的民族政策向民族法制转化是必然的发展趋势,但同时,民族政策向法律的转化也要看时机是否成熟、条件是否具备。如在转型期社会,一些民族问题尚处于新出现、不稳定的状态,国家对于这些问题的调整尚处于摸索和经验积累阶段,立法条件尚不成熟,不应当急于制定法律法规,而宜使用政策性手段加以调整。

同时,政策性调整的手段比法律更为丰富,它可以包括指令、号召、引导、鼓励等多种方式,尤其适宜于一些法律手段不宜调控的领域或事件。在立法仍属空白的领域,先行的民族政策还可能引导民族法制发展和变革的方向。德国比较法学家茨格威特·克茨在讨论社会主义国家政策对法律的影响后指出:"……这绝不是说西方法律体系中法律不受政策的影响。恰恰相反,即使在西方国家,每一项法律规则也都具有或明确或模糊的政策背景,否则是几乎不可能理解法律是如何产生或在实践中是如何使用的。实际上,许多制定法都有意地寻求推进重建社会生活的某些经济的或社会的政策。"〔1〕

以行之有效的民族政策作为民族立法的基础和依据,这是党和国家多年来的重要手段和实践经验。中国的民族政策在多年的实践中经受了检验,证明了其科学性和有效性,它包含着民族立法的基本原则,同时又为民族立法的内容提供了基本依据。但同时,在建设法治国家的大背景下,我们更需重视和发挥民族法制的作用和功效。民族政策原则性强,灵活易变,适合应对短期或突发的关系和事件,但由于缺乏强制性,又不具备法律的稳定、恒久、公开的特点,因此不宜用于调整具有长期性、根本性的民族关系和民族问题。中国民族政策的发展,须重视民族政策的"法制化"问题,即将党和国家始终坚持的大政方针纳入法制化、程序化的轨道。国内外历史经验表明,依靠法律手段来解决民族问题是现实政治的最佳选择。在法治社会中,法律是制度性和普遍性规范,政策是工具性和特殊性规范。法律的内在特征强调稳定,一视同仁,而政策则可机动灵活,有所偏重。以灵活性见长的政策并非无所作为,但它只能在法律制度的制约下补苴罅漏,或是在不违背法治精神的前提下,对社会生活中某些处于不利状态的特殊群体或事项作倾斜性照顾。"从这个意义上说,政策的合法性是法治社会中不可逾越的门槛。法治不仅是法律的准绳,更是政策的紧箍咒。"〔2〕

二、民族政策法制化的历史考察与现存问题

自新中国成立以来,民族政策和民族法制建设是同时开展的进

〔1〕［德］茨格威特·克茨:《比较法总论》,潘汉典等译,贵州人民出版社1992年版,第519~520页。

〔2〕胡平仁:《法律政策学的学科定位与理论基础》,载《湖湘论坛》2010年第2期。

程,国家既根据需要制定和发布民族政策,同时又制定民族法律法规。从这个角度来讲,似乎不存在民族政策“法制化”的命题。而我们之所以要讨论这个命题,其原因在于,长期以来,国家调整民族关系、解决民族问题的重心始终在于民族政策,民族政策的数量、质量、实践经验以及现实作用都明显强于民族法制。在民族工作领域“重政策、轻法制”的状况始终存在,民族法制体系不完善,没有发挥出应有的作用。早在20世纪50年代,彭真就指出:“党的政策要经过国家的形式而成为国家的政策,并且要把在实践中证明是正确的政策用法律的形式固定下来。”[1]时至20世纪80年代,伴随社会主义法制建设进程的深入,国家开始逐步强调民族法制的重要性,并积极开展民族法律法规建设。由于民族政策在文本和实践两方面都为民族法制打下了坚实的基础,因此,民族法制建设的过程,许多情况下也是民族政策法制化的过程。

经过三十余年的努力,数量众多的民族政策已经实现了法制化,相关的民族关系也已转化为法律关系,受到国家法律强制力的保障。具体来看,在基本民族政策方面,新中国成立前后就已形成的民族平等、民族团结、各民族共同繁荣,实行民族区域自治等重要政策,已逐步在《宪法》和其他法律法规中得到体现,从而实现法制化。例如,1949年9月29日中国人民政治协商会议第一届全体会议通过的《中国人民政治协商会议共同纲领》(以下简称《共同纲领》)第六章专章规定“民族政策”,其第五十条规定:“中华人民共和国境内各民族一律平等,实行团结互助,反对帝国主义和各民族内部的人民公敌,使中华人民共和国成为各民族友爱合作的大家庭。反对大民族主义和狭隘民族主义,禁止民族间的歧视、压迫和分裂各民族团结的行为。”第五十一条规定:“各少数民族聚居的地区,应实行民族的区域自治……”第五十三条规定:“各少数民族均有发展其语言

[1] 彭真:《彭真文选》,人民出版社1991年版,第492页。

文字、保持或改革其风俗习惯及宗教信仰的自由。人民政府应帮助各少数民族的人民大众发展其政治、经济、文化、教育的建设事业。”可见,《共同纲领》为新中国的民族政策奠定了坚实的基础,其本身也可视为宪法性文件,作为新中国民族法制的奠基。《共同纲领》之后,从1954年的《宪法》到1984年的《民族区域自治法》颁布实施,党和国家的基本民族政策伴随国家法制建设的进程而基本实现法制化。由于基本民族政策的全局性、重要性、长期性,实现法制化十分必要,相关政策通常由《宪法》或者《民族区域自治法》等高位阶的法律加以界定和保障。

在基本民族政策实现法制化的同时,一些具体民族政策也逐渐由政策上升为法律。以少数民族教育问题为例,从新中国成立至20世纪70年代末,国家主要依靠一系列民族政策调整民族教育关系,相关民族政策实践为民族教育立法奠定了基础。改革开放以后,国家教育法制出现大规模的建设高潮,[1]1982年的《宪法》、1984年的《民族区域自治法》、1986年的《义务教育法》、1993年的《教师法》、1995年的《教育法》、1998年的《高等教育法》等高位阶立法均对民族教育问题作出了规定。国务院及其各部门也针对民族教育制定了一系列行政法规和部门规章。多个地方的立法机关则制定了一些关于民族教育的专门法规,如广西的《广西壮族自治区教育条例》(1992年)、黑龙江的《黑龙江省民族教育条例》(1997年)、云南楚雄的《楚雄彝族自治州民族教育条例》(1993年)等。值得注意的是,如果说基本民族政策非常必要,并且已经初步实现了法制化,那么具体民族政策是否亟待法制化,则需具体问题具体分析。对于长期性的具体政策,如少数民族特定文化权利的保护,的确有通过立法清晰界定权利义务、法律责任、救济手段,实现法制化的必要,而对于短期的、暂时性的具体政策,当政策目标达到,或者社会条件

〔1〕 成有信等:《教育政治学》,江苏教育出版社1993年版,第69页。

变化以后,政策本身即失去效力,没有纳入立法调整的必要。

从我国民族政策法制化的现状来看,当前存在的问题主要有以下两个方面:

一方面,民族政策法制化的程度不足。一些重要政策仍未实现法制化,相关民族工作仍主要以政策为指导,任意性太强,稳定性不足。此外,一些政策虽已实现法律化,但法律的效力层级不高,或者操作性不强,未能良好地发挥法制的保障性作用。例如,一些涉及少数民族特定权益保护的事项,依然仅依靠政策调整,或者缺乏高位阶的统一立法,这不利于相关权利、义务、职责的划分,不利于权利救济和法律责任追究。如清真食品管理问题涉及广大穆斯林的长期利益,事关重大,从目前的情况来看,已有零星的地方立法,未立法的地区仍依靠政策调整,这不利于在全国范围内统一清真食品的标准、生产运输经营流程、监管措施、法律责任等事项。2004 年以来,在国务院及其有关部门的努力下,行政法规性质的《清真食品管理条例》的立法准备工作正逐步展开,相关政策和地方立法将进一步实现法制化、统一化。与此类似,涉及少数民族长期、特定权益保护的其他事项,宜逐步推动相关政策实现法制化,如少数民族殡葬管理、少数民族特需商品管理、少数民族文化遗产保护、少数民族教育促进、少数民族语言文字保护等。

另一方面,在民族政策法制化程度不足的同时,已经由民族政策转化而成的民族立法,仍存在政策烙印明显,规范性、逻辑性不足,立法语言缺陷等弊端。例如,"规范性"是法律的重要特征,它强调法律规范逻辑结构的完整性,一条完整的法律规范包含假定条件、行为模式、法律后果三个要素,其中法律后果体现了法律的强制力,也是保障法律不被任意忽视或违反的重要因素。美国著名法学家博登海默认为:"制裁作为附属物乃是一个绝对必要的条件,亦即一项法律规范得以存在和得以有效的根本标准。"[1]缺乏法律后果的法律规范与道德、习俗等一般社会规范难以区分,法律效力受到严重影响。以《民族区域自治法》为例,其中许多规则在逻辑结构上仅有假定条件、行为模式部分,而缺乏法律责任,如果它的配套立法也未对其逻辑结构予以完善,则易导致《民族区域自治法》已被违反,但不明确违法者应当承担何种责任、应当如何追责。没有对法律责任的明确界定,法律就失去了应有的强制力量,从而与倡导性的政策措施无异。不仅如此,部分民族立法的法律"品性"不足,还体现在程序性规定的缺乏,这导致相关实体性权利救济困难。结合现实案例来看,由于程序性规定缺失,侵害少数民族合法权益(尤其是集体性权益)的行为,或妨害民族自治地方行使自治权的行为,常缺乏有效程序——特别是司法程序的救济。实践证明,解决权益纠纷,处理违法行为仅靠行政手段是远远不够的,只有完善民族立法的程序性规定,强化司法救济手段,才能有效发挥民族法制的权益保障功能。

此外,民族法律法规在用语上的政策化倾向,也是民族政策法制化不彻底、未割断政策脐带的表现。立法语言应当符合法律语言的基本要求,从目前的情况来看,一些民族立法的用语在严谨性、明确性、专业性、专门性等方面尚存在不少问题,精准专业的"法言法语"未能一以贯之,而"鼓励""帮助""指导""群众""干部"等含义不明的政治化、政策化用语则成为独特的"风景线"。以《民族区域自治法》为例,其中第五十六条第三款规定:"国家帮助民族自治地方加快实用科技开发和成果转化,大力推广实用技术和有条件发展的高新技术,积极引导科技人才向民族自治地方合理流动。"这类规则中的动词体现出引导、号召的政策式话语的特征,作为政策用语,它们

---

[1] [美]博登海默:《法理学:法律哲学与法律方法》,邓正来译,中国政法大学出版社1999年版,第342页。

具有原则性、灵活性的特征，但作为法律用语，却不符合专业、严谨的要求——"帮助""大力推广""积极引导"是否理解为国家的职责和义务？如果不作为，承担何种法律责任？用语的不专业势必导致含义的不明确。对此，国家立法机关在修改过程中显然已注意到上述问题，如2001年修改后的《民族区域自治法》，即将第六章"上级国家机关的领导和帮助"更名为"上级国家机关的职责"，这即是立法语言专业化的体现。与此相应，更多的民族立法应摆脱政策化语言的影响，以便更符合民族立法形式合理性的外在要求。

三、推进民族政策法制化应注意的几个方面

（一）民族政策法制化的一般过程

在调整民族关系、处理民族问题时，应更多依靠民族法制，进一步促进民族政策法制化。将一定的政策上升为法律，并非消解政策，而是能够更有效地保障长期性政策的效力。中国在民族政策法制化的进程中积累了诸多经验，一般而言，相关政策达到稳定、成熟的状态，这是实现法制化的前提条件。

所谓"稳定"，即政策所调整的社会关系以及政策本身需要相对稳固，而不是处在暂时的或者变动不居的状态当中。例如，针对现实政治、经济等社会情势变化及时出台的民族政策，由于还处在摸索过程中，需要根据现实情况的变迁不断作出适应性调整，这类政策转化为法律的时机尚不成熟。再如，一些应对突发民族问题的政策，本身是暂时性的，当社会条件改变或者问题解决时，政策即告终止，这类政策也不宜上升为法律。法律制度通常滞后于社会现实，它是对反复出现的社会现象或者相对稳定的社会关系的回应和保护。同时，法律一旦制定，即不可朝令夕改，其灵活性无法与政策相比。当然，这只是就一般情况而言，法律同时具有前瞻性，可以发挥引导社会变革的功能。如在西部大开发进程中，很多经济社会关系要靠法律建构、调整，而不能机械地等待政策成熟。

所谓“成熟”,即民族政策已经过充分实践,在接受科学的政策评估后,被认为效果良好、切实可行。成熟的政策应当获得社会认可,如在价值观念或制度上已基本达成社会共识。在调整民族关系、处理民族问题时,政策较之法律对社会的反应灵敏,且弹性较大,当制定法律的条件尚不成熟时,可先由政策调整,并在实践中反复修改、完善。由于稳定性要求高、修改程序严格,民族立法的出台尤需审慎,如立法条件不成熟,则易导致法律过于超前、缺乏操作性、负面效果明显等问题。

以瑞典民族政策法制化的实践经验为例。瑞典曾是“一种语言、一个种族和一种宗教”的同质社会的典型,“二战”成为瑞典民族文化从同质向多元转变的起点,战后,大量的战争难民和劳工移民迁入,瑞典的民族文化多样性问题日益突出,移民问题成为瑞典政府和社会关注的重要问题。战后初期,瑞典的同化主义立场十分明确,其后同化政策在内、外部压力下受阻,效果不佳。1968 年瑞典正式建立移民委员会,委员会在多元文化政策的形成中起到了决定性作用——它调查移民在瑞典遇到的问题,对政府的移民政策进行评估,对移民和少数民族团体在语言、文化、社会等各方面的诉求进行调查。[1] 委员会提出了一系列解决移民与少数民族问题的政策措施,这些措施在 1975 年被议会采纳,正式确立为法律,从而奠定了瑞典的基本民族政策——多元文化政策的基础。由此可见,一国民族政策的法制化通常沿着一个大致的轨迹,即面临民族问题/民族关系→政策调整→政策修正→政策成熟→形成立法。

(二)民族政策法制化在内容上的甄别

在当前的民族工作中,应更多地依赖法制,促进民族政策法制化。但这并不意味着盲目地把政策上升为法律,用法律替代政策的功效,而应“具体情况具体分析,宜用政策加以引导的,则不应由法

〔1〕 参见杨洪贵:《瑞典少数民族政策评述》,载《世界民族》2008 年第 5 期。

律硬性约束。有些急需的可以直接立法”。[1] 那么对于民族政策而言,哪些需要法制化,哪些适宜继续使用政策调整呢?首先,如前所述,民族平等、民族团结、各民族共同繁荣、民族区域自治等基本民族政策具有根本性、长期性,它们的基本内涵已经实现法制化;需要进一步完善的,是促使相关民族立法更具有可操作性,更能发挥实际效力。如在民族平等问题上,需制定和完善反歧视立法,有效遏止各种民族歧视行为。在民族区域自治制度的实践上,应通过完善配套立法和自治立法,真正把《民族区域自治法》规定的各项权利落到实处。

与基本民族政策不同,具体民族政策的法制化更需具体分析。如前所述,政策的法制化需以稳定、成熟为条件,暂时性政策不宜上升为法制。而民族政策究竟属于长期性还是暂时性,通常由其内容所决定。以民族优惠和照顾政策为例,这些政策旨在促进民族发展,或满足民族文化多样性的需求,大量的优惠和照顾政策分别为保障少数民族的各项权利而设立,这些政策指向的客体在属性上存在差异,不能混为一谈。少数民族权利理论把民族权利分为“共同领域”与“分立领域”两大类,前者指包括多数人和少数人在内的全体成员基于共同需求、依从共同的规则进行互动的领域;后者指属于民族、宗教或语言上的少数人群体成员维护其群体特性和认同的领域。[2]

在共同领域内,政策目标在于促进少数民族成员对社会公共生活的有效参与,赋予或提升他们参与公平竞争的能力,如在教育资源的分配上予以倾斜,特别提供提高社会参与和融入能力的语言培训、技能培训等。重要的是,针对共同领域权利的政策,其宗旨并非在于维持群体之间的差异,而是为了在共同领域中创造和恢复实质

[1] 陈振明:《政策科学》,中国人民大学出版社1998年版,第258页。

[2] 周勇:《少数人权利的法理》,社会科学文献出版社2002年版,第19页。

平等；一旦政策目的达到，就不应再继续实施，否则将导致反向歧视。针对共同领域的政策在优惠方式和手段上需要细致考量，在强度、时间、地域上也需具体分析，[1]国家应建立科学的评价体系，定期评测各民族或地区实际的发展情况，并以此作为政策调整的依据，当优惠的目的达成或条件消失以后，应当逐步克减、直至取消。共同领域的少数民族权利具有变动不居、非永久性的特点，这使调整相关问题时适合运用政策手段，通常不宜上升为立法。

与此不同，在分立领域内，政策的任务在于通过特别措施认可并维护少数民族的族群特性。特别措施的合理性依据在于“族群—文化”多样性的要求，在当代占据主流的“多元文化主义”政策或其他强调民族平等的政策，均认可和保障少数民族维系和传承其族群认同和传统文化的要求。由于民族特性和认同的保持是一个漫长的历史过程，因此，不同于共同领域的优惠政策，特别措施的延续相比之下是长期性的。[2] 检视我国当前的民族政策及立法，优惠政策或特别措施在形式上已相对完备，问题在于，由于对上述两个领域未作明确区分，在实践中哪些宜用政策调整，哪些宜用法律调整，显得并不明确。笔者认为，调整共同领域的政策不宜法制化，相反应建立科学、细致的评价机制，定期对政策进行分析、评估、调整、限制。而对分立领域的政策，则应充分意识到其长期性的特征，对于条件成熟的应当上升为法律。例如，少数民族对其语言文字的传承，对其风俗习惯的保持均属“分立领域”的权利，将相关政策法制化更有利于权利保障。实践中存在错将分立领域与共同领域混淆的观点

---

〔1〕 如在高考加分问题上，单纯由于教育资源分配不均导致的不平等，优惠措施应当惠及整个地区，而非考虑身份群体，因为受到影响的单位显然是地域而非民族；而由于汉语及其知识传统因素导致的不平等，可以族群身份作为加分依据，但又无法考虑到个体差异，比较合理的做法是通过加试民族语文而予以特别加分。

〔2〕 参见李剑：《少数民族人权——权利分类与对应性保护》，载《贵州民族研究》2012 年第 4 期。

或做法，如长期不对共同领域的优惠政策加以限制、克减，实质上已经导致反向歧视；或者认为经济社会发展至一定程度，即可取消分立领域的特别措施，两种倾向均易损害合法权益，甚至诱发民族矛盾。

（三）为政策立法——民族政策的法制保障

在当代社会，但凡重要、长期的政策多会转化为立法，而民族政策的法制化不仅指从政策向法律的转化，同时还有“为政策立法”之意，即以法律手段保障政策的正当性和有效性。法治并不排斥法律之外的其他社会规范，为政策立法并非以法律代替政策，而是试图为政策的制定与实施提供法律的原则、程序和界限，防止政策偏离法治的轨道。为政策立法主要是从实体和程序两个方面，防止政策决策、政策实施的随意性。法律提供刚性的实体规范和严格的程序规则，使多变的政策不至于迷失方向。[1]

在历史和当下的实践中，一些民族政策的制定和实施存在违反法律的精神、原则或者具体规范的现象，“政策违法”不仅损害了国家法律的权威，同时也违背了基本民族政策的要求。例如，“文化大革命”时期，极“左”的政治空气导致一些民族政策严重失当——民族自治地方被撤销、肢解、代管，少数民族的多项权利被任意取消，风俗习惯和宗教信仰自由得不到尊重……“文化大革命”政策失当的深刻教训在于，政策的制定一旦逾越法律的界限，就会导致轻率、专横，极有可能践踏权利。对民族政策进行合法性审查十分必要，政策的制定必须于法有据，而政策的内容不得与民族立法相违背——违法将导致政策无效。

“为政策立法”还表现为制定程序性规则，确保政策制定的规范化、民主化。规范化是现代公共政策制定的基本原则，社会利益主

---

〔1〕 参见胡平仁：《法律政策学的学科定位与理论基础》，载《湖湘论坛》2010年第2期。

体的多元化和政策制定过程的复杂性,都要求遵循规范化原则,以避免随意、专断和个人意志左右的政策出台。同时,为保障民族政策的民主性与科学性,通过立法来确定议事规则就显得至关重要。《民族区域自治法》规定,"民族自治地方的自治机关在处理涉及本地方各民族的特殊问题时,必须与他们的代表充分协商,尊重他们的意见"。有学者指出,民族自治地方应建立具有可操作性的协商民主决策机制,参加决策活动的主体不仅包括政府、与决策有直接利益关系的特定民族的人大代表或工作人员,还应当包括其他民族群体的人大代表或工作人员。为保证协商过程有序、公正、充分、真实,"应当制定规范协商民族决策程序的法律法规,对参与协商的不同主体的权力和责任、协商的步骤、方式等问题作出明确而细致的规定,而民主协商的参与者则应严格按照程序规则的要求从事相关活动"。[1] 法律不仅能够确保政策制定的规范化、民主化,同时还借助各种行政程序规范,确保行政主体在执行民族政策时,必须遵循一系列步骤、顺序、时限和方法,并且做到权责一致、有责必究。

笔者认为,民族政策法制化的更高目标,在于实现调整民族关系、处理民族问题的"法治化"。"法治化"不仅指民族政策向立法的转化,它同时要求从执政党到各级国家机关必须充分树立依法决策、依法行政的法治观念。在建设社会主义法治国家的大背景下,党和国家机关在处理民族问题、调整民族关系时首先应以法律为依据,并在不违反法律的情况下制定各类灵活的政策措施。同时应充分发挥民族法制和民族政策各自的"比较优势",并逐渐确立民族法制的主导地位。

---

〔1〕 田钒平:《论民族自治地方自治机关协商民主决策机制的完善》,载《民族研究》2010 年第 4 期。

美国梦的意识形态分析

——兼论中国梦的"中国性"

曹　斌* 毛　娓**

【内容摘要】 自习近平总书记提出中国梦伟大构想之后,中国梦研究成为热点。同时"美国梦"研究也重新转热,并常常作为与中国梦并提的参照物。但是仔细研究美国梦的成因和传播,我们会发现,所谓的美国梦,仍旧不脱意识形态的外衣,且是经过精心包装和宣传的、意在推行美国观念与价值的媒介。所以我们在构筑中国梦时,一定要走出美国梦的"迷梦",而坚持中国梦的"中国性",具体而言,则应在"中国道路""中国精神""中国力量"三个方面有所坚持。

【关键词】 美国梦　意识形态　"中国性"

2012年11月29日,习近平同志在参观《复兴之路》展览时,发表了《实现中华民族伟大复兴是中华民族近代以来最伟大的梦想》的重要讲话。讲话中提到:"每个人都有理想和追求,都有自己的梦想。现在,大家都在讨论中国梦。"[1]这是他首次正式提到中国梦,其后,2013年3月17日,在第十二届全国人民代表大会第一次会议上,习近平同志又发表重要讲话,第一次对中国梦进行了系统的阐

* 作者系江苏人民出版社副编审。

** 作者系中央办公厅中直管理局政策法规处副处长。

〔1〕 习近平:《实现中华民族伟大复兴是中华民族近代以来最伟大的梦想》,载《习近平谈治国理政》,外文出版社2016年版,第36页。

述。从此,中国梦作为一种治国理想和理论主张,迅速成为全国人民关心的热点话题。这让人不免联想到一个国际上很流行的词——美国梦,自从英国殖民者在北美大陆开拓伊始,随着陆陆续续世界各大洲的移民涌入美国,经过数世纪的不断努力和奋斗,美国终于从一片次大陆发展成为全球最强大最富裕的国家。美国梦于是成了"光荣与梦想"的代名词,成为世界人民心仪不已的"集体记忆"。且美国向来被世界视为最自由的国度,故美国梦也常常被视为自由的象征或产物。但是,事实果真如此吗?难道中国梦也要袭美国梦故智吗?答案当然是否定的。因为,美国梦长久以来就被包裹上一层华丽的外衣,这一点许多美国精英人士心知肚明,但一般外人则极容易被迷惑,犹如雾里看花,水中望月,许多领域对于世界最广大人民而言,根本就是一个无法企及的迷梦。且不说淘金热或美国西部大开发时几乎被灭族的印第安族裔,单就常被人所称的美国东西贯通的铁路每一根枕木下面都有中国劳工的亡魂而言,都预示着美国梦其实不那么真实。事实上,美国梦并不意味着每个在美国的人都有人生出彩的机会,恰恰相反,很多人的出彩,是建筑在更多人(绝大多数非美国人)沉沦的基础之上的。且美国梦更多的是美国既得利益者——政商精英所刻意营造出来的、以配合其在世界扩张需要的武器。换言之,美国并不像它所宣称的有着山姆大叔式的单纯,所谓的美国梦,恰恰就是服务于美国国家利益和权力的"意识形态"。本文拟对这样的意识形态进行分析,并在此基础上解释为何迎接中国梦必须驱除美国梦的幻影,而坚持"中国性"。

一、美国梦——美国实质的意识形态

意识形态就是有关社会行动或政治实践的"思想体系","信仰体系"或"象征体系"。意识形态概念本身是一个中性概念,并不专属于马克思主义学说。从广义上来讲,意识形态存在的意义就是服务于权力,这就决定了意识形态及其宣教不仅存在于社会主义国家之中，也存在于资本主义国家之中。[1]

美国梦作为一国政府与人民的共同信仰，其本身就是美国国家意识形态的反映。美国梦的宣传与教育本质上就是美国政府对美国国家意识形态的宣传与教育。纵观美国短短四百年的历史发展不难发现，以“私有财产神圣不可侵犯”为核心理念的私有制作为美国梦的经济基础，必然结出个人主义的果实，并形成美国梦一切理念之基石，加之北美洲相对富饶广袤的自然环境和清教徒赎罪思想的影响，美国梦随着社会、政治、经济的发展而逐渐融入民主、自由、机会均等、竞争等思想因子，而美国作为无土著居民的移民国家的现实（土著印第安人排除在外），决定了美国必须设法克服国内种族、民族多样性带来的矛盾，必须塑造一个能够凝聚外来移民的共同信仰，以维持国家的存在和发展——这就是美国梦。正如一位归国教授所说：因为美国缺乏血脉传承、历史积淀和深厚的传统文化底蕴，不是一个真正的民族国家，而是一个政治国家，如果不进行极其意识形态化的政治教育，将人心聚合在一起，美国国将不国。“如果法国散了，法国人还是法国人；美国要是散了，美国人就不是美国人了。”[2]因此，美国梦的存在与发展，是美国作为一个国家存在与发展的必要前提与核心要素。从国家存亡这个高度来理解美国梦，不难发现其作为一种意识形态的宣传与教育对于美国国家和国民的重要意义所在。

美国梦对于美国来说，是如此的重要；对于世界来说，是如此的华丽，以至于世人根本无法察觉其背后所存在的符合美国利益的意识形态宣教本质。原因有五：（1）意识形态这个词自马克思时代以

---

〔1〕［英］约翰·B. 汤普森：《意识形态与现代文化》，高铦等译，译林出版社2005年版，第6～7页。

〔2〕参见《美国梦的核心：粉碎他国梦想，成就他人梦想》，载http://blog.ifeng.com/1146242.html。

来一直因资本主义和社会主义的对立而被西方世界妖魔化、负面化，并被视为社会主义特有的事物，西方世界的普通民众根本意识不到自身世界所存在的意识形态宣教。(2)在美国国内，美国梦的理念灌输更多的是与爱国主义教育、学校教育、社会教育、家庭教育相结合，成为美国生活、文化的一部分，难以轻易剥离。(3)美国国力全球第一的现实容易招致国内外人们对美国政治、经济、社会、文化等各个方面不加批判的片面肯定与盲目认可。正所谓："虽不能至，心向往之。"而盲目崇拜的心理往往使人们难以透过现象看到本质。(4)美国极其强大的文化传媒资本呈现给美国以外地区人们的更多的是引人注目的关于美国梦的文化产品，特别是好莱坞电影。人们在其中首先看到的是震撼人心的电影场面与吸金如土的票房收入，往往在欣赏之余而自然接受美国梦的各种理念，却根本认识不到自己在接受一次又一次美国梦的意识形态教育。(5)美国基于建国时间短、缺乏共同传统文化的历史制约，它所必须提出的能够凝聚美国人心的美国梦理念，首先，必然表现为不同于一般民族国家的政治理念，具有新颖性；其次，它也必然吸收当时各国政治理念中的先进部分，并结合本国国情而发展成型，具有时代的超越性与先进性。因此，虽然也是在进行意识形态宣教，但美国梦是如此隐蔽，以致难以察觉。

而这种难以察觉的美国梦意识形态宣教对美国人民乃至世界人民来说又并非"润物细无声"，而是强制灌输与潜移默化两者融合。

在国内，美国推崇仪式教育。在各种仪式、庆典、公众聚会，甚至新教徒的礼拜上广为唱颂的《上帝祝福美利坚》《美丽的美国》等脍炙人口的歌曲，所共同表达的就是美国及其价值观为上帝所祝福。大多数公立学校以及诸多私立学校，学生从小学到高中，每天作为一天的开始，都要向国旗致敬，并宣读《效忠誓词》："我宣誓效忠美利坚合众国国旗，以及它所代表的共和国。上帝之下的国家，统一而不可分割,自由和正义属于所有人。"[1]在国外,相对普通民众"自觉"接受美国梦理念而言,主权国家政府所感受的美国梦则是赤裸裸的意识形态压迫。从政治哲学的层面来看,美国外交中的核心意识形态是民族主义和自由主义。但美国民族主义意识形态的独特性在于,它把追求一种普世的理想,即在全世界实现自由主义的基本信条作为自己的国家目标。即使是基辛格这样的现实主义大师也承认自由制度是和平的条件,认为权力在与美国自由主义价值观一致的时候才是最有效的。长期以来,美国一直试图改造中国,其中的冲动源于其民族主义抱负,用以改造中国的资源和模式则是美国自由主义。在很多美国人看来,中国是美国实现其民族抱负和国家使命的最佳试验场,改造中国是美国民族主义意识形态中美国梦的一部分。[2] 因此,我们很难说美国梦不是在进行意识形态的强制灌输。

但又正如上文所提到的五点原因,美国梦的意识形态宣教又具有极强的隐蔽性,原因不再赘述,但其潜移默化的手法的确值得我们研究。首先,美国政府长期重视"美国梦"核心价值理念的传承。从《五月花号公约》到托马斯·杰弗逊的《独立宣言》,从1789年宪法到林肯的《解放黑奴宣言》,美国政府历届领导人一直在历史与现实中总结、提炼美国立国的基本理念——自由、民主、平等,根据社会发展的现状不断丰富其内涵,并一以贯之地坚持于治国实践当中。其次,历届总统重视在治国实践中宣传美国梦。肯尼迪家族坚持不懈地推动美国梦成为美国政治文化的主流,其美国梦的理念就

[1] 参见《美国梦的核心:粉碎他国梦想,成就他人梦想》,载 http://blog.ifeng.com/1146242.html。

[2] 参见王立新:《从历史的角度看美国外交中的意识形态》,"北京论坛·文明的和谐与共同繁荣"之"多文化共存下的记忆与遗忘"历史分论坛论文集。

是:国民能够不受歧视地追求个人幸福。[1] 里根于其总统任期内在共和党大会的最后一次发言就美国梦强调:人民能在美国兑现梦想并享受结为一体的自由;我们能够"尽可能完美地传续"给我们子孙的,就是对正直、宽容、慷慨、忠实、勇敢、智识、公正和虔诚的崇尚。"美国(梦)没有黄昏!"克林顿则在其任内最后一次讲话中重申美国梦的内涵:"一个美好的社会、繁荣的经济、清洁的环境,进而实现一个更自由、更安全、更繁荣的世界。"同时,他要求给予人民公正的待遇,不论其民族、信仰、性别、性倾向,及何时来到美国。并号召全体国民"时时刻刻都要为了实现先辈们建立高度团结的美利坚合众国的梦想而奋斗"。再次,免费开放各类政府设施供民众参观,帮助民众深刻认识其自认为优越的以"三权分立"为代表的行政制度等政治制度运作方式,以加强民族、国家自豪感。最后,美国梦的理念全面渗透各类大众媒体。美国非常重视利用各种媒体进行美国梦的宣传教育工作,尤以电视、报纸、电影为甚。如《阿甘正传》《追求幸福》《站在教育室前》等享誉世界的美国大片,实际上都是从不同角度描绘了美国梦中的机会均等、个人奋斗、永不言败的核心理念。[2]

应该来说,美国梦的意识形态宣教具有两个非常与众不同的特点:

一是美国政府背后的无形的意识形态支持是塑造美国梦的最大动力,其形式则是政府行为与文化企业的利益统一。如上所述,美国梦的理念宣教是美国的立国之本,政府在其中追求的是国家政治利益与国家经济利益;而美国规模庞大的传媒资本则通过主动与被动的配合宣教,获得了巨额的私人资本经济收益。事实证明,自20

---

〔1〕 庄礼伟:《肯尼迪家庭对"美国梦"的诠释》,原载南方网,转引自大洋网 http://news.dayoo.com/world/200909/03/53871_10679123.htm。

〔2〕 吴巧格:《美国电影中的美国梦》,载《文学教育》2012年第2期。

世纪初以来,美国所推崇的所谓的"言论自由"已经越来越面临一个新的威胁:无节制的国家权力行使和私人传媒组织无阻碍发展的结合。[1] 两者结合的客观结果就是在世界范围内按照美国的意愿进行价值观宣传,即美国梦的意识形态宣教。

二是美国政府注重利用现代传媒技术进行美国梦的意识形态宣传,发挥软实力作用,软硬并举,以维护美国利益。现代技术的发展使大众传媒大大扩展了意识形态在现代社会中运作的范围,使信息能够传输到时间与空间上分散的、广大的潜在受众。虽然大众传播不是意识形态运作的唯一场所,但美国政府将大众传播的性质与影响放在了核心位置。这一点,在好莱坞的战争大片中体现得尤为明显。如《绝世天劫》《独立日》《鹰眼》《勇者行动》《变形金刚》等,这些电影充斥着现代战争场面,均得到了美国政府的大力协助,国防部和军队提供了大量的人力指导和物力支持。政府之所以如此大力度地支持这些电影,除对宣扬美国强大的军事实力的考量之外,另一个很重要的原因就是这些影片可以在国内外不动声色地宣扬、推广美国梦的各种理念。

二、美国梦意识形态的世界影响

那么,美国梦作为一种国家意识形态,到底能给世界带来什么呢?

事实上,美国梦并没有明确的定义,通说认为:就个人角度而言,美国梦是指"一种相信只要经过努力不懈的奋斗便能在美国获得更好生活的信仰,亦即人们必须通过自己的工作勤奋、勇气、创意和决心迈向富裕,而非依赖于特定的社会阶级和他人的援助"。[2] 从国

---

〔1〕 参见[英]约翰·B.汤普森:《意识形态与现代文化》,高铦等译,译林出版社2005年版,第273页。

〔2〕 参见维基百科"美国梦"词条。

家层面来讲,个人的美国梦对应要求的就是一种关于自由、民主、平等的国家理想或理念。[1] 也有人将上述两个层面美国梦的内涵分为狭义与广义,或称为个人角度与社会角度之分。[2] “自由”“民主”“个人奋斗”“坚持不懈”“机会均等”“社会流动”“成功”等关键词是理解美国梦的核心要点。

美国梦起源之初,美国地处偏远,远离世界经济中心,生存环境恶劣,更多依赖个人的艰苦奋斗;在美国梦的成长过程中,对个人私有财产的尊重、清教徒思想的引导、地广人稀的自然条件带给每个人以自由发挥的空间,“西进运动”又促使美利坚民族形成冒险开拓的意识;从 17 世纪至今美国国力蒸蒸日上的发展态势又进一步增加了国民个人对追求成功的自信心与自豪感。因此,个人主义在美国梦中具有广阔而坚实的市场。美国梦虽然也传承历史,但其没有道路可言,有的只是核心理念(自由、民主、平等)的引领和扩张(领土的和经济的)。美国的发展历史说明其在领土扩张、经济发展、政治模式上没有可以借鉴的他国模式,只能由自身依靠核心理念的指引在发展中探索前进。同时,美国梦不强调共同富裕,其注重的是在平等环境下个人价值最大限度的实现。亚当斯在《美国史诗》中写道:“让这片土地上每个人生活得更好、更富裕的梦想,让每一个人都有施展才能的机会,并取得相应成就……这并非仅仅是拥有小汽车和高工资的梦想,而是对于一种社会秩序的梦想,在这里每个男人以及每个女人无论出身或地位如何,都能以自己的天赋能力取得所能达到的最高成就,并得到他人的认可。”

综观美国梦的产生原因、经济基础、发展历史,我们不难发现,美国梦本质上是一个扩张的梦,是一个宣传所谓的“普世价值”,但习

〔1〕 徐国庆:《简析美国梦的理解主义》,载《宿州学院学报》2009 年第 1 期。

〔2〕 彭亮:《“美国梦”的文学解读》,载《重庆文理学院学报》(社会科学版)2012 年第 1 期。

惯于利用外部条件解决自身问题,并努力地通过挖掘别人的财富来发展自身的"专属于美国的梦"。扩张是美国梦的本质属性。这种扩张,一方面,是历史发展的必然与性格内化——从建国起源的奋斗到国家领土的扩张;另一方面,则是美国国家发展的需要——移民国家的属性和依然相对广阔的发展空间决定其仍然需要吸引世界各地的优秀人才为其国家发展服务。克林顿在其任期内最后一次讲话时就说道:美国梦的内涵就是"一个美好的社会、繁荣的经济、清洁的环境,进而实现一个更自由、更安全、更繁荣的世界"。美国政府外交政策的取向是对上述扩张特性最好的诠释。美国梦是符合美国国情的梦,基于美国历史和现实的需要,美国梦的理念有助于宣传其所谓的"普世价值"来凝聚人心,有利于通过自由、民主、平等等核心理念的引领和制度的保障,以此激发公民个人最大的发展潜力,通过其个人努力实现其所能达到的最高高度,借此吸引外来优秀人才实现其国家的梦想。

美国梦诸如民主、自由等各项核心理念作为美国国家意识形态在其国家建立、发展中,发挥了不可磨灭的重要作用。但美国梦的扩张本质又必然给世界其他国家带来不可避免的负面影响。

首当其冲的就是经济殖民、文化霸权和人才"掠夺"。战后,美国高举自由贸易的旗帜,力求打破广大发展中国家的贸易保护政策,为其经济建立广阔的原料产地和产品市场。但随着近年来以中国为代表的广大发展中国家工业制造能力的崛起,其又以保护本国就业为名,大力推进反倾销、反垄断调查,并另辟蹊径,在既有 WTO 框架之外,重开国与国之间的贸易谈判,如最近开始的美欧自由贸易协定谈判。其本质就在于重树贸易保护,完全按照有利于本国经济利益的方向重塑国际贸易秩序,实现其对全世界尤其是广大发展中国家的经济殖民。文化霸权和人才"掠夺"则分别为以美国梦理念为龙头的意识形态宣传和推进移民政策。关于后者,戴相龙在博鳌亚洲论坛 2013 年年会上就曾提道:"美国前劳工部长赵小兰介绍说,美国现有世界上最年轻的 1.57 亿劳动大军,这主要归功于移民政策。”

其次是对非西方国家政治体制的冲击和破坏。基于对美国梦理念的“必须肯定”的要求和综合国力世界第一的地位,美国从国家利益出发,对在世界范围内推崇美国梦产生了一种狂热的“宗教热情”,认为只要不是符合其理念的自由民主国家,则“非我族类,其心必异”。“自‘一战’以来,美国具有强烈意识形态色彩的外交政策促进了自由民主思想在世界范围内的传播,德国和日本的民主化和苏联东欧的巨变都与美国在世界范围内促进民主的外交政策密切相关。但这种外交也导致了美国与非西方国家之间的激烈冲突,并给世界带来了灾难。”20 世纪的美中关系始终存在美中两大意识形态和政治文化体系的冲突:美国扩张性的民族主义和中国防御性的民族主义之间,美国自由主义意识形态与传统儒家思想和共产主义意识形态之间的激烈冲突。所幸的是中国坚持了自己的道路,经历了各种考验,但诸如伊拉克、阿富汗之类的小国,乃至苏联这样的大国,则走上了社会动荡、经济崩溃、重建政治体制的艰难发展道路。

最后是对世界和平秩序的破坏。基辛格在《大外交》中说美国有三大利益:国家安全利益、经济利益和美国价值观的传播。2010 年 5 月美国《国家安全战略报告》对涉及美国国家安全的“四大持久的国家利益”则界定为:第一,美国及其国民、美国的盟国及伙伴国的安全,特别是防范核恐怖袭击的能力;第二,持续创新、不断成长的美国经济;第三,在美国国内及全球对“普世价值”的尊重;第四,由美国推进的国际秩序。正如上文所强调的,在世界大国中,大多数国家是民族国家,其国家认同建立在对本民族认同的基础上。而美国是一个移民国家,这些来自不同国家、有着不同宗教信仰、不同语言文字、不同生活习惯的人之所以认为他们是美国人,就是因为他们都信奉自由、平等、民主、自治等原则。所以,美国自视为建立在理念上的国家。美国人如果没有了共同的文化价值观,这个国家就有可能土崩瓦解或这个国家就不可能建立和强大。以人权为例,对美国民众而言,人权就是目的。世界上不民主、侵犯人权的国家是对美国价值观的挑战,而且由于美国是世界上最民主、最讲人权的国家,他们会把美国视为众矢之的,首先对美国造成威胁,进而威胁世界。因而只有全世界的国家都民主化了,才能保证美国的安全乃至世界的安全。由此可见,人权在很大程度上决定着美国对自身存在的价值的理解和美国的安全。[1] 而当美国政府和人民抱着这样的想法来处理国际关系时,"维护世界和平"这句口号无异于天方夜谭。近年来,世界上日益剧烈的民族冲突、宗教冲突、恐怖袭击无不与美国的"维护世界和平"有关。

综上,美国梦作为美国国家意识形态的外在表现形式,尽管表面光鲜动人,但其反映的是美国举全球之力满足其一国之私的自私本质。美国梦以理念立国,其扩张的属性必然导致美国不择手段创造一切有利的内外部环境以打造美国的世界领先地位,而不顾带给其他国家和地区的不安和动乱,包括肆意挖掘他国可贵的优秀人才,野蛮控制、消耗全球资源,违背他国意愿任意改变他国发展道路。从历史的角度去看待美国梦,既需要看到美国梦在历史上的进步性,也要正确区分美国富裕现实与对美国梦的批判。展望未来,美国梦的自私本质导致其必然为世人所认清与唾弃,难以为继。

三、中国梦的"中国性"

与美国梦相反,中国梦恰恰是广大中国人民对于民族复兴,国家富强、民主、文明的最美好期待。我们从来没有刻意强调中国梦就是目前中国的意识形态,也不向世界强行输出中国梦。更没有像美

---

〔1〕 参见《美国梦的核心:粉碎他国梦想,成就他人梦想》,载 http://blog.ifeng.com/1146242.html。

国那样为了推行其所谓的“价值”和“人权”而搞什么“颜色”和“春天”，弄得战火纷飞、生灵涂炭。我们的中国梦，首先是立足在中国这块土地上，服务于中国人民的。在某种程度上，中国梦亦可视为一种民族精神的言说，如德国著名的历史法学派大师萨维尼先生所认为的那样，法律和语言都是一个土生土长的、自给自足与自我演进的过程。〔1〕其他国家的法律与制度再好，未必适合自己。如果强行模仿或灌输，那么有可能会画虎不成反类犬。所谓的“梦”也一样，如果我们光把视野关注在表面的繁荣强盛，而忽略了这个梦的成因和内在机理，就很容易受到迷惑，从而失去自己的方向。如果这个梦再带有自私乃至残忍的本质的话，那么依样画葫芦，则不仅不能成功，甚至是有害的。基于此，习近平同志在庆祝中国共产党成立95周年大会上明确提出：中国共产党人“坚持不忘初心、继续前进”，就要坚持“四个自信”即“中国特色社会主义道路自信、理论自信、制度自信、文化自信”。他还强调指出，“文化自信是更基础、更广泛、更深厚的自信”，而中国梦就应当是“文化自信”最典型的体现。

所谓中国梦的“中国性”，也因此具有了三个维度。第一个维度是道路方向，它必须是“中国的”。在今天，主要体现为中国特色的社会主义道路。世界上每一个国家都有其发展的道路和方向，这个道路和方向不是由上帝和别的国家规定好的，没有放之四海而皆准的方法。只能根据每一个国家的历史传统和现实国情来选择，有的时候甚至还需“摸着石头过河”。中国有着悠久的文化传统和历史积淀，这是我们无法逃离的背景。相比美国梦而言，中国梦要现实得多，当年的“五月花”号上的那些人可以订立契约，去奔赴美丽新世界。而中国人却从来无法面对像美国那样单纯的环境。社会主义

〔1〕 参见萨维尼：《论立法与法学的当代使命》，许章润等译，中国法制出版社2001年版，第1～14页。

道路是近代中国以来170年的选择,只有走社会主义道路才能救中国,才能发展中国,这是毋庸置疑的。但是社会主义也有多种具体模式,以前的苏联,现在的朝鲜、古巴、越南等,都有各自的方向和道路,无论照搬哪一个国家,都无成功的可能。所以习近平同志再三强调必须要走中国特色的社会主义道路,这条道路是对中华民族5000多年悠久文明的承认,是在对此文明传承和发展中进行的。无视历史的规律,必将为历史所报复。所以我们在构筑中国梦时,首要的前提就是要走自己的路,走中国特色的社会主义道路。

第二个维度是精神气质。这就是鲁迅先生等人笔下的"国民性"。鲁迅先生当年有感于中国的贫弱,对国民性进行批判,哀其不幸、怒其不争,因为要唤醒民众,所以鲁迅先生往往会将"国民性"的负面特色放大,这叫爱之深、责之切。不过我们也不必灰心丧气,"国民性"是会随时代演进而进化的。但无论怎么样,一个人之所以为"某国人",如德国人、日本人、美国人、英国人、印度人等,一定是这个人身上强烈地体现了这个国家的色彩,且这种色彩,很大程度上是由历史和文化所铸就的,有的甚至是由这个民族萌芽时期就已经奠定的,即便再怎么发展,也不会全面泯灭"国民性"标记。因此,我们得正视我们的国民性,保留历史传统中优秀的成分,再向现代型中国人迈进。而要实现中国梦,在今天应该发扬何种精神气质呢?还是用习近平同志的话来说:"实现中国梦必须弘扬中国精神,这既是以爱国主义为核心的民族精神,以改革创新为核心的时代精神。这种精神是凝心聚力的兴国之魂、强国之魂。"[1]中国传统上最典型的民族精神就是爱国主义。苏武牧羊,心忧大汉;文天祥被执,犹唱"天地有正气,杂然赋流形",这都是伟大的爱国主义精神。正因为有了这种精神,所以历史上,很多时候,中央和边远地

〔1〕 习近平:《在第十二届全国人民代表大会第一次会议上的讲话》,载《习近平谈治国理政》,外文出版社2016年版,第40页。

区长年不通消息，仍能保证这些地区留在中华版图当中。所以中国梦的铸就，现在和将来，仍要以此精神气质为黏合剂。至于改革创新，则是现代社会所必须，中国梦绝对不是停滞的，而是以灵动的姿态，适应着时代的召唤。只有在传统爱国精神之上，不断改革、不断创新，以此精神气质筑梦，中国梦才真正具有“中国性”，以焕发无穷的活力。

第三个维度是“中国力量”。天安门城墙上有两句标语：“中华人民共和国万岁 世界人民大团结万岁”，中国梦必须凝结“中国力量”，这就是全国各族人民大团结的力量。不仅仅要全国人民大团结，作为社会主义国家，我们要致力于为共产主义事业而奋斗，所以我们的中国梦，在团结中国各族力量的基础上，还要致力于世界人民大团结。这就要求我们立足中国，放眼世界。要保持一个宽阔的胸怀，海纳百川。实现中国梦，不忘为世界做出我们应有的贡献。所以我们的中国梦，不应该是自私自利的中国梦，我们不强求世界其他国家接受我们的道路和价值，但是绝不意味着我们做关起门来的“自了汉”，中国梦同时也是为世界人民的福祉而服务的，铸就中国梦，也意味着我们要尽到一个负责任的大国应尽的义务。

四、结语

以上我们通过对美国梦意识形态的分析，意在表明，美国梦并不像日常所宣传的那样，代表着人类普世价值，也不是所有世界人民的“光荣与梦想”。而是在表面繁华的背后，凝聚着诸多世界人民血与泪的梦。自私自利是资本主义难以克服的顽症，尽管其效率在某段时间某个地方会存在诸多优势，然而对于非美国人而言，是享受不到实质的利益的。所以我们要坚持中国梦，首先必须认清美国梦的实质，中国梦绝对不是美国梦的翻版，其形式和内涵，都与之有巨大的差别。而这差别恰恰就体现在中国梦的“中国性”上，要铸就中国梦，首先得坚持走社会主义道路，其次得弘扬民族精神，再次必须坚持全国人民大团结,同时不忘中国对世界人民的义务与责任。最后,以一警示语作结,算是笔者对时下那些依旧沉迷在美国梦中的所有人的一句“醒世良言”:

“美国梦绝对不可能是世界的梦!”

学术聚焦

【编者按】 本卷“学术聚焦”栏内，我们聚焦于明清时期的监察制度。自新的《中国共产党巡视工作条例》由中央纪委会同中央组织部发布以来，配合近几年强力反腐败的实践，监察制度已成为全社会讨论的特点。在法律史学的研究方面，关于传统监察制度，学者们也进行了深挖，这其中既有古为今用、学以致用的现实考量，同时也说明，传统监察制度内涵丰富，堪为现代监察制度借鉴的智库。如果深入研究，不仅对现实监察领域，同时就法律史学学术领域本身，都有重大价值。

明朝巡按御史制度管窥

李　青*

【内容摘要】 明朝在总结汉唐以来由中央政府派出监察官对地方进行定期巡回考察这一监察制度的基础上，创立了巡按御史制度，从选派、点差、出巡到更代、回道等一系列环节制度化、法律化，赋予巡按御史重要职权，在客观上对纠正官邪，稳定地方司法秩序发挥了一定的作用。

【关键词】 监察　巡按御史　地方司法

明朝开国之初便重视监察，明太祖朱元璋指出："国家立三大府，中书总政事，都督掌军旅，御史掌纠察，朝廷纲纪尽系于此，而台察之任尤清要。"[1]之所以把监察放在重要位置，一是鉴于元朝吏治败坏，纲纪废弛，招致民变风起，最终导致灭亡的教训。朱元璋曾对臣下说："元氏昏乱。纪纲不立，主荒臣专，威服下移，由此法度不行，人心涣散，遂致天下骚动。"[2]因此他强调："建国之初，先正纲纪。"[3]二是明朝作为中国封建社会后期的王朝，建立的是强化的专制制度，最需要巩固的是两大支柱，即军队和统一的官僚机构。监

---

* 作者系中国政法大学法律史学研究院教授。

〔1〕《明史》卷73，《职官二》，中华书局1974年版。

〔2〕 孙正容：《朱元璋系年要录》，浙江人民出版社1983年版。

〔3〕《明太祖实录》卷39。

察不仅发挥了监察机关察吏、治吏的职能，而且可以成为加强专制主义的中央集权的强大助推器。

明朝的监察制度在唐宋监察制度的基础上有了新的发展。明初，仿唐宋谏官之制，于洪武六年（1373 年）设置六科给事中，负责看详诸奏本及日录旨意等事，给事中掌“侍从、规谏、补阙、拾遗、稽察六部百司之事，凡制敕宣行，大事覆奏，小事署而颁之，有失，封还执奏。凡内外所上章疏下，分类抄出，参署付部，驳正其违误”。[1] 其中封驳权和言谏权是给事中最重要的职掌。

洪武十五年（1382 年），明朝建立都察院，取代了唐宋以来的御史台及其三院制，变成都察院的一院制，使监察权力更加集中。为适应君主专制制度的需要，提高了都御史的地位和品秩，成为七卿之一。并且实行科道统一，六科给事中谏诤规侮、封驳拾遗的言谏权已经凌夷殆尽，只剩下“稽察六部百司之事”，和御史监察没有多大区别，至明中叶以后，给事中自成衙门，无所统属，直通天子，其权威之重，委寄至深，非历代可比。废除六科谏诤制度的结果就是皇权得到进一步加强，监察权力也进一步一体化。

明朝在地方设置监察区，由监察御史负责对地方官吏的监察。在总结汉唐以来由中央政府派出监察官对地方进行定期巡回考察这一监察制度的基础上，创立了巡按御史制度，从选派、点差、出巡到更代、回道等一系列环节制度化、法律化，是明朝监察制度的重要发展。

1. 巡按御史的选派

《明史·职官二》记载：“巡抚则代天子巡狩，所按藩服大臣，府州县官诸考察，举劾尤专，大事奏裁，小事立断。按临所至，必先审录罪囚，吊刷案卷，有故出入者理辩之。诸祭祀坛场，省其墙宇祭器。存恤孤老，巡视仓库，查算钱粮，勉励学校，表扬善类，剪除豪

〔1〕《明史》卷七四，《职官三》，中华书局 1974 年版。

蠹，以正风俗，振纲纪。”由于巡按御史是“代天子巡狩”，所以其人选就显得十分重要，由皇帝亲自选定。

明朝对巡按御史的选派称为“点差”，即点派差遣。一般先由都察院在都察院御史中拟定 2 个候选人，由都御史在朝会时引至皇帝面前，最后由皇帝点差其中一员。“凡巡按御史一年已满，差官更代，本院引御史二员，御前点差一员。”〔1〕点差一般遵循以下三个原则：一是唯以才力相应，不拘历任先后。最初的巡按点差一般是轮差，不考虑能力大小，轮到谁是谁。明世宗时改为以“人之才力”为标准，做到量才施用。二是人地相宜。由于南方和北方的气候地理、民情风俗、生活习惯和语言文化等方面存在很大差异，所以根据不同的地理位置决定不同的人选，有利于体察民情，了解官场弊端。三是严格等差程序，根据路程远近和事务简繁，分为大、中、小三等。即初任御史必须先经小差，考核合格后，再经过中差，然后派遣为大差。目的是保证巡按御史清正廉洁，熟谙治道。

都察院对巡按点差也有明确的规定，据《明会典》卷 210《都察院·奏请点差》：凡差御史分巡等事，由都察院具事目，请旨点差。御史点差分大、中、小三等，分配巡按任务时，一般参照资历，先委任小差、中差，然后再委任大差。根据巡按路程的远近，规定出巡的期限。出巡御史必须“依期交代，如有违限，给予惩罚”。

虽然朝廷规定：“巡按御史滥举四人以上者，革职闲住；二人以上者，降一级调外任，一人者，罚俸半年”。〔2〕但由于种种原因，也未能止住因贿而荐之事，从而大大地削弱了巡按御史监督和整肃地方官纪的作用。

2. 巡按御史的职责

巡按御史巡察地方，首先是对法律实施的情况进行监督和检查，

〔1〕《万历重修明会典》卷二一零。

〔2〕《明会要》卷三四。

主要是通过吊刷卷宗,对府、州、县刑房案卷进行检查。考察官吏,奏劾官邪。检查的内容涉及立案程序、证据、犯罪事实、供词、量刑的准确性、合法性以及审判是否符合法律规定司法的各个环节。"正统时,御史韩雍巡按江西,黜贪墨吏五十七人。"[1]皇帝还派出巡按御史前往各地审录罪囚,负责"清审天下狱讼"。明朝中央形成会审制,监察官成为主审之一,从制度上保证了司法监察。向地方定期或不定期派出巡按御史监察地方的司法和纠举不法,这是汉以来录囚制度的发展,唐宋虽亦有这样的制度,但是明朝巡按的地方更广,有"八府巡按""十府巡按"之称。巡按御史在检查地方司法情况时,既可以纠正错案,也可以对执法偏枉的官员进行弹劾。同时,巡按御史还可以监督地方官对皇帝关于重大案件的旨意的执行情况。在传统戏剧《玉堂春》中,老鸨将苏三卖给了山西客商沈洪做妾,沈妻妒,定计害之,不料却让沈洪误食毒面而死,县官受贿,苏三被诬,定为死罪,解至太原三堂会审。主审官正是山西巡按御史王景龙,他查明了苏三的案情,遂使冤案平反。明朝隆庆三年(1570年)海瑞被任命为南直隶巡按御史。辖区包括应天、苏州、常州、镇江、松江、徽州、天平、宁国、安庆、池州十府及广德州,多为江南富庶的鱼米之乡。史载海瑞的新职一经发表,南直隶的很多地方官害怕海瑞的清正威严,很多有贪污枉法行为的地方官自动离职或请求他调。权贵之家纷纷把朱漆大门改成黑色,以免炫人眼目。宦官在江南监督织造,见海瑞来了,就把他的轿夫由8人减至4人。[2]足见巡按御史监察之声势和震慑力。

巡按御史的另一个职责是代替三法司核实所巡地方官员犯罪的事实。巡按御史受理军民词讼案件,如果审查的是户婚、田宅、斗殴等事,就设置文簿,抄写状词,编成字号,加盖官印,规定期限发给所

---

〔1〕《明会要》卷三四,《职官六》。

〔2〕《国朝献征录》卷六四,第29~30页。

管,追查明白后,就便处理,并将案由回报。如果告的是本县官吏就发往该府;如果告的是本府官吏,就发往布政司;如果告的是布政司,就发往按察司;如果告的是按察司官吏及申诉各司官吏歪曲法律等事,不许转托,由巡按御史亲自审问。巡按御史除对皇帝旨意的执行情况进行监督检查外,根据规定,还需到各祭祀坛场,查看祭器房屋是否完好;看望孤寡老人,询问他们的衣食是否供给;巡视仓库,查算钱粮有无亏欠;勉励学校,考核检查学生的学习有无成效;访问与军民休戚相关的当兴之利、当革之害,以及水旱灾情等。同时,巡按御史还兼有考核官员、民风等职责,对政绩显著的地方官吏和治行卓异的孝子、节妇等,巡按御史在核实后,或移交有关部门、或上奏皇帝,请求予以表彰。巡按御史到地方所办的任何事情,如科差赋役、圩岸坝堪、陕塘、站驿、急递铺、桥梁道路、税粮课程、户口、学校、词讼、皂隶寻兵、官吏脚色等项,地方主要官吏抄录,要依照执行。

3. 巡按规则

为了防止巡按御史离京后枉道回乡和离任后枉道回乡,对御史离京到任及离任返京的日期也做了规定:"往回一律遵守,以辞朝交代之日为始。如违期十日以上,量行参罚;一月以上重加参罚;两月以上,参调别用。"[1]

为防止巡按御史滥用"大事奏裁,小事立断"之权而作威作福,洪武二十六年(1393 年)制定了监察御史的《出巡事宜》。该规定要求分巡御史按治州郡"必须遍历,不拘限期。风宪官吏务要同行,不许前后相离"。除"依律关之廪"外,"不得纵容官吏出郭迎送"。如果"分巡地面果系原籍,及按临之人设有仇嫌,并宜回避。毋得沽恩报酬,朦胧举问"。

正统四年(1439 年),以洪武四年(1371 年)御史台进拟的监察

〔1〕《万历重修明会典》卷二一零。

立法《宪纲》为基础,根据洪武、永乐以来祖宗所定风宪事体著在简册者,汇编成《宪纲》与《宪体》两个部分。前者三十四条,后者十五条,颁行诸司遵照执行。

《宪纲》规定:监察御史,按察司官巡历地方时,凡"守法奉公,廉能昭著,随即举闻。若奸贪费事,蠹政害民者,即便拿问"。对按察司官的处理不服者,可至巡按监察御史处申告;对监察御史处理不服,可赴通政司递状;都察院不予理断或枉问者,可击登闻鼓陈诉。《宪纲》赋予监察御史以广泛的职权,地方诸衙门官员必须配合,否则治罪。监察官作为天子的耳目,对国家的政令得失、军民利病、一切兴利除害等事,负有建言权。尤其是监督地方官讲读国家律令条例,"不能通晓者,依律究治"。这是明以前各朝监察法制所未有的。《大明律》"吏律公式"中首列"讲读律令法","百司官吏务要熟读,讲明律意,剖决事务。每遇年终,在内从察院,在外从分巡御史、提刑按察司官,按治去处考校。若不能讲解,不晓律意者,初犯罚俸钱一月,再犯笞四十附过,三犯于本衙门递降叙用"。为官者不可不知法,这种带有强制性的法律规定,对于提高执法者的法律素质,援法断罪是有一定作用的。

《宪体》部分规定了风宪官的纪律和要求,如风宪官要明白正大,不可任一己之私,昧众人之公;风宪官当存心忠厚,其于刑狱尤须详慎;风宪官须持身端肃,公勤谨慎,毋得亵慢怠惰;所至之处,博采诸司官吏廉勤公谨者,礼待之,荐举之,污滥奸佞,戒饬之,纠劾之。还对巡按御史如何处理与地方官吏的关系作了专门规定。例如,出巡同事之人,须相协和。凡人有言,须虚心以听,不可偏执己见。大抵同僚同事,当如兄弟,相亲相爱,积成相与。凡有善相让,有过相规,相规之言,只两人自知,切不可对众发之,庶其能从。凡处同僚,不可推恶避劳,不可妨彼利己,不可扬己抑人,必务协和,以相助益。这些规定既表现了封建官场的一种法则,也是对巡按御史的一种约束。

4. 巡按方式

巡按御史巡按地方一般采取明察或暗访的方式进行。明察是公开巡按御史的身份，到官府吊刷卷宗、审录罪囚；到社会采访，接受百姓诉讼。通过公开检查、调查方式实施监察。有时还会将视察的内容公开通知州县，称为刷牒，州县据此预作准备。

暗察是一种不张声势地深入民间微服私访的方式。如巡按御史"观采民谣"。所谓"观采民谣"，就是巡按御史深入民间采访评价地方官吏政绩优劣的民谣，作为实施监察的参考依据。明朝巡按御史《出巡事宜》明确规定："凡考察官吏廉贪贤否，必于民间广询密访，务循公议，以协众情。"巡按御史实行便服暗察，由于被监察者并不知道，所以事先很难准备，弄虚作假或通关节，因此所获得的官吏治政信息具有较强的客观性。因此，巡按御史大都采取暗察的巡查方式。

5. 回道考核

御史完成巡按各地任务后，返回都察院，称为"回道"。巡按御史回道时，必须按照考察所列项目，列举巡历地方办事经过，其已完、未结及具体处理过程等，一一开奏明白，并造册上报。都察院考察回道御史所依据的准则和标准，以嘉靖十三年（1534 年）制定的《巡按御史满日造报册式》第二十八条和《按察司官造报册式》第十一条最为详备。

朝廷对巡按御史任满之时的考核也极为重视。任满的巡按御史要造册呈报自己在任内所办之事，呈报的项目有二十八项之多。然后由都察院派人勘实，称职者得以仍旧任御史，不称职者就要改调罢黜。嘉靖六年，明世宗就诏都察院："今后巡按御史满日，务要加访察，果无赃私过罪，推诿避事等项实迹，取具该道结勘明白方许回道管事。若有不职事迹，不许朦胧具奏，照例奏请罢黜"。[1] 明代巡

〔1〕《明会要》卷三四。

按御史因违法被惩处之事很多。如宣德时,“巡按湖广御史赵伦,素索官民锣绮,收买人口,又与乐妇好通,命谪戍辽东”。[1]

巡按御史期满回朝后,要对其巡守效果进行考核。“令御史差回,都察院堂上官考其称否具奏”,如果称职,则准予回道任职,不称职则分别酌情予以处罚。如巡按御史容许地方各衙门官吏出城迎送,不进行查问的,与迎送者同罪。如有逃避责任的,从重论处。此外还规定“凡御史犯罪,加三等,有赃从重论”。

巡按御史制度改变了那种坐镇受理吏民检举、诉讼的单一被动监察方式,实行走出监察衙门检查调查的主动出击监察方式,在一定程度上减少了坐镇监督容易出现的虚监、失监的官僚做派,大大提高了监察的实际效果。

应该指出,无论是公侯、大臣出巡,抑或是派新进士出巡,虽然都有监察地方之责,但并没有取代按察司。御史巡按地方,是和按察司共同执行监察任务。如洪武六年(1373 年)二月,“命御史台监察御史及各道按察司,察举天下有司官有无过犯,奏报黜陟”。[2]

6. 回避制度

巡按御史除了故乡理当回避外,明朝还规定“凡北人如直隶、山东、山西、陕西、河南,不差两广、云贵。南人如福建、广东、广西、云南、贵州,不差三边”。[3]

为了协调抚按二者的职权关系,嘉靖年间颁行了《抚按通例》,庆隆元年(1567 年)及庆隆二年(1568 年)又有所增补。它在规范抚按之间的职权划分,协调与解决相互间的矛盾方面,起到了应有的作用,特别强调了风宪官清正廉洁的重要性。但是明朝巡按御史所察不避显贵,以致“属吏之畏按臣甚于抚臣也”。

---

〔1〕《万历野获编》卷一九。

〔2〕《太祖实录》卷七九。

〔3〕《万历重修明会典》卷二一零。

明代注重对地方的监察，巡按御史的职权很重，并有固定的任期（一年）和辖区（最初全国分为十八个监察区，后来略有增加），明朝中央政府时时处处都能对地方进行督察，这与以前的临事专遣不同。明人亦觉察到这一点，“今御史持法稍与古异，古谓官邪失德不奉六条，检查部内者得以纠之，犹时一乘传称使者，今既岁遣，而政之大小，无不综焉，其重不以甚乎！”[1]这样品行清操、勇于任事者对地方多有裨益，反之则为地方害。

御史外出担任巡按，一般来说是一桩油水颇大的美差，特别是到富庶地区，油水更大，谁都乐意担任。但是贫瘠之地和多事之区则多不愿去。为了防止挑选和规避，明朝对御史担任巡按的资格和次序均有明确规定。“御史巡按必中差始界按差。”[2]“凡题差巡按御史，先尽中差回者，如中差无人，方择巡按回道资俸浅者定拟。凡差巡按御史，若同时进道，以中差回道先后为序。若非同时进道者及同时回道者，以进道先后为序，再差巡按者，俱以先差回道日期为序。”[3]所谓大差、中差的划分是这样的：巡视京畿道、提学道，巡按顺天、真定、应天、苏松、淮扬、浙江、湖广、江西、福建、河南、陕西、山东、山西、四川、云南、广西、广东、贵州等行省和巡按京营，俱为大差。巡按辽东、宣大、甘肃，以及清军、印马、屯田、巡盐、巡仓、巡关、巡茶，俱为中差。印马、屯田并作一起，三年满后准折为一大差。小差则指巡视皇城四门、马房、巡青、十库、卢沟桥、五城等处。巡视光禄，旧系小差，后改中差。但北方籍御史，例不差往广东、广西、云南、贵州巡历；南方籍御史，例不差往辽东、宣大、甘肃巡历。[4]

明朝统治者深知司法不公不仅关系到当事人的身家性命，而且

---

〔1〕《国榷》卷三一。

〔2〕《春秋梦余录》卷四八。

〔3〕《万历重修明会典》卷二一零。

〔4〕《天府广记》卷二三。

会影响社会的稳定和政权的巩固。因此,非常重视监察机关对司法的监察。明初仿唐制建立了由刑部、大理寺、都察院组成的三法司会审大狱重囚制度,从组织和制度上保证了都察院行使司法监察权,御史奉旨巡按全国各地录囚,是行使司法监察权的重要形式。洪武十六年(1383年)遣监察御史往浙江等处录囚,"按临所至,必先审录罪囚,吊刷卷案,有故出入者理辩之"。宣宗宣德八年(1438年)谕法司:"天下重囚,遣的当官分临各处,公同巡按御史详审处决。"[1]《大明律》中针对司法官的违法行为,规定了断罪不如法、出入人罪、受赃枉法、请托枉法、挟仇枉法、滥用酷刑、淹禁稽迟的惩治条款,这些都是司法监察的重要依据。巡按御史的司法监督,不仅鼓励法司依法问刑,而且在辨明冤枉方面,也确实起到了一定的作用。陈选巡按四川时,"黜贪奖廉,雪死囚四十余人"。[2] 并对地方申诉或控告案件,"其所受理必亲决,不令批发"。[3]

有明一代巡按御史中品行端正,待身严谨,勇于任事,能激浊扬清,有裨于政治者不乏少数。吴讷,宣德时"为御史巡按贵州,得代而还。例当言三司得失。其都司官以黄金若干两于人迹不到之处追而送之。讷不启其封,作诗题其上曰:'萧萧行李向东还,要过前途最险滩。若有赃私并土物,任他沉在碧波间。'"[4]原封不动地退还了。左光斗选授御史,巡视中城,"捕治吏部豪恶吏,获假印七十余,假官一百余人,辇下震悚"。[5] 但也不乏贪赃枉法,不守法律不遵纲纪,为一方害者,崔呈秀就是一例。左都御史高攀龙在《纠崔呈秀疏》中言:"臣于去年奉差而出,今年复命而入,往来江淮间,所见江淮士民无不谓自来巡方御史未曾有如呈秀之贪污者。强盗、地方之

---

〔1〕《明会典》卷二一一,《都察院·审录罪囚》。

〔2〕《明史》卷一六一,《陈选传》。

〔3〕孙承泽:《春明梦余录》卷四八,《都察院》。

〔4〕《西园闻见录》卷一三。

〔5〕《明史》卷二四四,《左光斗传》。

大害也,每名得贿三千金辄放;访犯,地方之大害也,得贿千金辄放。不肖有司应劾反以贿得荐,应荐者多以不贿止。"[1]象崔呈秀这样的巡按御史非但不能除去地方官员中的贪赃枉法者,反而是促进了地方官吏的腐败枉法。

实际上,到了明朝中后期,巡按御史要想在任上秉公行事有所作为是很困难的,要冒相当风险。因为当时整个官僚机构已是盘根错节,以同乡、同年、门生、座主、亲戚、故旧等名义织成了一张硕大无朋的关系网,牵一发而动全身。这样就出现了"御史巡方,未离国门,而密嘱之姓名,已盈私牍。甫临所部,而请事之竿牍,又满行台。以穿冠持斧之威,束手俯眉,听人颐指"。[2]巡按御史在这种情况下,如非公正无私,一心为国者,要做到依法办事,不请托是很困难的。明朝政治发展到最后所带来的政治和司法的腐败,是任何力量也纠正不了的。官吏专权,一切违法变合法,即使御史巡按地方,是为了有效维持地方的司法,但也是杯水车薪了。

〔1〕《西园闻见录》卷四八。
〔2〕《明史·邱橓传》。

明清时期巡按御史监察职能的兴衰

何　平[*]

【内容摘要】　巡按御史制度是我国明清时期地方监察制度中特有的一种制度，它在明成祖在位时期正式确立，对有效地纠察地方官员违法、肃清地方吏治起了较大的作用。但在明朝后期由于巡按御史权力过大失去约束，激浊扬清的积极作用逐渐消失并最终在清朝顺治年间主遣派和主停派的四次反复争斗中消亡。该制度对我国当前监察制度的合理构建具有一定的启示。

【关键词】　明清时期　巡按御史　监察

一、引言

到了封建社会的后期，随着社会的不断发展，君主专制的中央集权也日益加强，各项制度也日趋完善和强化，监察制度尤其如此。明代监察制度在集古代监察之大成，从中央到地方形成了都察院、十三道监察御史、六科共同实施监察的严密网络。巡按御史制度作为其中富有特色的组成部分，是中央都察院特派监察御史到各省巡回整顿地方吏治的一项特别制度。巡按御史虽然级别不是很高，仅为正七品，但是由于奉皇帝之命到地方巡察，故被赋予的权力远大于其自身的权力，可以说是位卑而权重。他可以对违法失职的地方官员及时进行参劾，这对地方官员的政治命运产生了直接影响，使

* 作者系中国政法大学法学院法律史专业博士研究生。

地方各级政府和官吏受到极大震慑，有利于督导他们恪尽职守，廉洁自律，及时执行朝廷的政令，稳定当地秩序，促进官民和谐。故明朝嘉靖皇帝曾言，“天下生民休戚，吏治臧否，系于巡按御史”。[1]

二、巡按制度的初步形成和确立

巡按名称最早出现于唐代，制度最终确立于明初。唐玄宗在位时，曾派遣官员巡按天下风俗并以此作为晋升罢免官吏的依据，巡按由此得名。此后，该制度一直没有较大的发展。一直到了明朝前期，巡按制度才得到皇帝的高度重视，发展迅速，成为地方监察制度中不可缺少的一环。明朝开国皇帝朱元璋在建立明朝之初，时常反思元朝短命而亡的教训。他认为元朝短暂速亡的重要原因之一就是君主不能够亲政，对地方吏治的监察不够到位，地方贪腐严重，民怨沸腾，最终导致各地民众起义此起彼伏，以致一发不可收拾。所以他从中吸取教训，大力强化君主权力，加强对地方的监察和控制。在中央，作为皇帝耳目的监察机关——御史台，地位与职权都得到了极大增强。洪武十五年(1382 年)，朱元璋扩大监察机构，改御史台为都察院，设左、右都御史为长官，级别为正二品，下设副都御史、佥都御史等官员，监察机关的地位得到进一步提高。都察院下设陕西、河南、山东、山西、广东、广西、湖广、福建、浙江、江西、四川、贵州、云南十三道监察御史，共计 110 人，正七品，分别负责各地的监察工作。外出巡按是监察御史外差中非常重要的一项工作任务。巡按御史作为专职的监察官员，主要代皇帝出巡，审录囚犯，审查文卷，巡视仓库清查钱粮，抚恤孤寡老人，表彰善良之人，剪除地方败类，通过以上方式对地方官吏进行严格考核，大事需要立刻奏裁，小事可以当机立断。这对于整肃地方官吏的不良作风有显著的效果。

关于巡按制度的初步形成时间，说法不一。据文献记载，朱元璋

---

〔1〕《明实录·世宗实录》卷二四八。

在位初期即洪武二年(1369年),监察御史谢恕巡按松江,发现有人欺隐官租,遂逮捕一百九十余人到京师,"多有称冤者"。[1] 这一材料表明,明朝初年已经推行巡按御史制度,而《明史》记载却是洪武十年(1377年)七月"始遣御史巡按州县"。[2] 在朱元璋统治时期,御史的巡按没有固定期限,也不频繁,主要是临时性派遣,并没有形成制度,但是为以后巡按制度的正式确立打下了坚实的基础。明成祖永乐元年(1403年),"遣御史分巡天下,为定制",[3] 由此正式确立了御史巡按制度,该制度从此形成定制固定下来。全国巡按御史的配备标准是:北直隶配备2人,南直隶配备3人,辽东配备1人,甘肃配备1人,宣大配备1人,十三省各配备1人。由于巡按御史权力较大,为进一步规范其职权,达到巡视地方吏治的真正效果,明朝统治者先后出台了《巡按七察》《巡按满日造报册式》《宪纲事类》等一系列制度,这其中以《宪纲事类》尤为重要。该规定颁布于明英宗在位年间,是我国封建时代一部较为完备的行政监察法。它对巡按御史的派遣、期限、随行人员、花费、住所、安全保障、交往、回避等都作了非常细致的规定。巡按御史出巡最初监察考核的范围是省级以下的所有官员,明英宗正统十一年(1446年)四月,布政、提刑"二司从御史举劾"。从此,巡按御史对布政使、提刑按察使等省级官员也具有了监察考核的职权。景泰七年(1456年)五月规定:"布政司、按察司悉听巡抚同巡按官一体考察,具奏罢黜。"[4] 嘉靖二十一年(1542年)规定:"御史论劾三司方面及有司,五品以上指实参纠,六品以下贪酷显著者即便拏问。"[5] 具体来说,巡按御史的职权主要包括以下八个方面:

---

〔1〕《明实录·太祖实录》卷四三。

〔2〕《明史》卷二,《太祖二》。

〔3〕(清)张廷玉等:《明史》,中华书局1984年版,第365页。

〔4〕《明实录·英宗实录》卷二六六。

〔5〕《大明会典》卷一六五,《都察院二》。

（一）处理冤狱。巡按御史巡历地方，首要之事便是对已经审判结案的案件进行重新审查，以防冤假错案。宣德八年（1433年），明宣宗“谕法司，天下重囚，遣的当官分临各处，公同巡按御史详审处决”。[1] 后规定巡按御史“凡至按临处所，先将罪囚审录”。[2]

（二）纠劾官员。明代对官员的考察分为“京察”“外察”两种。京察是对京官的考察，外察是对外官的考察。无论内外官，任职满三年为一考，六年再考，九年通考，每一阶段考核完成，称为“考满”。考核结果分为称职、平常、不称职三档，作为官吏黜陟的重要依据。另外还对官员进行“贪、酷、浮躁、不及、老、病、疲、不谨”八个方面的考察，巡按御史随时都可以进行考察，不用顾及三年一考的期限。这样的制度设计使地方官员只要有贪婪不法者，就可以随时得到查处，对官员的震慑和监督更加全面有力。

（三）荐举人才。巡按御史在视察地方时，凡发现有公正廉洁、严格执法的地方官吏要及时向上举荐。为了保证举荐的公正无误，要求必须在民间广泛询问核实。另外，如果在巡视过程中发现贤良人才而不及时向上汇报，以后查实后将给予严厉处治，杖责一百并且发配到烟瘴之地。通过此项职能，巡按御史为国家荐举了不少有用人才。如明朝中后期的著名将领李成梁，因家境贫穷，四十岁的时候还是生员。后来辽东巡按御史李辅慧眼识人，资助他赴京城并向上举荐，才得以得到明朝重用。

（四）控制灾情。巡按御史在视察地方时，如当地发生灾情，必须及时督促官吏救济灾民，同时及时把灾情向皇帝报告。《巡按满日造报册式》特别强调，巡按御史回道汇报监察工作必须开报“兴革过军民利病若干事，如某处兴某利，某处除谋害”。[3]

---

〔1〕《大明会典》卷二一一，《都察院·审录罪囚》。

〔2〕《大明会典》卷二一零，《出巡事宜》。

〔3〕《大明会典》卷二一零，《出巡事宜》。

(五)核实赋税、公粮缴纳及户口。巡按御史巡视一个地方时,必须检查仓库,核实钱粮数目及收支预留情况,以便防止官吏从中克扣。

(六)督修公共设施。巡按在巡视到州县,只要发现有耕地较长时间不种以致荒芜的情况,必须立即要求该地官吏召集民众开垦,还要每年上报耕种情况以便核实。如发现沟渠、桥梁道路、驿站等公共设施有损坏者,必须督促地方官吏及时修理。[1]

(七)检查学校教育。巡按御史巡视时,要对当地学校设施亲自查勘,如发现校舍等有所损坏,就应监督当地官吏及时修缮。

(八)体恤孤老,表彰孝义。对年老丧夫丧妻、年幼即失去父母的孤儿,因此以致生活无法自理者,巡按御史一旦发现这种情况,要立刻要求该地府县官员及时救济。此外,遇有“孝子、顺孙、义夫、节妇、忠臣、烈女之类可以激励忠孝的榜样,巡按也要加以表扬并及时奏报”。[2]

巡按御史对以上八项主要职权的行使,主要是通过明察和暗访两个方面,这样综合获得的地方官吏为政信息才能相对客观公正。由于巡按御史在加强中央集权,强化中央对地方控制方面的突出作用,中央逐渐赋予其很多职权之外的权力。嘉靖十三年(1534年)颁定的《巡按满目造报册式》中,将很多原属于地方行政官吏所负责的方面也归入了巡按事项,这样巡按御史就具有了一些行政事务的决定权。另外,在军事方面还取得了部分军事指挥权,如巡按御史可以参与谋议地方战守事宜,可以下令征剿地方盗贼。巡按御史权力大为扩张,以致地方总督、巡抚、布政使、按察使等地方官员不能各司其职,所有事情都要禀明巡按御史后才能施行,这大大增加了其腐败的概率。

---

〔1〕 贾玉英:《中国古代监察制度发展史》,人民出版社2004年版,第295页。

〔2〕 《大明会典》卷二一一,《回道考察》。

三、明代中后期巡按御史制度的变异

由于中央赋予巡按御史的权力远超前代，他们可以凭此得以有效地震慑和纠察地方官员的不法行为，这确实对明朝前期澄清地方吏治，维护百姓的某些基本利益，缓和阶级矛盾方面起了一定的积极作用。但是物极必反，巡按御史也正是因为拥有的权力过大而导致了自身的严重问题。绝对的权力一定导致绝对的腐败，明朝中后期巡按御史严重的贪腐行为再次验证了这一颠扑不破的道理。作为反腐"清洁剂"的巡按御史反而成了腐蚀剂，逐渐失去控制，在地方权倾一方，自身腐化堕落，此前激浊扬清的积极作用消失，取而代之的是一系列的严重弊端，最终走向败坏和废弛。

（一）贪赃枉法，恶化社会风气。巡按御史本来具有激浊扬清、振肃纲纪之责，但随着权力的不断扩大且不受制约，许多巡按御史反而变成了贪污受贿的主力军，利用一切机会贪赃枉法，使巡按制度失去了其应有的存在价值。明成祖时期，大臣梁廷栋便奏称，巡按御史号称盘查访缉，每到一处，官员赠送多至二三万两，国家每增一名巡按御史，人民负担增加百万两。御史陈志先到江西巡察，巡视途中意外丢失了四件行李，地方官员查获后发现行李之中都是金银珠宝，还有受贿的账簿，记载了受贿的情形，数额极其巨大。巡按御史中饱私囊、擅作威福的行为，进一步恶化了社会风气，非但没有起到澄清吏治的作用，反而使地方行政体系失去外在力量的监督与约束，为明王朝的腐败推波助澜。

（二）干预政事，影响地方政治。明朝中期以后，巡抚权力日渐增大，开始凌驾于地方布政使、提刑按察使、都指挥使之上，成为了掌握军政实权的封疆大吏。由于巡抚级别较高，权力较大，为了制约巡抚，防止其在地方上独大，朝廷开始赋予巡按御史更大的权力，从而更好地保障中央对地方的绝对控制权，由此在地方形成了"双头"的政治格局。地方上原本属于巡抚管辖的事宜，布政使和按察使都要向巡抚和巡按御史汇报,如果双方就该事项达不成一致,只能暂时搁置,如此一来,地方上的行政办事效率就会受到较大影响。

(三)滥用职权,败坏地方吏治。因为每次地方官吏考核都需要动用大量的人力、物力,耗资巨大,都察院和吏部无法直接对所有的官员进行全面准确的考核,所以对于一些边远地区的地方官员,巡按御史的巡视结果几乎就是吏部考核的最终结果,可见巡按御史的考核结果公正与否至关重要。嘉靖时期,王廷相说,巡按御史举荐地方官吏,"不问其人品高下立心行事曾有卓异与否,但见其奉承齐备,礼貌足恭,便以为好,即一概滥举,多至数十余人,致使贤否通途同途,薰莸并器而不辨"。[1] 由此可见,巡按御史对地方官吏的考核标准不公给以后的地方吏治埋下了极大地隐患。

明朝中后期巡按御史制度之所以变异,原因是多方面的。明初,朱元璋重刑治贪,大明律规定:官员凡贪赃受贿枉法者,获取赃款一贯以下,则处杖刑七十,每五贯则加一等处罚,至八十则处以绞刑。大明律还规定:凡风宪官吏接受他人钱财,及于所按治去处求索借贷他人财物,若有买卖时多取价利及接受馈赠之类的行为,则在其余官吏的基础上再加二等罪处罚。这里的风宪官即御史,可见明朝前期对知法犯法的御史的惩治是非常重的。而且前期的皇帝励精图治,广开言路,重视监察机构的作用,官员选拔和管理严格,能够依法办事,故巡按御史能够直言纠劾,尽忠尽职。但明中后期以后,皇帝怠政、宦官专权,加之朋党之争盛行,地方阶级矛盾尖锐,农民起义此起彼伏,明朝统治处于风雨飘摇之中。巡按御史也随波逐流,失去其真正的监察作用而日渐式微。

四、巡按御史制度在清代前期的最终衰亡

清朝初年,如何察吏安民,缓和阶级矛盾和满汉矛盾,稳定地方

---

[1] 《明臣奏议》卷三零。

秩序，更好地统治中原广大地区成了摆在清朝统治者面前比较棘手的一道难题。根据朝臣意见，统治者把目光投向了前代曾发挥过重要作用的巡按御史制度。但是，清朝统治者内部对巡按御史的用人标准、选拔范围、职权责任、过失处罚等一系列问题产生了较大分歧，并分成了主遣派和主停派，两派激烈的争辩与矛盾最终导致了巡按制度经历四次反复，实际施行仅十三年零六个月后即告终止。

巡按制度的首次实行是从顺治元年（1644 年）到顺治七年（1650 年），为期六年。巡按由北往南，随着清朝军事征服地域的扩大而陆续遣派。这一时期巡按派遣十分急迫，而且大多数巡按设在督抚之先。他们到达巡视地后，纠察贪官污吏，向上举荐贤才，得到民众的欢迎，起到了缓和阶级矛盾、促进地方吏治清明的积极作用。直到顺治七年四月，由于兵饷紧张，户部等衙门会议奏请裁撤巡按，多尔衮以顺治帝名义下诏停遣巡按御史，并规定“以后巡行察举，不拘年分，侯旨特遣”。[1] 巡按由此暂停派遣。

巡按制度的第二次实行是从顺治八年（1651 年）四月至顺治十年（1653 年），为期两年。工部给事中姚文然乘着顺治帝亲政之机，请求重新派遣巡按巡察地方，此提议得到顺治帝赞同。都察院划定差道、议定差规，选御史十七人先后巡按顺天、山西、山东、河南、陕西、江宁、苏松、浙江、江西、湖北、福建、湖南、四川、广西、宣大、甘肃、广东。但是由于各地巡按参劾了大量满族和蒙古族出身的地方官员的贪腐案件，激起了他们的强烈不满，由此又导致了巡按存废的再一次争论。顺治十年，以郑亲王济尔哈朗为首的满族官员认为“各省巡按为察吏安民之官，近者多受属员献媚，参劾无闻，将巡按概行停止”。[2] 吏部与都察院商定再次暂停派遣巡按。

巡按制度的第三次实行是从顺治十二年（1655 年）至顺治十七

〔1〕《清世祖章皇帝实录》卷四八。

〔2〕《清世祖章皇帝实录》卷七五。

年（1660年），为期五年。吏部给事中林起龙上奏州县吏治败坏，应速选新旧廉能大臣充当巡按巡行各境，否则难以扭转局面。郑亲王济尔哈朗等见巡按派遣势在必行、无法阻挡，便提出"每省遣满、汉官各一员"，顺治帝未予采纳。顺治十二年二月，宗人府府丞原毓宗再次奏请复遣巡按御史，经过满汉磋商、妥协，派遣顾仁、叶舟等十七人巡按顺天、浙江等地，较前不同的是巡按御史改由部郎官与监察御史并用。顺治十五年（1658年）起逐步恢复旧规，部郎官必须先考取御史后方可挂衔出任。直到顺治十七年六月，都察院条奏："直隶各省，自差巡方以来未能致地方宁谧，民生安遂。每年一遣，诚觉徒劳，请停止巡方之差。"[1] 其后，顺治帝命议政王贝勒大臣会议，他们同样认为应该暂停派遣。顺治帝命其会同九卿再议，议论结果分为满汉两派：以安亲王岳乐为首的满洲大臣认为，巡按御史之遣劳民伤财、无益地方，应予停遣；以吏部侍郎石申为首的汉族官员认为，巡按御史之责无人可代，如若废停，督抚无人可纠，该照旧差派。顺治帝要求"满、汉不得胶执成见，务求归于至当"，"必众议金同，乃可永为定制"，再令详议，"画一具奏"。[2] 七月二十七日双方意见统一，认为巡按御史的职责应该停止，其负责事务归于巡抚处理，顺治帝遂再次同意停遣巡按御史。

巡按制度的第四次实行自顺治十七年（1660年）十一月起到顺治十八年（1661年）五月，为期仅六个月。顺治十七年八月，陕西道试监察御史陆光旭上奏揭发满汉官僚"一致主张"废置巡按制度的内幕，指出会议时满、汉大臣处于不平等的地位，安亲王等满洲大臣"升堂入室，安坐从容"，而汉官们"惟听待于二门之外。及至发出画题，而议稿已成，盈廷慑懦，不敢为异。即有二三廷臣因公持议，亦置之不论不议之列"。汉官在会议中完全处于被动地位，画押并没

〔1〕《清世祖章皇帝实录》卷一三七。

〔2〕《清世祖章皇帝实录》卷一四四。

有全部反映他们的意见。[1] 顺治帝就此命安亲王等著实回奏。福临命议政王大臣会议此事，十一月，议政王贝勒大臣回奏："御史一差，原为察吏安民而设，其直省巡方应仍旧差遣。"顺治帝批准其议。可是巡按御史尚未派出，顺治帝就于顺治十八年正月初七逝世。五月初四，兵部尚书管左都御史事阿思哈上书请准："各省巡按停止，俟两三年之后选重臣巡察。"[2]

尔后清朝的其他皇帝在位时期，也有人就再次向地方派遣巡按提出建议，但当朝皇帝考虑到前朝由此产生的种种矛盾终有所顾虑，一般只是决定临时调派一些信得过的高级别官吏或御史充当钦差大臣到地方履行纠察的职责，没有形成固定机制，直到清朝灭亡，巡按制度也未能再度启用。巡按御史在清朝入关之初满汉矛盾激烈的混乱时局下，在维护中央集权、提高地方吏治水平方面取得了一定的良好效果。但是其自身因在执行过程中出现的不公等弊端的显现，对巡按制度本应发挥的功效产生了不良影响，由此导致了满洲贵族、地方督抚等势力以此为借口不断要求取消巡按制度。一方面，巡按御史多由汉人担任，八旗、宗室事务等"监察禁区"使巡按御史在监察中畏首畏尾、顾虑重重，不能像明代巡按御史那样不畏权贵、秉公纠参。对于满洲旗人、旗务，贤良者避之，以免遭其祸；不肖者趋之，以谄媚求私。另一方面，巡按御史纠察官吏不法的职责使其他官员谈其色变，见到其纷纷退避三舍，由此可见巡按御史在官场中非常不受欢迎。还有部分巡按御史个人素养不高，借按差之际讹诈勒索，婪赃贪贿。随着顺治帝的早亡，巡按制度因其触犯了中央的满洲贵族、地方的总督巡抚等势力范围内的固有利益，加之自身方面的不足，而终成了牺牲品。

---

〔1〕 吴建华：《清初巡按制度》，载《故宫博物院院刊》1987年第2期。

〔2〕 《清圣祖仁皇帝实录》卷2。

五、结语

总体来说,明清时期存在的巡按御史制度在监督地方官员、推进地方廉政建设方面,还是起到了一定的积极作用。从这些制度中汲取营养,当是时下构建社会主义市场经济条件下合理有效监察制度的题中应有之义。我们今天推行的中央巡视组下地方巡视的制度,其实就是对古代巡按御史制度的一种传承和吸收,不仅对我们完善监察制度有借鉴价值,而且对我们深化司法体制改革也有借鉴意义。打铁还需自身硬,监察机构的高度独立和中央的大力支持,监察人员的严格选拔、晋升、安全保障,监察人员自身廉洁的严格督查及惩治非常重要,只有做好这些方面才能树立监察机构的权威性。总之,要加强监察制度的建设,在监察工作中制定严格的机制,堵住制度上的漏洞,消除违法违纪的空间;要强化监督的力度,加强事前预防,事中监督,对政府机关及其工作人员行使权力的过程要实行全方位、多层次的监督;要加大事后惩罚力度,从源头上遏制违法违纪行为。

法治人物

【编者按】 本卷“法治人物”栏中，我们选了两篇文章。一篇介绍近代历史上著名的人物曾国藩的法律思想，另一篇介绍民国学界泰斗钱穆的政法思想。这两位近代史人物都不是专门的法律界人士。但因其所处的地位崇高，且两人都是善于思考的人物，故在他们传奇的人生中，不乏丰富的法律思想。这两篇文章从曾、钱二人浩繁的著述及材料中，钩玄撷英，为我们呈现出了他们对于法律的主张。

一秉于礼　严刑致安

——曾国藩法律思想探微

李　鸣*

【内容摘要】 19世纪，中国民族危机日益深重，阶级矛盾日益尖锐，在内有民众起义、外有强敌入侵的晚清政治舞台上出现了一位“誉之则为圣相，谳之则为元凶”的极为复杂、颇有争议而又相当重要的人物——曾国藩。一方面他以儒家“正心、诚意、修身、齐家、治国、平天下”的训示严格激励自己，笃于修身，精研理学，在自我的不断检讨中努力实现“内圣外王”的人生理想；另一方面他又适应时事要求，接受近代西方文化，倡导洋务运动，在对外交往上，“守定和议”，“曲全邻好”。曾国藩在中国近代史上的崛起，使其影响至今不衰，尤其是一本《曾国藩家书》，让人手不释卷，百读不厌。“做人要学曾国藩，做事要学胡雪岩”成了许多中国人的共识。曾国藩的思想充分表达了他对丰富的中国传统文化兼容并蓄，体现出明清以来价值观变革的时代特征。曾国藩法律思想的核心是“礼法结合”，主张在“一秉于礼”的前提下，通过“任法不如任人”和“执法秉公”的方式，做到以仁、义、礼、智、信立法，以法治吏，以吏理讼，以讼解纷，以德化民，最终以中国传统文化实现自己、家庭、国家、天下和睦相处的人生价值。

---

* 作者系中国政法大学法律史学研究院教授。

【关键词】 一秉于礼　严行法制　重用贤人　清除积案

曾国藩(1811～1872年)初名子城,字伯涵,号涤生,湖南长沙湘乡白杨坪(今湖南省双峰县)人。曾国藩出生于一个地主家庭,为家中长子(兄妹九人),自幼天资聪明,勤奋好学。7岁起在父亲曾麟书执教的私塾中读书,14岁时能读《周礼》《史记》《文选》,并参加长沙的童子试,成绩俱佳,列为优等,20岁时先后在衡阳唐氏私塾和湘乡涟滨书院求学。道光十二年(1832年),23岁的曾国藩参加科举,中秀才。1834年曾国藩又到岳麓书院学习,师从欧阳厚钧,接受系统的儒家教育,并深受湖南学风熏陶,当年即考中举人,遂于冬季启程赴京,不料在来年的会试中落榜。回乡后,曾国藩发愤读书,足不出户。道光十八年(1838年),曾国藩再次进京赶考,中第三十八名进士。朝考得一等第二名,改为庶吉士,入翰林院庶常馆深造。1840年庶吉士散馆,他是二等第十九名,授翰林院检讨。1840年至1847年,曾国藩一直在翰林院詹事府担任闲散文职。他阅读大量书籍,广交朋友,精心研究历代封建王朝的典章制度和治国方略,尤其致力于理学。曾国藩曾向唐鉴请教读书、修身的妙诀。唐鉴告诉他,读书应当以《朱子全集》为宗,修身的最好办法是记日记反省自我,做遵纪守法的正人君子。此后,唐鉴又推荐自己的弟子、著名的理学家倭仁与曾国藩相识,倭仁的教导与唐鉴一样,只是在内省和实践方面比唐鉴更严格。1840年授翰院检,1847年升内阁学士、礼部侍郎,后遍任兵部、工部、刑部、吏部侍郎。1852年因母丧回籍守制。1854年创建湘军,1861年曾国藩攻陷安庆后,创办安庆军械所,制造洋枪洋炮。1862年任两江总督,加协办大学士衔。1864年攻陷天京,加太子太保衔,封一等毅勇侯爵。剿捻无功而回任两江总督之后诸事棘手,心情沮丧,忧思过度,身体愈衰。1869年又北上出任直隶总督,日理万机,更加劳累过度。1870年右眼失明,更是雪上加霜。此时清政府派曾国藩处理天津教案。曾国藩屈从于列强压力,完全满足了法国侵略者的要求。一时间,全国舆论哗然,朝野皆指责曾国藩是汉奸、卖国贼,这令曾国藩深感难堪,倍加寒心。1870 年冬季曾国藩在一片咒骂声中离开北京,回到南京,第三次就任两江总督。由于重病缠身,加上长期的精神抑郁,同治十一年二月初四(1872 年 3 月 20 日)曾国藩在南京病逝。朝廷得知曾国藩病死任上,遂辍朝三月,追赠他为太傅,谥以"文正"。他的著作汇编为《曾文正公全集》。

曾国藩是中国近代史上中国儒家文化的集大成者和洋务运动的开山鼻祖。曾国藩的法律思想受程朱理学的深刻影响,一方面,主张以一秉于礼,以"诚"待礼,忠实于封建纲常礼教,加强统治阶级内部的团结,选贤用人,严以察吏,整肃吏治,"中外交涉,条约为凭",缓和与外国列强的矛盾,师夷长技,变法图强;另一方面,注重实效,重典救世,秉公执法,清理积案,用严刑为手段,坚决镇压违礼乱法的行为。他继承了传统的法制思想,同时有所创新和发展,特别是在清理累讼积案、严以治吏等方面,不乏创见,在晚清法制实践中颇具代表性。

一、一秉于礼,经国济世

曾国藩以儒家道统的继承人自居,极力鼓吹封建纲常名教。他强调"三纲之道"是"地维能赖以立,天柱所赖以尊"[1]的神圣不可侵犯的教条,把礼治看作当时的治世良方,公然声称"君臣父子,上下尊卑,秩然如冠履之不可倒置"。[2] 纲常名教是封建宗法等级秩序的总括和封建伦理的最高准则,也是封建专制法律的基石,曾国藩坚持维护纲常名教,就是坚持固有的封建法律的根本原则和思想基础。他十分推崇礼治,"先王之制礼也,人人纳于轨范之中,自其

〔1〕《曾文正公全集·喻纪泽》。

〔2〕《曾文正公全集·讨粤匪檄》。

弱齿,以立制防”。[1] 主张用传统文化中的礼来阐述和实践其政治抱负。他明确指出“古之君子之所以尽其心养其性者,不可得而见,其修身齐家治国平天下,则一秉乎礼。自其内焉者言之,舍礼无所谓道德;自其外焉者言之,舍礼无所谓政事”,[2] 礼,内可树德育智提高品节,外可立法建制处理政事,从而突出了礼在做人行事方面极其重要的作用。

曾国藩作为清末著名的理学大师,学术造诣极深,义理思想与经世致用兼容。曾国藩在学术上最为尊崇且钻研至深的是程朱理学,他一生以义理之学为标榜,认为在所有的学问中以义理之学最大,从而提出了义理的三大主张:

第一,“性命并重”。“性”与“命”是古代哲学上立足于人文主义的两个传统命题,用以阐释天人关系和人伦关系的两个基本范畴。曾国藩从伦常思想的前提出发,将“性”与“命”两个命题并列,认为“性”与“命”不但是立“天、地、人”之才的本源,而且是一切阴阳、刚柔、动静、开合以及人的貌、言、视、听、思“五常”的主宰。同时,他将“性”与“仁、义、理、智、信”联系起来,将“命”作为维系“君臣、父子、兄弟、夫妇、朋友”的纽带。他不仅赋予“性”与“命”以鲜明的道德属性,而且赋予它们以强烈的政治属性,使之成为维护封建宗法制度与纲常伦理关系的重要的思想武器。

第二,“格物穷理”。曾国藩认为,“格物”的目的是为了“穷理”,即穷“存心之理”,穷“性命”之理,以此维护“仁义礼智”“忠孝敬慈”的封建纲常礼教;同时,他还继承了孟子的“性本善论”,认为“格物穷理”的目的就是为了“复性”,是一种修身进德的手段,其目的是为了达到“内圣”的境界。

第三,“立诚居敬”。曾国藩认为,“圣学王道”的核心是“诚”,

---

〔1〕《曾文正公全集·江宁府学论》。

〔2〕《曾文正公全集·求阙斋笔记》。

他说:“窃以为天地之所以不息,国之所以立,贤人德业之所以可大、可久,皆诚为之也。故曰:诚者,物之始终,不诚无物。”[1]“诚”为“圣人之本”和“五常之本”,为此,他将“诚”作为一种提高个人的自我涵养功夫来看待,并把“居敬”看作达到“立诚”的一种手段。其“敬”的范围很广,既包括一个人外表的严整,又包括一个人内心的专一;既包括一个人处事的严谨,又包括一个人内心的慎独。“立诚居敬”是实现仁义的前提条件,有了仁,就可以“平物我之情,而息天下之争”。因此,推行“礼治”的根本是“诚”和“仁”。

曾国藩将宋明理学的注重内省修身与汉代儒家的注重道德实践结合起来,主张“礼治”包括两个方面,一是“以礼自治”,即用“礼”召唤其志同道合者,在“四方多难,纲纪紊乱”之际,“克己而爱人,去伪而崇拙”,极力主张自我牺牲精神,强调克己复礼,甚至在必要的时候应为封建政权捐生、卖命,谨守封建伦常与法纪,互相规劝,同心协力,团结一致对付农民起义,维护封建社会秩序和纲常礼教,挽救清王朝的危亡。二是“以礼治人”,即针对人们的心中“礼”的观念日趋淡薄的现象,力图把人民群众的一言一行纳入“礼治”的轨道。就是用礼来“辟异端”,正纲纪,强迫人民接受礼的制约。曾国藩认为,“礼”必须与“仁”为表里,传统儒学的精髓是“仁”。他称:“孔门教人,莫大于求仁。”[2]仁与礼,一主内一行外,互相配合,“盖圣王所以平物我之情,而息天下之争,内之莫急于仁,外之莫急于礼”。[3]所谓仁,即“恕以待人”,就是凡事都要留有余地,宽以待人。曾国藩提倡的“礼”,来源于中国传统文化中的儒学。由孔子所阐发并经历代王朝不断发展和强化。“礼”被认为是别尊卑,明贵贱,区分上下、亲疏、长幼的等级差别。在古代,有关君臣父子、文武百僚、庶民百

[1]《曾文正公全集·复贺耦庚中丞》。

[2]《曾文正公全集·日课四条》。

[3]《曾文正公全集·王船山遗书序》。

姓等,礼的规定都非常严格,礼成为一种维护宗法等级制度的社会秩序和道德规范。儒家讲"礼"强调"君使臣以礼,臣事君以忠",[1]君子学礼不越轨,小人学礼要安分,使人们自觉的接受封建等级制度的约束。礼学是曾国藩治学的价值坐标,是他的学问展开的切入点,也是其兼采汉学的重要途径,他以礼学沟通汉、宋,既接续汉学家的礼学论题,又在礼学中融入宋学思想。他重视礼教,但没有将礼学化为礼教,而是将礼学与儒家仁义学说统一起来,主张在俭朴的基础上践行儒家的礼仪。

然而,面对西方文化的挑战,在道光、咸丰年间封建传统文化日益衰败的局势下,如何发挥礼的作用?事实上,封建专制政体不可能照老样子发展下去,传统的儒学也不能照搬下来发挥其作用。恢复规范统治秩序,再现文化辉煌是当时学术所急于呼唤的,曾国藩在当时明确认识到解决时世艰难只是问题的一个方面,更重要的是要重建社会秩序,使社会重新归服于礼。他认识到礼的外延包括了义理和经济,礼既是一种学术,也是一种治道。

在晚清中国社会出现"数千年未有之大变局"的时代背景下,曾国藩认为高谈理性的"义理"之学必须以讲求实用的"经世致用"思想为补充才能更好地发挥作用,因而将姚鼐的"义理、考据、辞章"三门之学发展为四门之学,指出:"为学之术有四:曰义理、曰考据、曰辞章、曰经济。"曾国藩将学术一分为四,把义理摆在独尊一统位置的同时,也大大地提高了经世致用的学术地位。他从理学家的立场出发,将经世实学融于义理之内,认为义理与经济是体与用、内与外、规与行、德与功的关系,强调经济存在于义理之中,并在义理之中发挥积极的作用。

曾国藩在坚持以义理为主体的前提下,大力提倡经济之学,在他看来,经济必须以义理为本,而义理又离不开经济,这样,他不仅坚

[1] 《论语·八佾》。

持了程朱理学的基本要义，而且为其增添了经世致用的思想，使义理之学焕发出新的活力。曾国藩前期的经世思想具体表现在几个方面：其一是主张选贤任能，整顿吏治。清代后期政治黑暗的突出表现之一就是吏治腐败。他曾痛批"京官办事通病有二：曰退缩，曰琐屑。外官办事通病有二：曰敷衍，曰颟顸"。[1] 以勤、恕、廉、明作为衡量人才的标准："勤以治事，恕以待人，廉以服众，明以应物。四字俱全，可为名将，可为好官。"其二是主张经济改革，减轻百姓负担。鸦片战争前后，清朝危机四伏。曾国藩为此于咸丰元年（1851年）十二月接连向咸丰呈上两奏折，提出"银价太贵，银钱难纳"的问题，为了稳定银钱比价，提出一切以钱起数，使银从钱的建议，一定程度上利于减轻农民负担，缓冲阶级矛盾。其三是主张裁兵节饷，加强军备。在镇压太平天国运动的时候，曾国藩一针见血地指出"天下之患有二端，一曰国用不足，一曰兵伍不精"。富国强兵，既可以平息农民起义，又可提高国家的国际地位。

二、严行法制，振之以猛

曾国藩作为中国传统文化最后一位集大成者，在治国理念上，他一方面继承了儒学精华，主张"治国以礼为本"，强调"以礼治人"，另一方面又重视法制在维护封建统治中的作用，认为要实现天下真正大治，也离不开法制。概括起来曾国藩的法制思想主要体现在如下几个方面。

1. 重视法制，严格执法。曾国藩所处的清末，天下混乱，清廷摇摇欲坠。太平天国虽被镇压下去，但战后城乡断垣颓壁，四野皆空。散兵游勇，穷无所归，堕落为匪，四处劫掠。曾国藩认为，要天下从大乱走向大治，除礼治之外，得依靠法制的威力，做到严刑峻法，重典锄暴，有法必行，用法必严，对犯罪行为不能任意赦免。他认为，

---

〔1〕《曾文正公奏稿》卷一。

“凡立一法、出一令,期在必行。若待而不行,而后更改,则不如不轻议法令为好”,要凸显法律的稳定性,不能朝令夕改。既然有法必行,故不得任意赦免和赎罚,因为“多赦不可以治民,溺爱不可以治家,宽纵不可以治军”,[1]赎罚容易让罪犯免受刑罚,让人轻视罚则,故应当严禁。为此,他要求各地方官吏,“专札通饬各属,于词讼罚捐,概行停止”。对于所犯之罚,不能赦,也不能赎,用法一律从严。他说,用法从严,并非漫无条律,不像屠伯那样,而是“要以精微之意,行吾威厉之事,期于死者无怨,生者知警,而后寸心乃安”。也就是要从严而适当,恰到好处,从而产生“赏一人而天下劝,刑一人而天下怨”的行法效果。

2. 执法严而恰如其分,刑清从实而无冤滥滋生。曾国藩认为,执行法律固然必须从严,有案必破,有犯必惩,但也要做到严而适当,程序简明,使法律的实施恰到好处。曾国藩相当推崇法家的严刑主张,他认为这是历史上圣君贤相用以惩恶安良的好做法。尤其是在发生农民起义时,都强调要兼用申韩之术、管商之法,“振之以猛”。曾国藩提出:子产、诸葛亮、王猛,“皆用严刑,以致乂安”,因而主张用严刑峻法和血腥屠杀去扑灭农民起义。对造反之人要“一意残忍”,[2]“若非严刑峻法,痛加诛戮”,就不得“折其不逞之志,而销其逆乱之萌”。[3] 他宣称“乱世用重典”,指示官吏“捕人要多,杀人要快”,“不必拘守常例”,俘获太平军官兵“一律斩剃无遗”。力用重典,以除强暴,安民救世。曾国藩认为要“以精微之意,行吾威厉之事,期于死者无怨,生者知警,而后寸心乃安”。因此,“从政者当审慎赏罚,勿任爱憎,近忠正,远候诀,勿使左右窃弄威福。听讼折狱,

[1] 《杂著·赦》。
[2] 《严办土匪以靖地方折》。
[3] 《与徐玉山太守》。

必和颜任理，慎勿逆诈意。必轻加声色，务广咨询，勿自专用”。[1]

3. 任法不如任人。曾国藩认为，“法待人而举，苟非其人，虽则前贤良法，或易启弊端”。[2] 清朝“六部之法可谓多矣，而书吏之弊更多”。他指责当时的官吏办事拖沓，有四大通病：一为互相推诿，不肯承担责任；二为不顾大体，斤斤计较；三为敷衍搪塞，应付了事；四为粉饰门面，金玉其表，败絮其中。因此，任法和任人比较，“任法不如任人”，[3] 从而将事物的成败得失都归于用人之上。第一，重用贤人。贤人一是要执法公明，在曾国藩看来，如果官员“心不公明，则虽有良法百条，行之全失其本意；心诚公明，则法所未备者，临时可增新法，以期便民”。[4] 故得其人，便行其法。公正明理是执法者的必备素质，也是决定办案效果的重要保证。二是要务实便民。“不说大话，不骛虚名，不行架空之事，不谈过高之理。”[5] 注重实务，真抓实干便宜民众，让民众得到实惠。第二，广收慎用。曾国藩认为，用人要不拘一格，不求全才，只要有一技之长，就要发挥他的作用。用人还要做到知人善用，根据各人的特点，用人所长，量才而用。第三，勤教严绳。曾国藩认为，社会风气对人才的成长具有十分重要的影响作用，因此，他大力提倡引用正人，主张培养“有师长课督之风，有父兄期望之意”的人才。在培养人才的方法上，他强调要严格要求，不姑息，不迁就，不放纵，只有这样才能造就一代济世人才。

4. 杜绝冤狱累讼，清除积案。曾国藩认为，“一家久讼，十家破产；一人沉冤，百人含痛。往往有纤小之案，累不结，颠倒黑白，老死

[1] 《曾文正公全集·日课四条》。

[2] 《奏稿》卷三六。

[3] 《批牍》卷五。

[4] 《批牍》卷三。

[5] 《求阙斋日记类钞·问学》。

囹圄,令人闻之发指"。[1]"冤狱太多,民气难伸";[2]累讼已久,连年不绝,必然导致民穷财尽,怨声载道。要求各级官衙从速结案,以减轻人民的负担与对地方的骚扰。曾国藩主张采纳以下措施防止与克服冤狱累讼的出现:(1)严禁私自关押犯人。他曾出榜晓示官吏与百姓,以后关押人犯、证人,本州县必须及时立牌告知,注明日期。而到弄清情况予以释放时,也须及时立牌晓示,使众人周知。"如有示内无名,及已登注开释,原差仍行私押者,准该家属人等喊禀,以凭严究,特示。"[3]倡导执法、行法必须公开,光明正大,以杜绝执法者以权谋私和乘机违法乱纪。(2)传达司法公文从速,不准拖沓,提高办案效率。州县官吏应以勤为本,躬亲六事:其一,放告之期,亲自收状,即收押、释放人犯和处理、判决的文件、布告、榜文,要亲自拟稿、过目、审定;其二,能断案者,立予断结,不能断案者,交幕僚拟批,但必须亲自细核,分别准驳;其三,准理者,差票传人,必须亲自删改;其四,人命和盗案,以初起招供为重,亲自勘验,愈速愈妙;其五,承审限期,何时解勘,何时详结,亲自计算时日;其六,监禁关押之犯,当常看视,每日牌示头门,每月册报上司,亲自经理。"六者皆能躬亲,则听讼之道,失者寡矣。如其怠惰偷安不肯躬亲者,记过示惩!如其识字太少,不能躬亲者,严参不贷。"[4]督促州县官亲抓狱讼,认真负责,注重成效。曾国藩主张将处理公事的勤惰,作为考察官吏贤虐的重要依据。如有怠惰偷安,不肯亲自办理者,记过示惩。(3)创设"四种四柱"案件呈报制度。"四种"是指有关积案、监禁、关押方面的旧管、新收、开初、实在四种类型,以积案为例,"上月控告为旧管,本月控告为新收,审结、和息、注销者为开除,未结者

[1]《奏稿一·陈民间痛苦疏》。

[2]《备陈民间疾苦疏》。

[3]《杂著四·禁止私押告示式》。

[4]《直隶清讼事宜十条》。

为实在”;“四柱”是指有关逸犯(逃犯)方面的旧逸、新逸、已获、在逃四种类型。州县于每月初一二三等日,办齐“四种四柱册”,及时上报到省,有院司装订成册在官厅公示,“令大众阅看,其未报者,及报而不实者,立予记过”。[1] (4)规定各类案件审结的具体期限。州县地方本身能处理的案件,一般不超过二十日;需要上报省城、京城的上控、京控案件,地方一审期限不得超过三个月。对于过去一直未结的旧案,“首府谳局限半年,外府州县限三个月,将同治七年腊月以前各案一律清理,系属分内必应速办之事,仰即分饬承审各衙门,并首府局员遵依定限,赶紧讯断拟议完结”。[2] 对于危害大、影响广的重大命案,更应及时处理,其审理时间比寻常命案更短,体现从快从速原则,以起惩戒和警示作用,彰显地方政府和司法机关的效能与威信。具体的审案期限,可作为对地方官吏在职期间功过、政绩考核的标准和依据。曾国藩在清代虽无司法改革之名,却有司法改革之实。他的上述主张已注意到司法机构的整顿改革,执法行法人员的奖惩,司法管理的手续与制度,以及影响决狱断案的陈旧保守司法风气的改变等各个方面。

5. 用法律保障国家财政收入,维护所有者的权益。曾国藩认为,国家税务的征收必须制度化和法律化,做到奖惩分明,使财产所有者的权益能够得到法律的有力保障。钱粮是当时国家财政的主要收入,是农民向国家承担的义务,即农业税。曾国藩主张用“严刑重责”强迫人民交粮纳税。他下手谕,贴布告,命令省绅民人,互相劝督,早日完缴钱粮。并认为,圣朝之恩,断不可负。抗欠之罪,断不可恕。因此,他主张以好言告诫于前,以刑法惩责于后。他饬令各州县加紧催征,“如有不赶紧完纳者,饬各州县三日一比,严刑重责;幽之囹圄之中,治以军流之罪! 如有游民、痞棍倡为莠言,谓世界已

---

〔1〕《四种四柱格式》。

〔2〕《直隶清讼限期功过章程》。

乱,不必完粮者,一经拿获,即行正法”。[1] 三天进行一次拖欠罪的审判,严惩抗征户,以重刑威慑民众。为了保证钱粮的及时完交和顺利运往京师,同治六年,他又拟定了《江北冬漕海运章程十条》,对于钱粮征收要求、运输过程、验收措施,加以制度化、法律化,从而切实保证了钱粮完交。

6. 反对军队经商,严禁军人贩卖私盐。曾国藩认为,盐是百姓生活中的必需品,也是国家重要的税收来源。曾国藩为振兴盐务,提出了疏通、轻本、保价、杜私的整顿措施。私盐既逃避国家税收,也影响到生产计划和市场价格,曾国藩主张无论官运、营运、商运,凡是夹带私盐、贩运私盐,一并按律治罪罚办:“苟无单而贩私,即按律而科罪,此杜私之略也……无论官运、营运,悉照商运一律办理。”[2] 为了杜绝私盐,曾国藩提出派军船巡查。但兵船、军卒不准插手干预。如有违背,依法治罪,即所谓“战船一概不准干预。至弁兵包庇私盐,或失察,或知情,或受贿,或通同兴贩,各有本例。将来应按照情节问拟,毋庸另立处分罪名,转启迁避之渐”。[3] 军队不能贩卖私盐,不能包庇私盐而从中牟利。军队不能经商,不能违法乱纪,有犯军民一体处理。坚决杜绝“民犯私盐则治罪,军犯私盐而逍遥法外”的现象出现。

曾国藩从各方面要求谨慎执法、注意狱讼,是因为执法治狱关系到人民的生命财产与社会治乱。法的适用不仅要严,而且必须郑重,做到既崇法,又慎法。

三、筹办洋务,守定和议

自19世纪以来,中国的内忧外患日益加深。曾国藩在西力东

---

〔1〕《杂著六·催完钱粮告示》。

〔2〕《奏稿二十·淮盐西岸认运章程》。

〔3〕《奏稿二十·官运章程》。

渐、西学东渐的背景下，对时局的认识不断深化，他倡导洋务运动，“西学为用”，并在中外交涉方面，鉴于中外实力的巨大差距，提出了“礼让为国”“守定和议”的主张。

1. 西学为用。为了兴办洋务，曾国藩聘请洋人在江南制造总局内设立了翻译馆，创办技术学校，并奏派幼童出国留学。引进西方先进的科学技术，培养了一批技术骨干力量，力图用西方的坚船利炮把清朝军队武装起来，近“可以剿发逆”，镇压太平天国农民起义；远“可以助远谋”，促使国家富强，以夷制夷，抵御外侮。在国力衰弱、内外交困的情势下，以求得一个对内改革（内修政事）、对外开放（外师夷智）的自强环境，从而达到转弱为强、反败为胜的目的，这有它一定历史的合理性，不能一概否定。

2. 诚信和戎，坚守条约，静待时机，以徐图自强。曾国藩在处理对外事务方面，“坚持一心，曲全邻好”，“遵守和约”。曾国藩认为，“中外交涉，条约为凭”，中外交涉事件，条约是国家法律意志的具体体现，因此，签约双方都必须严格遵照条约中的规定来执行，不失信于外交“为是”。抱定“守定和议，绝无更改，必能中外相安”的信念，他认为“自英夷滋扰，已历二年，将不知兵，兵不用命，于国威不无少损。然此次议抚实出于不得已。但使夷人从此永不犯边，四海宴然安堵，则以大事小，乐天之道，孰不以为上策哉?”《中英南京条约》的签订，是“上策”，并将《南京条约》之类的不平等条约奉为圭臬，任何时候都必须遵守。也就是事端纷纷，总以坚守条约，以条约为凭、大事苦争，小事放松，不失信于外人。但事实上，曾国藩并未坚持这一立场，对于外国人在条约之外侵犯我国权利，往往惩罚相关的中国人，而外国人可以逍遥法外。例如，当时有镇江关洋人骑马到江北游玩，因观艺而与华人互争，结果“为兵丁所窘逐”。曾国藩说，江北地区本非条约所规定的通商口岸，洋人又无执照，“本不宜任意游玩各处”。但因“无从指拿人犯”，只得将该处地保惩责，禁止民人开设洋酒馆，并饬令各营官约束兵丁，“毋许恐吓洋人”。可见，洋人超越

“条约”,不是惩罚洋人,而是责备中国的兵丁与人民。再如,根据条约洋人可以在内地制造货物,但不准在内地开商行。当华人陈品三、江旭先串同洋人设立茶站时,曾立即将陈、江两人予以严办,所谓“当严办以儆其余,不动声色,一经拿获,重则立毙杖下,轻则痛打重枷。不用公牍,不用审供,不提及洋人一字,专用蛮干,自然人知做畏”。在这里,洋人与华人在内地合作开商行,进行茶叶收购和贸易。曾国藩不许华人申辩、说明情况,只是严惩华人,而不提洋人一字。这是曾国藩不仅承认外国侵略者强迫订立的不平等条约,而且默认外国人超越“条约”的权利。

1860年《北京条约》签订后,法国天主教士在天津望海楼修建教堂,为显示其慈善、文明,还开办了仁慈堂,收养弃婴和孤儿。但是该堂在1870年不断发生婴儿失踪、死亡等事件。于是天津百姓与法国天主教发生冲突,法国传教士向中国的官吏与群众开枪,致死一人。天津人民奋起反抗,殴毙法国领事官与传教士20余人,并焚毁法国领事馆和望海楼天主教堂及英美传教士开办的四座基督教堂。这就是“天津教案”。该事件完全是法国传教士借传教之名欺压中国百姓所致。案发后,法、英、美列强联合向清政府提出抗议,并集结军舰示威。清政府于是派当时为直隶总督的曾国藩处理此案。曾国藩认为这次殴毙法国领事,是从来没有的事,并“主意不欲与之开衅”,应当归罪于天津人民,所谓“津郡此案,因愚民一旦愤激,致成大变”。他指出,天津人民对洋人愤怒,但“今并未搜寻迷拐之确证,挖眼之实据,徒凭纷纷谣言,即思一打泄忿。既不禀明中国长官,转告洋官,自行惩办,又不禀明长官,擅杀多命,焚毁多处。此尔士民平日不明理之故也”。这是把引起教案的迷拐幼孩、挖眼剖心,说成是“徒凭纷纷谣言”,毫无根据。曾国藩屈从于列强压力,完全满足了法国侵略者的要求,任意逮捕80余名无辜群众,重刑逼供,正法(死刑)30人,军徒(充军、徒刑)25人。另外,赔偿教堂器物损失等银子五十万两;天津知县、知府革职,发往黑龙江效力赎罪;并由清政府派三口通商大臣崇厚出使法国，赔礼道歉。因此，在“天津教案”的处理上，曾国藩是以大量的赔款和杀害中国人民，来讨好外国传教士等，而对他们在中国土地上的杀人犯罪，却不加制裁。可见，在对外交涉方面，曾国藩为了讨好外国侵略者，以维护清朝的封建统治，而无视人民权益，损害国家领土完整与司法主权，给国家与民族造成了莫大的耻辱。这个交涉结果，朝廷人士及民众舆论均为不满，朝野上下一片唾骂，就连他的湖南同乡也把他挂在湖广会馆夸耀其功名的匾额砸烂焚烧。

曾国藩辞世，他的弟子李鸿章写给自己老师的挽联为：“师事近三十年，薪尽火传，筑室忝为门生长；威名震九万里，内安外攘，旷代难逢天下才。”曾国藩是洋务运动的发起者，他把向西方学习由思想主张变为大规模的实际行动，迈开了中国近代化进程中具有重要意义的一步，他创立安庆内军械所、江南制造总局，设立翻译馆，奏派幼童出国留学等举措，在一定程度上促进了中国科学技术的发展和教育近代化的进程，为中国近代工业的发展奠定了基础。因此，他的这些历史功绩还是应该予以肯定的。曾国藩所选择的传统道德观念、价值尺度和行为方式，在当时很大一部分封建士大夫，乃至一般民众中仍然有着固有的影响力，并延伸至今。尽管其消极的方面还在一定程度上阻碍社会的进步，但其积极的成分则可为现今的人们思想言行提供借鉴。

钱穆法政思想述要

王小康*

【内容摘要】 钱穆先生的法政思想是近代文化保守派的代表，其内在理路是以历史研究为道体、以政治法律为术用。钱穆先生认为，中国古代立国于广土众民之上，建立了以贤能代表和直接民权为特征的、政民一体的“民主政治”；法治为中国历代治理的基本特点，也往往是弊害所在，所以中国文化强调“治人”是为了纠偏和扶正法治；以道统格正治统、以学术引导政治是中国民主政治的重要传统，是中国古代统治合法性的终极法则所在；地方自治是中国古代民主政治的必然要求，是协调中央与地方于“一统”局面的重要政策。正是基于以上四项大义，我们看到，“史体政用”是钱穆先生法政思想的基本逻辑，“因缘和合”是其融会中西、推陈出新的基本方略；其中，“贤能民主”“道统格政”为钱先生论统治合法性之“政道”，而“治人法治”“地方自治”则为其论治理方术之“治道”——中国传统政治实是合理正当而秩序自洽的，故而承继发皇此政道与治道，乃是今日法政研究和法政建设的历史使命。

【关键词】 贤能民主　治人法治　道统格政地方自治

钱穆先生(1895～1990年)是20世纪中国的著名史家，他以对传统文化之“温情与敬意”态度而闻名于世。在他看来，中国传统文

* 作者系中南财经政法大学法律史学专业硕士研究生。

化自有其精华，在西方文明冲击之下，国人应该参酌西学、激活传统并发皇文明，而非全盘除旧、毁弃传统并唯西是从。[1] 正是在此种观念下，钱先生形成了以文化保守主义为底色的法政思想，他梳理了中国传统政治制度的“历代得失”，认为其中自有一套“中国式的民主法治”，即中国传统政治是合理正当（“民主”）并且秩序自洽（“法治”）的，并且主张中国未来的立宪建国道路必须立足传统、返本开新。

对钱穆先生的这种法政思想，学界有两种截然不同的看法，一种则认为它是“腐朽没落的”保守观点，必须予以批判；另一种则认为它是具有历史合理性的高明看法，是值得阐发弘扬的。前者以黄敏兰、阎步克、袁伟时、易中天、翁有为、陈勇、姜鹏、万昌华、周思源、王也扬、张绪山、许明龙、赵庆云、许苏民等学者为代表，后者以侯旭东、姚中秋、方朝晖、罗志田、白彤东、张传玺、罗岗、金春峰、宋大琦

---

〔1〕 钱穆：《国史大纲》，商务印书馆1996年版，扉页前言。为方便说明故，兹将前言附录于此：“凡读本书请先具下列诸信念：一、当信任何一国之国民，尤其是自称知识在水平线以上之国民，对其本国以往历史，应该略有所知。（否则最多只算一有知识的人，不能算一有知识的国民。）二、所谓对其本国以往历史略有所知者，尤必附随一种对其本国以往历史之温情与敬意。（否则只算知道了一些外国史，不得云对本国史有知识。）三、所谓对其本国以往历史有一种温情与敬意者，至少不会对其本国历史抱一种偏激的虚无主义，（视本国以往历史为无一点有价值，亦无一处足以使彼满意。）亦至少不会感到现在我们是站在以往历史最高之顶点，（此乃一种浅薄狂妄的进化观。）而将我们当身种种罪恶与弱点，一切诿卸于古人。（此乃一种似是而非之文化自谴。）四、当信每一国家必待其国民具备上列诸条件者比数渐多，其国家乃再有向前发展之希望。（否则其所改进，等于一个被征服国或次殖民地之改进，对其自身国家不发生关系。换言之，此种改进，无异是一种变相的文化征服，乃其文化自身之萎缩与消灭，并非其文化自身之转变与发皇。）”

等学者为代表。[1]

笔者认为，在现有研究当中，批判、抵制钱穆先生观点的学者实际上并未从内在理路层面上对其有完整的把握，遑论明了其精义，而认同、赞扬的也主要是关注到其文化保守主义特征，对其思想实质往往缺乏精准的认识。值得一提的是，姚中秋先生从钱穆治史之经学意识入手，探求了钱穆先生之政治学的道统自觉和保守情怀，并阐发出具有文明自觉的钱氏政治学的典范意义。[2] 这种所谓“政治学之文明自觉”正为笔者所赞同，只是该文仅初步指出钱氏政治学的独特个性和价值，对于钱氏政治学的内容也是点到即止，故而尚留出一些继续扩展和深挖的空间。

以著述内容来看，钱穆先生平生学术主要集中于文史领域。但实际上，钱穆先生在20世纪40年代所著之《政学私言》与在20世纪50年代所著之《中国历代政治得失》两书，集中体现了其在法政方面的研究，并展现了其法政思想与文史观念之间的内在关联。对此，我们可以说历史文化是其学问之道体，而政治法律则是其学问之术用，二者正是相互发明、相得益彰的关系。本文将围绕历史文化与政治法律之体用关系，展开对钱穆先生法政思想的解读。不同于以往相关研究的是，本文更加突出展现钱穆先生之法政思想的整体面

---

〔1〕 参见黄敏兰：《近年来学界关于民主、专制及传统文化的讨论——兼及相关理论与研究方法的探讨》，载《史学月刊》2012年第1期；侯旭东：《中国古代专制说的知识考古》，载《近代史研究》2008年第4期；黄敏兰：《质疑“中国古代专制说”依据何在？——与侯旭东先生商榷》，载《近代史研究》2009年第6期；秋风（姚中秋）：《儒家宪政民生主义》，载《开放时代》2011年第6期；袁伟时：《儒家是宪政主义吗——简评秋风的孔子论》，载《原道》2011年第1期；张昭军：《“中国式专制”抑或“中国式民主”——近代学人梁启超、钱穆关于中国古代政治制度的探讨》，载《近代史研究》2016年第3期；姚中秋：《钱穆政治学初探》，载《学术月刊》2015年第12期；陈勇：《钱穆与中国政治制度史研究——以“传统政治非专制论”为中心》，载《上海大学学报》（社会科学版）2016年第3期；等等。

〔2〕 姚中秋：《钱穆政治学初探》，载《学术月刊》2015年第12期。

貌与内在理路，以期为读者呈现一个内怀温情、外务进取的钱穆法政思想形象。而对于学界现有争论的梳理和辨正，拟另撰文予以说明。

一、贤能代表与直接民权：中国的民主传统及其更化

清季以来，出于推进民主革命之动机，一些知识人大力抨击清代之腐败专制，余风所及，乃至于把整个中国传统政治描述为“专制黑暗”，诚可谓“一语抹杀”！[1] 对于此种为求“革新”而竞务“宣传”之史学，钱穆先生虽表同情，却极不赞同——因为它“特借历史口号为其宣传改革之工具”，“急于求智识而怠于问材料”，“其智识既不真，事功亦有限”，不仅会耽误现实政治改进，更会使国人蒙此误解而终昧于国史。[2]

与此种急进偏激之“史学”相反，钱先生在对传统政治的看法上颇显保守，他甚至认为“民主政治为今日中国唯一所需，此毋烦论，盖唯有民主政治，既为世界潮流所趋，抑亦中国传统政治最高理论与终极目标之所依向”。[3] 按照西方学者（亚里士多德）言政体之义，世间政体无非君主、贵族、民主三类；而“中国自秦汉以下，严格言之，早无贵族”，又“中国虽有君主，然固非君主专制”，则“中国传统政治，既非贵族政治，又非君主专制，则必为一种民主政体矣”。[4]

依钱穆先生之意，“民主政治”在中国古代早已有之，只是其形态与西方不尽相同，要之其功能与精义则为相近。钱穆先生认为，“所谓民主政治之精神，莫要于能确切表达国民之公意”，而此种意

〔1〕 钱穆：《中国历代政治得失》，九州出版社2012年版，序第1页。

〔2〕 钱穆：《国史大纲》，商务印书馆1996年版，引论第3～6页。

〔3〕 钱穆：《政学私言》，上卷“一、中国传统政治与五权宪法”，九州出版社2010年版，第3页。

〔4〕 钱穆：《政学私言》，上卷“一、中国传统政治与五权宪法”，九州出版社2010年版，第6页。

旨正为中西所通。[1] 近代以来中国传统政治之所以被人指责为“君主专制”,最根本之点在于“在上到底多了一个迹近专制的王室,在下到底少了一个代表民意的国会”,而钱穆先生则以为,这是“由历史环境所造成”,不足为中国病。[2]

对于一切制度,我们当在具体历史境地之中领会其合理性。中国传统政治与西方民主政治的不同,其根源必须回溯到中西立国规模之差异。西方诸国民主政治,大都“起于小国寡民,又为人口集中之都市,故可于选举中尽量表达民意,并主选举权之尽量普及”,创为人民议政之国会政治。[3] 而“中国乃一广土众民之大国,欲求政治之统一与安定,不能不有一举国共戴之元首;而此元首之推戴,若由民众选举又多不便,于是乃有世袭之王室”,并因而难有人民议政之国会政治。[4]

虽然历史条件对中国传统政治有些许局限,但正由此激发出中国式的民主政治传统来:“正为其缺乏一国会,故能逼出考试与铨叙制度;正为其有一世袭之王室,故能逼出监察与审驳制度。”[5] 在钱穆先生眼中,这两个制度是中国古代法政制度之合法性、正当性的根本所在,是中国的民主政治传统。[6]

中国古代的考试与铨叙制度,昔日又称“选举”,就是把人民之

〔1〕 钱穆:《政学私言》,上卷“一、中国传统政治与五权宪法”,九州出版社 2010 年版,第 3 页。

〔2〕 钱穆:《政学私言》,上卷“一、中国传统政治与五权宪法”,九州出版社 2010 年版,第 11 页。

〔3〕 钱穆:《政学私言》,上卷“二、选举与考试”,九州出版社 2010 年版,第 20 ~ 21 页。

〔4〕 钱穆:《政学私言》,上卷“一、中国传统政治与五权宪法”,九州出版社 2010 年版,第 11 页。

〔5〕 钱穆:《政学私言》,上卷“一、中国传统政治与五权宪法”,九州出版社 2010 年版,第 11 页。

〔6〕 钱穆:《政学私言》,上卷“一、中国传统政治与五权宪法”,九州出版社 2010 年版,第 8 ~ 9 页。

中的贤才选拔出来做官,把官吏之中的贤才提拔起来重用,“其用意是在政府和社会之间打通一条路,好让社会在某种条件某种方式下来掌握政治,预闻政治和运用政治,这才是中国政治制度最根本问题之所在”。[1] 这种制度之所以重要,是因为它致力于沟通社会与政府,使政府人员能够充分代表社会民意。但依照中国自古观念,“真能代表民意者,就实论之,并不在人民中之多数,而实在于人民中之贤者”,此所谓“贤钧从众”之义。[2] 故而要“公开政权,选贤与能”,其重点不在于统计选举者之投票数与举手数,而在于被选举者之才能与德行。

钱穆先生认为,自秦汉以来,中国才有了真正的统一政府;汉武帝以后,文治政府的事业才渐渐有了规模。[3] 在汉代的精良制度设计下,那时的入仕者必须完整经历太学教育、行政实习(补郎补吏)、地方察举和中央考试,才能进入从政之正途。[4] 这既规范了取材标准、提高了官员素质,又使社会与政府亲密无间,终于造成了“政民一体”的“士人政府”,为后世政治树立了楷模。汉末丧乱,中央对地方失其统治,遂有“九品官人之法”,即由中央之大小中正官来主持评定和任用各地士人,这虽是一时将就的救弊之举,然而毕竟促成了魏晋南北朝士族门阀之崛起及其对仕途的垄断。[5] 隋唐兴起,一革四百年因袭之局,创为“科举取士”之制,于是考试制度正式代“乡举里选”“九品官人”而兴,直至清末改制而罢。

中国传统选举与考试制度,使政府成员直接来自人民,实可谓“直接民权”,即民众“直接操行政之权”;尽可能使所选拔之政府成

---

〔1〕 钱穆:《中国历代政治得失》,九州出版社2012年版,前言第5页。

〔2〕 钱穆:《政学私言》,上卷“一、中国传统政治与五权宪法”,九州出版社2010年版,第7页。

〔3〕 钱穆:《国史大纲》,商务印书馆1996年版,第113~149页。

〔4〕 钱穆:《中国历代政治得失》,九州出版社2012年版,第17~21页。

〔5〕 钱穆:《中国历代政治得失》,九州出版社2012年版,第53~56页。

员为民众中之贤能人物，保证其能够更好地代表民众公意，实可谓“贤能代表”。[1] 在中国古代之特殊历史地理条件下，此种以选举考试制度为基础的、以“直接民权”“贤能代表”为特征的“士人政府”，确保了中国政治的合法性和正当性，其在某种程度上与近代西方代议制国会政治有异曲同工之妙。

中国古代的监察与审驳制度，是由政府内部分化出来的自我净化和调节机制，包括御史制度和谏诤制度两部分。此项制度的立意，本是为了配合考试与铨叙制度的，因为古今中外一切政制有两大义同不能背：“一、在求如何使贤能登进；二、在使贤能既居高位，不致滥用权力以假公而济私。”[2] 考试与铨叙制度既能选拔社会贤能而组成士人政府，则维持政府之先进性与合法性的另一需求就只在于权力之监督了。在汉代，监察权由副宰相御史大夫来行使，其职责包括监督皇帝与监察百官两部分。后来此项制度不断演化，直至唐代渐趋于成熟定型，“皇帝用宰相，宰相用谏官，谏官的职责是专门谏诤皇帝的过失，这和御史大夫不同：御史大夫是监察政府百官的；谏官不监察政府，他只纠绳皇帝”。[3] 宋明以降，监察审驳制度虽有所变革，但以御史察百官、以谏诤正皇帝的基本制度精神还是一脉流传。正是由于有了此种监察审驳制度，士人政府的官僚系统才得以自我净化，皇帝与政府之间的关系才能得到恰当调节，这是古代“士人政府”之“直接民权”与“贤能代表”的另一体现。

如果说，考试与选举制度是从政府组成上确保政治合法性，那么监察与审驳制度则是从政府运作上维系政治合法性。以此之故，我们看到，钱穆先生将此二者作为中国古代的民主政治传统，是道理

---

〔1〕 钱穆：《政学私言》，上卷“一、中国传统政治与五权宪法”，九州出版社2010年版，第7页。

〔2〕 钱穆：《政学私言》，上卷“二、选举与考试”，九州出版社2010年版，第21页。

〔3〕 钱穆：《中国历代政治得失》，九州出版社2012年版，第83页。

显明、逻辑自洽的。由此出发，钱穆先生进一步认为，“中国所要者，乃为一种自适国情之民主政治，重在精神，不在格式”，而中国之现代建国则必须接续和发扬此种民主传统。

在这方面，钱穆先生尤其推崇孙中山先生及其《五权宪法》：“中山先生之五权宪法，本为融通中外而创设”，“既于西方民主政治三权（按：立法、行政、司法）鼎立之理论上，提炼出中国旧政制中考试、监察两权而改成五权，又于其上面抹去一王室，于其下面增添一国会，此诚斟酌尽善，不可谓非外顺世界潮流，内适传统国情之一种创制”；“要之，今日中国政治之出路，惟有切实推行五权宪法之一途”（按：发言时为1945年3月）。[1]

钱穆先生之所以推崇中山先生之五权宪法，根本在于他认为五权宪法做到了接续和发扬中国的民主传统，可谓顺天应人而推陈出新！尽管五权宪法已随国民政府之颓败而花果飘零于台湾，但中国的现代建国立宪之路却仍要继续前行。贤能代表与直接民权为中国民主传统之精义，考试铨叙与监察审驳为传统政治之可贵经验，这些都是今日中国民主政治之发展与更化所应继承的。

二、法治与人治：中国的治术传统及其赓续

近代以来，西方法政思想对国人影响渐深，知识人惑于西人“法治”之说，竞务为“启蒙”之“宣传”：中国以尚“人治”而衰，西人以崇“法治”而兴，故中国欲以求治则必须排斥“人治”而建设“法治”——此种言论情状不独笔者今日所睹如此，早在钱穆先生所处之民国时代已然。[2]

对于以上说法，钱穆先生颇不以为然，他甚至认为，“夷考其实，

〔1〕 钱穆：《政学私言》，上卷“一、中国传统政治与五权宪法”，九州出版社2010年版，第6、12、15页。

〔2〕 钱穆：《政学私言》，上卷“七、人治与法治”，九州出版社2010年版，第75页。

毋宁谓中国重法治,西方重人治,犹较近是;双方各就其所偏陷,而求补苴矫挽,故中国多言人治,而西方多言法治”。[1] 推求钱穆先生此意,恰如得病与用药之相应相反:热症治之以凉性药,寒症治之以温性药;但凡人不通病药之理,惑于用药之名,而昧于病情之实。

钱穆先生所谓“中国重法治”,这一点从历代史迹可得确实证验:秦汉以来,如赋税、兵役、法律、职官、选举、考试等制度,皆有明确精详之规定,且往往严遵恪守至于百年之外而不变,可以说,“中国之所以得长治久安于一中央统一政府之下者,亦惟此法治之功”。[2] 实际上,中国政治之尚法治,这是由历史环境与立国规模所决定的。中国自古为一广土众民之国,各地“川泉陵谷异变,风气土产异宜,人物材性异秀,俗尚礼乐异教”,在此情况下,必须厉行法治、统一政刑才能维系一统局面。[3] 亦只有维系一统之局面,中国才能从容应对水旱灾害、内忧外患之威胁,并发皇礼乐文明、文质彬彬之教化。

然而,正由于立国规模之不得不重视法治,所以中国政治之流弊便不免为“尚法之过”。所谓“尚法之过”,即法度越往后越烦密,“使人不得自竭尽,而多束缚于虚文烦法之下”——正如黄梨洲《明夷待访录·原法》所言,“自非法之法桎梏天下人之手足,即有能治之人,终不胜其牵挽嫌疑之顾盼,有所设施,亦就其分之所得,安于苟简,不能有度外之功名”。[4] 正是在此种背景之下,中国历代硕学通儒才会强调为治之人的才思与德性,以求补救严文深法之弊害。

钱穆先生所谓“西方重人治”,乃是指西方政治“起于城市之邦,易于听取市民意见”,“诸国分立,又率以商业立国,故其政治对外重

[1] 钱穆:《政学私言》,上卷“七、人治与法治”,九州出版社2010年版,第75页。

[2] 钱穆:《政学私言》,上卷“七、人治与法治”,九州出版社2010年版,第76页。

[3] 钱穆:《政学私言》,上卷“七、人治与法治”,九州出版社2010年版,第76页。

[4] 钱穆:《政学私言》,上卷“七、人治与法治”,九州出版社2010年版,第77~78页。

于对内,形势变动则贵能因应”,故而其国家“宪政精意,在听于人不在听于法,人情变而法亦随之”,这一点在近代西方国会政治中体现得极分明。[1]

西方起于小国寡民,民意易于收集展布,其使民众之“人情伸于法律之上,故转使人人奉法守法而不敢犯,非畏法也,乃畏人也”。[2]故而我们可说,西方伸人情而立法律,其立国精神本于民主之人治,其所以称言“法治”者,在于以法治而尊奉民主;进一步言之,在以法治而控制民主,以坚守底线也。中国“大国广土,民众公意难以一致”,而一统之法治往往难为通融,故而常不得不“抑人情以伸法律”。[3] 对比西方,我们亦可说,中国立国规模在于“民主”之法治,其所以称言“人治”者,在于以人治而补救法治流弊,最终成就“民主”。

中国立国于广土众民之上,事事处处莫不求有法可依、有法必依,然纵能如此,弊亦随之。举例言之,中国的选举与考试制度前已备述,其中实有一十分值得关注的现象,即选举与考试的越来越“重法不重人”:选拔形式由两汉之乡举里选、魏晋之门第推举,一变为隋唐之科举考试;选拔标准由隋唐之考试成绩与行政实习并重,再变为宋代之唯重考试成绩;考试内容由唐宋之诗赋经策并举,三变为明清之八股格式。[4] 从中可以看到,选拔的标准法度确实是越来越清晰而客观,其公正而平等之义真不能不谓之“法治”,然却渐失育人举才之意而终至于戕斫人才,正如黄梨洲所谓“严于取,则豪杰

---

〔1〕 钱穆:《政学私言》,上卷“七、人治与法治”,九州出版社2010年版,第81~82页。

〔2〕 钱穆:《政学私言》,上卷“七、人治与法治”,九州出版社2010年版,第85页。

〔3〕 钱穆:《政学私言》,上卷“七、人治与法治”,九州出版社2010年版,第85~86页。

〔4〕 钱穆:《中国历代政治得失》,九州出版社2012年版,第53~60、88~90、128~129页。

之老死丘壑者多矣;宽于用,此在位者多不得其人也”(《明夷待访录·取士下》)。[1] 在中国传统政治制度中,人与法之关系大体如是,即“制度越繁密,人才越束缚”,越往后政治越难有所表现。[2]

故从以上分析来看,中国政治之病实不在“人治”多而“法治”少,而在于“法治”深而“人治”薄。故而钱穆先生认为,在如此立国规模前提下,仍然盲目“好言法治、尊法抑人”,实在是“昧于名实”,“以水救水、以火救火”,其势必导致更大的弊害。[3] 故而钱穆先生主张,“善谋国者,正当常伸人情于法度之外,正当宽其宪章,简其政令,常使人情大有所游,而勿为之桎梏”。[4] 这种要求并不是置法治于不顾,而是强调为治之人的才思与德性;只有协调好天理人情与国法之关系,才真正算得上是中国的理想“法治”!

要达到这一点,就要处理好人与法之关系,即强调人之作用的恰当发挥。这里所说的“人”,就是为治之人,是君臣官吏。钱穆先生以为,“法治之美,有一言可尽者,曰:莫大乎使人之有才得以进,而不肖者亦得以退,而又使人之才不肖易以显,此最法之善者”。[5] 换言之,法治的精义在于为治之人真能各尽其才。因此,欲伸人治于法治之中,则又须归本于考试铨叙制度与监察审驳制度之上。考试铨叙通畅,且辅之以“明分职、简阶资”,则可使贤者在位、能者在职;监察审驳昌明,则能使君主恭正、臣僚勤廉。故钱穆先生说,“言法治之精美,其在中国,惟儒家得其全,汉唐宋明所以成一代数百年之治者皆是;故治法之美,在能妙得治人之选,昧于人而言法,非法之至也!”[6] 斯言可谓真得中国治术之精义,昧于此而言“法治”“人

[1] (明)黄宗羲:《明夷待访录》,段志强译注,中华书局2011年版,第66页。

[2] 钱穆:《中国历代政治得失》,九州出版社2012年版,第170~171页。

[3] 钱穆:《政学私言》,上卷“七、人治与法治”,九州出版社2010年版,第83页。

[4] 钱穆:《政学私言》,上卷“七、人治与法治”,九州出版社2010年版,第86页。

[5] 钱穆:《政学私言》,下卷“七、法治新诠”,九州出版社2010年版,第191页。

[6] 钱穆:《政学私言》,下卷“七、法治新诠”,九州出版社2010年版,第194页。

治”,实不足以切入中国之问题。

综上所述,“法治”与“人治”是治术之二端,同为善治之不可或缺。西方以人治之民主立国,故提倡“法治”以辅正;中国以法治之“民主”立国,故重视“人治”以辅正——这都是历史条件和立国规模所决定的,不必争辩此是而彼非,因为“世固无有利无弊之法”,“善为政者,贵能因其偏而矫之”。[1] 今日中国对于“法治”之号召方兴未艾,这本是历史逻辑和现实需求的正常生发,无足深怪;然而,欲真正谋求长治久安,则为治者必须重视把握中国传统中“法治”与“人治”之关系。只有依其理而行其政,“法治”与“人治”才能合为善治——这是中国治术传统的赓续,唯通人为能识之!

三、道统与治统之间:以学术引导政治

知贤能代表与直接民权,则明乎中国之民主传统;知法治与人治之关系,则明乎中国之治术传统——由此可见,中国传统政治实在是既有理想,又有办法!但这亦只不过就政而论政,未尽高明;“中国传统政治,尚有一端义当阐述,即是政治与学术之紧密相融洽”。[2]

钱穆先生所谓“政治学术之紧密融洽”,核心精义在于以学术引导政治、以政治践行学术,这是中国传统政治之合法性的更高一层保障。我们之所以说贤能代表与直接民权的士人政府为“民主政治”,是因为此辈贤能士人能够较好地代表民众公意;而此辈贤能士人之所以能够较好地代表民众公意,则正在于其有学术、知道理,能够以学术引导政治而以政治践行学术。

“道统”与“治统”(或“政统”)之并立,为中国文化史上一亘古恒新的话题。所谓“治统”,也称“政统”,是指政治权力与现实秩序

[1] 钱穆:《政学私言》,上卷“七、人治与法治”,九州出版社2010年版,第83页。

[2] 钱穆:《政学私言》,上卷“六、道统与治统”,九州出版社2010年版,第63页。

的统绪;所谓"道统",是指儒家所逐步建构起来的道德价值与政治原则的统绪,其落在实处就是学术传承之"学统"。[1] 在钱穆先生看来,中国古代的学术独立对于政治权力是有制衡作用的,即"道统"(或"学统")对"治统"(或"政统")的制约——这正是中国古代统治合法性的终极法则。[2]

钱穆先生认为,此种以道统格正治统、以学术引导政治的传统,主要包括两点:一是官方重视文教事业,置学术机关于政府之中,此以史官秘阁等为代表;二是国家包容民间学术,允许社会自由讲学,此以历代私学为代表。

中国上古学术在于巫史,后来儒家兴起,重于人而不重神,故巫风渐寝而史官独存。以汉代而言,史官之权望虽已衰,而政治意识益高昂,司马迁"上追《春秋》而为《太史公书》,不仅卓然脱出宗教氛围,抑且褒贬讽喻,文无避忌,保言论之自由,树后世正史以典范"。[3] 此种秉笔直书的春秋精神,素来为中国文化所重;近来甚至有学人指出,中国史官以独立之话语进行历史编撰,其实是以"经"(正统性与基本法)为依据而作价值裁断和历史建构,其伸张正义、维系信仰之作用实堪比于世界法庭,具有根本宪制意义。[4] 此言看似玄远,实有真知灼见,反映出了中国传统政治中史官之特别意义。

政府中之学术机关,除史官外,还有秘阁著作之官,如汉之校书郎中、文学侍从,魏晋之著作郎,唐宋之馆阁学士,以及明清之翰林院。这些官员,一般都无政事实任,专以学业为职。[5] 但国家给他

---

〔1〕 干春松:《儒学概论》,中国人民大学出版社2009年版,第250~257页。

〔2〕 钱穆:《政学私言》,上卷"六、道统与治统",九州出版社2010年版,第63~74页。

〔3〕 钱穆:《政学私言》,上卷"六、道统与治统",九州出版社2010年版,第64页。

〔4〕 刘仲敬:《经与史:华夏世界的历史建构》,广西师范大学出版社2015年版,序第1~4页。

〔5〕 钱穆:《政学私言》,上卷"六、道统与治统",九州出版社2010年版,第66~67页。

们的待遇却十分优渥，他们既可有充分闲暇培养学识、滋长德望，又能有权预闻中央地方种种实际政事，往往养成一辈明卿贤相，开一代治平局面。[1]

总之，中国古代置学术机关于政府之中，既能对政府君臣行为加以规范约束，又能切实收到以学术充养政治的效果，的确反映了道统对于治统的格正作用。然而，在钱穆先生看来，以道统格正治统的更重要一面，却在于国家包容民间学术，允许社会自由讲学。中国自孔子以来，开创学在民间之传统，教育权力下移于社会，洵为百代之洪宪！依钱穆先生的说法，则是"教育重家言不重官学，循下统不循上统"。[2] 所以者何？"学术必先独立于政治之外，不受政治之干预与支配，学术有自由，而后政治有向导。"[3]正因如此，唯有民间学术昌明，自由讲学繁盛，才能使学统立而道统彰，才能使"教权尊于治权，道统尊于政统，礼治尊于法治"，这正是中国民主政治的精义所在！[4]

钱穆先生认为，学术和教育自由之所以重要，在其能于开通民智之上，更进一步激发道德、作育人才。求诸国史，中国自孔子立修齐治平之教，人生理想超脱于个人权利与现世享乐，而专务为人性之健全发育和家国天下之一体协调，上承三代之文明，下启百家之争鸣，遂开出春秋战国之中国史上第一期社会自由教育；汉室创为统一官办教育而渐沦为干禄之途，魏晋兴起而教育为门阀所专擅，隋唐初设科举而儒学不尊，故而此一千年中，政治虽有事功而人心难得皈依，孔氏自由文教之精义低迷不振；"及宋儒兴，而后中国传统人文自由教育之精神乃复昌"，"而凡有宋以来一千年，人才之培养，

---

〔1〕 钱穆:《中国历代政治得失》，九州出版社 2012 年版，第 125 ~ 128 页。

〔2〕 钱穆:《政学私言》，上卷"六、道统与治统"，九州出版社 2010 年版，第 65 页。

〔3〕 钱穆:《政学私言》，上卷"六、道统与治统"，九州出版社 2010 年版，第 68 页。

〔4〕 钱穆:《政学私言》，上卷"六、道统与治统"，九州出版社 2010 年版，第 71 页。

世事之营建，则胥由宋代诸儒人文自由教育之新精神有以振拔而奋起之”。[1] 正是在自由文教风气之下，德才兼备之贤能治人才得以养育，而“为治之人才”正是中国贤能民主政治和传统法治秩序的基础——此意前已备述，此不赘言。

学术和教育自由之所以重要，还在于唯其如此才能够真正讲明学术道理，奠定一代政教之规模。正如钱穆先生所说：“中国社会重礼不重法，法律操之政府，礼义明于学校；礼义之所阐明，即法律之所依据。”[2] 中国社会向来运作之规范，不离乎礼法，而“一代之兴，莫不有法，为上下所共遵而不敢逾；然而中国学者终不言法而言礼，盖礼可以包法”。[3] 此何意也？非学者盲目重礼而轻法，而实在于学者之本职确乎为讲明礼义，以作为政府法律之借镜。由此可见，只有在社会自由文教风气之下，经术礼义方能得充足之发挥，国家法律才能受其滋养而得以合理适时。

现代中国欲建成一接续传统、适合国情之民主政治，固当继承贤能代表与直接民权之精神，更为关键的恐怕还在于发皇此“以道统格正治统、以学术引导政治”的传统。钱穆先生以为，在这方面，重视文教事业之传统是应继承的，此外最首要的还是恢复学术和教育自由，而不以一时政策为转移。[4] 具体来说，就是要使学校之学术与教育独立于政府，公立学校得以议断时政，而私立学校得以提撕人心。[5] 在钱穆先生看来，只有“使学校得超然独立于政治之外，常

---

〔1〕 钱穆：《政学私言》，下卷“五、中国传统教育精神与教育制度”，九州出版社2010年版，第155～167页。

〔2〕 钱穆：《政学私言》，下卷“五、中国传统教育精神与教育制度”，九州出版社2010年版，第169页。

〔3〕 钱穆：《政学私言》，下卷“六、中国人之法律观念”，九州出版社2010年版，第183页。

〔4〕 钱穆：《政学私言》，上卷“六、道统与治统”，九州出版社2010年版，第73页。

〔5〕 钱穆：《政学私言》，下卷“五、中国传统教育精神与教育制度”，九州出版社2010年版，第170页。

得自由之发展”，才能达到“民气借之舒宣，政论于以取裁”的效果，而这才是中国民主政治传统的应有境界。[1]

我们知道，中国文化提倡“以道统格正治统、以学术引导政治”，在终极目的是为了“求治”。立一代之法，出一时政策，要之皆不离此。然而，法律和政策都是法，且“徒法不足以自行”，欲求善治则必有赖于“为治人才”之配合。职是之故，非恢复教育自由之风气，不足以使人才就“心学”而养成仁德；非恢复学术自由之氛围，不足以使人才就“经术”而造就治才。[2]

综上所述，切实践行学术和教育自由，是接续“以道统格正治统、以学术引导政治”传统的唯一正道，是现代中国建设民主政治的“天命”所在。晚明之际，黄梨洲创为“学校议政”之说，以为“天子之所是未必是，天子之所非未必非，天子亦遂不敢自为非是，而公其是非于学校”（《明夷待访录·学校》）。[3] 此言当下看来仍不失其光辉，盖为其有一种“以学术引导政治”之道统自觉也。今当学微道衰、不绝如缕，而再造民主、赓续道统，宁非今日士人之责任乎！

四、中央与地方之间：以自治佐成一统

通过以上分析，我们知道，中国传统政治实际是自有其独特的“民主”“法治”之逻辑的。中国立国于广土众民之上，其制度设施与历史条件之相应配套关系，前已备言。正由于中国不得不要“法治”，所以产生尚法之弊；而欲补救尚法之弊，则为治不能仅赖中央之统一政令，还须振作地方之自治能力。正是基于此，钱穆先生主张，“新中国果欲向民主之途迈进，果求为民主政治安奠基础，则首

---

〔1〕 钱穆：《政学私言》，下卷“五、中国传统教育精神与教育制度”，九州出版社2010年版，第169页。

〔2〕 钱穆：《政学私言》，下卷“六、中国人之法律观念”，九州出版社2010年版，第185页。

〔3〕 （明）黄宗羲：《明夷待访录》，段志强译注，中华书局2011年版，第37页。

当切实厉行地方自治”。[1]

地方自治之精义,在于既不妨害国家之统一、中央之治权,又能有效发挥地方之能动,随宜而为治。钱穆先生认为,欲达此目的,则必须“上溯传统国情,旁考列国现势,为全国各地之地方自治先定一个大规模、大纲领”。[2]

按照钱穆先生的意见,中国地方自治的传统,在秦汉时代开始有十分明确的表现。而中国历史上对于地方行政,一向是推崇汉代。[3] 汉代地方行政之所以值得称赞,在于其时地方社会能与政府保持一种亲密的协商与合作关系:乡县中执掌教化之三老来自地方民间选举,郡县掾属得以地方士人充任,故而民意得以在地方行政上充分抒发;又特别重视地方学校教育和人才察举,故而地方民意又得以在中央政府层面呈现。[4] 正因如此,两汉地方政府之制度规模才冠绝后世,成为历代榜样。

魏晋以下门阀兴起,社会中突出特权阶级,故而郡县地方政治难有起色,隋唐时代此弊仍然存在。直到宋代以下,门第势力因科举考试之蔚兴而消解,社会渐趋于扁平和散漫,而政治上由于中央集权之加强,致使地方政府愈益贫弱,故而地方自治之需求只能转成一种社会事业。[5] 而这社会公共事业的领导责任,就自然落到了“以天下为己任”的宋明士人、“道学先生”的身上;他们以一种类似于宗教的热情和信仰,来建设义庄、社仓、保甲、书院和乡约等事业,终于努力造成了一个小康升平之局面。[6] 宋明社会自治事业的影

[1] 钱穆:《政学私言》,上卷“四、地方自治”,九州出版社2010年版,第40页。

[2] 钱穆:《政学私言》,上卷“四、地方自治”,九州出版社2010年版,第41页。

[3] 钱穆:《中国历代政治得失》,九州出版社2012年版,第15页。

[4] 钱穆:《政学私言》,上卷“四、地方自治”,九州出版社2010年版,第42页。

[5] 钱穆:《政学私言》,上卷“四、地方自治”,九州出版社2010年版,第42~43页。

[6] 钱穆:《国史大纲》,商务印书馆1996年版,第808、812页。

响,一直泽被到中国近现代。

正是由于中国存在两汉宋明之成功的地方自治经验,因此钱穆先生认为,“中国今后之推进地方自治,窃谓当本宋明学者精神,再上求两汉制度遗意,庶乎两全其美”。〔1〕 而在钱穆先生看来,中国立国基础在于农业与农村,故而新中国之地方自治必须从农村自治着手。汉代有三老、游徼、啬夫以分掌地方之教化、巡警和经济事务,则今欲模仿两汉地方自治,亦须建设对应之机构,即村学、村团、村仓。要之,务必使地方能够有自足之经济机能,有自卫之武力,并有贤能士人以领导之;自由思想与士人,实乃地方自治之灵魂,此亦是宋明理学之道德精神所能够有实际贡献之处。〔2〕 除了复兴传统自治事业之外,钱穆先生还主张从“变更省区制度”层面配合地方自治之展开,即“将现行省区,分划缩小”,并赋予新省长官和县长官更大的自治权力,以此“提高地方行政机能,使其切实活泼加强”。〔3〕

推求钱穆先生“地方自治”之说,实际上仍然是其“民主政治”之思想的逻辑展开:它的立意超越于中央对于地方开放政权、地方对中央争权利,而更上升到中央对于地方行教化、地方对于中央履义务,要之,其背后的理想实在于“天下为公”之大义。〔4〕 惟其央地衡平协调,中国“大一统”之局面方能长久维持,故而我们可说,自治正所以佐成一统,而一统必要求地方自治!

对于今天中国的民主政治建设而言,钱穆先生“地方自治”之说仍然有其现实意义。自宋明以降,中国社会逐步趋于平铺和散漫,

---

〔1〕 钱穆:《政学私言》,上卷“四、地方自治”,九州出版社 2010 年版,第 43 页。

〔2〕 钱穆:《政学私言》,上卷“四、地方自治”,九州出版社 2010 年版,第 44 ~ 49 页。

〔3〕 钱穆:《政学私言》,上卷“八、变更省区制度私议”,九州出版社 2010 年版,第 89 ~ 90 页。

〔4〕 钱穆:《政学私言》,上卷“四、地方自治”,九州出版社 2010 年版,第 49 ~ 50 页。

而如此社会就无组织无力量，社会事业就渐渐颓废。[1] 而与此相应，政府为了加强社会控制，往往靠叠床架屋、增设职权而展布其作为，这未必就真使社会得治理，但却总使官僚体系日益臃肿，因之增加了整个社会的治理负担。若依本节分析，这种困境归根结底可说是地方自治之缺乏。

假使今日我们能够一方面使地方政府与地方社会有更密切之互动和协作，甚至给予地方行政较大的自治权力，另一方面又注重地方人才之培养与推举，使地方民意在中央和地方均得畅遂之表达，那么很多社会问题便能消解于基层，国家治理成本亦必将得到极大之降低。以今日而言，钱穆先生之设计或许带有其时代之特点和局限，但其治理重心下移之精义是具有超时代价值的。在整个国家大谈“社会治理”的当下，推进地方自治和社会自治，仍然是此广土众民之中国维系“一统”规模、协调中央与地方关系的必要政策。

五、史体政用与因缘和合：钱穆先生之“政道”与“治道”刍议

在中西文化冲突交融的近代中国，钱穆先生冷静思索，上探中国传统政治之精义，下究现代中国法政之出路，其学思精神不可不谓之高贵矣！想望其时，中西文明骤然相遇，国人手足无措而情状窘迫，真乃旷代之巨变也！在此情境下，近百年中，有人创为“中体西用”之说（张之洞），有人鼓吹“全盘西化”之论（胡适），此外还有人提倡“西体中用”（李泽厚）或“全盘化西”（牟宗三），要之皆不离乎中西文化对立之格局。

唯有钱穆先生，不拘泥此“中西体用”之争，而径直寻启示于中国传统文化之全体大要之中。他以历史文化为学问之道体，以政治法律为学问之术用，而创为现代中国之法政思想——正如姚中秋先生所说，钱氏政治学是一种“历史政治学”，其背后乃是中国文化中

---

〔1〕 钱穆：《中国历代政治得失》，九州出版社2012年版，第168页。

整全的"经史之道"。[1] 由上文论述我们可知,"贤能民主""治人法治""道统格政""地方自治"四义为钱穆先生法政思想之主要内容。而据笔者愚见,其中"贤能民主"与"道统自觉"属于钱穆先生对于"政道"之建构,而"治人法治"和"地方自治"则属于其对"治道"之论述。"政道"者,政治合法性之根本原理也;"治道"者,治平天下所由之合理途径也——而钱穆先生实求此二者于历史研究之中。此种"归本经史""史体政用"之态度,既符合传统文化向来之精神,又可融会世界现今之潮流,诚可谓"极高明而道中庸",其超出"中西体用"之争殆为远甚。

当然,钱穆先生自知其论述易使西化论者批评其为复古主义,故而有一番主动之自白:"我们亦只主张调和折中,舍短用长,站在今天的地位,来决定现在的办法。佛说为一大事因缘出世,今日之中国人,乃为一大事因缘而救国建国。传统文化乃此一大事之'因',世界潮流乃此一大事之'缘',必'因缘和合'乃得完成此一大事。何必你主西化,我主复古,自生龋龁。"[2] 超越"中西体用",而只说"内因外缘",这是钱穆先生治史阅世的通人之见,是真正既富理想又能务实的学思态度,其可遗泽今人者多矣!

事实上,只有认真体会"史体政用,因缘和合"的钱氏风范,我们对其"政道"与"治道"才能有"同情之理解"。比如,钱穆先生对于中国传统政治之民主属性的把握,其立论基础在于一个最根本的历史条件和现实国情:"吾国自古政体,开始即形成一种广土众民大一统的局面,与希腊市府之小国寡民制不同。"[3] 没有绝对脱离于具体

---

〔1〕 姚中秋:《钱穆政治学初探》,载《学术月刊》2015 年第 12 期。

〔2〕 钱穆:《政学私言》,下卷"十、建国信望",九州出版社 2010 年版,第 218 ~ 219 页。

〔3〕 钱穆:《政学私言》,下卷"一、中国传统政治与儒家思想",九州出版社 2010 年版,第 102 页。在《钱穆政治学初探》之中,姚中秋先生也曾指出,钱穆先生所阐述之中国民主政治原理,"均立足于作为政治共同体之中国的基本属性:超大规模"。

历史地理特点的抽象政理,中国之贤能代表与直接民权的民主政治,是传统理想与历史现实之妥协调和的产物。不了解这一点,即不能知道,中国自古政治非但不是狭隘专制,且是"抱有一超阶级、超民族的理想,即抱有一对人类全体大群尽教导督率之责任"。[1]故而中国式民主之"政道",不仅有对中国文化自身的意义,更能够有引领世界文化的意义,是所以寄望于未来者。

再如,钱穆先生对于中国传统政治中法治与人治之关系的论证,与一般"常识"迥异,实可"骇人听闻"!但如果我们充分了解中国立国规模在广土众民,即可知道法治既为中国向来政治所不可或缺,又同为中国向来政治中易于滋弊之一端。由此我们便能进一步领会,中国文化中对于"治人""人才"之重视,实在是为了补救"尚法之弊"。故而,中国之求治理,不能仅盲目谈"法治"。对此,钱先生有言:"我们天天说我们的法不够,其实不够的不在法,而在才;这也不是我们之无才,乃是我们的才不能在我们的法里真有所表现。"[2]由此可见,法治之精义,或并不在使法如何精密,而在于其若何使我们时代的人和才得以自由之发展。推求此传统"治道"之妙义,恐怕不仅当下中国当听取,而今日之世界也不能不对其有所反思。

正是在此"同情之理解"的基础上,我们今天才能进一步谈谈历史研究与法政建设的关系。当此"实用主义"流行的年代,认为历史研究仅有一种博物或观赏功能的人恐怕不在少数。然而,岂不知,现在也终将过去并成为历史,而历史从来就没有离开过现实:我们当身之种种优点缺点,非返求诸历史不能得确实之认识,因之我们的现实建设欲真能合理,则非转向历史研究而不可得!正如钱穆先生所说:"历史终是客观事实。历史没有不对的,不对的是在我们不

---

〔1〕 钱穆:《政学私言》,下卷"一、中国传统政治与儒家思想",九州出版社2010年版,第102页。

〔2〕 钱穆:《中国历代政治得失》,九州出版社2012年版,第173页。

注重历史，不把历史作参考。至少我们讲人文科学方面的一切，是不该不懂历史的。"[1]斯言可谓至论！今日中国做法政研究者，闻听此言，岂能无所动于心耶！

惟其知研究法政当归本历史，钱穆先生法政思想中的"政道"与"治道"，方能重彰其光辉于今日。《诗》曰"周虽旧邦，其命维新"，明斯学术、继往开来，厥为今日中国法政建设之"天命"也！

---

〔1〕 钱穆：《中国历代政治得失》，九州出版社2012年版，第174页。

学术新人

【编者按】 本卷“学术新人”栏中，我们选编了两篇文章，这两篇文章都是非法律史学专业的博士研究生所写的法律史学文章。其专业背景一为证据法，一为宪法与行政法。他们利用各自领域内的专业知识，关注历史上的制度。具有典型的“内部法律史学”的特征。法律史学要和部门法学交流，就必须找到交流的平台，或许这两篇文章就代表了交流沟通的途径之一。

刑事附带民事诉讼死亡赔偿金问题研究*

——以元代烧埋银制度为借鉴

田 源**

【内容摘要】《刑诉法司法解释》第155条,将死亡赔偿金从刑事附带民事赔偿范围中剥离出来的做法,严重损害了刑事被害人亲属的合法权益,其合理性引发诸多争议。本文通过对元代烧埋银制度的考察借鉴,就当前死亡赔偿金的赔付问题加以探讨,指出此种做法不仅不利于权益救济,更背离了我国的优良法律传统,建议将死亡赔偿金的赔偿问题重新纳入赔偿范围。同时,提出在死亡赔偿金赔偿缺失的背景下,提出通过对现有的国家救助、公益救助、被告人自力救助等手段的优化完善,最大限度实现刑事被害人权利保障。

【关键词】 烧埋银制度 死亡赔偿金 刑事附带民事诉讼

引言

2012年3月,《中华人民共和国刑事诉讼法》(以下简称《刑诉法》)以及《最高人民法院关于执行〈中华人民共和国刑事诉讼法〉

---

* 基金项目:中国法理学研究会青年专项课题"刑事被害人及其近亲属的人权司法保障问题研究"(批准号2015@FL002)研究成果。

** 作者系中国政法大学"2011计划"司法文明协同创新中心(证据科学研究院)诉讼法学专业司法文明方向2015级博士生。

若干问题的解释》(以下简称《刑诉法司法解释》)做出了系统修订,在尊重和保障人权层面取得了长足进步,但个别条文的修订则有失偏颇。《刑诉法司法解释》第155条,以列举式的做法将以往作为刑事附带民事赔偿主要内容的死亡赔偿金予以排除,其合理性引发诸多争议。本文尝试以历史的视角对该问题予以审视,通过对元代烧埋银制度的考察借鉴,就当前死亡赔偿金的赔付问题加以探讨,并在死亡赔偿金缺失的背景下,提出最大限度实现刑事被害人权利保障的对策建议。

一、元代烧埋银制度初探

(一)问题初探

纵观我国历史,关于死亡赔偿金的赔付规定由来已久,最具代表性的当属元代创设的用以解决人民纠纷的烧埋银制度。所谓烧埋银制度,指"对枉死者的尸首经官验明,行凶者除按罪判刑外,家属须出烧埋钱予苦主,作为烧埋尸体的费用"。[1] 作为我国法律史上首个要求在追究行凶者的刑事责任的同时,还要其承担民事责任的法律制度,元代烧埋银制度开创了我国死亡赔偿金的先河,其部分条文又为其后的明朝和清朝所沿袭。

(二)制度起源

探究烧埋银制度,有必要厘清其创设及发展的基本脉络。从史料典籍来看,关于烧埋银制度的记载最早见于至元二年(1265年),《元典章》:"圣旨条画:凡杀人者虽偿命讫,仍征烧埋银五十两。若经赦原罪者,倍之。"[2]《元史·刑法志》同样有类似记载:"诸杀人者死,仍于家属征烧埋银五十两给被害人,无银者征钞一十锭,会赦

---

〔1〕 张群:《元代烧埋银初探》,载《内蒙古大学学报》(人文社会科学版)2002年第6期。

〔2〕 《元典章》,中国广播电视出版社1998年版,第1623页。

免罪者倍之。"[1]另据《元史》记载,至元十九年(1282年),因为在实践中"止征钞二锭,其事太轻",耶律铸建议"依蒙古人例",对"犯者没一女入仇家,无女者征钞四锭"。[2] 无论是"征钞四锭"抑或是"没一女入仇家"都是元代法律对死亡赔偿金征收的具体表现,在对杀人者除给予刑罚之外,还要求其给付死者家属一定的死亡赔偿金。其后,明朝和清朝相继沿袭了元代的烧埋银制度。《大明令·刑令》规定:"凡杀人偿命者,征烧埋银一十两。不偿者,征银二十两。应偿命而遇赦原者,亦追二十两。同谋下手人,验数均征,给付死者家属。"[3]除了将赔偿金额从五十两降为十两之外,其他内容与元律一般无二。《大清民律草案》同样作出规定:"侵害生命权的,受害人的父母、配偶及子,对不属于财产之损害可以请求损害赔偿,其子为胎儿的,亦同。"[4]从死亡赔偿金在历史上长期存在并为历代所沿袭的史实不难看出,我国具备死亡赔偿金生长的司法环境和历史土壤。

(三)制度雏形

蒙古族的命价银是烧埋银制度的最早雏形。所谓命价银"指杀人者按照被害者的身份和价格,支付给死者家属一定数额的金钱或实物作为补偿,而被害者家属则接受赔偿,放弃复仇"。[5] 命价银制度并非凭空产生,其同样基于诸多因素得以孕育:其一,在物质极为匮乏的社会条件下,物质赔偿较于人命贵重;其二,私有财产和商品交换行为的相继出现,为命价银的赔偿提供了制度基础;其三,带有

---

[1] 《元史·刑法志》第九册,中华书局1976年版,第2687页。

[2] 《元史·刑法志》第九册,中华书局1976年版,第2691页。

[3] 张群:《烧埋银与中国古代生命权侵害赔偿制度》,载《中西法律传统》2000年第1期。

[4] 杨立新:《中国侵权行为法的百年历史及其在新世纪的发展》,载《国家检察官学院学报》2001年第1期。

[5] 王炳军:《偿命、命价与烧埋银——试论元代烧埋银制度的形成》,载《浙江万里学院学报》2016年第2期。

原始蒙昧意味的同态复仇或血亲复仇非但不能平复矛盾,反倒会引发无休止的彼此侵害,不利于社会关系的修复;其四,经济社会的发展需要一个相对稳定的环境,命价银制度有助于实现这一目标。命价银制度的精神在蒙古族的早期法律当中有所体现。成吉思汗曾在其扎撒里规定:"杀一穆斯林者偿四十巴里失,而杀一契丹人则仅偿一驴。"[1]清朝乾隆五十四年(1794年)制定的《蒙古律例》中规定,对于杀人犯罪,多采取赔钱或物给苦主的惩罚手段,而历史明确记载这是清朝照顾蒙古习惯法的考虑。[2] 限于其脱胎的社会发展样态和民众认知水平的有限,命价银将金钱作为生命的简单对价的做法,不仅严重低估了生命价值,更是在一定程度上宽宥甚至纵容了犯罪。

二、元代烧埋银制度的价值借鉴

(一)兼顾了刑事处罚和民事赔偿

在以命价银为基础衍生发展起来的烧埋银制度,兼顾了刑事处罚和民事赔偿,既满足了被害人亲属的复仇心理,又实现了对被害人家属的权利救济,有效地避免了命价银制度可能引发的有钱者"花钱买刑"的道德风险。尤其对被害人亲属而言,家庭成员丧失生命往往还造成家庭收入的锐减,甚至导致经济来源的完全丧失。烧埋银制度在惩处犯罪的同时,也变相给予了其必要的物质保障,实现了对弱势群体的有效的补偿和救济。

(二)有效实现对被害人亲属的权利救济

第一,元代法律规定,对烧埋银的征收,无论加害人或受害人是

〔1〕 周良霄:《成吉思汗的继承者:〈史集〉》(第2卷),天津古籍出版社1992年版,第205页。

〔2〕 刘广安:《清代民族立法研究》,中国政法大学出版社2015年版,第36、139页。

蒙古人还是汉人、官员还是贫民、良人还是奴隶，均应予以征收，无关于各自的身份等级。这与“法律面前人人平等”的现代司法理念相契合。同时，相关法律还规定，被害人亲属是烧埋银的唯一受益者，官府或其他相关人均不得有任何染指。[1] 第二，元代烧埋银的征收范围较广。元代《刑法志》四“杀伤”中记载的罪名中，有超过30种罪名要征收烧埋银，超过罪名总数的三分之一。同时，烧埋银的征收不限于一般犯罪，还包括医疗事故造成的死亡，如“诸庸医以碱药杀人者，杖一百七，征烧埋银”；[2] 因交通事故造成的死亡，“驱车走马致伤人命者，杖七十七，征烧埋银”，“昏夜行车，不知有人在地，误致轹死者，笞三十七，征烧埋银之半给苦主”。[3] 第三，烧埋银的征收兼顾了特殊犯罪群体。对动物致人死亡的，如“骆驼在牧，啮人而死者”，“以骆驼给苦主”；[4] 执行公务致人死亡的，如“捕盗官搜捕盗贼”却将平民逮捕殴死，“杖六十七，解职别叙，记过，征烧埋银给苦主”，[5] “军官驱役军人致死非命者，量事断罪并罢职，征烧埋银给苦主”。[6] 上述规定无不属于我国传统法律价值结晶，具有很强的开创性，为后世发展带来了诸多启示，并值得当下的我们予以吸取借鉴。

（三）作出了免于征收的例外规定

诸如“殴死应捕杀恶逆之人，免罪，且不征烧埋银”；[7] “诸人杀死其父，子殴之死者，不坐，仍于杀其父者之家，征烧埋银五十

[1] 《元史·刑法志》第九册，中华书局1976年版，第2671页。
[2] 群众出版社编：《历代刑法志》，群众出版社1988年版，第472页。
[3] 群众出版社编：《历代刑法志》，群众出版社1988年版，第473页。
[4] 群众出版社编：《历代刑法志》，群众出版社1988年版，第473页。
[5] 群众出版社编：《历代刑法志》，群众出版社1988年版，第434页。
[6] 群众出版社编：《历代刑法志》，群众出版社1988年版，第429页。
[7] 群众出版社编：《历代刑法志》，群众出版社1988年版，第470页。

两";[1]"诸杀有罪之人,免征烧埋银";[2]"诸同居相殴而死,及杀人罪未结正而死者,并不征烧埋银";[3]"诸杀人无苦主者,免征烧埋银";[4]"夫在奸所杀死奸夫或奸妇,免罪,且不征烧埋银"[5]等相关规定,均系元代法律关于免征烧埋银的例外条款,体现了当时较高的立法技术。

(四)对传统经验的吸纳借鉴

边沁认为:"任何犯罪给被害人造成的痛苦都可以通过经济补偿得到缓解甚至平衡"。[6] 元代创设的烧埋银制度,不仅是我国历史上第一个兼顾追究加害人刑事责任与给予被害人民事赔偿的系统化制度,更是我国法律史上为数不多的对刑事被害人亲属权利保障予以关注的相关立法。作为我国法律传统中的一块瑰宝,烧埋银制度值得我们倍加珍视,并在我国当前的立法中发扬光大。鉴于修改后的刑诉法及其司法解释,将死亡赔偿金剥离出刑事附带民事赔偿犯罪,此种做法不仅符合当事人和诉讼参与人的现实需求,更背离了我国以经济补偿来弥补犯罪行为给被害人亲属带来损害的法律传统。我们也期待最高人民法院出台新的司法解释或发布指导性案例等方式,尽快将死亡赔偿金重新纳入附带民事诉讼的赔偿范围,更好地维护刑事被害人亲属的合法权益。

三、死亡赔偿金缺失背景下的理性应对

死亡赔偿金被排除出赔偿范围后,作为弱势群体的被害人亲属

---

〔1〕 群众出版社编:《历代刑法志》,群众出版社1988年版,第470页。

〔2〕 群众出版社编:《历代刑法志》,群众出版社1988年版,第473页。

〔3〕 群众出版社编:《历代刑法志》,群众出版社1988年版,第473页。

〔4〕 群众出版社编:《历代刑法志》,群众出版社1988年版,第473页。

〔5〕《元典章》,中国广播电视出版社1998年版,第1558页。

〔6〕 [英]边沁:《道德与立法原理导论》,时殷弘译,商务印书馆2000年版,第216页。

通过诉讼手段维护权益、获得救助的道路也变得越发的坎坷。诚然,借鉴元代烧埋银制度,对现行法律予以完善,是解决这个问题的治本之策。但立法修缮之路漫漫,在这段权利保护的“真空期”,我们不能一味坐等法律的自我完善,而应当转向对现有的国家救助、公益救助、被告人自力救助等救助手段进行优化与完善。

（一）国家救助——实现被害人权益救助的主体力量

刑事被害人国家救助制度最早可追溯到距今约3700多年古巴比伦时期的《汉穆拉比法典》。[1] 此后,该制度一度归于沉寂,直到18世纪,在现代犯罪学的奠基人“意大利三圣”——龙勃罗梭、菲利和加罗法洛等人的共同倡导下,国家救助理论重又勃兴。[2] 19世纪50年代,英国法官马杰里·弗莱推动国家救助制度在盎格鲁撒克逊法系中复活。[3] 1950年颁布的《欧洲人权公约》第13条规定:“权利和自由受到侵犯时,任何人有权向有关国家机构请求有效的救济”。[4] 20世纪80年代,《联合国为罪行和滥用权力行为受害者取得公理的基本原则宣言》(第43/40号决议)也对国家救助的对象、方式、资金来源等作出了系统规定,并推动这一制度走向成熟。毋庸置疑,被害人国家救助制度之所以能够历久弥新,有其内在的合理性。当前,“支撑这一制度的主流观点可分为国家责任说、社会

---

〔1〕 [英]爱德华滋:《汉穆拉比法典》,曾尔恕勘校,中国政法大学出版社2005年版,第119页。《汉穆拉比法典》第23条规定:“如果未能捕获罪犯,地区政府应当赔偿抢劫犯罪被害人的财产损失。”第24条规定:“在谋杀案件中,政府从国库中付给被害人的继承人白银一明那。”

〔2〕 郭建安:《论刑事被害人国家救助制度》,载《河南省政法管理干部学院学报》2007年第1期。

〔3〕 冯卫国、刘莉花:《论刑事被害人国家救助制度之构建》,载《山东警官学院学报》2008年第1期。

〔4〕 谭世贵:《国际人权公约与中国法制建设》,武汉大学出版社2007年版,第114页。

保险说、社会福利说、社会契约论等”,[1]笔者赞同社会责任论的观点。该观点认为,国家对于公民的人身、财产安全负有保护责任。“刑事被害人的客观存在表明,国家疏于履行保障每个公民人身财产安全的义务,义务的行为如无免责事由便应承担一定责任。”[2]倘若国家不能有效保障被害人的合法权益,被害人又难以获得相应赔偿时,国家有必要介入其中,并当仁不让地扮演起“及时雨”的角色。

1. 救助途径

建议设立刑事被害人国家救助专项基金,纳入地方财政预算。管理机构可设在各级民政部门的名下,实现对国家救助基金监管和发放专业化的同时,又体现救助主体的国家性。同时,建议将审查决定权同时赋公、检、法部门。案件到了哪一部门职责管辖的阶段,就由哪一部门负责审核被害人所提交的拟受救助申请材料,并决定是否进行救助并确定相应的救助金额。签署后的同意救助决定书报同级民政部门。民政部门对来自于公、检、法部门的救助决定书,仅具有书面审核义务,在保证形式要件齐备的情况下,及时将救助金发放给被害方。

2. 优化步骤

步骤一:申请人须填写申请书并附相关证明材料,依照案件所处的阶段将申请材料提交给受理机构(公、检、法三家之一),但不得直接向民政部门提出申请。申请时应当特别承诺,作虚假陈述应承担相应的法律责任。

步骤二:公、检、法部门依据各自职能,负责审核被害人所提交申请书及证据材料,决定是否对被害人进行救助,并根据被害方的实际损失确定相应的救助金额。签署救助决定书后,连同证明材料一

---

〔1〕 刘恒志:《司法人权论》,河北人民出版社2013年版,第205~212页。

〔2〕 [德]汉斯·约阿希姆·施奈德:《国际范围内的被害人》,许章润等译,中国公安大学出版社1992年版,第311页。

并报同级民政部门。

步骤三:民政部门对来公、检、法部门提交的救助决定书及证明材料进行书面审核,在保证形式要件齐备的情况下,及时将救助款项发放给被害方。

步骤四:如经审核认为公、检、法部门所提交救助申请书及材料存在形式要件缺失或瑕疵,则将相关材料一并退还给提交部门,待补充完善后另行提交。如提交材料形式要件齐备,在完成救助款项发放任务后,及时向公、检、法部门进行信息反馈。

（二）公益救助——实现被害人救助的重要手段

公益组织参与刑事被害人救济,"最初始于20世纪60年代中期美国和加拿大的一些大城市,并于70年代扩展到欧洲,90年代开始盛行于亚洲的日本、韩国等国家"。[1] 较为成熟的公益救助组织,"有美国的'NOVA'(全国被害人援助联盟),英国的'VS'(被害人支持协会),法国的'INAVEM'(全国被害人援助协会),荷兰的'NOVS'(全国被害人支援组织),以及日本以大学研究机构为中心,向全国辐射的被害人救助网络等"。[2] 借鉴国外经验,引入公益组织参与我国刑事被害人的救助,既有其现实合理性,也具备深厚的法理基础。一方面,近年来,全国法院年均一审刑事案件数量"逾百万件",[3] 亟待救助的刑事被害人及家属规模更为庞大。单纯依靠国家救助,难免出现"僧多粥少"的现象,导致有限的财政拨款被无限地"稀释化"。另一方面,如果不对被害人所遭受的伤害进行抚慰,不仅是对他们的二次伤害,而且极易引发更为严重的社会矛盾。

---

〔1〕 田思源:《论犯罪被害人的社会支援》,载《法制与社会发展》2002年第4期。

〔2〕 麻国安:《被害人援助论》,上海财经大学出版社2002年版,第111～112页。

〔3〕 依据2014年、2015年、2016年《最高人民法院工作报告》,2013年,全国各级法院审结一审刑事案件95.4万件,判处罪犯115.8万人;2014年,全国各级法院审结一审刑事案件102.3万件,判处罪犯118.4万人;2015年,全国各级法院审结一审刑事案件102.3万件,判处罪犯118.4万人。

实践中,很多涉诉上访案件就根源于此。更有甚者,由于长期得不到赔偿,被害人心理发生逆变,又反过来报复社会,由曾经的"被害人"变成新的"被告人",进而"加剧被害人和社会公众对包括刑事司法在内的法律秩序的不信任,进而削弱刑法的规制机能"。[1] 相比于国家救助,"人情化的公益救助则可以渗入被害人的日常生活领域",[2]不仅有助于被害人所遭受的犯罪侵害得到及早修复,还能在填补国家救助疏漏的同时,"保障被害人生存及追求幸福的权利等宪法规定的基本人权"。[3]

1. 破除公益组织参与被害人救助的障碍

制约公益组织参与救助的因素很多,最主要的障碍有两个:其一,主体地位上于法无据;其二,救助资金上的捉襟见肘。首先,赋予公益组织参与救助的法律依据。立法上的空白,造成公益组织普遍局限于个案、随机救助,缺乏系统性和规范性。"救助贵在及时,部分地区对于公益救助仍需提交申请并审查,少则数月,多则数年,使得救助效果大打折扣"。[4] 建议完善立法或出台立法或行政规章,赋予公益组织依法独立运行和承担法律责任的民事法律主体资格,明确公益组织及被害人的权利义务,并引导相关政府职能部门依法对公益组织进行必要管理。其次,拓宽公益组织的资金来源渠道。资金问题的限制,使不少公益组织的主要精力集中于募集资金而非提供救助,如我国公益组织的救助资金就过分依赖社会捐助。鉴于世界上被害人社会支援体系较完备的国家,都离不开政府的强

---

〔1〕 董士昙:《犯罪被害人补偿制度及其建构》,载《东岳论丛》2005 年第 4 期。

〔2〕 蔡国芹:《刑事被害人获得社会救助权之论纲》,载《法学论坛》2007 年第 9 期。

〔3〕 李波阳、吕继东:《建议确立刑事被害人援助制度》,载《河北法学》2003 年第 3 期。

〔4〕 胡敬:《刑事被害人权益保障问题研究》,吉林人民出版社 2014 年版,第 151 页。

有力的支持,建议在积极吸纳国家财政专项拨款和社会捐助的同时,通过设立公益信托、收取会费等渠道不断拓宽资金渠道,并对资金运行的合法性加以监督。

2. 公益组织对被害人救助的优化步骤

鉴于公益组织本身的机动灵活性,建议实行"双向互动"救助模式,实现申请、发放方式及信息反馈上的快捷便利。所谓"双向",是当事人既可以直接向公益组织提出救助申请,也可以在用尽国家救助权利仍不能有效弥补损害的情况下,向公、检、法提起公益救助申请,经审核后,将救助建议及证明材料报公益组织,由公益组织对所提交材料进行形式和实质的双重审核。所谓"互动",一方面,是公、检、法部门依照当事人申请,将救助建议及证明材料报送至公益组织供其审核批准。另一方面,公益组织也可主动联系司法机关,进而启动社会救助。

步骤一:申请人可填写申请书并附相关证明材料,依照案件所处的阶段将申请材料提交给受理机构(公、检、法三家之一)。申请时应当特别承诺,做虚假陈述应承担相应的法律责任。

步骤二:申请人除向案件受理机构提交救助申请之外,也可直接向公益组织提交申请,但不可通过上述两种方式同时提交。在采取一种方式提交后,在规定期间内未获答复或未获批准后,方可以另一方式再行提交,以此来避免有限司法、公益资源的无端浪费。

步骤三:如申请人未通过公、检、法等案件受理部门直接向公益组织提交救助申请,且经审核后符合相关救助标准要求的,可由公益组织直接对被害方给予救助。

步骤四:如申请人通过公、检、法部门向公益组织提交救助申请,则由受理机关先行审核被害人所提交的应受救助的申请书及证据材料,判断是否对被害人进行救助,并根据被害方实际损失提出相应的救助金额。建议签署同意救助建议书,连同证明材料一并报公益组织审核批准。

步骤五:如遇当事人直接提交证据材料不完整或存有瑕疵,可向公、检、法部门进行咨询了解,具体办案机关应当予以配合。如经由公、检、法部门转交的证据材料不完整或存有瑕疵,可将相关材料一并退换提交部门,待补充完善后另行提交。如提交材料形式要件齐备,公益组织在完成救助款项发放任务后,及时向公、检、法部门进行信息反馈。

(三)其他救助——实现被害人救助的必要补充

1.司法救助:扮演好"上传下达"的角色

当前,但由于缺少一部专门的《刑事被害人救助法》,"对被害人的救助工作大都处在各自为战的无序状态,'当救而不救、不当救反救'的现象时有发生"。[1] 有限的救助资金以及其他人力、物力资源并没有都用在"刀刃"上。长期以来,在国家救助失位,公益救助不到位的情况下,"司法机关充当了被害人救助的主力军"。[2] 但受经费保障能力影响,一直处在"小马拉大车"的疲于奔命状态。[3] 部分救助金是靠"四处化缘"筹措得来的,还有一些是依靠系统内部自发甚至"半强制性"捐款得来的。由于缺乏统一的规范标准,各地的救助范围、金额均不尽相同,甚至带有极大的随意性,从几千元到几十万元不等,往往"会哭的孩子有奶吃"。不同地区之间,或同一地区对不同被害方救助标准的不统一,容易引发被救助群体的相互"攀比"。作为司法机关要进一步明确自身定位,发挥好连接被害方

---

〔1〕 宋英辉:《特困刑事被害人救助实证研究》,载《现代法学》2011年第5期。文中对华中和华东地区的部分城市的市、区(县)两级检察机关进行了实地调查,发现各地的救助标准、救助条件、救助主体机构等均千差万别。

〔2〕 熊秋红:《刑事被害人司法救助走向国家救助》,载《人民检察》2013年第21期。文中指出,实践中刑事被害人的救助机构多按照案件所处的诉讼阶段来分别对应法院、检察院以及公安机关。

〔3〕 代春波、姚嘉伟:《检察机关刑事被害人救助制度实证研究》,载《中国刑法学杂志》2012年第10期。文中通过对刑事被害人救助工作的实证分析,指出仅仅依靠司法机关救助刑事被害人效果有限。

与救助机构之间的桥梁纽带作用，尽到告知权利、审查核准、代为传达等义务。

2. 法律援助：援助水平有待全面增强

法律援助制度肇始于1495年的英国，被丹宁勋爵誉为“法律方面最重要的革命”。〔1〕该制度是“国家在司法制度运行的各个环节、各个层次上，对因经济困难和其他因素而难以提供通常手段保障自身基本权利的社会弱者，减免收费提供法律帮助的一项法律保障制度”。〔2〕实践中，法律援助制度是被害人依法参与诉讼，充分行使法律赋予权利的必要保障。目前，我国虽然确立了刑事法律援助制度，但对刑事被害人的重视程度仍有待加强。刑事被害人虽然可以依据《中华人民共和国律师法》第41条以及《法律援助条例》第11条之规定申请法律援助，但相关条款仅赋予了被害人得到法律援助的可能，同样有可能得不到援助。此外，在公诉案件结案后，如被害人及其家属不服判决，则难以获得援助。《刑事诉讼法》第34条规定了法院必须为特殊被告人指定法律援助律师的情形，但作为被侵害一方的被害人并不享有这项权利。现行法律既未充分赋予被害人获得法律援助的权利，也没有将保障被害人获得法律援助确立为司法机关的义务。尤其在“部分被害人丧失了聘请律师代理的能力，不太可能很好地行使自己的权利”〔3〕的情况下，为其提供法律援助是十分必要的。建议设立全国性的被害人援助机构，帮助被害人参与诉讼，并针对特殊的被害人群体给予重点保护。譬如，“对遭受性侵害的未成年人和妇女设立专门的援助部门等，尤其应当注意设

〔1〕［英］丹宁勋爵：《法律的未来》，刘庸安、张文镇译，法律出版社1999年版，第97页。

〔2〕宋英辉、吴宏耀：《刑事审判前程序研究》，中国政法大学出版社2002年版，第380页。

〔3〕莫洪宪：《刑事被害救济理论与实务》，武汉大学出版社2004年版，第241页。

立针对这些被害人的心理康复中心”。[1]

3. 被告人自力救助:以服刑劳动所得赔偿被害方

司法实践中,不少被告人的犯罪动机就在于缓解家庭经济生活的困难,面对刑事附带民事赔偿,部分被告人受限于经济条件,无论其自身抑或是家庭都不具备相应的赔偿能力,这也是导致刑事附带民事赔偿案件“空判”现象严重的重要原因之一。被害人或其近亲属无法获取赔偿,刑事案件自然难以做到案结事了,被扭曲的社会关系也就不会得到有效的修复。基于此,建议尝试让服刑人员以部分服刑期间的劳动所得履行赔偿。其一,确保在监狱从事生产劳动的服刑人员都能获得劳动报酬。具体标准方面,应根据从事生产的类型来确定,至少不低于当地最低工资标准,并且应当接近该生产项目的国内平均工资水平。其二,建立一定报酬提取比例。被告人劳动所得可交由服刑机关暂时管理,并根据被告人实际情况,设立不同的提取比例。国内部分监狱已进行了有益探索,[2]除保留必要日常开支以及日后重返社会的回归储备金外,其他部分可用作对被害方进行赔偿。其三,设立相应评判机制。《最高人民法院关于办理减刑、假释案件具体应用法律若干问题的规定》(法释〔2012〕2号)第2条规定了确有“悔改表现”的四种情形,[3]但并未涉及刑事附带民事赔偿。建议将“是否积极履行刑事附带民事赔偿”,增设为评判涉及附带民事赔偿犯罪分子是否有悔改表现的标准之一,并由法院在依法办理减刑、假释案件时予以审核。对确有证据证明有劳

〔1〕 陈光中主编:《刑事一审程序与人权保障》,中国政法大学出版社2006年版,第158页。

〔2〕 游春亮、董长文、凯驰:《佛山监狱恢复性行刑调查》,载《法制日报》2008年5月12日,第3版。文中提及,广东佛山监狱鼓励服刑人员用劳动所得赔偿被害人以修补受损社会关系,取得了显著效果。

〔3〕 四种情形必须同时具备,包括“认罪悔罪;认真遵守法律法规及监规,接受教育改造;积极参加思想、文化、职业技术教育;积极参加劳动,努力完成劳动任务”。

动能力而拒不劳动，或有劳动报酬但拒不赔偿，且无正当理由的，应视为没有悔改表现，不予减刑或假释。

结语

在全面推进依法治国的大格局下，任何一起案件的当事人的权利保障都得到了前所未有的关注，作为与案件息息相关的被害人亲属的合法权益同样不容忽视。元代烧埋银制度关于赔付死亡赔偿金的做法，为实现被害人亲属的权利救济提供了历史经验和实践思路。建议借鉴烧埋银制度经验，尽快将死亡赔偿金重新纳入刑事附带民事诉讼的赔偿范围，从而在依法惩处犯罪行为，有效修复社会关系的同时，最大限度地保障被害人亲属等社会弱势群体的合法利益。

南京国民政府时期诉愿制度研究

陈尚龙*

【内容摘要】 南京国民政府于1930年颁布了《诉愿法》，成为中国历史上第一部在全国范围内生效的诉愿制度规范，标志着中国近代诉愿制度的建立与实施。诉愿制度由吸收、效仿日本行政不服审查制度发展而来，带有强烈的公法属性，以民众权益救济、行政权力监督作为其核心功能定位，具有丰富的法律渊源。诉愿提起要件、诉愿管辖、诉愿期限、诉愿的审查及决定、诉愿程序、诉愿与行政诉讼的衔接等内容构成了诉愿制度的基本框架。南京国民政府时期诉愿制度的施行，体现了近代中国行政法制建设的探索，具有重要的理念、制度和实践价值，但也存在立法粗略、制度不完善、与传统法律文化的不适应、制度与实践相脱节等历史局限。

【关键词】 南京国民政府　诉愿制度　行政复议

前言

诉愿，又称行政复议，是指人民对行政机关所做出的行政行为不服，而向相关行政机关请求救济、维护自身权益的制度，它与行政诉讼一起构成现代法治国家解决行政纠纷、寻求行政救济的主要法律途径。作为一项调整公民与政府关系的重要法律制度，诉愿制度是近代资产阶级民主政治发展的产物，有助于保障公民合法权益、监

---

* 作者系中国政法大学法学院博士研究生。

督行政机关依法行使职权。当今世界发达国家普遍建立了行政复议制度,我国当前也实施行政复议制度。但是,中国现代意义上的行政复议制度早在民国时期就开始了制度建设和实践探索。1914年3月,北洋政府公布了诉愿条例,并于同年7月修正公布了诉愿法,但由于当时国内政局动荡、军阀割据混战,北洋政府存续的时间不长,诉愿制度亦未能在全国范围内实施。1927年4月,南京国民政府成立以后,在借鉴日本行政裁判制度、行政不服申诉制度的成功经验并结合北洋政府时期诉愿制度的实践继承基础上,于1930年正式颁布了新的《诉愿法》。这是中国历史上第一部在全国范围内生效实施的诉愿制度规范,标志着南京国民政府时期诉愿制度的正式确立,并一直实施至新中国成立。随后,这部法律被我国台湾地区继承下来,经过多次修订完善后仍在使用。

民国时期,是中国近代法学的奠基时期,但少有行政法学者将民国时期的行政法制纳入关注视野,对民国时期诉愿制度的研究几乎是空白的。历史是未来的先声,“当代中国行政法制绝不是,也绝无可能在法制废墟上一蹴而就、凭空出现——其产生与发展固然伴随着西方行政法制的引介和移植,更伴随着移植法制与传统法律文化的冲突与调适”。[1] 南京国民政府时期诉愿制度的实施,是中国法制近代化在行政法领域的表现,也反映出中国传统法律的解体和治理方式的转型,其意义不仅在过去,也在当下。本文试图从行政法史的角度,聚焦南京国民政府时期实施的诉愿制度,回顾相关立法背景和发展过程,分析诉愿制度的功能定位、法律渊源以及主要内容,并从中国行政法制发展的角度进行评价,以增强对南京国民政府时期诉愿制度的认识,发掘诉愿制度实践的本土经验,促进现行行政复议制度的完善。

---

〔1〕 胡建淼、吴欢:《中国行政诉讼法制百年变迁》,载《法制与社会发展》2014年第1期。

一、南京国民政府时期诉愿制度的发展历程

(一)诉愿制度的立法背景

19世纪末20世纪初,中国门户大开、西学东渐,社会的变化引发了学术传统的变化,最突出的是社会科学的引入,如经济学、社会学、政治学、法学等都是在这一时期进入了中国。[1] 国外先进的法律制度和法治理念,“尤其是大陆法系的法律制度与法律学说被大量介绍到中国,成为中国法制改革的范本和法理指导”。[2] 诉愿制度作为行政法制的组成部分,虽然不是中国传统法制固有的东西,但也受到了学人的关注和研究。如力山先生对诉愿与行政诉讼的区别进行了深入的对比分析和研究,[3]《法政浅说报》也特地向社会公众宣传、普及诉愿制度,[4]吴兴让翻译《日本行政裁判法及诉愿法》,[5]积极向国人介绍和引进国外的先进制度。

1911年,辛亥革命结束了中国长达两千年之久的君主专制制度,建立起民主共和政制,开启了近代中国法制现代化的历史新纪元。民国初期,民主共和制度作为辛亥革命的重要果实,需要不断加强和巩固,为此,北洋政府颁布了大量繁杂的法律法规,试图构建相对完备的法制体系。其中,《中华民国临时约法》第8条关于“人民有陈诉于行政机关之权”的规定,明确赋予了人民行政救济的权利,是“中华民国诉愿制度法制化之始”。[6] 1914年5月,《中华民

---

〔1〕 参见苏力:《制度是如何形成的》,北京大学出版社2014年版,第193页。

〔2〕 武乾:《论北洋政府的行政诉讼制度》,载《中国法学》1999年第5期。

〔3〕 参见力山:《现行法上诉愿与行政诉讼之区别》,载《雅言》(上海)1914年第9期。

〔4〕 参见:《法政名辞解释》,载《法政浅说报》1911年第5期。

〔5〕 参见:《日本行政裁判法及诉愿法》,吴兴让译,载《北洋法政学报》1906年第3期。

〔6〕 张文郁:《我国台湾地区诉愿制度之过去、现在与未来》,载《行政法学研究》2015年第3期。

国约法》被修正，将人民所享有的“陈诉权”更改为“诉愿权”，[1]并据此公布《诉愿条例》。此后，诉愿正式成为一项民众寻求行政救济、维护自身合法权益的重要权利。

然而，由于民国初期政局不稳、军阀混战、社会动荡，所制定的法律制度难以真正实施。南京国民政府成立之后，形式上实现了中国的统一，政制建设进入了相对平稳的阶段，出于巩固统治、统一法统的需要，法制建设成为了当务之急。“现代国家行政权之活动范围，日益扩大，在在与吾人发生接触。而行政处分有时又难免不当或违法，致损害人民之利益或权利，自不可不讲求救济之道。诉愿法及行政诉讼法，即所以规定人民对于行政官署不当或违法之处分，最确实有效之救济手段者也。”[2]为此，南京国民政府于 1930 年 3 月 24 日，公布了《诉愿法》，标志着诉愿制度正式确立。随后，《行政诉讼法》《行政法院组织法》等法律规章陆续颁布实施，与诉愿制度一起构建起了一套相对完整的行政救济（争讼）体系。

（二）诉愿制度的发展过程

作为南京国民政府颁布的一部行政法规，《诉愿法》成为了当时诉愿制度的主要规范基础。《诉愿法》主要在吸收日本实施的行政不服审查制度[3]以及北洋政府时期诉愿实践经验的基础上制定。整部法不分章节，共有 14 条条文，规定了诉愿的基本内容，包括：诉愿的性质和范围；诉愿和再诉愿的管辖等级；最终决定诉愿可以提起行政诉讼的诉愿条件（诉愿和行政诉讼衔接制度）；诉愿提起的法

---

〔1〕《中华民国约法》第 8 条规定：人民依法律所定，有请愿于行政官署及陈诉于平政院之权。

〔2〕徐家齐：《诉愿法释义》，上海会文堂新记书局 1936 年版，凡例。

〔3〕日本 1890 年公布的《诉愿法》，规定了行政不服审查制度。行政不服申诉（行政不服审查）是指针对违法或者不当的处分及其他属于公权力的行使的行为，向行政厅请求该行为的撤销或者其他纠正措施的制度。参见［日］南博方：《行政法》，杨建顺译，中国人民大学出版社 2009 年版，第 154 页。

定期间以及迟延规定;诉愿书格式和诉愿意代表人制度;诉愿书投递方式和程序;诉愿的处理;诉愿的决定方式和言词辩论;决定书的要求;原处分决定和诉愿决定的效力;行政处分的官吏责任问题和制裁程序;法的生效时间。[1]《诉愿法》的公布,初步构建了南京国民政府时期诉愿制度的整体框架。

《诉愿法》颁布以后,为了配合诉愿制度的实施,南京国民政府分别公布了《诉愿案件送达书类办法》《诉愿审理委员会规则》两部法规作为配套制度。相关中央政府部门以及地方政府也根据各自的实际需要,出台了相应的实施细则或者规则,如工商部于1930年7月24日公布了《工商部诉愿审理委员会规则》、实业部公布了《实业部诉愿审理委员会规则》、内政部于1935年4月6日公布了《内政部诉愿审核委员会章程》、财政部于1940年5月22日公布了《财政部各省区所得税机关审理诉愿案件暂行规程》、江苏省于1945年9月7日公布了《江苏省政府诉愿审理委员会办事细则》。南京国民政府时期,《诉愿法》一直是诉愿制度的主要规范基础,虽然在1936年12月对《诉愿法》进行了修订,增加诉愿管辖类型、删除了经再诉愿才能依法提起行政诉讼的规定、明确作出诉愿决定的期限以及送达的期限,但是整体改动不大。可以说,以《诉愿法》为基本规范,相关中央部门以及地方政府为了促进实施而建立的实施细则、规则,丰富了诉愿制度的规范体系,促进了诉愿的制度化建设以及制度功能的发挥。

二、南京国民政府时期诉愿制度的功能定位与法律渊源

(一)诉愿制度的功能定位

南京国民政府的立法效仿大陆法系区分公私法,《诉愿法》是属于公法体系的制度,体现了调整公民与行政机关的关系、缓解官民

---

〔1〕 参见管欧:《现行诉愿法释义》,商务印书馆1934年版,第15页。

矛盾、解决行政纠纷的国家意志。“诉愿制度因其功能取向之不同，其程序之运行亦受不同原则之支配。”[1]南京国民政府实施的诉愿制度，深受日本行政不服审查理论的影响，该理论的目的在于：“第一，是针对行政厅的违法、不当处分，给予私人权利、利益以简易、迅速的救济；第二，是行政的自我统制，即确保客观的法秩序和行政的公正动作。”[2]《诉愿法》吸收了日本行政不服申诉制度的这些价值内核。

《诉愿法》第1条规定“人民因中央或地方官署之违法或不当处分，致损害其权利或利益者，得提起诉愿”。这规定了诉愿提起的要件：从诉愿主体上看，提出诉愿的主体是人民，是普通的社会成员；从诉愿客体看，诉愿的对象的作出违法或者不当处分的中央或者地方官署；从诉愿利益看，是公民希望通过诉愿制度，对行政官署违法或者不正当行为而损害人民权益的情况进行行政救济。同时，第2条规定了诉愿的管辖，即诉愿是由被提起诉愿行政机关的上级机关进行审理。第1条规定了诉愿制度的基本构造，明确了纳入诉愿制度规范的范围，第2条规定了诉愿的管辖等级。不难发现，设立诉愿制度的目的，在于提供给人民一种程序简便、救济迅速、成本低廉、效果明显的权利救济途径，并给予行政机关进行自我省察与纠正的机会，实现行政合法化，保障人民权益。正如张知本先生谈及诉愿的性质时表示，“诉愿和行政诉讼，既以保障人民的权利，又以维持法规的尊严，两者都是一件事的两面，前者是目的，后者是方法，我们要以维持法规尊严的方法，去达到保障人民权利的目的”。这实质上反映出诉愿制度最核心的功能定位在于其救济功能，即提供行政救济途径、保障公民合法权益，并同时具有强化政府层级监督的

---

〔1〕 翁岳生编：《行政法》（下册），中国法制出版社2009年版，第1280页。

〔2〕 [日]盐野宏：《行政救济法》，杨建顺译，北京大学出版社2008年版，第10页。

监督功能和高效进行内部纠错的效率功能。

南京国民政府时期，诉愿和行政诉讼联系非常紧密，对诉愿制度定位的理解也产生了分歧。有观点认为，根据当时颁行的《行政诉讼法》之规定，当事人要提起行政诉讼必须经过诉愿和再诉愿，而"现行《行政诉讼法》采用一审制，诉愿之裁决实有行政诉讼之初审或第二审之裁判之性质"。[1] 但是，不少学者并不赞同诉愿为行政诉讼的初审程序这一观点，两者的区别在于"行政诉讼常因违法之处分致权利受害者提起之，诉愿则因不当之处分致利益受害者提起之。行政诉讼常以法规之违反为问题，诉愿则非法规之违反，唯以处分之是否失宜及处分之果否有害于利益为问题"。[2] 对此，朱采真先生认为，"提起行政诉讼须经过再诉愿程序者，系以再诉愿为提起行政诉讼之要件，而非行政诉讼即系再诉愿之上诉作用"。[3] 诉愿与行政诉讼的关系是两者功能定位的反映，对此，学者们大都认可诉愿制度是与行政诉讼制度一起构成了行政救济体系，但诉愿并非行政诉讼的预审程序，行政诉讼也不是诉愿的上诉程序。

（二）诉愿制度的规范渊源

南京国民政府立法频繁，法律法规数量繁多，体系庞杂。诉愿制度的渊源散见于相关规范当中，主要有：

1. 宪法法律。《中华民国训政时期约法》是南京国民政府制定的具有宪法性质的文件，第 22 条规定："人民依法律有提起诉愿及行政诉讼之权。"后来颁布的《中华民国宪法》，其第 16 条也明确规定"人民有请愿、诉愿及诉讼之权"。这是诉愿制度在南京国民政府时期的宪法基础。此外，南京国民政府也颁布了一批相关的成文

---

〔1〕 钟赓言：《钟赓言行政法讲义》，法律出版社 2015 年版，第 193 页。

〔2〕 力山：《现行法上诉愿与行政诉讼之区别》，载《雅言》（上海）1914 年第 9 期。

〔3〕 朱采真：《行政诉讼及诉愿》，商务印书馆 1937 年版，第 8 页。

法,主要包括《诉愿法》《诉愿案件送达书类办法》《诉愿审理委员会规则》,这构成了诉愿制度的重要法律依据。

2. 国民政府训令。为了及时解决各行政机关实施诉愿制度过程中出现的疑难问题、推动诉愿制度顺利施行,南京国民政府向各机关和各地方政府发布训令,或者对适用过程中出现的疑义作出答复,不断补充和解释诉愿法。如国民政府18年第701号训令,规定人民应当遵照法定程序逐级提起诉愿,不得越级;国民政府19年第108号训令,规定诉愿及再诉愿是行政诉讼的前置程序;国民政府21年京字第6号训令,规定商户如不服官署的违法关税处分及检查可以在提起诉愿后再提起行政诉讼。这些训令大都涉及程序内容,对诉愿制度的施行发挥了重要作用。

3. 行政院公文。行政院的公文包括训令、指令、布告、公函及批复五种形式。训令通常是行政院针对具体的案件所作出的规定,多为程序上的规定,如对诉愿管辖机关的规定,对诉愿审查过程中法律文书的要求,文书送达,新旧法律的适用等内容。指令是针对具体的案件向特定的行政官署作出的答复性批示,包括调查事实并调卷令、调查事实令、将决定书分别存送令等。布告是行政院将行政法院的诉愿决定书公开刊登在公报上,以供查阅和遵照。[1] 行政院的公文范围广泛,数量繁多,虽然不是法律规范,但是具体实用,极大地丰富和补充了《诉愿法》的相关规定,增强了制度的可操作性,促进了诉愿制度的发展与完善。

4. 司法解释及判例。南京国民政府时期,司法判例、解释被广泛应用,虽然不具有法律效力,但在具体裁判中经常被援引和适用。实践中,行政法院在审理行政诉讼案件中也常常需要对《诉愿法》作出解释,并编制了《行政法院判决汇编》《行政法院判例要旨汇编》。常用的司法解释和判例包括司法院的解释、行政法院的解释和判

---

〔1〕 参见陈启钊:《诉愿法令汇编》,中华书局1933年版,第28~30页。

例、前大理院的解释和判例。司法判例、解释发挥着解释法律和补充法律的作用，实质上也是诉愿制度重要的规范渊源。

三、南京国民政府时期诉愿制度的主要内容

《诉愿法》确立了南京国民政府时期诉愿制度的基本框架，确定了中国近代复议制度的发展方向。诉愿制度主要由以下几个方面的内容构成：

（一）提起诉愿的实质要件

诉愿法律关系，是指诉愿提起人与被诉愿机关之间的权利义务关系。根据《诉愿法》的规定，提起诉愿的实质要求包括诉愿主体、诉愿事件和诉愿利益。第一，诉愿主体必须具有诉愿权，诉愿的对象必须是行政机关。根据《诉愿法》第1条的规定，[1]诉愿主体是因行政机关的处分而受到权利或者利益的损害者，未相关的主体不能行使诉愿权。但是，具有诉愿权的主体并非只限于公民，根据《诉愿法》第6条的规定，不仅法人也可以提起诉愿，而且还允许多数人提起共同诉愿，由诉愿人选出1人至3人作为诉愿代表人并提出代表委任书后，诉愿代表人可以作为共同诉愿的代表行使诉愿权。此外，诉愿的对象必须是行政机关，即中央或地方官署，其他组织和个人不能成为诉愿的对象。第二，必须存在诉愿事件的发生。根据第1条的规定，提起诉愿应当基于两类诉愿事件：一是中央或地方官署作出了违法处分；二是中央或地方官署作出了不当处分。第三，必须是因诉愿事件给诉愿人造成了利益的损害。具备诉愿主体、诉愿事件和诉愿利益的条件，方能启动诉愿程序。

（二）诉愿的管辖

诉愿的管辖规则是确定诉愿处理机关的依据。《诉愿法》第2

---

〔1〕《诉愿法》第1条：人民因中央或地方官署之违法或不当处分，致损害其权利或利益者，得提起诉愿。

条规定了诉愿的管辖，主要划分为两个管辖等级：一是由上一级行政官署管辖，包括“不服县、市政府之处分者，向省政府主管厅提起诉愿；如不服其决定，向省政府提起再诉愿。不服省政府各厅之处分者，向省政府提起诉愿；如不服其决定，向中央主管部、会提起再诉愿。不服省政府之处分者，向中央主管部、会提起诉愿；如不服其决定，向主管院提起再诉愿。不服特别市各局之处分者，向特别市政府提起诉愿；如不服其决定，向中央主管部、会提起再诉愿。不服特别市政府之处分者，向中央主管部、会提起诉愿；如不服其决定，向主管院提起再诉愿”。二是由本级行政机关管辖，主要适用于对中央各部、会提起的诉愿，“不服中央各部、会之处分者，向原部、会提起诉愿；如不服其决定，向主管院提起再诉愿”。这是由于对中央部、会提出的诉愿，由于该官署属于中央行政机关，同时再诉愿需要确保再诉愿决定必须由上一级机关作出，因此只能规定对中央部、会提起的诉愿由原处分机关作为决定诉愿的机关。因此，诉愿管辖的一般原则是由原处分的行政机关的直接上级机关受理管辖，中央部、会的由本级官署管辖作为例外；不服诉愿决定的，有权提起再诉愿，再诉愿由原决定行政官署的直接上级官署管辖。对再诉愿决定不服的，方能依法提起行政诉讼。

(三)诉愿的期限

诉愿的期限，是指提起诉愿的时间限制，这不仅涉及能否顺利启动诉愿程序、监督行政机关正确行使权力，而且还关系到诉愿提起人能否顺利进行行政救济、维护自身权益。《诉愿法》第5条规定了诉愿提起的期限，要求“诉愿自官署之处分书或决定书达到之次日起，三十日内提起之”，但是，“诉愿人不在诉愿官署所在地住居者，计算前项期限，应扣除其在途期间”，“期限之末日为星期日、纪念日或其他休息日者，不得算入”。因此，在通常情况下，诉愿人可以在收到行政处分三十日内行使诉愿权，在途期间以及节假休息日不计算在其中。此外，在法定期限中，如因事变或故障致使逾期限时，诉愿人应当向受理诉愿的行政机关声明理由，得到其许可后，也能提起诉愿。《诉愿法》规定诉愿提起的法定期间，并对特殊情况（节假日和不可抗力）的迟延作出规定，初步勾勒了诉愿提起的期限制度，并且制度设计具有弹性，体现了公民行政救济的功能定位，有利于保障诉愿人行使诉愿权。

（四）诉愿的审查及决定

在诉愿的审查方式方面，《诉愿法》第9条规定："诉愿就书面决定之。但认为必要时，得令为言词辩论。"可见，与行政诉讼一般采取公开审判、相互答辩的模式不同，诉愿采书面审查为原则、言词辩论为辅的审议模式，是否进行言词辩论由诉愿审查机关自由裁量。这种审查的方式，反映了诉愿审查快速、简便、高效处理行政纠纷、保障诉愿人权益的特点。

在诉愿的决定方式方面，根据《诉愿法》的相关规定，主要有四种方式：一是驳回，即在诉愿行政机关审议认为不应受理诉愿时，应当驳回并附理由，但是，仅由于诉愿书不符合法定程序的，应当将诉愿书返还诉愿人更正，更正后不影响诉愿的提起。决定驳回是处理诉愿的一种重要方式，但诉愿人对于驳回决定不服的，仍可以向该决定机关的直接上级机关申请再诉愿。二是维持原处分或者原决定，适用于审议认为原行政机关的行政行为并无违法或者不当之处的情形。三是取消或者变更原处分或原决定，即诉愿处理机关经审议认为原处分或原决定存在违法或者不当之处、给诉愿人造成损害的，应当予以取消或者变更。四是确认决定，原处分官署认为诉愿具有理由并自行撤销原处分，受理诉愿的机关依法确认。

在诉愿决定的效力方面，《诉愿法》规定"诉愿之决定，有约束原处分或原决定官署之效力"，但是"诉愿未决定前，原处分不失其效力。但受理诉愿之官署，得因必要情形，停止其执行"。这一规定实质上是"诉愿不停止执行"理论的体现，即诉愿决定作出前，原处分仍然具有效力，但是在特殊的情况下，诉愿机关可以停止原处分的执行;诉愿决定作出后,原处分或者原决定的效力受到诉愿决定约束,有助于维护行政行为的公信力和执行力。

(五)诉愿的程序以及与行政诉讼的衔接

《诉愿法》第4条规定,“不服不当处分者,以再诉愿之决定,为最终之决定其不服违法处分之再诉愿,经决定后,得依法提起行政诉讼”。据此,诉愿制度采取的是诉愿、再诉愿二级审议制。根据当时实施的《行政诉讼法》第1条“人民因中央或地方机关之违法行政处分,认为损害其权利,经依诉愿法提起再诉愿而不服其决定,或提起再诉愿逾三个月不为决定,或延长再诉愿决定期间逾二个月不为决定者,得向行政法院提起行政诉讼”之规定,不难发现,南京国民政府时期行政诉讼采取“完全的诉愿前置主义”,[1]以“诉愿—再诉愿—行政诉讼”的制度安排实现诉愿制度与行政诉讼制度的衔接,形成公民行政救济的制度体系。

四、南京国民政府时期诉愿制度的历史价值与局限

南京国民政府时期作为中国近代史上的一个重要阶段,其诉愿制度的制定与施行,体现了近代中国行政法制建设以及公民权益保障的起步与探索,也显现了诉愿制度发展存在的历史局限性。全面、客观地回顾南京国民政府时期的诉愿制度,对于认识中国诉愿制度发展历史、总结近代中国行政法制发展的经验教训具有重要的意义。

(一)诉愿制度的历史价值

南京国民政府自颁布《诉愿法》以来,诉愿制度一直得以实施,成为近代中国行政法制建设的重要财富。客观来说,诉愿制度主要具有以下历史价值:

---

〔1〕 赵勇、王学辉:《民国北京政府与南京国民政府行政诉讼制度比较》,载《行政法学研究》2015年第5期。

1. 理念价值。诉愿是一种调整公民和政府之间关系的法律制度。随着中国传统政治制度发生转型、民主共和制度在中国确立,诉愿制度作为一种公民权益救济、行政权力监督的制度被引进、确立,这与中国传统的、主要目的在于治官和控官手段的"民告官"制度存在本质上的不同。诉愿制度的实施,一方面有利于向民众提供权益救济的法定途径,启迪民众树立权利意识,学会"用合法与非法的观点判断政府权力的正当性",[1]促进人民从义务本位向个人权利本位思想观念的转变;另一方面,作为一种监督行政权力的方式,有利于行政机关加快摒弃官僚传统,强化监督意识、责任意识,防止权力滥用和侵犯民众合法权利。

2. 制度价值。南京国民政府时期,中国刚刚结束封建专制帝制,从形式上实现全国统一,政治、经济、社会发展百业待兴,法制建设刻不容缓。南京国民政府颁布实施的诉愿制度,吸收、借鉴了国外先进的制度理念,明确了诉愿的功能定位、诉愿提起要件、诉愿管辖、诉愿期限、诉愿审查及决定、诉愿程序、诉愿与行政诉讼的衔接等具体的制度,确立了近代中国诉愿制度的基本框架,跨出了中国行政法制现代化建设探索的重要一步。尤其是某些制度的实施,理念符合国际法制发展的潮流,如诉愿代表人制度、期限制度等。此外,为了推动诉愿制度的顺利实施,除了《诉愿法》的颁行以外,国民政府、行政院出台了一系列的训令、公文;中央行政部门以及地方政府也积极制定了相应的实施规则、审议规则、诉愿委员会办事细则;司法院也对《诉愿法》适用中的疑义进行解释;行政法院也编制了判决、判例汇编。这些内容极大丰富、解释和补充了诉愿制度,积累了宝贵的制度探索经验,使诉愿制度趋为完善。

3. 实践价值。南京国民政府时期诉愿制度的实施,将"纸上的权利"转变为"现实的权利",一方面为人民因行政机关的违法行为

[1] 张晋藩:《辛亥革命百年话法统》,载《法学杂志》2011年第11期。

或者不当行为造成损害提供了一种合法的、高效的、便捷的、能够维护自身合法权益的途径，推动行政相对人合法权益的保障；另一方面有利于促进行政机关自我省察、加强内部监督，真正推动行政权力的制约和监督，减少侵害人民权益现象的发生。此外，作为当时采取诉愿前置主义的行政诉讼制度的实施，诉愿程序能够促使行政机关主动解决行政争议，减轻行政诉讼的压力，缓解官民矛盾。

（二）诉愿制度的历史局限

由于时代的原因，南京国民政府时期的诉愿制度是在当时恶劣的政治经济环境和行政法制发展薄弱、诉愿制度理论研究尚未深入的情形下制定实施的，它不可避免地具有其时代特点和历史局限。主要体现为：

1.先进的制度理念与传统的法律文化仍然存在矛盾和冲突。《诉愿法》系借鉴、效仿日本行政不服审查制度而建立，属于公法体系的法制制度。在功能语境下，诉愿法是救济法，目的是人民合法权益的救济与保障；在法治的语境下，诉愿法是控权法，目的在于将行政权力关进法律的牢笼，以免其侵犯公众权益。但是，中国传统的法律思想文化仍然根深蒂固，义务本位观念普遍存在，习惯了等级差别、崇尚权力、服从权威和集体，诉愿的制度和理念毕竟未在中国的历史上真正出现过，其所体现的“监督政府权力”“个体权益救济”这种崇尚权利本位、个人本位的制度理念与中国传统的“官本位”、义务本位的价值观以及传统社会“法律的重要功能在于实现国家统治和社会控制”[1]定位之间存在天然的矛盾和冲突。可以说，南京国民政府时期诉愿制度实施过程中，先进的制度理念与传统的法律文化仍然存在矛盾和冲突，加之不可避免地受到当时政治经济环境的影响，导致诉愿处理机关自我偏袒的情况屡见不鲜，资产阶

〔1〕 朱勇：《权利换和谐：中国传统法律的秩序路径》，载《中国法学》2008年第1期。

级和普通农民、工人的矛盾愈演愈烈,诉愿制度所产生的实际效果远远未如预期。

2. 立法过于粗略和杂乱,制度体系不完整,具体制度不完善。在制度体系方面,除《诉愿法》以外,诉愿制度规范还有相当多的相关法律和规则、政府训令、行政院公文、司法院解释和判例等,相关制度散见于各种规范当中,可见,诉愿制度尚未形成比较完备的制度体系,影响诉愿制度的统一实施。在立法技术方面,由于当时立法过程比较匆忙,理论界对行政法的认识以及对诉愿制度的理论研究尚且薄弱,又缺乏充分的实践经验,导致《诉愿法》的立法显得比较粗略,条文表述也过于简单,有的概念内涵不明确,具体实施由政府各部门以及各地方政府自行把握,容易造成适用的困惑,实施过程中经常需要解释、补充,难以确保统一实施。在制度组成方面,诉愿实施的相关重要制度还严重缺失,如诉愿处理机构的组成、回避制度、证据制度、诉愿处理规则、诉愿处理期限、法律责任以及损害赔偿等。具体制度的不完善,影响诉愿功能的发挥。

3. 制度与实践"两张皮"、相脱节。诉愿制度是在借鉴、吸收和引进日本行政不服审查制度的基础上制定的,南京国民政府专门颁布《诉愿法》,秉承发挥制度的救济功能和监督功能,在立法指导思想、法律原则、制度设计方面基本顺应了时代发展的潮流。但在实践中,囿于当时严峻的政治经济形势以及危机重重的施政环境,当时执政的国民党坚持以党治国,实行独裁统治,无视人民基本权利。作为调整民众与政府关系的重要制度,南京国民政府时期诉愿制度的实施无法避免地成为政治平衡的权术策略,被异化为国民政府的治官工具和官民紧张关系的缓冲器,用以整饬吏治、笼络民心、缓解官民矛盾、巩固统治,不得不带上了强烈的工具性,与诉愿制度"监督行政权力、维护个体权利"的核心价值相去甚远,诉愿制度未能真正成为民众维护自身合法权益的手段。对此,时任国民政府行政法院院长的张知本先生认为,对于不少机关对于诉愿决定"往往以批示了事，合法与否、理由充分与否，均在所不计”，总体上“法律实效不彰”。[1]

结语

“历史是现在的先声，并影响和左右着现在，而现在是历史的承载。”[2]南京国民政府时期诉愿制度的实施，不仅仅是对世界先进法制制度的吸收与借鉴，也不仅在于对中国近代行政法制建设的推动，而且更在于对近代中国传统政治法律文化观念的革新、对现代法治理念的培育。同时，诉愿制度的施行，为中国现代诉愿制度的发展完善积累了宝贵的实践经验，已经成为了中国法治建设的本土资源，其意义不仅在过去，更在于当下。“法治建设借助本土资源的重要性在于，法律制度在变迁的同时获得人们的接受和认可，进而能有效运作的一条便利的途径，是获得合法性——人们下意识的认同——的一条有效途径”。[3] 在行政法治迅速发展的今天，我国法制建设事业蒸蒸日上，但必须意识到不能割裂历史的发展与传承，忽视法制建设的历史渊源和文化遗产，应当注重从历史实践中吸取经验和教训，尊重和继受优秀的法律传统和本土资源，促进我国行政法治的建设和发展更加自信和踏实。

---

〔1〕 参见张知本：《行政法院判决汇编（1933－1947）》序，载《行政法院判决汇编（1933－1947）》，上海法学编译社1948年版，第1页。

〔2〕 刘志强：《〈再生〉共同体的“调和政治论”》，载《中山大学学报》（社会科学版）2013年第1期。

〔3〕 苏力：《法治及其本土资源》，北京大学出版社2015年版，第17页。

学术动态

【编者按】 本卷《中华法系》“学术动态”专栏部分刊载有两篇译文。第一篇讨论德国汉学和中国法律的关系，以此揭示国外汉学中法律研究状况如何。第二篇则讨论纠纷财产化，旨在表明工业化时代，纠纷是如何处理，又有哪些机制保证了处理的公正性的。两篇文章，一篇表达了欧洲汉学研究的动态，另一篇则表达了美国最新法律实用研究的动态，都能对我们国内的法律史学研究，带来最新的资讯。

德国汉学与中国法治国家的建构：中国学中的法律研究

[德]李雅瑞　著*　王银宏　译**

【内容摘要】 本文旨在说明中国法律——一个在汉学与法学之间具有重要意义的学科——在德语区持续研究的必要性。[1] 其中不仅包括持续的交流，还包括对研究成果及成就的相互认可。这可以阐明作者为何持有这样的观点：法学组织结构的变化以及研究人员和财政支持的增加对于汉学研究是必需的。

【关键词】 德语汉学　中国法治　中国学

一、引论：为什么是德语？

德语区中国法律研究的特殊重要性不仅有其一般的普遍理由，还有特定的学科依据。自 1997/98 年始，由德意志学术交流中心(DAAD)给予指导和经济资助的英语大学课程被认为是德国大学"国际化"的王道。因此，德国的大学毕业生可能一点德语都不需要

* 作者李雅瑞(Astrid Lipinsky)系维也纳大学"台湾研究中心"主任。

** 译者系中国政法大学法律史学研究院讲师，法学博士。

〔1〕 作者对维也纳大学法学院托马斯·西蒙(Thomas Simon)教授提出的批评性建议表示感谢。

学习。[1] 其主要原因不在德国,而是美国或者学费昂贵的英国(Ammon,2010)。

当前这种趋势的回转起因于招收外国留学生和科学工作者:他们需要"德语"来融入德语环境,而不是排除和孤立他们德语知识的应用。享誉世界的德语文化推动他们(重新)重视德语学术界(Petereit/Spielmanns-Rome,2010)。第二次世界大战之前,德语学术界已在众多专业领域中占据主导地位,其中也包括法学[(Ammon,2010)中的例子]。

今天的德国汉学,尤其是与当代相联系的汉学,如赫尔穆特·马丁(Helmut Martin)(1999:2)在批评中着重指出的,多年来在美国和以英语出版的作品已成为国际化的代表[(Ammon,2010)和(Petereit/Spielmanns-Rome,2010)]。这期间的英语已成为大多数汉学著作的常用语言且举办的汉学会议也不受德语地区研究的限制。[2] 在德国,评判学术质量的标准是尽可能地在《国际仲裁杂志》(Internationally Refereed Journals)上公开发表论文。以德语举办的法学会议也始终未像社会和人文科学一样被普遍地英语化[(Ammon,2010)中统计的细目]。

当德语国家的法学特性在欧盟范围内日益凸显时,东亚(韩国、日本、中国台湾以及中国大陆)的德语法学研究也蓬勃发展并且将获得德语大学的博士学位作为学术发展的重要前提。德语在亚洲的推进也与德语区法学研究者最近将目光转向亚洲相适应。他们发现,他们在欧洲没有地位的法学研究在亚洲却受到追捧。很明显,这使有名气的德语出版社以德语出版亚洲(东亚)的法学著作。

---

〔1〕 作者意识到德国人缺乏表面上的性别公正,并明确强调:他们所理解的男性形式也应从根本上作为性别中立和女性的应用形式。

〔2〕 这适用于双边的德—中会议,但也适用于大的欧洲(欧洲中国学研究协会,EACS)和美国(美国研究协会,AAS)的学术协会。

值得注意的是,最近出版的有关韩国法的介绍(《韩国立法基础研究》,2010)和1999年日本法新版的介绍(Marutschke,2009a)。哈根函授大学(Fern Universität Hagen)从2010/2011冬季课程开始为法学硕士开设“日本法导论”(Marutschke,2009b),这种法学研究以案例为基点。亦如本文提到的中国法律在实践中与其相联系内容的掣肘及相互分离,作者的观点是:汉学中法律研究的进一步发展——中国学中的法律研究——是德国法律在亚洲以德语进行研究持久存在和得到重视的重要前提。

二、为何是汉学中的法律?

汉学的目的是读懂中国。因此,汉学是以汉语对从公元前和帝制时期直至当代中国的历史、地理、哲学和文学等所有可能的方面进行研究。“中国”亦包括中华人民共和国之前的汉语文化圈。

过去的几年中,三个德国的汉学系(汉堡、莱比锡、波恩)举行了德国汉学百年庆祝会,举办这些庆祝会的动因是在汉语课程和区域研究之间深入思考汉学今后的研究内容。[1] 汉学中中国法律的特征和位置问题是考察的一个部分,但不应忘却德国汉学初期研究中“汉学和法律”之间的关系,这也与中华人民共和国的成立以及中国现代法律制度的创立相合,而法律制度发挥了明显的作用。

汉学中的法律研究主要集中于法学中较早被边缘化的领域,如与国家考试关系不大的法学理论、法律史、法哲学或法律文化。此外,法律汉学中特殊的专业语言知识使得对汉语法律的研究和分析成为可能。汉学对当前中国问题的研究,如对中国法律范围的特性和现实性的讨论,首要的是可以利用不断增加的各种具有高度现实意义的法律数据来证实社会政治主题,同时这种描述也是可核验

〔1〕 例如,在波恩大学举办的“德国汉学一百年:历史、理论与前景”学术交流会议(学术交流会议2009)以及“汉堡汉学一百年”系列活动(汉堡2009)。

的,因为法律文本是我们可资利用的客观证据基础。此外,作为文本资料的法律也是明确可辨的。至今,中国法律有了一定程度的抽象化概念及其内容与实际的切合。对于多数人而言,“法律认知”可能始自1985年的五年普法规划,比如案例汇编的出版。这些独立于法律之外的案例汇编是研究当今中国社会(如妇女的地位问题)重要的汉学—社会学资料。人们自觉地如此进行中国法律研究以及与大量感兴趣的中国人就当时的状况进行交流,这使作为基础的准则成为可认知的。

本文中具有专门法学知识的汉学应以“法律汉学”来命名,为此,(历史和现实的)法律是构想中国图景的一个选择工具。他们区别于自20世纪80年代以来数量不断增多的德国法律家,他们通常有固定的中国专职,这里以“汉学法律学者”来命名。[1]

(一)回忆的意义:中国法律的(汉学)研究史

西方意义上的“现代”法律的最初图样在帝制中国的最后几年中基本是按照——经由日本并译为日文的——德国法律进行的。[2] 1911年建立的中华民国为使这一传统得以继续,除日文译本和概念使语言上的理解变得容易之外,又进一步提供了其他基础:

1. 与欧洲大陆一样,传统帝制中国的法律也以其法典为基础。我们应该改变判例法居于优先地位的盎格鲁—撒克逊法律对于法

〔1〕 这一术语并非笔者所创。例如,米歇尔·斯特鲁普(Michael Strupp)(1998:18,脚注15)以前在帕骚大学(Universität Passau)图书馆所作的法律专题报告中,自称是作为“汉学—法律学者”对法律学者中存在的将中文术语译为德语这一问题进行论述的。

〔2〕 何意志(2008:17)研究表明,日本的针对性翻译以及西方刑法、诉讼法和民法的翻译是清朝1904年成立的“修订法律馆”的基本工作。德国法律在日本于1880年代系统继受外国法律过程中处于突出地位,其中自1883年始,三年法律培训通过德国法学家和日本政治家以及稍后首相伊藤博文(Ito Hirobumi,1841 - 1909)于1882/83年到德国考察的推动而制度化并确定了日本现代宪法模式。自1896年起,以德国的法律编纂模式为基础,日本的民法、商法和民事诉讼法相继完成(Menkhaus,2005:153)。

典编纂的看法。

2.1900 年德国民法典是民法上可参照的最新模型,因其极具现代性和技术上的成熟而被世界范围内的诸多国家所效仿。

3.第一次世界大战之后,德国失去了在中国的地位和殖民统治的权力。1921 年 5 月 20 日的《中德恢复和平协约》使德国成为第一个承认中国是具有平等权利国家的欧洲国家(Senger,1994:12)。

4.德国几乎同时也有从帝制到共和的转变经验,包括新制定的共和国宪法。

在国家机关中,传统引领着德语法学教育。[1] 例如,卡尔·宾格尔(Karl Bünger,1903–1996)以法学博士(1931 年)的头衔来到中国,在上海和北京(时为北平)的德国大使馆中担任职务(Franke,1995:123)。1930 年,他已经在柏林的东方语言专业获得汉语学位(Malek,1996:XIV)。他出版的著作秉承纯粹法学的观点,并对作为"前现代"被贬低的具有千年历史的中国法律史充满敬意。[2] 他不仅翻译并评注当时唯一完整的著名法典——《唐律疏议》(宾格尔,1946;1996),而且将当时中国的新法律介绍给德语学术界(如宾格尔,1934)。

宾格尔的著作——尽管在战争和战后时期以及在北京刚开始的内战——不仅在中国出版,而且也引起当时美国汉学界的重视并有着详尽和广泛的评论(Balázs,1947;Ladany,1947;van der Valk,1948;Ilse Martin,1949;Jäger,1950)。罗曼·马莱克(Roman Malek)在宾格尔著作的新版前言中写道:"尽管由于战争动乱和出版机构——《华裔学志》杂志的编辑和辅仁大学——多变的历史,但这一

[1] 至今,法律学习的完成仍需要通过国家考试和通过候补官员而被聘为公务员。然而,这并未保证有更多的公职空缺。

[2] 不仅西方的而且中国的专业人才的消极评价首先提及的就是刑法及其残暴实施。阿尔福德(Alford,1984:1184f.)对西方和中国的评论做了概述。

著作还是迅速传播开来并在一定程度上被认为是中国法律史和汉学研究领域的权威著作。"[1]

卡尔·宾格尔是当时国际上——当然首先是汉学的——为数不多的以法学观点研究中国法律领域公认的专家。怀特(Wright)编辑的1941年到1945年的北京汉学图书目录中有五项是卡尔·宾格尔的,占半页纸之多。[2] 宾格尔被介绍为"学者型律师"并且就这方面而言,他也是汉学中权威的或者甚至是真正通过学习程序并于20世纪三四十年代在中国工作过的德国法学家的典型。当前对中国法律的法学研究有别于他们对中国法律的敬意并且有意识地将汉学,准确地说,将传统中国法学和哲学的原始文献融入中国法律的历史。

在战争年代,宾格尔的研究成果很明显只能在德国研究所以"汉学著作"出版,[3]这阻碍了这些著作在中国以外地区的传播和知名度。按照宾格尔自己的陈述,他于1947年与其他五百个德国人自中国被遣返回国时,有另外三份有关中国法律史的手稿已经完成,但当时留在了中国(Walravens,2006:281,288;2005:136)。

法学和汉学这两方面的资历使何意志(Robert Heuser,法学博士与汉学硕士)和胜雅律(Harro von Senger,法学博士与哲学博士)有别于宾格尔,这与他们的学术地位后于宾格尔有关。这也如宾格尔

---

[1] 宾格尔(1996:XI)。天主教辅仁大学最初于1925年以北京公教大学之名由美国的天主教本笃会修士所创建。自1933年始,由传教士斯泰勒(Steyler)所领导,在中华人民共和国成立后于1952年被迫停办,但于1960年在台北的新庄重新开办。汉学杂志《华裔学志》(Monumenta Serica—Journal of Oriental Studies)于1935年在天主教辅仁大学创办。作为《华裔学志》编者的传教士Steyler自1972年在靠近波恩的圣奥古斯丁(St. Augustin)定居。

[2] Wright(1947:318)。后来卡尔·宾格尔的论文索引见Malek(1996:XV);Weggel(1981:313~318);Walravens(1987)。

[3] "汉学著作"即德国研究所《中德学志》的德语附录,只在1943~1945年出版三期(Wright,1947:316);德国研究所的中文期刊见Wright(1947:326~329)。

(威廉皇帝外国公法研究所,柏林/图宾根)引领着何意志(马克斯—普朗克外国公法和国际法研究所,海德堡,1979~1983年)和胜雅律(瑞士比较法研究所,洛桑,1982年开始科学合作)的学术道路一样,在非大学的法学研究机构作为研究东亚的而非欧洲法律的独特地方,[1]这亦如何意志与宾格尔都教授德国法和欧洲法——但不是在德国的法学院,而是在中国[宾格尔:震旦大学(Aurora Universität)和同济大学,上海;何意志:德意志学术交流中心短期教师,1983年在台北,1987年和1989年在西安,1990年在重庆,1994年和1996年在北京以及1997年在南京]。

宾格尔的具有典范性的经历表明,多学科的学术能力对于德国的学术进步并非总是有益的。宾格尔的经验有别于后来的汉学法律家,即:

(1)德国的法学院没有与国家司法考试内容无关的教职,如中国法;

(2)德国的法学院至少要求教师在法学方面取得在大学的执教资格;

(3)德语汉学以范围小、内部竞争激烈以及传统汉学教育的优势而出众,同时伴以常见的对非学术和大学之外的中国经验的轻视。[2]

宾格尔首先将自己看作法学家,因此他在法学院谋求教职,但他将汉学专家看作单独的职位标志并且无论如何都想继续他的中国

---

[1] 威廉皇帝研究所(Kaiser-Wilhelm Institut)在“二战”末期逐渐成为马克斯—普朗克研究所(Max-Plank Institut)(直到1960年)。这一著名的研究所在战后的年代里曾在图宾根短暂存在。卡尔·宾格尔在那里取得大学执教资格并在申请汉堡大学法学教职失败之后去了外交部工作。

[2] 笔者的观点是,德语汉学在其几百年的存续期间浪费了三次机会:第一次是自1933年始排斥犹太汉学(Führer,2001),第二次是在1945年后阻止他们的归国者同时拒斥那些必须离开中国的中国专家的融入,第三次是不承认在德国重新统一期间的民主德国汉学(Martin,1999)。

法律研究。像众多从中国归来的汉学家一样,宾格尔也曾求助于汉堡汉学的战后教授职位的代表恩斯特·博施曼[Ernst Boerschmann (1873 - 1949 年)],因为他支配着唯一一个在 1945 年未被毁坏的汉学图书馆的使用。

哈特穆特·瓦拉文斯(Hartmut Walravens)于 2006 年汇编的、自中国归来者的书信资料的第 285 页至第 309 页收录了卡尔·宾格尔写给汉堡的十二封信以及博施曼的五封回信,更确切地说,是他的儿子霍斯特·博施曼(Horst Boerschmann)的回信,他从 1947 年至 1951 年包括在其父亲去世后继续信件往来。卡尔·宾格尔的德国国家社会主义工人党(即纳粹党)成员资格(1933 年起)没有一次被提及,并且很明显这是他谋求大学教职失败的原因。

汉堡大学法学院丝毫没有利用好宾格尔在中国法领域的精深造诣。宾格尔以其阅历和经验于 1950 年在图宾根大学获得哲学博士学位并于 1951 年在那里取得汉学的大学执教资格(Franke,1995:175)。那时有一个法律汉学教职,但并未授予宾格尔,因此宾格尔于 1953 年到外交部工作。直到退休之前,他一直是驻韩国大使和驻香港总领事(Malek,1996:XV)。到了退休年龄时,宾格尔成为波鸿大学的客座教授(1971 ~ 1973 年)以及波恩大学和图宾根大学的兼职教授。[1] 在纪念文集(Eikemieter/Franke,1981)出版之后,1996 年宾格尔著作的新版出版。卡尔·宾格尔于 1997 年逝世。宾格尔翻译的唐代法律资料于 1996 年宣布出版(Malek,1996:XVI),但至今仍未出版。由于宾格尔在法律汉学方面的贡献未受到重视,这也影响了对他的评价——没有一个学术机构对他的逝世发布讣告或悼词。

宾格尔曾以德语译介的中华民国 20 世纪二三十年代制定的法

〔1〕 兼职教授是由有权机构的批准而拥有的没有薪金的教授头衔。弗兰克·闵策尔(Frank Münzel)在哥廷根大学法学院获得中国法兼职教授头衔。

典至今仍在中国台湾地区实施。因此,现在台湾的法律史学者对宾格尔的纪念和对他尚未出版的翻译作品表现出极大的兴趣并不使人惊奇。[1]

今天对中国法律的研究主要基于两个方面的重要原因:第一,中国台湾地区法学的发生迄今为止是以德国为主要来源。台湾地区的法学和司法至今都借鉴德语文献和法律注解,并且在德国取得法学博士学位是在台湾获得法学教职的前提条件,特别是在排名和入学成绩靠前的"国立"台湾大学和"国立"政治大学,德语是法学研究中一种重要的外语并且多数教师具有德国学习背景(Gesk,1999:183)。第二,在曾经长时期借鉴苏联法律模式的中国大陆也逐渐对德国法律加以重视,[2]亦以此提升了德语的价值。

像卡尔·宾格尔这样的学者也很少,他因自己在两方面的专门研究而"在两个学科之间"被边缘化。克罗克尔(Eduard J. M. Kroker1913—2007年)所走的也是这样一条在内容—专业方面相似的道路,他同时也是在中国法律研究方面运用不同路径的一个典范——他的第一项法学研究是上海震旦大学的耶稣会会士的神甫授职仪式。克罗克尔于1950/51年在弗莱堡大学获得法学博士学位并且几年后在苏黎世获得汉学哲学博士学位。他曾在日本名古屋的南山大学(Nanzan-Universität1951—1960年)教授法律,并自1960年起也在美因河畔的法兰克福教授东亚法律且于1978年担任兼职教授。他主要将自己看作一个传教士和神甫,因此,法学或汉学教授对他而言可能没有太大意义。

---

〔1〕 笔者与陈惠馨教授个人交流后得到的回复。陈教授在雷根斯堡大学(Regensburg)以比较法方面关于家庭法的主题获得博士学位,现为台湾"国立"政治大学法学院教授。她的专业领域是中国法律史、德国法律史以及法律教育。

〔2〕 随着1949年10月1日中华人民共和国的成立,国民政府时期的所有法律被废除。20世纪50年代的第一个法律借鉴了苏联的法律模式。

(二)现代汉学中的法律研究

大学生研究汉学是适宜的,它应尽可能地与有用的、与职业关系重大的和直接职业资格的学科相联系。汉学反对与企业经济学或者作为纯正的汉语语言研究相似的大学课程相联系。相反地,不如说是汉学中学科的专门化尝试——早期史、新史学、宗教——在一定程度上降低了德国汉学的难度。相较而言,美国有着为数众多的研究中国法律的教授,如安守廉(William P. Alford)(哈佛法学院,马萨诸赛)、郭丹青(Donald Clarke)(乔治·华盛顿大学法学院,华盛顿)、爱德华兹(R. Randle Edwards)(哥伦比亚大学法学院,纽约)、孔杰荣(Jerome Cohen)(纽约大学法学院,西雅图)、费能文(James V. Feinerman)(乔治敦大学法学院,华盛顿)以及兰德尔·帕伦博(Randall Peerenboom)(加利福尼亚大学洛杉矶分校法学院,1998 ~ 2007 年)。[1] 此外还有其他非法学的教授也从事中国法研究,如欧中坦(Jonathan Ocko)是北卡罗来纳州立大学历史研究所的教授兼主任(Raleich,北卡罗来纳),但是他从事法律的研究和教学(新资料,如 Ocko/Gilmartin,2009)。

美国的大学或者为历史学者提供东亚法律史的教职,或者在法学中设置中国法(东亚法)教职。他们的观点是历史语言学的抑或政治学的。盎格鲁—美利坚法律传统是遵循判例法而不是法律文本,以逐条逐款的分析解释为基础以及按照德语法学方法在其较早时期是罕见的。大多的例外情况与经济法有关,例如郑文通(音译)对中国 2008 年的新反垄断法所进行的详尽分析(Zheng,2009)。

虽然中华人民共和国在 1949 年废除了之前政府制定的“六法

---

〔1〕 从那时起,帕伦博是美国法律、司法、社会基金会中国项目的负责人。他是加利福尼亚大学洛杉矶分校(UCLA)的教授,也是拉筹伯大学(La Trobe universität)[墨尔本(Melbourne),澳大利亚]的教授。实际的影响是,大量美国的中国法教授到了退休年龄必须退休,而存在的一个问题是他们是否有合适的接班人。

全书”等法律,但是到1956年就已制定出了上百个新的法律。经过从“大跃进”(1956~1958年)到“文化大革命”(1966~1976年)的一段特殊时期之后,人们重又明确地回到欧洲大陆的法律编纂传统。1999年在宪法中采纳的将“建设社会主义法治国家”作为今后的任务,是官方提出的要建立具有中国特色的法律制度。2008年发表的《中国的法治建设》白皮书中称,中国现有229项现行国家法律(*China's Efforts* 2008)、600多个行政法规和7000多个地方性法规。

然而,虽然中国法律不断增多,但在德国汉学中几乎没有专门研究中国法律的制度化表现。在过去三十年中出现了三位受过汉学训练的法学家:[1]弗兰克·闵策尔(《明史·法律志之后古代中国的刑法》,1968年)、胜雅律(Harro von senger)[《传统中国的买卖契约》,1970年;此外还有在大学取得汉学执教资格的《太和(Taiho)行政法典中中国的基本制度》,1983年]以及何意志(Robert Heuser)(《金书中的刑法规范》,1987年)。他们都以非常传统的关于中国法律史的经典汉学—哲学博士论文为研究开端且有别于今天对中国法律的研究。

除传统经典的汉学之外,法律汉学还有其他共性:他们每个人都有关于中国法律的基本著述。胜雅律在主流法学中最直接的成功表现是由贝克出版社(Beck-Verlag)列入法学教育丛书并于1994年出版的《中国法律导论》。与此丛书的其他著作不同,该著作虽然书名未变,却紧跟现实情况的变化定期新版。弗兰克·闵策尔将其第一本论述自1982年以来现代中国法律概貌的德语著作称为《中华人民共和国的法律》,并且仅在副标题中将其限定为“导论”。虽然他的著作不是由法学的出版社而是由科学的图书公司出版,但是它毕竟被列入“外国法律”法学入门丛书。而何意志于1999年出版的

〔1〕 这里没有把非专职中国法研究的学者[如帕骚(Passau)的Ulrich Manthe、汉堡的Oskar Weggel]和没有教授职衔的学者(如帕骚的Micheal Strupp)包括在内。

五百页的《中国法律文化导论》一直由非法学的出版社出版,亦如他在科隆的"中国法律文化"教授头衔。如弗兰克·闵策尔的很多法律翻译和法律评注是可在线使用(Münzel,1978)完全一样,何意志和他的学生们也将有关的法律和司法判决译为德语并予以评注。[1]同时,自2004年,何意志的著作认识到经济问题引起了社会的广泛讨论,首先是注意到中国作为一个出口大国和商品市场以及对德国经济问题和经济法律要求的减少。与此相对照,最初"法律文化"教职的设立明显是开始于广泛和明确的法律汉学(关于法律文化的详细介绍:Schick-Chen,2009)。

德国的第一个法律汉学教职于1989年在弗莱堡设立,而科隆于1992年设立了法律文化教职。当胜雅律于2009年退休时,他的教职和自2005年空缺的第二个汉学教职(Peter Greiner)一起被取消,并且传统历史—哲学的"新中国史"教职重新招聘。明显的主流观点是,中国法律的重要性通过几年来为东亚经济法(卜元石教授)设立的法学教职得以彰显。[2] 意义模糊的法律汉学与汉—法学还是被相提并论,而后者是一种"形式法学"(Senger,1994:8),并且认为中国法律是不易理解的。在笔者看来,虽然前述的评价是错误的,但它占有一定的位置,两个法律汉学的教职所有者都没有开创一个相应的汉学法律学派并培养出专门研究的学生。

科隆大学的何意志教授在对中国法律进行了十年的研究之后,最终完成了一本厚重的晚期作品,该著作仅从副标题可以看出与法律相关:《地点观察:变化中的中国法律(1971~2006)》(何意志,2009年)。该著作的第345页至第354页仍然记录了何意志自1970

〔1〕《刑事诉讼法》(何意志,1997)、《环境保护法》(何意志,2001)、《社会主义法治国家与行政法》(何意志,2003)、《WTO与涉外商法》(何意志,2004)、《民法与经济法》(何意志,2005)、《经济法》(何意志2006)等。

〔2〕胜雅律也在给笔者的电子邮件中提及(Senger,25.01.2010)。

年代初期以来发表的大量关于中国法律的论文，发表这些论文的期刊也证明了中国法律研究本身的跨学科特性。然而，何意志经常抱怨其研究不被主流法学所承认，并强调法学没有资格评说其研究所具有的"完全法学的"特性。

对胜雅律的纪念文集中归集的胜雅律所发表的论文标题做一粗略的审视（Gänßbauer，2009：259～285）可以看出，除六十篇有关中国法律论文的报纸文章以及广播节目或者电视节目外——胜雅律以研究"三十六计"而闻名，可将其归结为普通的汉学研究。[1] 其数量表明，他真正的研究重点（与他最初获得的博士学位相合）是中国法律。胜雅律发表了若干不同法学领域的论著，如经济法、人权或者中国共产党在法律中的特殊地位等，他实际上也在多个课题中阐明关于研究中国法律必须考虑到人们的"政治—思想背景"（Senger，1994：8）的观点。

但是该纪念文集的十三篇论文中没有一篇是关于中国法律的。与法律有关系的或许是海尔曼（Heilmann）（2009）和费德森（Findeisen）（2009：195～197）的论文，而好几篇论文都或多或少与"三十六计"有关。就这方面而言，这一纪念文集是笔者论点的一个例证：何意志和胜雅律这一代法律汉学家在创立中国法律汉学研究流派方面并不是成功的。

何意志教授是唯一一个现在在德国大学从事汉学—法学研究的教授，自他以后还有其他较年轻的副教授（Stand：15，2011年1月）。

（三）法学中的中国法律研究

中国法律研究迄今还没有在德语汉学中作为一个专门学科。几十年来的机构化使其变得更加困难，同时法学院（在43所大学中）

[1] 其中大量论文是关于中国法律史和其他关于中华人民共和国法律以及西方法律观念（如人权）在当代中国的进展。与此相对照，费德森也表达出对"单一主体范围的指责"（Findeisen，2009：191）。

的地位在形式上明显高于汉学系(在25所大学独立于哲学系的研究机构,[1]经常是作为东亚学系的分部),并且不承认汉学中中国法律知识的专门性。随着(作为科学研究)地位的丧失以及主旨更多地并不在于候补官员和国家公务选拔的大学法律学位课程和法律高等专业学校课程的设立,可以在这方面有一些变化。例如,维也纳大学已应汉学学者的要求将汉学的法律课程作为选修课,然而仅是基于学生的申请。

法学通常将汉学仅仅看作真正需要中国语言知识的提供方。中国法律作为选修课的内容,其意义并不在于考试,"中国法律"作为法学课程在不久的将来是要首先考虑的(ius-alumi Magazin,2009:6)。一些规划和项目在进行中国法律研究,如汉堡于1945年(现在也同样)在法学院规划有外国法律的助教职位,但没有完全非法学的职位。[2]

德国唯一一个"东亚经济法"法学教职是弗莱堡大学于2006年设立的。这一教职的称谓确实具有代表性:首先,它完全是从事东亚研究;中国只是研究的一个方面,对日本或韩国研究同样也有自己的教职。其次,它专门从事经济法研究并且其对象是有巨大效益的亚洲市场,而没有法律史或中国特色的法律发展研究,从汉学角度来看,对此进行规划是必要的。这一教职的所有人——卜元石教授(女)于2009年出版了一本完全是法律汉学的传统著作《中国法律导论》。通过一个教职的设立最后使"中国法"的研究机构化。不仅这一教职的设立而且这一著作的出版理应得到准确甄别,并且关于这一问题的研究,即法律汉学的未来是否依赖于法学,更准确地

[1] 波鸿鲁尔大学(Ruhr-Universität Bochum)除哲学系外,还有自己的东亚学系。

[2] 与维也纳大学教授克里斯蒂安娜·温德霍斯特(Christiane Wendehorst)博士的交谈(2009年6月)。

说是,是否依赖于卓有成效的机构化,一直萦回在自卡尔·宾格尔以来从事中国法律研究的法律家的愿望中。[1]

卜元石教授(出生于1976年)是在中国"改革开放"时期,也就是法制发展时期成长的。按照德国模式,她并不是一般意义上"完全的法律家",而她在中国的法学研究是从经济法开始的(从非法学专业毕业之后)。她与何意志、胜雅律一样,也将法律汉学与作为律师的实践和大学外的工作经验区别开来。她开设的"中国法律导论"和"东亚对西方法律的继受"的课程也引起非法律家的兴趣并且明确要求汉学系的学生参加。当然,卜元石跟许多与她同时代的法律家一样,也以德语和英语出版其著作。

然而,卜元石教授的聘任并没有导致其他大学出现大量其他的中国法教职。"中国法律"的内容绝不会在法学院中制度化并确定下来。更令人感兴趣的是,"中国法研究"究竟是怎样在德语的学术环境中表现出来的。

首先是2006年成立的欧洲中国法研究协会(ECLS),它尝试以每年召开会议的形式在汉学法律学者和法律汉学者之间架起沟通的桥梁,并且是卓有成效的沟通桥梁。欧洲中国法研究协会以英语为官方语言,这与德语主流法学形成有益的对照。它在某种程度上并不是仿照美国对中国法的研究而举办的,它并不仅仅是汉语语言学的,而是带有一定的政治性(试比较欧洲中国法研究协会迄今为止的每年会议关于人权的主题)。欧洲中国法研究协会(114名会员,Stand:2008)也与马克斯—普朗克研究所进行中国法研究工作的、对中国感兴趣的德国法律家建立联系。欧洲中国法研究协会会议的第二个经常性主题是经济法,这或许也提供了中国民法在长时期跨度的发展语境。通过会议论文的出版而期望其持续地影响超出会议本身至今没有成为现实,但是汉学与法学之间联结的制度化

[1] 参见波鸿年鉴关于《中国法律导论》的评论。

或许可以实现。

自20世纪80年代中期以来,越来越多的德国大学从德意志学术交流中心和欧洲方面获得高额资助与中国的大学开展"法律合作关系"。这些项目从德国法律发展合作的再次进行中获益。德国政治发展研究所(DIE)于1998年的意见中描述了这一合作:

> "德国的发展合作支持法律咨询措施以改进一国的法律、政治和经济框架条件为目的。因此,存在经济法改革和旨在推进民主和人权为中心的援助办法。"(Klingebiel,2000:161)

因此,经济援助以目的国的法律状况的"改善"和"改革"为目的。为使投资有利可图,其注意力应集中于经济法。功利主义者会通过关于促进人权和民主的演说来进行掩饰。自1984年以来,哥廷根大学和南京大学之间的合作是最长久的,两校于1988/89年度设立"中德经济法研究所"。2000年之后,为确保该研究所的长期经费资助,它抓住机遇在内容方面予以扩充(包括行政法)并于2001年11月改名为"中德法学研究所"。

这里感兴趣的不是中国方面对该研究所的利用——卜元石教授在这里完成了经济法专业硕士研究生的学习(1997~2001年),而是网站上通知的"对话"的具体实现:

> 该研究所意在首先将中国学生培训成司法和行政领域未来的领导以及经济或律师界作为德国或者欧洲法律思想的信息传播者并为此做出贡献,在不同的法律文化间架起沟通的桥梁。

事实上,这个说明也包括"这一'对话'是一个单行道"的意思:该研究所在德国法方面培养中国学生,而后将其输入中国的法律系统。对于中国法律的重新学习,德国方面并非已是拟定好的;对于德国法律的学习效果可能也是同样不多的。

新近的中国—欧盟法律学院的中欧项目(CESL 2009,自2008年)和五所德国大学的法学合作项目,中欧法学研究所(CDIR,自2005年)和弗莱堡大学均专注于唯一的中国方面的合作伙伴——中国政法大学。

中国政法大学的中欧法学院(CESL)自2008/09冬季学期为中国学生提供为期两年的欧洲法硕士课程。欧洲法可能会使中国法欧洲化;而欧洲法中国化则并非可预见的。中欧法学院的自我介绍将其称为:

> 大约25位(德国的,笔者注)教授……将在新的优秀大学授课,以标准的德国教育以及对今后中国决策者的法律理解产生影响。

中德法学研究所(CDIR)则表述为:

> 该研究所尤其追求达到如下目标:造就在比较法学领域有经验的和特别是具有专门法学知识的专业人才,他们……能精通德意志联邦共和国和欧盟的私法、刑法和公法。

中德法学研究所在第一学年培训的重点是德语语言学习,因为接下来(德国的客座教师和德方副院长)的课程都是以德语授课。这些学生今后的一个重要任务是将较重要的德语法学著作翻译为中文,并在中德法学研究所至少学习半年或一年的中国法律。然而,翻译项目并不包括将中国的重要法律文本译为德语。

隐藏在"合作关系"背后的不是相互间的利益,而是德国法律单方面地输入中国。法律汉学中表现出的中国法律知识在相互交流的项目中没有位置。这一"交流"似乎以向中国输出在德国讲授的德国法课程和在德国(对德国法律)进行法学深造学习和培养卓有成效的中国毕业生为主要内容。

问题和不断成为问题的是,是否能保证已使用的经济手段发挥其显著持续和长期的效用。在中国,法律意见同样会得到重视,但中国不会简单地引进外国的法律,而是可能依外国的法律样式加以自己的创造,如实践中"中国特色的市场经济""建设中国特色的法治国家"(China's Efforts,2008)。

(四)法律输入的其他途径?——中国回归东亚法律圈自身的传统

在中国,法律职业化进程伴随着西方法律的输入和社会主义传统并带有对共同的东亚法律传统的追溯。类似的主动性也存在于以前属于"中华法系"的其他国家和地区,如日本、韩国和中国台湾等地区。尽管中国香港和新加坡经历了英国殖民的盎格鲁—美利坚法律长期的统治,但他们仍属于中国文化圈的范围。[1]

虽然中国在过去的几年中不断强调东亚共同(法律)文化根基,但回归传统法律也涉及占主要地位的中国的发展趋向。中国法律的影响范围在韩国也有批判性研究,如首尔延世大学(Yonsei-Universität)的金相勇(Kim Sang-Yong)教授的研究表明,朝鲜半岛的历史发展是最古老和最主要的(Kim,2010:1)。他认为,中国法律是在传到朝鲜半岛之后接受了佛教,而后接受了儒教,因此其法律更确切地说是拒斥哲学的(2010:1)。另外,中国儒教的法律文本在汉朝时已被朝鲜半岛接受,在公元676年朝鲜帝国各部联合之后,也就是中国的唐朝(618~907年)时期得以发展。更重要的是对中国

〔1〕 经常被称为"大中国"。在汉语中是"大中华"或者"华夏"。"大中国"已被解释为包括(多)民族的、汉族文化生活的、中国社会主义的所有地方,即包括中国以及中国之外的共同体。关于"大中国"的概念,参见Harding(1993)和Schmbauch(1993)。

几个法典的接纳和采用,儒家的行为规范已以习惯法的形式在朝鲜半岛扎根。因为日本继受了欧陆法律,因此朝鲜半岛的居民可能对此怀有敌意,欧洲大陆的法律暂时不能在朝鲜半岛得以实施。韩国首先在20世纪50年代依照德国模式和德国的指导制定通过了法典(Kim,2010:4-7)。金教授对居民对于现代法院的信任做出了评价,并着重指出偏爱传统的调解胜于司法程序(Kim,2010:8)。

对于日本而言,日本的法律学者似乎已通过对欧洲法律的接纳而广泛地祛除日本传统的调解观念(Ishibe,2006:156)。对于中国台湾而言,陈惠馨教授也曾类似地指出,除中国大陆的法律外,中国台湾地区于1945年采用的法律[1]保持着儒家的道德戒律并以中国传统习惯法为基础,它至今仍在台湾的日常生活和家族仪式中占据统治地位,陈惠馨教授亦以案例和法院判决对此予以证明。[2]

此外,还有若干学术会议对以前(唐朝)"中华法系"的现代意义进行研究:[3]1996年开始第一次在日本举办的东亚法哲学研讨会(每隔两年举办一次)(研讨会,1996年至今)。从那时起,还有在韩国(1998年)、中国(南京2000年,长春2008年,香港地区2002年,台湾2006年)以及在日本(2004年)和继续举办的会议。会议地点由具有共同法律传统和共同属于东亚法系国家的一致意见来决定。它几乎没有邀请非东亚的汉学学者并且根本不邀请德语的法学学

〔1〕 中国台湾以前就发现大约自1920年起建立在欧洲大陆—德国模式基础上的日本民法典的运用,然而日本的殖民统治者(1895~1945年)更偏向于传统习惯法的应用。

〔2〕 Chen(2008)。对于家庭传统而言,除出生、结婚和丧服仪式外,还包括女儿违背现行法律将被剥夺继承权的继承法等。

〔3〕 此外还举办了亚洲比较法的一次会议,如台湾政治大学于2008年7月举办的题为"后殖民时代的法学暨法律教育研讨会:台湾、香港和澳门之间的经验分享"。这里特别列出,是因为这是亚洲地区第一次就殖民化和后殖民经验进行交流。

者参加。[1]

2010 年 2 月在香港举办互联网合作研究——东亚法律与社会成立大会(CRN-EALS),其目的是观察法律社会学在亚洲特定环境中的未来发展。组织者强调转变过程不具有可比性并且也因此缺少可预见性。他们的期望因此正好与德国法学的规划处于相反的境况,未来中国的法律将受到德国的影响或者至少是受到欧洲的影响。令人惊异的是,东亚法律与社会大会的发起在德国法学界并非众所周知。笔者曾与瑞典隆德大学(Universität von Lund)法律社会学系的哈坎·希顿(Hakan Hyden)教授进行过交流,在德语法学中处于边缘地位的法律社会学、法律史或法律文化(比较法)在斯堪的纳维亚经常占据中心地位。哥本哈根大学法学院的法律文化与法律多元研究中心(Centre,2010)明确地将自己定位为以世界范围内的大学生为宗旨,然而隆德大学是欧洲唯一一所在所有专业领域开设社会学课程的大学,当然也包括法律(Hyden/ Wickenberg,2008)。

(五)对未来前景的展望

在笔者看来,中国方面至今没有对德国—欧洲的法律输入进行后殖民主义的指责是令人惊异的。中国目前可能注重于欧洲大陆实用性的法律技术和利用外资培训高水平的中国法律专家。

然而,中国方面今后未过多考虑欧洲中心主义的指责时,德国法学输入中国的利用也同样不多。国家在学术方面渐增的问题和对(德国法律影响最大的)欧洲法律进行阐释的束缚也被认为是不小的问题,中国台湾地区的法律学者已通过例证认识到这一问题。

深入学习外国的法律文化以及通过深入和平等的比较来探究其他可能的法律基础是两条适当可行的路径。斯堪的纳维亚的法学表明,这一目标既可以通过加强目前的法律社会学等边缘化的法学

[1] 维也纳大学教授 Agnes schick-Chen 博士的口头回复,她曾以观察员身份参加在长春举办的会议。

专业来实现,也可通过新的专业研究重点——如比较法律文化——的加强来实现。历史意识和对德语法律汉学传统的反思是必不可少的,希望以此在以法律为主旨的汉学中找到相应的路径。外国法律学者运用汉语知识对中国法律进行阐释和分析是不够的;[1]以德国的法律理论和标准来分析中国的法律文本,且仅以这一前提来评估法律实践是不够的,甚或是错误的。

受德国法律影响很大的亚洲国家在过去的几十年中对此已有了问题意识并提出了一个经典问题:为什么德国法律在自己(亚洲)的国家会产生不同的实际效用。例如,以亚洲—儒家家族主义为典范,包括家庭在传统法律中的重要地位,它在一定程度上阻止西方的利益集体(bonum commune)和国家(res punlica)观念的实施。斯堪的纳维亚的法律有望在欧盟范围内产生影响,并对德语法学走出欧洲产生影响,其中的一个征兆是,他们认识到在欧洲不同国家的研究项目中迄今被边缘化的学科(如中国法律史)在汉学研究中的重要性。

〔1〕 参见欧洲中国法研究协会自2006年以来的年会报告。

纠纷的财产化*

——作为中国法的基础

[挪威]尼尔·克里斯蒂　著**　张振华　译***

【内容摘要】 纠纷,被视为社会中的重要因素。在高度工业化的社会中,内部的纠纷并非过量,而是尤为稀缺。我们必须重组社会系统,使纠纷在其中既能够被滋养,又是明显可见的;同时还要保证纠纷的处理权不被专业人士所垄断。特别需要注意的是,犯罪案件的受害人失去了他们应有的参与权。本文将概述一种新的法庭程序,旨在恢复当事人对纠纷的所有权。

【关键词】 纠纷　财产　法庭程序

---

* 译自 Nils Christie, CONFLICTS AS PROPERTY, The British Journal of Criminology, Vol. 17, No. 1 (January 1977), pp. 1 – 15. Published by: Oxford University Press。——译者注

** 作者:尼尔·克里斯蒂(Nils Christie, 1928 ~ 2015),挪威著名犯罪学家、社会活动家,挪威科学与文学院成员,被誉为"挪威犯罪学之父",并在国际学术界享有很高的声望。第二次世界大战之后,尼尔·克里斯蒂曾做过一段时间的新闻记者。1959 年,他获得博士学位,并于 1966 年任教于奥斯陆大学,成为挪威第一位犯罪学教授。半个多世纪以来,尼尔·克里斯蒂不仅是挪威犯罪学界的领军人物,而且也是公共讨论中的一位积极参与者。他一生笔耕不辍,先后出版 15 本学术专著,并被译成 20 多种不同的文字。其中 Crime Control as Industry 一书已有中文版问世。(作者本人已去世,翻译获得作者遗孀的授权。)——译者注

*** 译者系中国政法大学人文学院博士研究生。

一、引言

也许我们根本不应该有任何犯罪学；也许我们更应该废除犯罪学院，而非开放它们；也许犯罪学的社会影响比我们所想象的更加可疑。

笔者认为确实如此。而这也与本文主题——纠纷的财产化（conflicts as property）密切相关。然而我的疑虑是，犯罪学在一定程度上加剧了纠纷与直接参与的当事人之间相互分离的过程，导致纠纷或者不复存在，或者落入他人之手，这两种结果都是令人深感惋惜的。人们应当利用纠纷，而不是把它遗忘在角落里以致失去价值。对于纠纷的最初参与者而言尤为如此，纠纷理应被他们合理使用，并不断产生价值。学校教育我们纠纷或许会伤害到个人利益乃至危及整个社会。而这也正是行政官员存在的价值，没有他们，私相报复和血亲复仇将会泛滥成灾。这一观念的根深蒂固已使我们无法触及硬币的另一面：在我们这种工业化的大型社会中，内部的纠纷并非过量，而是极度稀缺。与纠纷相伴的是杀戮，然而过少的纠纷同样会导致社会的瘫痪。借此机会，我将简要概述一下该种情形，当然也是由于更深入地讨论难以进行，因为本文所表达的只是一些有待完善的初步想法，而非对成熟理论的锦上添花。

二、论意外事件（Happenings）和非意外事件（Non-Happenings）

让我们将视线望向远方，移步坦桑尼亚，在阳光明媚的阿鲁沙省的山坡上探讨我们的问题。在这个地方，一座小村庄中一间相对较大的屋子里面，一起意外事件发生了，许多本村庄的成年人以及邻近村落的人都齐聚于此。这是欢快的一幕，大家谈笑风生，有说有笑，热切关注，生怕错过任何精彩之处。这像是一场马戏，又像是一幕戏剧，但实际上这是一桩诉讼案件。

这场纠纷发生在一对已订婚的男女之间。在长期的交往中，男方为维持恋爱关系投入巨大，直至女方提出分手，此时男方想要索回已付出的东西。其中,金银钱财是比较容易计算的,但那些已经损耗的日用物品以及双方的共同开支应如何计算呢?

当然,在本文中我们感兴趣的并非纠纷的结果,而是解决纠纷的框架。于此,特别需要对以下五点进行说明:

1. 昔日的恋人,也是如今的当事人,他们正处于房间的中心,成为周围所有人关注的焦点。他们有权充分地发表意见,同时也得到他人认真地聆听。

2. 他们的身边是同样参与案件的亲友,但亲友们并未越俎代庖。

3. 旁听者也可以参与其中,提出简单的问题、相应的信息或者仅仅是开个玩笑。

4. 法官是三名当地的党派代表,相当低调,而且他们显然对村庄上的事情一无所知。房间里的其他人都是熟悉行为规范以及诉讼程序的专家,他们通过参与该等程序而明确行为规范、阐明案件事实。

5. 没有记者,因为所有的人都在现场。

当论及英国的法院时,我个人的了解实在有限。我对少年法庭有一些模糊的记忆:少年法庭位于社工们平时进行准备工作或举办小型会谈的房间,开庭时有 15 人至 20 人在场;儿童或者年轻人必须出席,但除了法官或书记员之外,似乎没有人会特别关注这一点;关于法庭上诸多人的身份及其目的,儿童和年轻人或许已经完全一头雾水,彼得·司歌特(Peter Scott)在 1959 年的一个小型研究中已经证实了这一点;美国的玛莎·鲍姆(Martha Baum)在 1968 年也公布了一份类似的观察报告。近期,伯顿斯(Bottoms)和麦克林(McClean)发表了另一份重要的报告:“在法学文献或者刑事司法的研究中极少涉及一项事实:大部分刑事法庭业务无趣、陈腐而普通,久而久之更是单调乏味。当参与该项研究的成员耐着性子看完作为我们考察样本的案件后,这一事实对他们而言再为明显不过了。”

但是,请允许我对你们的法院制度保持沉默,转而关注于我们国家的司法制度,并且我可以向你们保证:这种情形绝非偶然事件,它是对坦桑尼亚诉讼程序的完全否定。令人震惊的是,斯堪的纳维亚半岛的所有案件既黯淡无光,枯燥无味,又缺少重要的观众。从以下四个主要方面来看,法院已经沦落至我们公民日常生活的边缘:

1. 法院坐落于城镇的行政中心区域,远离普通民众的领域。

2. 在这些行政中心区域,法院通常会集中于一两座结构异常复杂的大型建筑中。律师们经常抱怨他们需要几个月才能够摸清楚这些建筑的内部路线,不难想象当事人和公众在这些复杂的结构中迷失方向的境况。法院建筑风格的比较性研究之于法社会学而言的重要性,或许会变得与奥斯卡・纽曼(Oscar Newman)〔1〕在1972年所作的关于防卫空间的研究之于犯罪学而言同样重要。但即使没有任何研究,我认为依然可以肯定地得出这样的结论:无论是法院所处的地理位置,还是法院的建筑设计,都非常强烈地暗示出斯堪的纳维亚半岛的法院是专属于司法官员的领地。

3. 当你进入法庭内部之后,这种印象会更加强烈,当然前提是你要足够幸运地找到法庭的位置,在这里可以再次看出当事人地位的极端边缘化。当事人处于被代理人的地位,而正是这些代理人们与法官或合议庭共同完成了为数不多的全部法庭活动。奥诺雷・杜米埃(Honoré Daumier)〔2〕描绘法国法庭的名画,也堪称斯堪的纳维亚半岛法庭的真实写照。

---

〔1〕 奥斯卡・纽曼(Oscar Newman),美国犯罪学家、行为建筑学家,可防卫空间理论的创立者。他于1972年出版了《可防卫空间:通过城市设计阻止犯罪》(Defensible Space:Crime Through Urban Design)一书,提出可防卫空间理论,认为对犯罪具有抑制作用的防卫空间应具有四种基本要素:领域感、自然监视、意象和周围环境。该理论强调通过建筑设计改善居民间的关系,加强其责任感,通过居民间的参与、自助、合作来形成互助互利的联合,以减少罪犯的出现和犯罪的发生。参见 Newman O. Creating Defensible. Washington: U. S. Department of Housing and Urban Development Office of Policy Development and Research, 1966, pp. 9 – 30。——译者注

〔2〕 奥诺雷・杜米埃(Honoré Daumier, 1808 ~ 1879),法国现实主义画家,代表作品有《起义》《三等车厢》等。——译者注

当然也有不同情况,相比于大城市的法院,在小城市或乡村中的法院更容易接近。在法院系统的最底层,即所谓的仲裁委员会中,当事人并未如此频繁地处于被法律专家所代表的地位。但是,作为整个法院系统的象征,在最高法院中,案件的直接当事人甚至不能出席自己案件的法庭审判。

4. 目前,我并未区分民事纠纷与刑事纠纷,但是坦桑尼亚的案例乃民事纠纷,这并非一个巧合。对纠纷的充分参与是以民法原理为前提的,而刑事诉讼的一个重要理念在于该诉讼程序将具体当事人之间的纠纷转换成了一方当事人与国家之间的纠纷。因此,现代刑事审判具备了两个重要的特点:一是双方当事人接受他人的代表;二是其中的一方当事人,即受害人,由国家所代表,然而由于这样的代表太过彻底,以至于在大多数的诉讼程序中受害人完全被排除在庭审竞技场之外,从而退化为整个事件的导火线。因此,受害人是双重意义上的失败者:其一,受害人失去了与犯罪人对簿公堂的机会;其二,也是更为经常、更为严重的一点,受害人丧失了充分参与庭审仪式的权利,而该仪式可能是其人生中所遇到的极为重要的仪式之一。因此,在与国家的对抗中,受害人败诉了。

三、职业化的小偷

众所周知,在这样的发展现状背后存在许多光彩的和不光彩的理由。光彩的理由既与国家对减少纠纷的需要有关,当然也与保护受害人的美好愿景有关,这是很明显的;但也有不太光彩的一面,比如国家、君主或者其他掌权者利用犯罪案件谋取个人私利。犯罪人应当为他们的罪行付出代价,作为受害人的代表而接受经没收的犯罪人的金钱或其他财产,当权者在以往对此表现出了极大的意愿。以营利为目的的犯罪控制制度虽然已经远去,但却并未完全消失。再次重复这些陈词滥调:许多相关利益已经危如累卵,其中大部分都与职业化相关。

由于接受过预防纠纷、解决纠纷的专业训练,律师们尤为擅长窃取纠纷。对于规范文件的解释以及在不同的案件中,何种信息具有相关性等问题,律师之间具有惊人的一致性,他们甚至形成了一种亚文化社会(sub-culture)。当我们的律师告诉我们,那些在我们与邻居的抗争中最有利的证据无论如何都没有法律相关性,所以在法庭上我们务必对此保持沉默;相反,他们可能会选取一些我们认为不相关的甚至是不恰当的证据予以使用。作为外行人员,我们中的很多人都经历过这种悲痛的境遇。我最喜欢列举的一个案例发生在第二次世界大战结束后不久,挪威的一个绝对顶尖的辩护律师自豪地向我讲述他如何解救了一个可怜的委托人。这个委托人曾通敌德国,公诉人宣称他是纳粹运动组织的核心人物与幕后黑手之一。然而,这位辩护律师通过向陪审团讲述他的委托人在社会能力和组织能力上是如何的软弱无能、缺乏天赋,因而不可能是通敌的组织者,最后竟然打赢了这场官司。他的委托人也被当作一个小人物而处以极轻的刑罚。辩护律师略带愤怒地结束了他的故事:这个委托人和他的妻子从来没有感谢过他,甚至后来再也没有与他联系。

纠纷变成了律师们的专属财产,律师们并不隐瞒他们操控纠纷的事实,法庭的组织架构也暗示了这一点。相互对抗的双方当事人、中立的法官、对法院系统间特许保密通信的禁令以及对专业化的激励不足——因为专家不受内部约束,所有这些都在强调法院是一个处理纠纷的组织。然而,法律专业人士采取了另外一种立场。他们更感兴趣的是将案件从纠纷状态转化为非纠纷状态,他们参与的基本模式不是作为对抗双方的其中一方,而是帮助一方当事人以实现一项一般公认的目标——保护或恢复秩序。他们所接受的训练不是为了适应那种强调双方当事人相互控制的体系。在一个理想的案件中,由于最终目标的唯一性,因而不存在控制与被控制的关系。专业化能够增加可用知识的数量,而内部操控的减少却与此无关,因而专业化受到鼓励。纠纷的视角将引起法律人士是否适应该项工作的不安性疑虑，而非纠纷的视角则是将犯罪界定为一个合法的治理目标的先决条件。

降低对纠纷的关注度的一种方式是减少对受害人的关注；另一种方式是集中关注犯罪人的背景属性，而这正是法律人士的特长。为调查犯罪人的背景属性，生物性缺陷、在纠纷发生很久之前就已经形成的人格缺陷，以及犯罪学可能提供的一整套解释性变量都具有十分重要的价值。对于那些犯罪控制系统内部的专业人士而言，犯罪学在很大程度上只是一个辅助性学科。作为研究、操控和控制的对象，犯罪人是所有人关注的焦点。我们更加剧了那些使受害人变得无足轻重、使犯罪人成为了客体的力量。并且，这种批判不仅适用于旧式犯罪学，用来指责新兴犯罪学也未尝不可。旧式犯罪学以个人缺陷或者社会障碍来解释犯罪，新兴犯罪学则将犯罪视为广泛的经济纠纷的后果；旧式犯罪学忽视了纠纷，而新兴犯罪学则将人际纠纷转化为阶级纠纷。它们的确也是阶级纠纷，然而通过强调其阶级属性，纠纷开始与直接参与的当事人相互脱离。因此，可以得出一个初步性结论：刑事纠纷要么已经成为他人的财产，这里的他人主要指律师；要么为了他人的利益，已经被定义为非纠纷。

四、结构化的小偷

但是，除对纠纷的职业化控制外，基本社会结构的变化同样也影响着纠纷。

我所特指的是在高度工业化的社会中，极易观察到的两种类型的割裂。第一种空间上的割裂。我们每天都像候鸟一样穿梭在不同的人群之中，这些人彼此之间不需要有任何联系——除了作为连接点的我们。因此，我们经常会把同事只是看作同事，邻居只是当作邻居，越野滑雪的同伴也只是越野滑雪的同伴。我们只是因为他们的角色才认识他们，而不是作为完整意义上的个人。我们接受并生活于其中的过度分工的社会，更加剧了这种现象的存在。仅根据个人能力进行相互评价，这是专家们的特长。在专业领域之外，我们只能对所谓工作的重要性泛泛而论。作为非专业人士，我们无法评价任何人在他的工作中做得好或不好，只能根据其工作的重要性程度来判断他所承担的角色好或不好。通过这些，我们获得了理解他人行为的有限可能性，他们的行为也将与我们产生有限的关联。角色之间的交换比人与人之间的交换更容易些。

第二种类型的割裂与笔者称为等级社会的重建有关。我所指的不是阶级社会，尽管社会也有朝着这种方向发展的明显趋势。然而，在我的理论框架中，等级因素则更为重要。我所考虑的是基于生物属性的割裂，如性别、肤色、生理缺陷或者年龄。年龄是尤为重要的，它是一种与复杂的现代化工业社会几乎完全同步的属性；它是一个持续性变量，根据不同的需求，我们可以在其间插入任意数量的分隔符。例如，我们可以把人群分成两种：未成年人和成年人；也可以把人群分成十种：婴儿、学龄前儿童、学龄儿童、青少年、年轻人、成年人、待退休的人、退休的人、老年人、耄耋老人。并且更为重要的是，这些分界点可以根据社会的需要上下调整。在十年以前，“青少年”这个概念是特别常见的，如果这个单词与社会现实不相对应，那么它是不会流行起来的。然而时至今日，挪威已经不经常使用这个概念了。年轻人的条件是不超过十九岁，现如今年轻人们不得不等待更长的时间才能进入工作队伍，因为工作队伍之外的等级外延已经被延展至二十多岁。同时，退休的时间也已经被推迟至六十岁以后，当然前提是你曾接受录用，并且没有因为种族或性别原因而被彻底排斥。在我们这个只有四百万人口的小国家中，高达八十万的人口教育体系内部，被分割工作岗位的不断减少直接导致当局扩大教育羁押的容量；而另外六十万人则是真正的囚犯。

基于空间和等级属性的割裂产生了几点严重的后果。第一点，同时也是最重要的一点，该等割裂导致社会生活丧失个性化。在封闭的社会网络中，个体只在很小程度上与他人之间存在关联，同时又要面对所有重要人物的重要角色,所有这些导致我们所掌握的有关对方的信息量少得可怜。对于他人,我们的确知之甚少;也只有有限的可能性去理解并预测他人的行为。如果双方之间产生纠纷,我们就更加无能为力。不只是因为专业人员有能力、有意愿接管纠纷,我们也同样更愿意将纠纷拱手让人。

第二点,割裂导致某些纠纷在产生之前就已经消亡。在工业社会中,个性化的丧失和个体的移动性导致纠纷存在的一些重要前提缺失,而当事人间的这些因素对各方来说都非常重要。在这里我所特指的是侵害他人名誉的犯罪,如诽谤罪或者损害他人名誉罪,在所有的斯堪的纳维亚半岛的国家中,该类型犯罪出现大幅度的下降。笔者认为,这并非是因为名誉变得更加受人尊重,而是因为没有那么多需要受尊重的名誉了。各种不同形式的割裂意味着人们相互之间的关联对于彼此而言都变得更加无足轻重,当他们受到伤害时,也只是受到部分的伤害。而且如果他们陷入困扰,他们可以很随意地选择搬走,毕竟,谁会在意呢?没有人认识我。我认为诽谤罪和诋毁罪的减少,恰恰是现代工业文明社会的发展过程中最有趣、也最无奈的危险症状之一。显然,恰恰是那些导致其他引起当局关注的犯罪类型增加社会条件,使该等类型犯罪得以减少。对于预防犯罪而言,重塑那些可以引起侵犯他人名誉罪行数量上升的社会条件是一个重要的目标。

某些类型的纠纷完全归于无形,由此无论如何也难以找出任何有效的解决方案,是基于空间或者年龄割裂的第三个后果。在此,我所指的纠纷是统一体的两个极端:其中一个极端是过度私有化的纠纷,由于个人被他人所占有而产生的纠纷,殴打妻子和小孩(家暴)就是这方面的例子。一方越是孤立无援,在双方关系中越是弱势,越容易遭受虐待。多年前,因霍(Inghe)和里默尔(Riemer)(1943)在他们的书中对相关的乱伦现象做了经典性研究。他们的主要观点是:下层阶级中某些瑞典农场的工人与社会的分离是这类犯罪的必要条件。贫困意味着处于核心家庭之中的当事人必须完全相互依靠；分离则意味着家庭中最弱势的一方没有任何可以请求帮助的外部关系，丈夫体力上的强壮使其获得了过分不当的重要性；另一个极端是大型经济组织对于个体的犯罪，个体的弱小和无知以至于使他们甚至不能意识到自己受到了侵害。在这两种极端性案例中，预防犯罪的目标可能是重新创造能够使得纠纷具有可见性且易管理的社会条件。

五、纠纷的财产化

纠纷被剥夺、被放弃、被化解或者被隐藏；纠纷重要吗？它真的有价值吗？

多数人可能都会同意我们应该保护上述那些不可见的受害人。很多人可能也会赞同那种认为国家、政府或当局应该停止窃取罚款，而将其转交给贫困受害人的观点。至少，我是赞同这样一种共识的。但是，我不会在此刻对这个问题进行探讨，因为在我对于“纠纷的财产化”的构思中，并不包括物质性赔偿这一要素。被剥夺的最有价值的财产即是纠纷自身，而非受害人所丧失的财产，或者向其归还的财产。在我们的社会型态中，纠纷比财产更加稀有，也更加可贵。

纠纷的价值体现在几个层面。让我们首先从社会的层面出发，我已经在前文中提供了一些必要的分析要素，以便于我们认清问题的实质。如何实现社会成员在不同行业间的均衡配置，这是高度工业化的社会所面临的主要问题。根据年龄和性别来进行行业的分割，可能被视为一种精明的方式。特别是在工作方面，内部人员通过制造垄断以对抗外部人员，从而导致参与者的稀缺。以这种观点来看，就会很容易发现纠纷表现为一种参与活动的潜在可能。在许多情形下，对于对自身具有直接重要性的任务，公民丧失了参与其中的机会，现代犯罪控制体制即是其中的一种情形。我们的社会是一个任务垄断型的社会。

在这样的环境中,受害人的损失最为惨重。不仅仅是因为他承受了痛苦,遭受了物质损失或者在身体上、精神上受到了伤害;也不仅仅是因为国家拿走了赔偿金,最为重要的是他丧失了参与案件的机会。是检察院站在聚光灯下,而不是受害人;是检察院在陈述损失,而不是受害人;是检察院见诸报端,而很少是受害人;是检察院获得了与犯罪人交谈的机会,然而对于这场交谈,无论是检察院还是犯罪人都没有特别的兴趣。长此以往,检察官已经变得厌倦。如果换作是受害人,他一定不会这样。他也许会吓得要死,万分惶恐;也许会怒不可止,义愤填膺。但是,他不会被排除在外,这可能是他人生中极为重要的一天。然而,一些本属于受害人的东西已经被夺走。[1]

但是,如果从"社会即我们"的意义上讲的话,更大的失败者是我们。首先,并且最为重要的是,我们失去了澄清规范的机会,这是教育可能性的丧失,也是对"什么是国家法律的代表"的持续性讨论的机会的丧失。偷窃者怎么错了?受害人怎么对了?如我们所见,律师被训练成对案件相关性问题的一致认同者,但是,这不仅意味着这种训练使律师失去了由当事人决定他们所认为的相关性问题的能力;也意味着在法庭上进行我们所宣称的政治辩论是极其困难的。无论在体格方面还是在权力方面,当受害人十分弱小而犯罪人异常强大时,在这场控告中如何使犯罪人受到谴责?如果在相反的情况下,小偷很弱小而房屋的主人很强大呢?如果犯罪人受过良好的教育,那么对于他的罪行,他应该承担更多还是更少的责任?或者如果他是黑人;或者如果他是年轻人;或者如果对方当事人是保险公司;或者如果他的妻子刚刚离他而去;或者如果他进入监狱,他的工厂就会面临倒闭;或者他的女儿将会失去她的未婚夫;或者如

[1] For a preliminary report on victim dissatisfaction, see Vennard(1976).

果他喝醉了；或者如果他很难过；或者如果他是个疯子？这样的情况不胜枚举，又或者我们根本不应该考虑这些。也许，麦克斯·格鲁克曼（Max Gluckman）[1]（1967）所描述的巴罗策地区的法律是一种更好的规范澄清手段，允许纠纷双方每次都可以引入先前一系列的控告和辩论。也许对于相关性及相关程度问题的裁决，应该独立于法律学者以及犯罪控制系统的首席理论家，而重新回归法庭上的自由决策。

不管是对于受害人，还是社会整体，更具有普遍性的损失与焦虑程度和误解有关。我现在所指的依然是个性化遭遇的可能性。受害人被完全排斥于案件之外，以至于他根本没有机会去了解犯罪人。在法庭上进行的交叉询问过程中，我们将他排除在外，将他置于愤怒或者受羞辱的地位，而与犯罪人之间没有人际交流。他别无选择，他需要依靠所有围绕"犯罪者"的那些陈词滥调去理解整个案件。他有理解的需要，却只能成为卡夫卡（Kafka）剧本中的小人物。当然，他会无比恐惧地离开，无比需要作为另一个小人物的犯罪人的解释。

相比于受害人，犯罪人的情况则更为复杂。不需要过多审视就可以发现，受害人的直接参与对犯罪人来说实际上是一种痛苦的经历，大多数人会回避这种性质的对质，这是第一反应。相比而言，第二反应更为积极一些。人们的行为都有相应的理由，如果对该情形进行相应的安排，允许提供理由予以解释（理由是当事人间的理由，而不仅仅是律师对当事人所提出的相关性理由的挑选），那么这种

〔1〕 麦克斯·格鲁克曼（Max Gluckman，1911—1975）南非社会人类学家。曾在英国牛津大学和曼彻斯特大学任教，对非洲人类学、法律人类学及仪礼的研究都有过重要贡献。他一向被认为属于功能主义或功能结构主义学派，但在观点上显然与他们有距离。他强调社会结构中的矛盾和冲突，反对功能主义提出的和谐与协调。但他的这种观点并不是始终一贯的。主要著作有：《东南非洲的礼仪革命》、《非洲的风俗和冲突》（1955）、《部落社会中的政治、法律和礼仪》（1965）等。——译者注

情形就不会如此具有侮辱性了。而且,更具体地讲,如果对该情形进行这样的安排:核心问题不是要消解罪行,而是对于需要做些什么来弥补罪行的讨论,那么情况就会大大改善。当受害人被重新引入案件时,就应该是这样的情形。在这种情形下,受害人的损失将会受到密切的关注,自然也会引起对如何安抚受害人以及恢复性制度的讨论;而犯罪人也获得了一个改变自己处境的机会,他从一个对如何向其施加刑罚的艰涩难懂的讨论的倾听者,变成了一个关于自己应当如何弥补罪行的讨论的参与者。犯罪人失去了向受害人解释自己的机会,也因此失去了取得受害人谅解的最重要的可能性,而对于犯罪人而言,受害人的评价却又至关重要。与在一个普通法院蒙羞相比,这种安排对于被告人而言,显然不是很糟糕的交易。对于被告人在普通法院所遭受的屈辱,保特·卡伦(Pat Carlen)(1976)在最近一期的《英国犯罪学杂志》上有生动的描述。

但是,请容我再补充一点,我认为我们采取该等安排应当独立于被告人的意愿。我们所讨论的不是健康控制,而是犯罪控制。如果罪犯震惊于与受害人直接对抗的安排,反而希望在当事人一方的社区法院进行对质,又当如何呢?我最近在与很多已决罪犯的谈话中得知,很多人对于这样的安排感到诧异。毕竟,他们更愿意远离受害人、远离邻居们以及听众,或许因为可能有语言和行为科学专家在场,他们甚至也想远离自己案件的庭审。他们非常愿意放弃他们对纠纷的所有权。所以更多的问题也随之产生了:我们愿意让他们这样放弃吗?我们愿意为他们提供如此简单的解决之道吗?[1]

需要明确说明的一点是:我不是出于任何对处置或改善犯罪人的特殊兴趣而提出这些想法;我也不是把我的推理建立在相信更具

〔1〕 I tend to take the same position with regard to a criminal's property right to his own conflict as John Locke on property rights to one's own life-one has no right to give it away[cf. C. B. MacPherson(1962)].

个性化的罪犯和受害人间的交谈会减少累犯的基础上，也许会减少，起码我认为会。就目前而言，犯罪人已经失去了参与到一场十分严肃的个人对抗中的机会，他丧失了受到某种责备的机会，因此想要悔过罪行变得十分困难。然而，即使能够确定这样做不可能减少累犯，也许甚至会增加累犯，为了更具有普遍性的利益，我也要提议作出这样的安排。而且，进一步讲，这样做也不会损失太多。众所周知，或者说几乎所有人都知道，我们目前还没有发明可以根治所有犯罪的方法。除了死刑、阉割或者终身监禁以外，相比于其他方式，没有任何一种方式可以证明其有哪怕是最低程度的作用。同样，我们也可以根据密切相关的当事人所秉持的正义观念以及社会的一般价值观来对犯罪做出回应。

在最后的论述中，如大部分之前的论述一样，我提出的问题远远多于我给出的答案。关于刑事政策的那些声明，特别是由那些负有举证责任之人所作出的声明，通常充斥着答案。然而，我们更需要的是问题。我们所讨论的话题的严肃性使我们太过迂腐，因此也与模式转变的倡导者一样毫无价值。

六、以受害人为中心的法庭

在我论证的背后，显然存在一个社区法庭的模型。然而，该法庭同时具备某些独有的特点，这也就是我接下来要讨论的重点。

首先，而且最为重要的是，它是一个以受害人为中心（victim-oriented）的法庭。然而，该法庭的初始阶段无须具备相应的特点，其第一阶段仍然为传统法庭阶段，即调查是否有违反法律行为的发生，以及是否是某个特定的人违反了法律。

接下来就是该等法庭最为重要的第二阶段。在该阶段中，需要考虑受害人的状况，同时，应当向法庭出示与案件相关的具备法律关联性或不具备法律关联性的所有细节，而其中尤为重要的是法庭对于如何弥补受害人的细致考虑，弥补的主体首先且最为主要的是犯罪人,当地社区次之,国家再次之。所造成的伤害可否补偿,毁坏的门窗可否复原,墙壁可否重新粉刷,因汽车被盗所造成的时间损失可否通过连续十个周日的花园维护或车辆清洗来弥补?或者说,当开始这些讨论之时,如果通过向保险公司提供书面文件就可以补偿损失,这样一来损失是否就已经没有那么重要了?犯罪人的几天、几个月乃至几年的行为能否减轻受害人肉体上的痛苦?另外,社区是否耗尽了全部资源用以提供帮助?是否可以完全确定社区医院无能为力?犯罪人在守卫的看管下,每周六清扫地下室,是否可行?所有这些措施并非不为人所知,也并非未曾尝试,特别是在英格兰,但是我们所需要的是一个负责系统化实施这些措施的组织。

这一阶段可能会持续几个小时,或者几天。只有在经过这一阶段之后,才能够进入最终决定刑罚的阶段。刑罚在此成为除被告人在与受害人之间的恢复性诉讼中所承受的意料之外的、有裨益的痛苦以外,法官认为仍然有必要施加的痛苦。可能什么事情也做不了,或者什么事情也不用做。但是社区可能会觉得毫无动静是难以忍受的,与社区价值观不相符的社区法庭就不能称为社区法庭。从自由派改革者的眼光来看,这正是社区法庭的弊端之一。

应当增加第四阶段,其目的在于服务犯罪人。对于犯罪人修复受害人境遇的可能性的讨论,无法脱离与犯罪人情况有关的信息,法院至此已经完全掌握了犯罪人基本的社会处境及个人情况。本阶段可能会产生要求社会措施、教育措施、医疗措施或宗教措施介入的需要——并非为了预防进一步的犯罪,仅仅是因为需求应当得到满足,法庭是公共竞技场,因而在这里各种需求得以呈现。但是本阶段只能在判决之后进行,这是很重要的,否则,我们将会看到一整套所谓的"特殊措施",即强制措施的重演,而"特殊措施"常常只是不确定刑罚的伪装而已。

通过该四个阶段,法庭将会实现民事法庭和刑事法庭各要素的融合，然而天平的重心将会明显偏向于民事一方。

七、以外行为中心的法庭

我脑海中想到的法庭模型的第二个主要特点是其高度外行化。如果将纠纷视为应该予以分享的财产的话，这一点是十分重要的。如同所有美好的事物一样，纠纷并非是无限供应的。纠纷可以被照料、被保护、被滋养，但它始终是有限的。如果一些人在处理纠纷中拥有更多的权利，留给别人的就会变少，道理就是如此简单。

纠纷解决的专业化是外行化的最主要的敌人；适当或不适当时机的专业化都会导致职业化。此时，专家们就拥有了足够的权力，他们可以宣称通过教育或其他方式，他们获得了特殊的礼物，这份礼物如此强大，以至于很明显只有拥有特定资格的匠人才能将其掌握。

澄清敌人之后，我们得以明确我们的目标：在犯罪控制体系中，最大限度地减少专业化，特别是减轻对专业人士的依赖。

这个理想是很清楚的，它应该是两个平等的、代表自己的人所组成的法庭。如果当事人可以自己找到解决办法的话，那就不需要法官；如果不行的话，法官也应当是与其平等的人。

如果我们能够努力将我们现有的法庭模式转变为接近以外行为中心的模式，那么法官可能是最容易被替换的。目前，我们基本上已经拥有了外行的法官，但是现实的差距还很遥远。无论是在英格兰还是在挪威，我们所有的只是那种专业化的非专业人士。首先，他们可以多次出现在法庭上；其次，一些外行法官甚至接受专业训练、参加专业课程或被派遣出国，学习外行法官的举止；最后，一部分人对于性别、年龄、教育程度、收入水平、阶层[1]和前科等方面存在很深的偏见，而外行法官的大多数人恰恰是他们的代表。我认为在真正的外行法官制度中，没有任何人有权多次参与纠纷的解决，

〔1〕 For the most recent documentation, see Baldwin (1976).

直至所有其他社会成员全部拥有相同的经历之后,该人才可以再次担任外行法官。

应该允许律师进入法庭吗?在挪威,我们有一部古老的法律,禁止律师进入乡村地区的法庭。也许应该允许他们参与到判定被告人是否有罪的阶段中,但是我并不确定。专业化的毒瘤会入侵任何外行人士,正如伊凡·伊里奇(Ivan Illich)[1]对整体教育系统的叙述那样,每一次在社会中增加义务教育的年限,就意味着又一次降低了人们对于自己所学到的和所理解的知识的信心。

行为学家也面临相同的困境。在这个法庭模式中,是否有他们的位置?应该有他们的位置吗?在决定事实问题的第一个阶段,当然没有;在决定最终惩罚问题的第三个阶段,当然也没有,这些过于简单的问题不值得浪费笔墨。通过社会防卫运动以及近年来根据对可能具有危险性之人的本质及何时丧失危险性等问题的预测来处置这些人的尝试,我们已经从龙勃罗梭(Cesare Lombroso)[2]那里受到太多令人痛苦的教训。就让这些想法逝去吧,我不想多作评论。

真正的难题与行为学家的服务功能有关。社会学家可以被看作治愈分裂的社会的"一剂良药"。我们大多数人都已经丧失了经历

---

〔1〕 伊凡·伊里奇(Ivan Illich),奥地利著名神学家、哲学家、社会学家以及历史学家,一生中多半在美国和拉美工作和生活。他是非学校化(deschooling)运动的主要倡导者之一,代表作有《废除教育的社会》《学校的障碍》《没有学校的教育》等。——译者注

〔2〕 龙勃罗梭(Cesare Lombroso,1835~1909),意大利精神病学家、犯罪学家,是犯罪人类学派的创始人。他于1862~1867年任帕维亚大学精神病学教授,以后长期任都灵大学教授和精神病院院长。《犯罪人论》是龙勃罗梭的代表作,初版于1876年。他的理论受达尔文进化论和实证主义的影响。他在研究中发现犯罪人在生理学、解剖学和心理学有许多异于常人的特点,认为犯罪是人类生物学上的退化,生物性因素是犯罪的根本原因,天生犯罪人是由于隔代遗传而得的人类原始阶段野蛮种族的返祖。他过分夸大生物学因素的作用而忽视了社会因素对犯罪的作用。在晚年著作中他有所改变,认为社会原因也可能造成犯罪。他与他的学生E.菲利和R.加罗法洛,并称"犯罪学三圣"。——译者注

统一整体的实际可能性,无论是社会系统层面的,还是人格层面的。对于个人而言,心理学家即是历史学家;而对于社会系统而言,社会学家也具有大致相同的作用。如机器的润滑油一般,社会工作者是整个社会的安全顾问。如果我们的运作中缺少了他们,受害人和犯罪人的情况会变得更糟吗?

可能会吧。但是如果他们所有人都在场的话,法庭的运作将会变得异常困难。我们的主题是社会纠纷,在处理涉及自身的社会纠纷之时,如果我们知道在相同的桌子旁边一个该等问题的专家,试问谁会不感到一丁点局促呢?我并没有明确的答案,只是在模糊的结论背后有一种强烈的感觉:让我们拥有尽可能少的行为学家;如果真的要有的话,看在上帝的面上,不要有那些擅长犯罪与纠纷解决的行为学家;让我们拥有基于犯罪控制系统以外的一般专家。最后一个是与行为学家和律师都有关的建议:如果我们认为不可避免地要在某些案件或某些阶段让他们参与其中,让我们使他们认清他们对广泛的社会参与所产生的阻碍;让我们试着将他们看作有问必答的咨询专家,而不是控制者和中心角色。他们或许会有助于解决纠纷,但绝不能将纠纷夺走。

面临的阻碍(Rolling Stones)

在西方文化中,有上百种阻碍反对我们运行这样一种体制。我只提出其中三种主要的障碍:

1. 邻里关系的缺乏;

2. 受害人太少;

3. 身边到处都是专业人士。

我所说的邻里关系的缺乏,其本质是由于高度的工业化社会以及基于空间和时间的隔离。我们的很多麻烦源自日渐消失的邻里关系或当地的社区。如果邻居们都死气沉沉,我们又该如何完成推进邻里关系的任务呢?笔者无法给出强有力的论证,仅有两点不充分的说明:第一,这并非那么糟糕,邻里关系的弱化不是彻底的消亡;第二,隐藏在"纠纷的财产化"这一思考背后的一个主要观念是纠纷应当是社区的财产。它不只属于个人,也属于整个社区。纠纷可以激发邻里关系的活力;邻里关系越是匮乏,我们就越需要社区法庭,使其承担避免社会体制因为缺乏挑战而走向死亡的重任。

受害人的缺失同样严重,这里我主要指的是个体受害人的缺失。背后的问题同样在于工业化社会中大型单位的增加,伍尔沃斯公司(Woolworth)和英国铁路公司(British Rail)不是标准意义上的受害人。但我要进一步说明的是:个体的受害人并非消失殆尽,并且应该优先考虑他们的需要。但是我们不应忘记大型组织。这些大型组织,或者他们的董事会,肯定不会愿意作为受害人出现在全国5000个社区法庭上。但也许他们应该被强制出庭,如果诉讼足够严重以致那个违法者进入了犯罪人的行列,那么受害人就应该出庭。这里有一个与友情和亲情的工业化变种——保险公司相关的问题。这又是一个因拐杖而导致整个事态恶化的例子:保险公司承担了犯罪的后果,而我们则要承担保险费用。更确切地说,在我所描述的诉讼程序开始之前,我们将不得不依靠保险公司来获得进行赔偿的能力;已经排除合理怀疑地证实了没有其他的替代方法,特别是在无论如何犯罪人都没有赔偿能力的情况下。这样的解决方案将会导致更多的文书,更低的预测可能性,以及消费者更大的愤慨。而且从投保人的视角来看,这也不一定是一种良好的解决方案。但是,它将会确保纠纷继续作为社会发展的动力。

然而,所有这些麻烦都无法与我将要讨论的第三个也是最后一个相匹敌,那就是专业人士的过剩。我们的个人经验及个人观察就能告诉我们这一点。另外,各种各样的社会科学研究也能够给予确证:一个社会的教育体系不一定与该体系产出的需求相一致。我们曾经认为,一个国家高学历人才的数量与GNP有直接的因果关系;如今我们又开始质疑这一因果关系。当然,前提是如果我们愿意将GNP作为一个有意义的参数。我们知道许多教育体系有非常大的阶级偏见;我们也知道多数学院派的人士在教育方面投入重金以取得回报,就像我们在孩子身上的投入一样。同等阶级的人在教育系统中所占的比例,常常与我们自身的既得利益相关,因而更多的学校被建立起来,用来培养更多的律师、社会工作者、社会学家、刑法学家。尽管现在我在讨论去专业化的问题,社会发展的终极目标实际上是所有人都能够成为专业人士。

在此,我们没有资格保持乐观。从另一个方面来讲,对现状的深刻洞察和对目标的构想是行动的先决条件。当然,犯罪控制体系不是在我们社会中最为重要的一个体系,然而它也有其相应的重要性。作为对社会总体趋势的教义性说明,目前事态的发展尤为适合。当然这里也有操控的余地:当我们触碰到事态发展的极限,这个碰撞本身就蕴含了对于更广泛的构思变化的全新论证。

另一个希望之源是:当我们离开我们的犯罪控制领域而进入其他学科时,这里所形成的理念并非完全孤立,或与主流思想不相一致。比如,笔者已经提到的伊凡·伊里奇(Ivan Illich)以及他对推动独立于教师、回归人类主观能动性的学习的努力。强制性学习、强制性医疗以及强制性纠纷解决之间存在有趣的相似之处。当伊凡·伊里奇(Ivan Illich)和保罗·弗莱雷(Paulo Freire)[1]的声音受到人

〔1〕 保罗·弗莱雷(Paulo Freire),曾任巴西国家扫盲运动主任,并被聘为联合国教科文组织顾问,帮助智利拟定成人扫盲计划。1970年,他移居瑞士,后又在日内瓦创建文化行动学院(IDAC)。20世纪70年代,他对非洲大陆的扫盲运动做出了巨大的贡献。1980年回巴西后任西圣保罗两所大学的教育哲学教授。1970年发表《被压迫者的教育学》而一举成为全世界瞩目的教育家。该书分析了压迫者与被压迫者之间不可调和的矛盾,认为被压迫者的教育学不能由压迫者去发展和实践,只有被压迫者自己才能解放自己。传统教育的局限性在于统治阶级掌握着教育的权利,使教育只能为统治者的利益服务。只能以再生产统治者的意识形态为教育的主要任务。但是教育的另一任务是认清现实、变革现实,致力于反对统治者的意识形态。这就要求教育工作者始终有批判的意识。弗莱雷认为教育是一种"文化行动",其含义在于以一种"唤醒意识"的方式打破"沉默文化",实现人性的解放。——译者注

们关注后,犯罪控制体制也将越来越容易受到这样的影响。我感觉更多的人正在接受他们的观点。

另一个与此有关的模式的主要转变即将发生在整个技术领域。作出这样的推断,一部分是根据能够更容易地观察到的第三世界的教训,另一部分是根据关于生态争论的经验。这个世界明显因我们技术的发展而在遭受更多的苦难,第三世界的社会系统也同样受害。质疑因此产生了:也许所有这些技术的产生也不能完全责怪第一世界;也许一些旧式的社会思想家终究并非不能发声的哑巴;也许我们可以认为社会系统和生物系统是一样的;也许存在某种形式的大规模技术可以葬送社会系统,如同他们能够葬送地球一样。这里就不得不提到舒马赫(Schumacher)〔1〕(1973)和他的著作《小即是美》(Small is beautiful),以及相关的即时技术学会。以一些著名的和平研究学会为首的人士也在不断努力,以说明 GNP 这一概念的危害,并将其替换为其他一些关注尊严、平等和正义的指标。约翰·加尔通(Johan Galtung)〔2〕研究小组关于世界和平指标的理念,也许能够很好地适用于我们的犯罪控制领域中。

---

〔1〕 舒马赫(E. F. Schumacher,1911—1977),德国经济学家、自然保护学家,主要以他的代表性著作《小即是美》(1973 年)而闻名于世,书中批评了西方的大规模生产方法和专业化。他依靠罗得斯奖学金到英国牛津大学新学院学经济,二十二岁时在纽约哥伦比亚大学任教,后转而从事商业、农业和新闻工作。曾任英国对德管制委员会的经济顾问(1946~1950 年)和国家煤炭局的经济顾问(1950~1970 年),但他的主要兴趣却在于研究发展中国家的中间技术,做农村开发事业的顾问。1966 年创办中间技术开发有限集团。他关心自然资源保护,曾主张采用有机耕作法,并任斯科特—巴德公司的董事。——译者注

〔2〕 约翰·加尔通(Johan Galtung,1930 -),挪威著名数学家、社会学家,国际和平与矛盾冲突研究的重要创始人,现代和平研究的开创者,被国际学术界公认为"和平学之父"。《和平论》是他的代表性著作,提出了结构暴力、结构冲突、结构和平以及结构帝国主义等重要概念。加尔通认为,由社会结构造成的没有具体"犯罪者"的暴力,诸如疾病、饥饿、贫穷等灾难,也对世界和平构成潜在威胁。只有消除社会的各种不平等关系,摒除"结构暴力",才能获得积极和平,而积极和平又是以平等、协调、合作以及一体化为基础的。——译者注

还有一个政治现象的开放式远景。至少可以适用于北欧国家的社会民主党和相关团体，他们具有相当大的权力，却缺乏一个以社会改造为目标的明确的意识形态。很多人意识到了这种缺失；并且由于这种缺失，他们产生出一种接受甚至期待重大的制度性实践的意愿。

接下来，是我的最后一个观点：大学在这幅图景中处于什么样的位置？谢菲尔德新建的中心呢？答案很可能还是那个陈旧的观点：大学需要重新强调理解、批判这些古老的任务，同时应该以全新的怀疑性视角重新审视培养专业人士这一任务。让我们重建这些专业人士会面时的公信力吧：低收入、德高望重、没有额外的权力——当然他们的优秀见解应该受到重视。换言之，这是他们本来就应该所处的位置。

教育部文科重点研究基地·中国政法大学法律史学研究院《中华法系》

约稿启事(修订版)

《中华法系》由教育部文科重点研究基地·中国政法大学法律史学研究院主办,为我国面向国内外发行的专门研究中华法系及相关问题的学术性出版物。本着“弘扬中华法律文化,探讨现代中国法治;比较中外法律传统,构建新型中华法系”的目的,坚持“坚持学术自由,鼓励学术创新;守护学术经典,培育学术新人”的宗旨,致力在法律制度、法律思想、法律人物、法律文化、法律作品等方面向社会贡献出优秀的研究成果,推动社会主义法制建设。现面向国内外广大作者诚挚约稿,具体栏目设置如下:

一、学术研究

关于中国传统法律、中国近现代法律、中外法律比较等方面的学术论文。特别注意发掘中国古代优秀法律传统、分析中国近代法律发展在理论与实践方面的经验与教训。

二、学术聚焦

结合学术界的学术热点以及社会关注的法律学术问题,聚焦注目,邀请相关学者进行多视角探讨,对于热点问题进行学理分析和文化解读。

三、法治人物

介绍、分析在中国历史上有重要影响的法治人物,包括在法律思想、法律学术方面提出过重要观点,在国家法治进程中发挥重要作用的法律人物。

四、经典案例

介绍、分析国内外经典案例。通过经典案例分析，探讨法律发展的实证轨迹，展示法律发展的多元图景。

五、学术新人

本着培育学术新人的宗旨，为法律史学的年青学者（包括青年教师、在读法律史专业博士研究生、硕士研究生）提供专门园地，发表其研究成果。

六、学术动态

介绍法律史学著作和相关作品、法律史学界的著名学者、法律史学重要的学术活动、法律史学研究机构等。

投稿须知

一、来稿必须为原创作品，未经其他书籍、报刊、网站等媒体以整体或部分的形式公开发表。请勿一稿多投，来稿应注明专投本编辑部，坚决反对抄袭、剽窃等一切学术不端行为。

二、稿件格式请参阅本出版物文章的体例。文章首页请标明题目、内容摘要（200~300 字左右）、关键词（3~5 个），以及作者的基本信息，包括作者姓名、工作单位、职务职称、联系地址、电话、邮编和电子信箱等内容。

三、对决定采用的稿件，本编辑部有权更改格式、润饰文字。如有必要，将请作者根据审读意见进行修改。

四、本编辑部收到来稿后，将尽快审读处理，采用与否，均在 3 个月内告知作者。

五、来稿应采用 Word 文档格式，页码自首页按顺序编排。注释采用页下脚注，格式请参照本刊体例。

稿件的电子文本请以附件形式发到本编辑部电子信箱：lawchen1978@163.com；也可同时邮寄文字稿（A4 纸打印），邮寄地址：100088 北京西土城路 25 号中国政法大学法律史学研究院《中华法系》编辑部收。

六、从第四卷开始，本编辑部对于除中国政法大学法律史学研究院研究人员以外的来稿，按照 50 元/千字支付稿酬。具体支付方法，由本编辑部与出版单位协商后通知作者。

格式体例

一、内容提要和关键词

请在来稿首页的题目、姓名下面列出文章的内容提要和关键词。内容提要一般不应超过300字,但也不宜过短,关键词2~5条。

二、正文格式

1. 小标题及子目序列方式　正文小标题以及不同部分的子目可依照如下顺序标列:一,(一),1,(1),a,(a)等。

2. 引文　出现在正文和注释之中的引文,加双引号“”,引文之中的引文加单引号‘’。引文的注释序号加在引号之外;如果引文是完整的句子或段落,应在句子或段落的结尾加上句号或问号等,再加引号和注释序号。

3. 附加说明　正文和注释中涉及外文人名、地名、著作、短语和专用术语等,一般应以通行的译法译成中文,为准确和便于查证起见,必要时可在中文之后以圆括号加上原文。

4. 注释

(1)本出版物采用页下注(脚注),每页依序重新编号。

(2)中文文献的注释。

A. 中文著作各个类项的标注次序为:著者/编者,书名,出版社及版次,页码。

B. 中文译著各个类项的次序为:(可以[ ]标明著者国别)著者,书名,译者,出版社及版次,页码。

C. 中文文章的注释:

如果引用刊物上的文章,各类项次序为:作者,文章题目(加双引号),刊物名称及期号,页码。

若为报纸上的文章,则在作者、文章题目后注明报纸的名称和日期。

如果引用文集中的文章,则次序为:作者,文章题目(加双引号),文集编者名称,文集(书)名,出版社及版次,页码。

D. 研讨会论文,则格式为:作者,论文题目(加双引号),研讨会名称(加双引号)论文,地点,时间。

E. 学位论文　其格式为：作者，论文题目（加双引号），发表地点：学校（名称）博（硕）士论文，年份，页码。

（3）外文文献的注释：

A. 注释外文著作，各个类项的标注次序为：著者／编者，书名（斜体），出版社及版次，页码。外文作者名字一律以名前姓后的顺序书写。

B. 外文文章的注释　文集中的文章，其各类项次序为：作者，文章标题（加双引号），文集编者，文集名称（斜体），出版社，版次，页码。

刊物上的文章，则各类项次序为：作者，文章标题（加双引号），刊物名称（斜体），期号，页码。报纸上的文章，则标注作者、文章标题（加双引号）、报纸名称（斜体）、时间即可。

（4）互联网资料　如实有必要，可以使用互联网资料，标注时著作者、文献名称等类项同上述相应体例，同时注明详细的互联网网址和登录的具体时间。

（5）重复引用　在同一篇文章中，如重复引用同一文献，则标注格式如下：

A 连续引用。中文文献，标注为：同上（书），第×页。外文文献，则标注为：Ibid.，p. ×。

B. 非连续引用同一文献，不论中外文，皆只需注明著作者、文献名和页码。

5. 图表　图示和表格应该分开，如图 1，图 2……　表 1，表 2……如果图表系出自其他书刊，应在图表下方说明其出处。也可以给图表附加说明。

6. 数字　原则上，准确的数目字都应以阿拉伯数字表示，如年代、数量、年龄等，但在某些特定情况下，也应遵循汉语数量词的惯用法。

三、参考文献

作者根据来稿的情况，可以列出参考文献（不包括注释中已经出现的文献），但本编辑部一般在所刊发的文章后面不另开列“参考文献”。

中国政法大学法律史学研究院
《中华法系》编辑部

图书在版编目(CIP)数据

中华法系.第9卷/朱勇主编.—北京:法律出版社,2017.4
ISBN 978-7-5197-0673-9

Ⅰ.①中… Ⅱ.①朱… Ⅲ.①法律体系—研究—中国 Ⅳ.①D909.2

中国版本图书馆CIP数据核字(2017)第047894号

中华法系(第九卷)
ZHONGHUA FAXI(DI JIU JUAN)

朱 勇 主编

策划编辑 黄琳佳
责任编辑 黄琳佳
装帧设计 李 瞻

出版 法律出版社
总发行 中国法律图书有限公司
经销 新华书店
印刷 北京京华虎彩印刷有限公司
责任校对 杜 进
责任印制 陶 松

编辑统筹 学术·对外出版分社
开本 A5
印张 12.25
字数 303千
版本 2017年4月第1版
印次 2017年4月第1次印刷

法律出版社/北京市丰台区莲花池西里7号(100073)
网址/www.lawpress.com.cn
投稿邮箱/info@lawpress.com.cn
举报维权邮箱/jbwq@lawpress.com.cn
销售热线/010-63939792
咨询电话/010-63939796

中国法律图书有限公司/北京市丰台区莲花池西里7号(100073)
全国各地中法图分、子公司销售电话:
统一销售客服/400-660-6393
第一法律书店/010-63939781/9782 西安分公司/029-85330678 重庆分公司/023-67453036
上海分公司/021-62071639/1636 深圳分公司/0755-83072995

书号:ISBN 978-7-5197-0673-9 **定价:**48.00元
(如有缺页或倒装,中国法律图书有限公司负责退换)